ŒUVRES COMPLÈTES

DE

LAMARTINE

PUBLIÉES ET INÉDITES

VIES

DE QUELQUES HOMMES ILLUSTRES

—

III

MILTON — MADAME DE SÉVIGNÉ — BOSSUET
FÉNELON — NELSON

—

TOME TRENTE-SIXIÈME

—

PARIS
CHEZ L'AUTEUR, RUE DE LA VILLE-L'ÉVÊQUE, 43.
—
M DCCC LXIII

ŒUVRES COMPLÈTES

DE

LAMARTINE

TOME TRENTE-SIXIÈME

MILTON

MILTON

ANNÉE 1608 DE J.-C.

Milton est un des trois grands poëtes chrétiens qui furent à la théogonie du moyen âge ce qu'Homère fut à l'Olympe païen. Ces trois grands poëtes théologiques sont Dante, le Tasse et Milton. La *Divine Comédie*, de Dante, la *Jérusalem délivrée*, du Tasse, le *Paradis perdu*, de Milton, sont les Iliades et les Odyssées de notre théologie.

Ces poëmes sont à peu près de la même date, c'est-à-dire de l'époque où les mystères, encore très-sacrés, commencent néanmoins à servir de texte et même de jeu à l'imagination des artistes ; époque très-dangereuse pour les dogmes, avec lesquels l'esprit se familiarise, en les laissant passer du sanctuaire dans les lettres.

Les religions sévères devraient, comme Platon, chasser les poëtes. Quand on chante ses dieux, on est bien près de les profaner. Mais la théologie était si incontestée et si souveraine au temps de Dante, du Tasse et de Milton, qu'elle ne prévoyait pas même le danger. Elle laissait mêler impunément par les poëtes ses fables et ses vérités ; tout encens lui paraissait bon, fût-il composé avec les fleurs les plus suspectes de l'antiquité mythologique ; elle voulait que ses songes même fussent chrétiens.

De ces trois grands chantres de la théologie que nous

venons de nommer, un seul est véritablement original, c'est-à-dire né de lui-même, de sa foi, de son pays, de son temps : c'est le Dante. Il ne ressemble à personne de l'antiquité poétique ; c'est un moine de quelque sombre monastère chrétien de l'âge barbare, qui rêve sous son cloître un paradis, un purgatoire, un enfer monastiques comme son imagination, et qui raconte, à son réveil, à ses frères en simplicité, des choses étranges, bizarres, triviales, atroces, quelquefois sublimes, qui n'ont jamais été racontées avant lui.

C'est l'Apocalypse des poëtes, inintelligible par le sens, grandiose et presque antédiluvienne par l'image, incomparable et véritablement monumentale par la langue.

Le Tasse imite Homère et Virgile, en les conformant à la religion, aux mœurs, à la langue, au goût et même aux vices de son temps. La religion n'est que le prétexte de son poëme ; la chevalerie, la guerre et l'amour en sont le fond. Il est plus amant que théologien. Ses récits sont gracieux comme des pastorales de Théocrite, mélancoliques comme des élégies de Tibulle, romanesques comme des aventures des Amadis. C'est le roman de chevalerie passé avec les Arabes de Bagdad à Ferrare, et élevé par le tendre génie du Tasse à la dignité et à l'immortalité de l'épopée.

Milton est le moins original des trois grands poëtes chrétiens, car il imite d'abord Homère, puis Virgile, puis Dante et le Tasse. Mais son vrai modèle est Dante. Il emprunte le même sujet surnaturel à la théogonie chrétienne ; il chante à l'Angleterre ce que l'Italie a déjà entendu : la lutte des anges créés, révoltés contre leur créateur, les amours de l'Éden, la séduction de la femme, la chute de l'homme, l'intercession du Fils de Dieu auprès du Père, inexorable si ce n'est par la mort de son fils, partie de lui-même, la Rédemption entrevue au fond comme le dénoûment de cette tragédie divine.

Enfin toute cette série de mystères que le philosophe transperce de ses conjectures, que le théologien explique, et que le poëte chante, sans leur demander autre chose que du merveilleux, des images, des émotions.

Or, pourquoi Milton choisit-il ce sujet d'épopée théologique pour le chanter à l'Angleterre, si riche en traditions saxonnes ou ossianiques, déjà populaires et si propres à servir de texte à une grande épopée originale et nationale du Nord ?

La réponse est dans son caractère et dans sa vie. Sa nature était théologique, et la plus jeune moitié de sa vie s'était écoulée en Italie. Le premier voyage d'un homme est une seconde naissance. C'est là qu'il s'imbibe de ces premières sensations et de ces premières images qui le pénètrent jusqu'à une sorte de transformation de lui-même. Le phénomène de la pétrification ne s'opère pas seulement par l'eau sur la plante, il s'opère sur l'homme par l'air qu'il respire. Milton avait respiré, à Rome et à Naples, dans la fréquentation des grands esprits italiens de l'époque, la poésie et la liberté, ces deux âmes de son âme ; il avait recherché la société des Italiens les plus célèbres et les plus lettrés des différentes cours et des différentes nations qu'il y avait visités. Il était devenu Italien de langue, d'oreille, de goût et de cœur. Il avait été lui-même prématurément apprécié et, pour ainsi dire, pressenti par les politiques et par les lettrés illustres de Florence, de Rome et de Naples.

Il est curieux aujourd'hui, quand on visite les archives et les bibliothèques des souverains d'Italie, de retrouver fréquemment, dans les correspondances des poëtes et des savants de ce siècle, la mention du nom de ce jeune Anglais « ami des Muses, qui parle et qui écrit même en vers la langue de Torquato, et qui promet à l'Angleterre un grand orateur, un grand politique, un grand poëte. » Les étrangers, plus impartiaux, pressentent un homme avant ses compatriotes.

Milton ne devait tromper aucun de ces augures ni aucune de ces amitiés des hommes éminents de l'Italie : disons en deux mots sa vie.

C'est un caractère du temps actuel de prendre plus d'intérêt à l'homme qu'au livre. Ce qu'on veut du livre, c'est l'homme. Que serait le Tasse sans ses amours et sa prison ? Que serait Jean-Jacques Rousseau sans ses *Confessions* ? Que serait Voltaire lui-même sans sa correspondance ? L'humanité semble devenue tout historique ; elle s'étudie, elle s'analyse, elle se contemple elle-même dans chacun des hommes éminents qui composent un siècle. Le livre ment, l'homme jamais ; sa vie le révèle malgré lui. Voilà pourquoi les belles biographies à la façon de Plutarque sont devenues, de nos jours, la partie la plus transcendante de l'histoire. Un homme vous illumine tout un temps.

Milton, né d'un père et d'une mère nobles, vivant dans une terre des environs de Londres, après avoir été formé à l'étude des lettres à l'université de Cambridge, et après avoir donné des symptômes de supériorité d'esprit dans des poëmes latins admirés des érudits, avait été envoyé en Italie par son père, pour s'exercer au monde et aux lettres avant l'âge des affaires et de la politique. Il y prolongea pendant de longues années son séjour, séduit par la douceur du climat, par la grâce des femmes, par la poésie des sites et des hommes, par des amitiés illustres avec les grands patrons des poëtes du temps, et par la mollesse de l'air de Naples, qui s'infiltre dans les veines, et qui fait oublier tout, même la gloire et la patrie. Il l'avoue lui-même, dans ces vers écrits par lui dans la langue du Tasse :

« J'ai oublié la Tamise pour le voluptueux Arno.

» Ainsi l'a voulu l'Amour, qui ne veut jamais rien en vain ! »

On voit qu'il y avait à Florence ou à Pise une autre

Léonore pour cet autre Tasse. L'amour seul donne le secret de ce qui paraît inexplicable dans la vie des hommes et surtout des poëtes.

Comment cet amour fut-il dénoué? C'est le mystère de cette période de la vie de Milton.

A son retour en Angleterre, il trouva le parlement en guerre avec le roi, les armes dans toutes les mains, le feu des controverses religieuses et politiques dans toutes les âmes. Il réfléchit trois ans dans la solitude sans paraître pencher ni vers les royalistes ni vers les puritains, uniquement absorbé dans les études préparatoires de son poëme futur, déjà conçu dans ses voyages.

« J'adresserai un jour à la postérité, dit-il à cette époque dans une lettre confidentielle, quelque chose qui ne laissera pas mourir mon nom, au moins dans mon île natale! » Ainsi tous les grands hommes ont de bonne heure un sentiment anticipé de leur gloire future, que le vulgaire prend pour de l'orgueil, et qui n'est que la conscience sourde de leur génie.

Ces trois ans écoulés, Milton ajourna son poëme à des temps plus littéraires, si jamais ces temps devaient revenir, et il prit parti pour la liberté. Il y avait assez longtemps que les poëtes suivaient les princes; il fut tenté par la gloire d'être dans son pays le premier poëte de Dieu et du peuple.

Mais ni le peuple ni les puritains n'avaient d'oreilles pour les vers. Il se jeta dans la mêlée, armé de harangues, de controverses, de pamphlets, ces armes quotidiennes du peuple en révolution. Son talent, transformé, mais non avili, répandit bientôt son nom dans la foule. On y sentait l'accent mâle et républicain de la vieille Rome, vibrant dans l'âme d'un puritain breton.

Cromwell, qui personnifiait alors en lui le peuple, l'armée, le zèle la foi, l'orgueil de la race, le droit de la nation, devint le Machabée de Milton. Le poëte s'attacha à la fortune du protecteur, comme à la fortune de son pays et de ses idées. Il vit en lui le champion du peuple, le vainqueur des rois, un nouveau juge d'Israël, ainsi qu'il le dit lui-même dans ses écrits politiques du moment. Cromwell était l'épée, Milton voulut être la parole de l'indépendance. Cromwell, qui parlait beaucoup, mais qui parlait mal et qui n'avait ni le temps ni le loisir d'écrire, accueillit avec empressement ce talent viril, éloquent et imagé, que Milton mettait à son service. Ce n'était pas tout pour le vieux soldat de triompher sur les champs de bataille d'Écosse ou d'Irlande : il lui fallait triompher de l'opinion. Les royalistes, les catholiques, les partisans de l'Église réformée lui faisaient une guerre de pamphlets qui troublait ses nuits et qui menaçait sa puissance. Il chargea Milton de répondre à ces arguments ou à ces invectives. Il le rapprocha de lui en lui donnant le titre de son secrétaire et en lui confiant la rédaction des actes du gouvernement. Le gouvernement était dans la tête du protecteur. Ce confident du cabinet de Cromwell était en réalité le ministre du protectorat. Son nom devint une puissance, sa fortune s'accrut à la hauteur de ses fonctions. Ses frères vinrent habiter avec lui une maison opulente à Londres.

Il épousa à trente-cinq ans Marie Powell, de race et d'opinion royalistes. Les dissentiments politiques empoisonnèrent l'amour même dans le cœur des jeunes époux. Marie Powell, après quelques mois de mariage, rougit d'aimer un républicain qui prêtait sa plume à l'ennemi du roi de ses pères. Sous prétexte d'aller rendre visite à sa famille, elle quitta la maison conjugale et refusa d'y rentrer. Milton, offensé de cet abandon, écrivit une dissertation sur le divorce.

« Ce n'est pas Dieu, dit-il, qui a défendu le divorce, c'est le prêtre. L'amour et la concorde sont le but du mariage : quand ils n'existent pas entre les époux, le mariage n'unit que des antipathies et des haines. »

Il avait obtenu le divorce, il était prêt à épouser une autre femme, quand le souvenir du premier amour se réveilla peut-être par la jalousie dans le cœur de l'épouse fugitive. Milton lui-même se souvint de l'avoir trop aimée, et sentit qu'il l'aimait encore. Une rencontre préparée par des amis, à l'insu des deux époux, acheva la réconciliation.

Un jour que le poëte, invité par un de ses voisins à la campagne, s'entretenait mélancoliquement avec cet ami de l'isolement et de la tristesse de sa vie, en regrettant les jours de bonheur qu'il avait passés avec Marie Powell, jadis son amour et toujours son regret, la porte d'une chambre voisine, derrière laquelle Marie écoutait la conversation, s'ouvre, et l'épouse de Milton tombe à ses pieds et bientôt dans ses bras. Les repentirs, les larmes, les embrassements, achevèrent la réconciliation et laissèrent à Milton une impression si délicieuse, qu'il en fit plus tard, dans sa vieillesse, une des scènes les plus pathétiques de son poëme: *la Réconciliation d'Adam et d'Ève.*

« Mais elle, les yeux baignés de larmes et ses longs cheveux épars sur ses épaules, se prosterna à ses pieds, et, les enlaçant de ses bras, elle implora son pardon. « Ne
» m'abandonne pas ainsi, ô Adam! Le ciel est témoin de
» l'amour respectueux que je nourris pour toi dans mon
» cœur! Si tu me délaisses, où veux-tu que je vive? Ah!
» pendant que nous avons encore à vivre ici quelques
» heures, si fugitives peut-être, que la paix les adoucisse
» entre nous deux ! »

» Elle s'interrompit par ses sanglots ; son humble attitude, jusqu'à ce que le pardon et la paix sortissent des lèvres de son époux, attendrit Adam. Il s'émut de voir celle qui avait été naguère sur son cœur, sa vie, sa joie, ses délices, prosternée maintenant à ses pieds, sur la terre, dans ses larmes ; créature si belle et si puissante, implorant maintenant le pardon, la réprimande et l'assistance de celui à qui elle avait déplu.

» Tel qu'un homme dont l'arme se brise dans ses mains, il sent fléchir toute sa colère, il relève sa femme, et, avec une voix et des paroles adoucies : « Lève-toi, lève-toi, dit-il, » ne revenons pas sur nos malheurs ! ne nous blâmons pas » l'un l'autre, nous, assez blâmés ailleurs !... »

» Eve, à son tour, se repent et se dévoue à la consolation de son mari.

» Elle cessa de parler, et la douleur peinte sur son visage dit le reste. Ses pensées l'avaient tellement tuée d'avance, que la pâleur de la mort était sur ses joues ! »

Cette réconciliation fut suivie d'années de paix et d'amour, pendant lesquelles trois filles naquirent pour consoler plus tard les jours avancés du poëte. La paix était dans sa maison, la consternation dans le palais de White-Hall. Cromwell venait de permettre ou de provoquer gratuitement le meurtre du roi vaincu et prisonnier. Milton, qui avait suivi le protecteur dans la guerre, le suivit dans le crime. Il pouvait ou implorer la grâce de Charles Ier, ou se laver les mains de son sang, ou se séparer en gémissant d'une cause qui s'incriminait ainsi devant Dieu et devant les hommes. Soit dévouement au protecteur jusqu'au sang, soit fanatisme, il ne témoigna ni hésitation, ni pitié, ni horreur. Il fit plus que d'accomplir le régicide, il le justifia après le coup de hache qui avait fait rouler la tête du roi captif de l'armée. Ses arguments portent tous à faux.

Milton pouvait défendre l'opinion que les rois, n'étant que des hommes investis comme tous les autres magistrats d'un pouvoir conditionnel et nécessairement responsable, n'ont pas pour leurs crimes le privilége de l'impunité.

Mais Milton avait, en outre, à prouver trois choses qu'il ne tente même pas de prouver : premièrement, que Charles Ier, attaqué et déposé par son parlement rebelle, était criminel de défendre la constitution, son trône, son peuple, à la tête de son armée, contre l'armée de Cromwell ;

Secondement, que le crime (si c'en était un) méritait la mort ;

Troisièmement, qu'il était juste, équitable, humain et religieux à une armée victorieuse d'immoler son roi vaincu, désarmé et prisonnier !

Milton ne pouvait prouver aucune de ces trois propositions de son argumentation régicide. Il ne prouva qu'une chose : ou l'endurcissement du cœur même d'un poëte par le fanatisme de parti, ou la complaisance du génie pour la fortune. L'une ou l'autre de ces suppositions incrimine également sa mémoire. Si la pitié était proscrite du monde, elle devrait se retrouver dans le cœur du poëte, le résumé vivant de toutes les vibrations pathétiques des choses humaines. Et quant au génie, le génie n'est pas une excuse, il est une aggravation ; car, s'il s'abaisse devant la puissance jusqu'à laver le sang de l'échafaud sous ses pas, le génie est plus coupable de cette adulation sanglante que le vulgaire, car il se courbe de plus haut et il s'incline plus bas. Milton a cherché ainsi lui-même l'éternelle éclaboussure de ce sang royal à son nom : qu'elle lui reste. Ce sont de ces taches que la gloire ne rend que plus sombres sur une vie illustre, parce qu'elles y sont éclairées de plus de lumière.

C'est le privilége et le malheur des grands hommes que leurs fautes contractent sur leur nom l'immortalité de leur génie.

En récompense de ce fanatisme cruel ou de cette complaisance servile, Milton fut élevé par Cromwell à la place de secrétaire d'État de la république et de secrétaire du cabinet de Cromwell pour la langue latine. On avait besoin de son éloquence pour réfuter un livre.

Ce livre, sorti du tombeau de Charles Ier, troublait

l'Angleterre d'un remords qu'il fallait à tout prix apaiser. Ce livre produisait sur l'opinion de Londres l'effet que le testament de Louis XVI produisit à Paris et en Europe après la mort de ce roi. C'était le cri du sang, la voix de la conscience après celle de la passion. On attribuait ce livre posthume à Charles I*, très-capable de l'avoir écrit dans sa prison, en expectative de la mort.

Milton répondit à l'*Éikon basilicon* par un autre livre intitulé *l'Iconoclaste*, par des arguments et par des injures ; mais ces injures, adressées à un cadavre décapité, ressemblaient à des sacriléges. Et que pouvaient des arguments contre des larmes ?

Le livre posthume de Charles I* ne demandait que de la miséricorde à Dieu, de la pitié à son peuple, de la mansuétude à son fils. C'était la confession d'un roi captif, qui repassait dans sa prison les fautes de sa vie, et qui n'atténuait pas la plus grande de ces fautes, la concession de la mort de son fidèle ministre, le comte de Strafford, dans l'espoir de ramener à ce prix son parlement.

« Hélas ! dit-il, pour apaiser un orage populaire, j'ai soulevé ainsi une éternelle tempête dans mon sein.

» Puisque les événements de la guerre sont toujours incertains, et ceux de la guerre civile toujours déplorables, quel que soit mon sort, je suis destiné à souffrir presque autant de la défaite que de la victoire : ô Dieu ! accorde-moi donc le don de savoir souffrir !

» Mes ennemis, dans cette prison, ne m'ont laissé de cette vie que l'écorce.

» Tu ne verras plus le visage de ton père, ô mon fils ! c'est l'ordre de Dieu que je sois enseveli à jamais dans cette ténébreuse et dure prison ! Reçois donc mon dernier adieu !

» Je vous recommande votre mère après moi ; souvenez-vous qu'elle a voulu, en revenant malgré moi de France, partager mes périls et mes souffrances ; souffrir avec moi et pour moi, avec vous et pour vous, par une magnanimité que son cœur de femme et de mère lui a fait trouver facile et douce !

» Quand ils m'auront fait mourir, ô mes enfants, je prierai Dieu qu'il ne répande pas les urnes de sa colère sur ce pauvre peuple.

» Que ma mémoire et ma tendresse vivent dans votre souvenir !

» Adieu donc jusqu'à ce que nous puissions nous rencontrer au ciel, car nous ne nous reverrons plus sur la terre !

» Qu'un siècle plus heureux se lève sur votre enfance ! »

De telles pages retrouvées dans un cercueil rappelaient les Psaumes d'un David des rois. Le peuple les lisait comme un plaidoyer céleste qui justifiait après le supplice les intentions et le cœur du supplicié. Milton les raillait comme une déclamation politique faite pour attester seulement le talent poétique de la victime.

« En vérité, disait-il en cherchant un ridicule dans les larmes et le sang du roi immolé, Charles lisait beaucoup les poëtes, et l'on peut croire qu'il a voulu laisser dans ces chapitres des essais poétiques propres à attester à la postérité ses talents d'écrivain ! »

Bientôt les invectives qui assaillaient de France et de tout le continent le peuple anglais pour lui reprocher son régicide obligèrent Milton à venger son pays. Le patriotisme l'inspira mieux que le régicide. Il publia la défense du peuple anglais contre l'écrivain français Saumaise.

L'attaque et la défense étaient également vénales. Saumaise avait reçu du roi de France cent pièces d'or pour flétrir le meurtre du roi d'Angleterre. Milton reçut de Cromwell mille pièces d'or pour justifier le sang versé. « Saumaise, dit Voltaire en parlant de cette polémique, *écrivit en pédant*, Milton *répondit en bête féroce.* » Le jugement, quoique brutal, est juste. Chaque phrase de Saumaise sentait la lampe ; chaque phrase de Milton suait le sang.

Cependant, à la fin de ces volumineux plaidoyers contre le cadavre d'un roi, Milton semble entrevoir, le premier parmi ses compatriotes, la portée future de la révolution d'Angleterre sur la liberté du monde.

« Nous apprendrons aux peuples à être libres, s'écrie-t-il, et notre exemple portera un jour sur le continent asservi une plante nouvelle plus bienfaisante aux humains que le grain de Triptolème : la semence de la raison, de la civilisation et de la liberté. »

Milton était prophète ; seulement il oubliait que cette semence, pour être féconde, ne devait être arrosée de sang que par les combattants et les martyrs. Les échafauds de Charles Ier et de Louis XVI n'ont fait que porter une ombre fatale à la liberté. La mort ne prouve rien, et les remords ne fortifient pas l'âme des peuples : ils la troublent et l'affaiblissent.

On sait comment la république d'Angleterre fut changée en dictature soldatesque par Cromwell, et comment cette dictature et cette république expirèrent à la fois le jour où Cromwell expira. La république n'était pas encore la pensée des Anglais ni de l'Europe. La trahison prévue d'un général égoïste et fourbe, Monk, et d'une armée qui cherchait un maître, les ambitions de solde et d'honneurs, livrèrent l'Angleterre au fils de Charles Ier, le voluptueux Charles II.

Rendons justice à Milton : dans ce court intervalle qui s'écoula pendant l'hésitation de la nation entre la mort de Cromwell et la trahison de Monk et de l'armée, Milton éleva courageusement la voix pour recommander la constance et la dignité au peuple anglais. « Si nous faiblissons, écrivit-il, nous vérifierons les prédictions de nos ennemis : nous deviendrons la risée de l'histoire. Toutes nos victoires sur la tyrannie seront vaines, tout le sang versé sera perdu ; les fils auront volontairement anéanti le prix des vies données par leurs pères à la cause de la liberté ! »

Il proposa du moins de sauver la liberté parlementaire, en donnant plus d'étendue au droit électoral, pour faire contre-poids, par la représentation de toutes les classes du peuple, au despotisme de l'aristocratie, du clergé et de la cour, dont il voyait la prochaine restauration ; mais il voulait que ce suffrage universel fût épuré de l'élément démagogique, éclairé par l'intelligence des électeurs, hiérarchisé par plusieurs degrés d'élection. Le nombre seul, à ses yeux comme aux nôtres, était le matérialisme de l'élection. Tout droit, selon lui, présupposait la moralité et la capacité. Tout a ses conditions d'ordre dans la politique, même la liberté. Ses derniers écrits d'homme d'État attestent en lui une expérience mûrie par l'exercice du gouvernement, et un sens politique qui répugnait aux chimères, même dans sa cause.

La restauration de Charles II le surprit dans ses travaux, devenus vains par la trahison de l'armée : elle avait vendu la patrie, après l'avoir conquise. Charles II n'était point vindicatif, il n'était que léger. Il amnistiait tout le monde, même les régicides ; mais son retour ramenait les royalistes au parlement, et les royalistes, comme tous les partis, étaient implacables. Ils firent violence au caractère de mansuétude du jeune roi, ils demandèrent des proscriptions et des têtes.

Milton, qui avait trempé, sinon sa main, du moins sa plume dans le sang du régicide et dans les massacres d'Irlande, pires que ceux de septembre en 1792, se hâta de disparaître pour être oublié. Il se démit de ses fonctions et se retira dans un faubourg obscur de Londres, pour laisser passer la vengeance de ses ennemis. Bientôt, pour mieux effacer son nom du ressentiment des royalistes, il fit répandre le bruit de sa mort et célébrer, lui vivant, ses propres funérailles. Ce subterfuge lui sauva la vie.

On ne le découvrit qu'après que la première fureur des réactions fut assouvie et comme épuisée de supplices. Il avait vu de ses fenêtres le cadavre de Cromwell exhumé par le bourreau, promené dans les rues de Londres, et exposé sur le gibet aux insultes de la multitude.

Charles II avait connu la retraite de Milton, et avait feint de croire à la réalité de sa mort. Il ne voulait pas tacher son règne du supplice d'un de ces hommes historiques dont le sang crie trop haut vengeance à la postérité. Il lui fit même généreusement offrir de lui rendre ses fonctions de publiciste du gouvernement, s'il voulait consacrer ses talents à la cause royale.

Sa seconde femme le sollicitait à cette bassesse.

« Vous êtes femme, lui répondit Milton, et vous pensez aux intérêts domestiques de notre maison ; moi, je pense à la postérité, et je veux mourir conforme à moi-même. »

Il était tombé dans une médiocrité voisine de l'indigence. Ses yeux, qui avaient toujours été faibles, avaient presque perdu la lumière. Il ne marchait que conduit par la main de ses filles. Charles II, en se promenant à cheval, rencontra un jour l'aveugle dans le parc de Saint-James. Le roi demanda qui était ce beau vieillard privé de la vue. On lui dit que c'était Milton. Il s'approcha en apostrophant l'ancien conseiller de Cromwell avec le ton d'un sévère enjouement.

« C'est le ciel, monsieur, lui dit-il, qui vous inflige sans doute le châtiment pour avoir trempé dans le meurtre de mon père !

» — Sire, répliqua avec une mâle liberté le vieillard, si les maux qui nous affligent en ce monde sont le châtiment de nos fautes, ou des fautes de nos parents, il faut que votre père ait été lui-même bien coupable, car vous avez été vous-même bien malheureux ! »

Le roi ne s'offensa pas de la réplique.

Milton touchait à sa soixantième année. Mais il avait la verdeur d'esprit et la beauté de visage de la jeunesse. Le génie dévore les faibles et conserve les forts. Son loisir forcé l'avait rejeté dans la poésie, autrefois délassement, maintenant consolation de sa vie. L'idée du grand poëme qu'il avait rapporté d'Italie, et ajourné jusqu'à l'âge des loisirs, roulait plus que jamais dans sa pensée. Il reprenait ses études hébraïques, grecques, latines, italiennes, avec la ferveur d'un adolescent. Le monde imaginaire l'enlevait délicieusement au monde réel.

Sa seconde femme morte, il en épousa une troisième, jeune et belle encore, pour servir d'âme à sa maison et de mère à ses filles. Il en fut aimé, malgré l'infirmité de ses yeux et sa misère. Il écrivit quelques livres et l'*Histoire d'Angleterre* pour gagner le pain de sa famille et les dots de ses filles. Mais son nom nuisait à la popularité de ses livres, et son poëme empiétait sur son histoire. Les royalistes s'indignaient de ce qu'on laissait vivre et écrire le parricide de son roi; les pamphlétaires du parti de la cour l'invectivaient sans crainte de réponse.

« Ils m'accusent, écrit-il cependant à un de ses amis, étranger, dans une lettre recueillie depuis; ils m'accusent d'être pauvre parce que je n'ai jamais voulu m'enrichir déshonnêtement; ils m'accusent d'être aveugle parce que j'ai perdu les yeux au service de la liberté; ils m'accusent d'être lâche, et, quand j'avais l'usage de mes yeux et de mon épée, je n'ai jamais craint les plus hardis; enfin ils m'accusent d'être difforme, et nul ne fut plus beau que moi dans l'âge de la beauté. Je ne me plains pas même de ma cécité, aujourd'hui; dans la nuit qui m'environne, la lumière de la divine présence brille pour moi d'un plus vif éclat; Dieu me regarde avec plus de tendresse et de compassion, parce que je n'ai plus à voir que lui. Le malheur devrait me servir de protection contre les injures et me rendre sacré, non parce que je suis privé de la clarté du ciel, mais parce que je suis ainsi à l'ombre des ailes divines qui semblent produire en moi les ténèbres. J'attribue en effet à cela le redoublement d'assiduité de mes amis, leurs attentions consolantes, leurs fréquentes et cordiales visites, et leurs respectueuses déférences pour moi ! »

« Mon dévouement à ma patrie, écrit-il au même ami, ne m'a guère récompensé ; c'est cependant ce doux nom de patrie qui me charme toujours. Adieu. Je vous prie d'excuser l'incorrection latine de cette lettre. L'enfant à qui je suis forcé de la dicter ne sait pas le latin, et je lui épelle chaque syllabe pour que vous puissiez lire dans mon âme. »

Sa dernière épouse, Élisabeth Minshal, et ses trois filles se relevaient auprès du poëte pour écrire, relire et corriger les chants de son poëme à mesure que son génie les lui inspirait. Il méditait ses vers dans la nuit et les dictait au lever du jour, avant que le bruit de la ville réveillée dans les rues vînt rappeler sa pensée aux choses terrestres. En entendant le bruit de la plume de ses filles sur le papier, il lui semblait dicter le testament quotidien de son génie, et déposer dans un lieu sûr le trésor qu'il avait porté jusque-là dans sa pensée.

Le reste du jour, il se faisait lire les poëtes, la Bible, les histoires, ou il se faisait conduire par une de ses filles dans les campagnes solitaires des environs de la ville, pour respirer l'air pur, et pour sentir au moins sur ses paupières les rayons de ce soleil qu'il ne voyait plus que par sa chaleur.

C'est au pied d'un chêne exposé au midi, sur la colline d'Hampstead, que Milton dicta un jour cette pathétique apostrophe à la lumière, début de son troisième chant, admirablement imité par Voltaire et par Delille. On y sent la passion d'un bien pour jamais perdu. Le regret y double la mémoire de la jouissance.

« Salut, lumière sacrée, fille du firmament, première née du Créateur, ou coéternelle à Dieu! Est-ce t'offenser, ô lumière, que de t'appeler de ce nom? N'est-il pas lui-même lumière? et n'a-t-il pas habité de toute éternité dans l'inaccessible clarté émanée de lui? Qui dira d'où tu découles? Avant le soleil, avant les cieux, tu étais, et, à la voix de Dieu, tu revêtis comme d'un manteau le monde éclos des eaux ténébreuses...

» — Lorsque dans mon vol (c'est Satan qui parle) j'étais porté à travers les ténèbres extérieures, j'ai chanté, avec des accords différents de ceux de la lyre d'Orphée, le chaos et l'éternelle nuit !

» Une inspiration céleste, sous le nom de Muse, m'apprit à ne pas me précipiter dans les sombres profondeurs de l'abîme, et à en remonter; maintenant je me rapproche de nouveau de toi, et je sens ta lampe vitale et créatrice sur mes yeux!...

» Mais toi, ô lumière! tu ne redescends pas visiter ces yeux désormais sans aurore, qui roulent en vain dans leurs orbites, sans rencontrer tes doux rayons, tant un sombre voile les obscurcit!

» Cependant je ne cesse pas d'errer dans les campagnes fréquentées des Muses, claires fontaines, bocages ombragés, colline dorée par le soleil! Je n'oublie pas ces deux poëtes, hélas! semblables à moi en infortune (et puissé-je aussi être semblable à eux en gloire!) Thamyris et l'aveugle Homère!...

» Alors je m'abreuve des images qui se revêtent d'elles-mêmes de mètres harmonieux, comme l'oiseau qui veille sous les feuilles chante dans l'obscurité!

» Ainsi, avec l'année et l'année, reviennent les saisons et les saisons. Mais pour moi ne revient jamais le jour! Je ne vois plus les blancs crépuscules du matin, ni les crépuscules dorés du soir, ni les herbes fleuries du printemps, ni les roses de l'été, ni les animaux dans les pâturages, ni le visage divin de l'homme. Le livre universel, où toutes les œuvres de la création sont écrites et effacées pour moi, n'est plus à mes regards qu'une page blanche! Le sens par où pénètre dans l'homme toute science et toute sagesse m'est à jamais retranché.

» Luis donc d'autant plus intérieurement en moi, ô céleste clarté perdue pour mes sens! Pénètre de tes rayons toutes les puissances de mon esprit! Rends des yeux à mon âme, afin que je puisse voir et redire les choses invisibles à l'œil des mortels! »

Cette invocation à la lumière est une des plus belles pages du poëme, parce que là le poëte est plus l'homme, et parce qu'au lieu d'imaginer, il sent.

Tout ce qui a lu connaît le poëme. C'est le récit de la Bible mêlé de fables, d'aventures et de longs discours. A l'exception de l'invocation que nous venons de reproduire, de quelques descriptions de l'Éden, et des amours d'Adam et d'Ève dans le paradis, le livre n'est immortel que par le style. Une fastidieuse théologie, moitié biblique, moitié imaginaire, alourdit le vol du poëte et lasse le lecteur. Dieu et le Fils de Dieu y parlent en hommes et non en divinités. Ils ont des amis et des ennemis dans leurs créatures; des factions s'agitent dans le ciel et dans les enfers pour détrôner l'*Incréé*.

Les anges et les démons se livrent des combats dans l'espace avec des armes mécaniques et se tuent sans mourir, pour se disputer la possession d'un insecte appelé l'homme, sur un grain de poussière perdu dans le chaos, appelé le globe de la terre.

On discute dans le conseil de Dieu comme dans le parlement. Il y a des orateurs du gouvernement céleste et des tribuns du peuple infernal qui demandent la tête du Très-Haut, comme Milton celle de Charles 1ᵉʳ. Tout cela, malgré le génie de Milton, est vide de philosophie et plein d'ennui. C'est le rêve d'un puritain endormi sur les premières pages de sa Bible.

La versification seule rachète l'inanité de la fable. Elle rappelle, à la rime près, Homère, Virgile, Racine. Mais Milton, malgré sa renommée posthume de premier poëte épique anglais, y reste à une incommensurable distance de Shakspeare, qui ne rappelle personne, mais qui traduit la nature au lieu de traduire des légendes sacrées. Cependant Shakspeare était né et était mort quand parut Milton, et l'Angleterre ingrate ne se doutait pas encore qu'elle possédait en lui le poëte suprême et universel.

Milton, quoique bien inférieur, devait prendre, pendant de longues années, le pas dans la gloire sur Shakspeare. Pourquoi? A cause du sujet de son poëme. L'Angleterre était théologique et biblique. L'homme qui avait versifié Jéhovah et la Bible devait lui apparaître comme un poëte en quelque sorte sacré. C'est ce qui arriva, mais longtemps après que Milton ne pouvait plus jouir de sa gloire. Son nom et son impopularité avaient nui à l'explosion de son poëme. Le régicide déteignait de plus en plus sur le poëte.

L'ouvrage terminé et copié par ses filles, son seul public, il le porta au censeur royal chargé d'en permettre l'impression. Un libraire, nommé Symons, en donna cinq livres sterling au vieillard. Le poëte les donna à sa femme et à ses filles pour entretenir le pauvre ménage et pour récompenser, autant qu'il était en lui, les peines qu'elles s'étaient données en écrivant sous sa dictée ou en recopiant le chef-d'œuvre. Il ne paraît pas qu'aucune plainte contre la modicité du prix se soit élevée alors de l'âme ou de la maison de l'aveugle. Il avait chanté pour Dieu et pour la gloire. Ce morceau de pain tombé de la main d'un libraire et ajouté au pain de tous les jours fut une douceur domestique qui réjouit le foyer de Milton.

Depuis, les éditions du *Paradis perdu* en Angleterre et dans toute l'Europe ont produit plus de millions qu'il n'y avait d'oboles dans les cinq livres sterling du libraire Symons.

Selon les uns, le poëme resta dix ans enseveli dans la boutique de l'imprimeur sans être ni mentionné ni lu. Selon les autres, il obtint une renommée circonscrite, mais rapide, et fit luire un crépuscule de gloire sur les dernières années du poëte.

On ne peut lire sans un éblouissement d'admiration les scènes amoureuses et pathétiques de l'apparition d'Ève à Adam, et d'Adam à Ève dans le jardin de l'innocence; on ne peut lire sans un frisson de chaste volupté les dialogues à la fois purs et passionnés entre les deux premiers amants de la race humaine. Les historiens qui accusent Milton de n'avoir jamais aimé les femmes que comme les servantes de l'homme, calomnient la nature. Il n'y a qu'un cœur fécond d'enthousiasme pour la beauté et de respect et de tendresse pour la femme qui ait pu rêver et chanter de pareils vers.

« Adam, dit-il dans des vers aussi harmonieux que les teintes fugitives du matin, Adam, qui cherche sa compagne et qui la croit déjà errante parmi les bocages d'Éden, les pieds dans la rosée, s'étonne de la trouver encore endormie, les tresses de ses cheveux dénouées, et les joues rougies comme par les agitations d'un songe pénible. Il se soulève pour la contempler, à demi appuyé sur le coude; amoureusement incliné sur elle, il contemple, avec des regards enivrés de ses perfections, la beauté qui dans la veille et le sommeil éclate de grâces différentes, mais égales.

» Alors, d'une voix presque inarticulée, comme quand le léger zéphyr du matin souffle en balançant les tiges des fleurs, il touche doucement de la main la main d'Ève, et lui murmure ces mots :

» — Éveille-toi, ma belle entre toutes les choses belles;
» mon épouse, mon dernier don du ciel, trouvé, par mes
» yeux et par mon cœur, supérieur à tous les autres dons,
» mon ivresse toujours épuisée et toujours nouvelle!

» Éveille-toi! le matin resplendit, et la campagne, hu-
» mide de fraîcheur nocturne, nous convie. Nous perdons
» la fleur du jour, le moment d'admirer comment respirent
» nos plantes favorites, qui aussi s'éveillent; comment le
» bois d'orangers ouvre et sème ses calices, d'où découle
» la myrrhe; comment le roseau parfumé distille son miel;
» comment la nature compose et fond ses nuances sur les
» fleurs, et comment l'abeille bourdonnante se pose sur le
» bord des calices pour y pomper son nectar liquide! »

» Ce chuchotement des lèvres de son époux réveilla Ève; elle leva sur Adam un regard où se lisait un reste d'effroi, et, l'enlaçant dans ses bras, elle lui dit :

» — O toi! le seul être en qui mes pensées trouvent tout
» repos, toute gloire, toute perfection, que j'ai de joie de
» revoir ton visage quand revient l'aurore! Cette nuit, je
» rêvais! »

Elle lui raconte l'apparition en songe et les séductions du serpent tentateur.

« Ainsi, reprend le poëte, Ève raconta sa nuit, et ainsi Adam lui répondit :

» — Image la plus accomplie et moitié la plus chère
» de moi-même, aucun mal ne peut résider en toi, la plus
» pure des créatures! Ne sois pas triste, ne couvre pas de
» ce nuage tes yeux, ordinairement plus sereins que le
» sourire de l'aube à son réveil ne l'est à la terre! Levons-
» nous d'ici pour aller errer parmi les bocages, les fon-

» taines, les herbes fleuries qui entr'ouvrent à présent leur
» sein plein de parfums, renfermés la nuit et répandus
» le matin, pour embaumer tes pieds et encenser tes
» cheveux ! »

» Sa belle épouse se rassérénait à ces douces paroles.
Mais, quoique déjà consolée, elle laissait pleuvoir silencieusement, et sans la sentir, de ses paupières une douce larme. Elle l'essuya avec ses cheveux sur sa joue ; deux autres larmes surgissaient cependant déjà de leur source de cristal. Adam les cueillit dans un baiser avant leur chute. »

Les deux époux se lèvent, s'égarent dans les bocages, et, ravis d'un pieux enthousiasme pour le créateur de ces merveilles, chantent la prière, qui n'était alors qu'une exclamation d'admiration, de reconnaissance et de félicité.

« Déjà, reprend dans un autre chant le poëte épique du premier amour, déjà la lumière éthérée commençait à entre-luire sur le jardin parmi les fleurs trempées qui exhalaient leur encens matinal, au moment où toutes les choses respirantes ou aspirantes sur le grand autel de la terre élèvent vers le Créateur des louanges muettes et les parfums des vies qu'il a créées. Le couple humain sortit de sa tente de verdure, et donna, dans son adoration, la paroles aux choses sans voix. Ève, la première, parla alors à son mari :

» — Va, lui dit-elle, où ton inclination t'entraîne, soit
» pour enlacer les rameaux souples du chèvrefeuille autour
» des arbustes qui l'élèvent avec eux vers le ciel, soit pour
» aider ces lianes grimpantes à monter au sommet des
» grands arbres, tandis que moi, là-bas, dans ce parterre
» confus de roses entremêlées de myrtes, je trouverai,
» jusqu'au milieu du jour, des grâces à ajouter par mes
» soins aux grâces de la terre ; car, lorsque nous travail-
» lons trop près l'un de l'autre dans le jardin de délices,

» faut-il s'étonner qu'étant si rapprochés, les regards et
» les sourires s'échangent entre toi et moi, et qu'un dia-
» logue imprévu s'établisse entre nous, nous interrompe,
» et nous fasse perdre le reste du jour avant d'avoir rien
» fait pour mériter notre festin du soir.

» — Notre maître, répond Adam, ne nous a pas si obli-
» gatoirement inspiré le travail, qu'il nous soit interdit de
» nous délasser quand nous en sentons le désir, soit par
» l'entretien, cette nourriture de l'esprit, soit par ces doux
» échanges de regards et de sourires, car les sourires, re-
» fusés à la brute, sont l'aiguillon de l'amour. Mais si un
» trop long entretien te lasse, je pourrai quelquefois me
» résoudre à un court éloignement, car un court éloigne-
» ment précipite un plus doux retour! Mais j'ai peur qu'il
» ne t'arrive quelque mal quand tu seras sevrée de ma pré-
» sence! Ne pense pas que l'appui d'un autre soit superflu ;
» ton regard me communique toutes les vertus; sous tes
» yeux je me sens plus sage, plus fort, plus confiant. »

» Ève résiste et veut suivre son caprice; elle retire doucement sa main de celle de son époux, et, comme une
nymphe légère, elle vole vers ses bocages. Adam ravi la
suivait d'un regard d'amour; mais il désirait cependant
davantage qu'elle fût restée près de lui. »

La faute commise, Adam se lamente dans la solitude.
» Lorsque Ève, triste et éloignée de lui, vit sa douleur, dit
le poëte, s'approchant à pas timides, elle tenta de douces
paroles contre sa peine; mais il la repoussa d'un regard
sévère et se détourna d'elle.

» — Oh! ne me repousse pas ainsi, Adam, lui dit-elle, je
» mendie en suppliante ta miséricorde, et j'embrasse tes
» genoux! Ne me prive pas de ce qui seul me fait vivre,
» tes doux regards, ta tendresse, ton assistance, tes repro-
» ches même, ton soutien! Abandonnée de toi, où irai-je?
» Tandis que nous vivons encore (à peine pour quelques

» moments rapides peut-être), que la paix et l'amour soient
» entre nous deux ! Tu n'as péché que contre Dieu, moi
» contre Dieu et contre toi. »

» Des larmes lui coupèrent la voix, et elle demeura immobile, dans une humble attitude, jusqu'à ce qu'elle eût obtenu le pardon et la paix de son mari.

» Le cœur d'Adam se remua et s'amollit pour celle qui était naguère sa vie et ses délices, et qui maintenant était prosternée à ses pieds dans l'angoisse ; créature si belle, implorant la réconciliation, le conseil et le secours de celui à qui elle avait déplu !

» Tel qu'un homme désarmé, Adam sent fléchir toute sa colère, il relève son amante, et bientôt, avec des paroles de tendresse : « Lève-toi, dit-il, toi, la source de tout ce
» qui doit vivre ! etc... »

Sous de tels accents, on ne peut douter qu'il n'y eût un cœur ardent et tendre pour la femme dans la poitrine de Milton. Ce sont les plus beaux et peut-être les seuls véritablement sympathiques de son poëme. Le reste est imaginaire, fanatique et froid comme la théologie. On ne construit pas une épopée avec des machines poétiques, mais avec des sentiments. Le tort du *Paradis perdu*, c'est d'être une Bible en vers et non un drame humain, excepté dans ce que nous venons de citer.

M. de Chateaubriand, qui a traduit Milton, a placé le *Paradis perdu* au niveau d'Homère et des épopées primitives de l'Inde, de la Grèce, de Rome.

L'illustre traducteur voulait démontrer par l'exemple ce qu'il avait établi dans le *Génie du christianisme*, sa plus belle œuvre, que la religion chrétienne était la plus pathétique et la plus sublime des poésies. C'était le paradoxe d'une réaction qui dépassait la vérité. Le christianisme est la philosophie de la douleur, c'est là sa beauté ; elle sèvre rudement l'homme de tous les songes ; elle lui présente sans cesse la triste image de sa déchéance, de sa misère et de sa rédemption par la pénitence. Ses dogmes gémissent et ne chantent pas : sa morale proscrit toutes les voluptés, même celles de l'imagination. Un drame est une profanation, une image même est presque un crime aux yeux d'une religion toute spiritualiste, qui abat les sens pour faire triompher l'esprit. Il n'y a pas de poëtes à son berceau, il n'y a que des apôtres, des croyants et des martyrs. Le génie du christianisme, c'est l'austérité; le génie de la poésie, c'est la fiction : ces deux génies antipathiques ne se marient jamais sans se dénaturer l'un par l'autre.

Les poëtes épiques chrétiens ne sont poëtes que quand ils se font païens par des fictions posthumes, comme Camoëns, Dante, le Tasse, Milton, en faisant du ciel métaphysique des chrétiens un Olympe homérique, ou en descendant aux enfers sur les pas de Virgile. Mais ces fictions jurent avec la théogonie chrétienne. Son Olympe, au lieu de ces dieux et de ces déesses, de ces amours et de ces grâces, personnifiant divinement toutes les passions humaines, n'a qu'un calvaire et un instrument de supplice, où les gouttes de sang d'un martyre divin lavent les souillures de la terre.

Klopstock seul, l'épique Allemand, a tenté de poétiser la majesté tragique de ce drame dans sa *Messiade;* mais la *Messiade* n'est pas un poëme, ce n'est qu'un sanglot de l'humanité aux pieds de la croix d'un rédempteur.

Milton n'a pas échappé, dans le *Paradis perdu*, à cette gravité poétique du dogme chrétien. Il a fait de la métaphysique en vers au lieu de poésie dans ses chants. Il n'a été poëte que dans les pages où il a célébré l'amour du premier homme pour la première femme, parce qu'alors il n'inventait pas, il se souvenait; il ne cherchait pas son inspiration dans sa théologie, mais dans son cœur. Aussi ces pages resteront-elles à jamais dans la mémoire des hommes.

Le peu de succès du *Paradis perdu*, au moment de sa publication, ne découragea pas le poëte ; la tristesse domestique était la misère chaque fois que le pain manquait à la maison. Sa femme et ses filles le conjuraient de chanter ou d'écrire pour tirer de ses pages quelque minime salaire nécessaire à l'entretien de la pauvre famille. C'est ainsi qu'il composa, comme son modèle, l'aveugle Homère, ses derniers vers et les plus belles de ses œuvres.

La vieillesse semblait donner un accent plus pathétique à sa voix. Son âme était comme ces instruments à cordes qui ont peu de son quand ils sortent des mains de l'ouvrier, mais que la vétusté du bois rend plus sonores, et dont ce qu'on appelle l'*âme* gémit plus mélodieusement dans le bois presque vermoulu de l'instrument.

On raconte même que les jeunes filles de Milton, quand elles avaient besoin d'un vêtement ou d'une modeste parure convenable à leur médiocrité, dérobaient dans les papiers du vieillard, et à son insu, quelques manuscrits dont des libraires faméliques leur donnaient une ou deux guinées pour se parer ou pour nourrir leur père.

Elles vendaient ainsi un à un tous les livres de sa bibliothèque, désormais inutiles, pour adoucir ses dernières années.

Sa femme, l'Ève sans crime de ce pauvre Éden domestique, dont il avait célébré la grâce, l'amour et la fidélité, sous le nom de la première épouse de l'homme, fut un modèle de dévouement au vieillard et de patience dans ses adversités. Elle se glorifiait de souffrir pour lui et avec lui. On ne sait quel pressentiment lui disait dans le cœur que cet aveugle, à demi proscrit et presque oublié de ses contemporains, portait en lui quelque vertu divine qui se répandrait sur sa mémoire et qui sanctifierait pour l'avenir tout ce qui aurait porté son nom et partagé ses misères. L'infirmité même de son mari lui était chère. Elle se réjouissait d'être les yeux, les mains, les pieds de cet homme qui l'avait tant aimée dans sa jeunesse, et qui ne communiquait plus que par elle avec ce monde.

Les derniers amis et les voisins de Milton admiraient cette femme, encore jeune et belle, qui mettait toutes ses complaisances dans cet aveugle, et qui s'attachait d'autant plus à lui que la vieillesse, la proscription et l'indigence l'exilaient davantage du commerce et même de la pitié du monde. La Providence a ainsi dans les femmes ses mystères de miséricorde, qui compensent par des consolations saintes et secrètes les abandons apparents du siècle.

Milton retrouvait dans sa cécité et dans sa misère quelques-uns des entretiens les plus pathétiques qu'il avait rêvés dans son Éden, entre l'homme proscrit et la femme fidèle, aux portes du paradis fermé. Il composait, en prose et en vers, des prières que sa femme et ses filles récitaient en chantant les jours de fête, dans sa chambre ou dans le jardin.

L'imagination et la piété, qui sont les deux éternelles jeunesses de l'homme, ne lui laissaient rien de la morosité du vieillard. Il était grave et point triste, semblable à Bernardin de Saint-Pierre, ce Théocrite français, l'auteur, jeune à quatre-vingts ans, de *Paul et Virginie*. Milton conservait sous ses cheveux blancs cette beauté de visage qui est la seconde fleur de la vie, plus durable que celle de la jeunesse. Son front était sans rides, son teint coloré, sa bouche grave et souriante; ses yeux, quoique éteints, étaient azurés et profonds, comme si la lumière qui les pénétrait à la surface les avait éclairés jusqu'à l'âme. Sa voix était cadencée et mélodieuse comme un chant. Il aimait à marcher beaucoup dans la saison du soleil et des fleurs; et, quand il se fiait au bras de sa femme ou d'une de ses filles, il marchait droit et ferme dans les sentiers des collines voisines de Londres, écoutant avec délices tous les bruits de la campagne, et surtout le chant des oiseaux.

Seulement, lorsque ses vieux amis du temps de Cromwell l'entretenaient de leurs anciennes passions politiques, et que le nom de Charles Ier revenait dans la conversation, on croyait voir passer un nuage sur sa belle physionomie. Toujours républicain, il déplorait l'évanouissement de son rêve, que l'inconsistance du peuple anglais d'alors et la trahison de l'armée avaient rendu si court; mais il déplorait surtout d'avoir donné le sang d'un roi malheureux et innocent à ce beau rêve.

Ce remords, le seul de sa vie, empoisonnait tout pour lui dans le passé, même sa noble aspiration à la république.

Heureuses les théories qui s'évanouissent ou qui s'ajournent sans laisser une trace de sang sur la main! Milton n'eut pas ce bonheur : parmi tous les songes de sa belle vieillesse, il y avait une tête coupée qui saignait du haut d'un échafaud sur les têtes de deux enfants. Le rude et soldatesque Cromwell avait bien avoué ce remords à sa famille en mourant; comment le pieux et pathétique poëte de la république ne l'aurait-il pas avoué à ses enfants? Tout ses derniers ouvrages indique cette tristesse et ce repentir. S'il ne le confessa pas publiquement alors, c'est que Charles II régnait, et que ce repentir, honorable à avouer devant Dieu, aurait paru à Milton un lâche désaveu et une vile supplication devant les hommes.

On a peu de détails sur ses derniers moments; on sait seulement qu'il s'éteignit lentement dans ces loisirs qui sont le crépuscule insensible des longues vies, dernier bienfait du ciel pour ses favoris, qui leur ménage doucement la transition entre la vie et la mort.

Le dernier ami qui le visita avant sa fin raconte qu'il habitait une petite maison retirée et silencieuse, à l'extrémité d'un faubourg de Londres, près des prairies qui se confondent avec la ville. Les degrés de l'escalier qui montaient à sa chambre étaient recouverts d'un vieux tapis, pour que le bruit des pas de ceux qui montaient et descendaient ne troublât pas ses rares sommeils. Il trouva Milton vêtu d'un manteau court et de couleur sombre, assis près de la fenêtre, les coudes appuyés sur les bras d'un siége de bois. Il n'avait plus que peu de soleils à compter ainsi sur la terre. Il s'éteignit sans douleur et sans agonie dans la nuit du 16 novembre 1674.

Il fut enseveli, par les soins de sa femme et de ses filles, à côté de la tombe de son père, dans la petite église de Saint-Gilles; la crainte de dire trop ou trop peu dans l'épitaphe d'un ennemi des Stuarts régnants empêcha de rien inscrire sur sa pierre, même son nom. Cette pierre anonyme ne conserva sa notoriété que par tradition de la paroisse, parce que sa femme et ses filles venaient souvent s'y agenouiller. Celle du Tasse, à Saint-Onuphre, porta du moins son nom; mais le chantre de Clorinde ne laissait que des larmes, de l'amour et point de ressentiments politiques après lui. Il n'avait été qu'amant et poëte. Milton avait été de plus homme d'État. Il portait la peine de son double génie.

La veuve de Milton languit dans l'obscurité et dans l'indigence, et mourut d'isolement peu d'années après lui. Les filles épousèrent de pauvres artisans du faubourg qu'elles avaient habité avec leur père.

Deux de ces artisans étaient tisserands. Les filles de Milton tissèrent la toile avec leurs maris. Trente ans après sa mort, quand le *Paradis perdu*, longtemps inconnu, fut devenu célèbre; quand ses compatriotes, par une de ces vicissitudes qui exhument les livres comme les hommes, eurent exhumé le poëme de Milton et couronné le poëte, comme Inès de Portugal après sa mort, quelques curieux de gloire recherchèrent, dans leur obscurité, les descendants du grand homme. Déborah, sa fille chérie, vivait encore dans la maison du tisserand de Spitfields qui l'avait épousée. On lui présenta un portrait couronné de lauriers :

« O mon père! ô mon cher père! s'écria-t-elle en le reconnaissant et en l'embrassant, que ne peux-tu sortir du tombeau pour voir ta gloire tardive rejaillir sur le visage de ton enfant chérie! »

Addison, le célèbre critique anglais, qui était en même temps ministre de la reine, obtint de cette princesse une gratification de cinquante guinées pour la pauvre Déborah.

Le grand poëte lyrique de l'Angleterre, Dryden, ayant lu le *Paradis perdu*, s'écria : « La mémoire de cet homme nous effacera tous! » Dryden se trompait par enthousiasme. Il y avait plus d'engouement et de patriotisme que de vérité dans l'opinion qui exalta Milton au-dessus de tous les poëtes de la Grande-Bretagne, terre de poésie. Les Anglais étaient fiers de voir un poëme épique, forme de poésie qui paraissait alors le chef-d'œuvre de l'esprit humain.

Les Français se firent plus tard la même illusion sur la *Henriade*. La *Henriade* est morte, le *Paradis perdu* vit encore et mérite de vivre par quelques-unes de ses pages. Mais Milton devait baisser et Shakspeare grandir de siècle en siècle dans la postérité, parce que Milton était un imitateur et que Shakspeare était un créateur. Une scène de *Roméo et Juliette* révèle plus d'âme et contient plus de larmes que tout le *Paradis perdu*.

Le Tasse avait chanté le dernier des poëmes épiques. L'épopée, sorte d'apothéose, ou récit des héros historiques ou des dieux imaginaires, ne sied plus au monde moderne, qui cherche ses héros dans l'histoire et son Dieu par la raison. La poésie des grands hommes est dans les événements réels de leur vie, la poésie du ciel est dans la religion, le merveilleux est dans la nature commentée par la science. Les fables, au lieu de grandir les héros, la nature et Dieu, rapetissent tout.

S'il reste une épopée à faire aux poëtes futurs, c'est l'épopée intime du cœur humain. Un vaste poëme qui prendrait l'homme à son berceau, qui le conduirait à la tombe à travers les vicissitudes, tour à tour heureuses ou misérables, de l'existence ordinaire des hommes, qui peindrait la naissance, les âges, la famille, le toit domestique, les tendresses, les délices du foyer, la religion, les paysages, les professions, les métiers, les rencontres, les séparations, les amours, les obstacles, les déchirements, les joies, les agonies, les résignations, les morts de l'espèce humaine, et qui ferait jaillir de ces scènes vulgaires tous les sentiments, tous les cris, toutes les larmes du cœur humain, un tel poëme, encadré par un pinceau vrai et pathétique dans les magnificences et dans les tristesses de la création matérielle, serait l'épopée du sentiment, le poëme de l'homme, les *Fastes* de l'Ovide de la civilisation moderne. Le poëte qui tenterait de le chanter aux hommes de nos jours n'aurait pas besoin d'autre surnaturel que la création, d'autre merveilleux que l'infini, d'autre fable que la vérité, d'autre lyre que son propre cœur. Celui-là serait lu dans le palais et dans la chaumière, dans le camp et dans l'atelier, dans l'opulence et dans la misère, jusqu'à ce qu'un nouvel ordre de société eût transformé les conditions humaines, les hommes et les choses, en une autre civilisation inconnue qui créerait à son tour une nouvelle épopée.

Ni Milton ni Voltaire n'ont rien conçu de pareil; voilà pourquoi la *Henriade* est surannée, et le *Paradis perdu* n'est plus qu'un monument de bibliothèque. La poésie court les rues, et les poëtes vont la chercher dans les nuages.

Heureux celui qui la retrouvera où elle est, c'est-à-dire dans la vérité et partout! Celui-là n'est pas né encore.

Quoi qu'il en soit, le nom de Milton est resté et demeurera mémorable à deux titres dans l'histoire des esprits éminents qui jalonnent les siècles : grand par la poésie, grand par la politique. Quant à sa poésie, nous l'avons caractérisée dans ses citations; elle est souvent imitée, mais le plagiaire dans Milton est digne de l'antiquité qu'il copie. Quant à ses actes, nous les avons réprouvés dans sa glorification du régicide. Mais, si sa plume fut un jour cruelle, son caractère civique ne fut du moins jamais bas. Il n'abandonna pas la république vaincue et martyrisée, quand elle fut trahie par Monk et par la fortune. Il ne fit ni d'ignobles excuses ni de lâches palinodies devant les Stuarts triomphants; il ne s'enfuit pas comme un coupable effrayé de la peine, ou honteux du crime; il resta courageusement en Angleterre, avec la responsabilité de ses opinions et de ses actes, prêt à donner son sang à la liberté, comme il lui avait malheureusement donné son gage avec la tête de Charles Ier.

Il eut la constance dans la misère, la plus rare des vertus humaines. Il y avait eu du Marius dans les proscriptions sanglantes de la république, dont il s'était fait le complice, mais il y eut du Caton d'Utique dans sa persévérance contre la tyrannie, et il y aurait eu du Lucain dans sa mort si les Stuarts avaient eu soif du sang du poëte anglais, comme le tyran de Rome avait eu soif du sang du poëte romain. Quelle que soit la cause, les hommes ont fait une vertu par elle-même de la constance; elle semble élever l'homme au-dessus de la fortune, cette banale idole de notre fragile humanité.

Il y eut de plus, dans la vie de Milton, le Bélisaire des poëtes, trois choses qui perpétueront et qui pathétiseront sa mémoire dans l'âme des hommes chez lesquels la pitié attendrit l'admiration : sa vieillesse, son indigence et sa cécité. Homère, comme lui aveugle, était conduit de porte en porte, pour chanter ses vers, par un enfant loué au prix de quelques oboles, pour le guider dans les rudes sentiers de l'île de Chio.

Les enfants qui conduisaient Milton sur les collines de Londres étaient ses propres filles, nées de ses amours avec sa première femme, toujours regrettée.

La tendresse filiale et la reconnaissance paternelle ajoutent ainsi une tendresse et une moralité de plus à la vieillesse, à la misère, à l'infirmité du poëte anglais.

Les meilleurs portraits de Milton le représentent ainsi : assis au pied d'un chêne, au coucher du soleil, le visage tourné vers ses rayons, dictant ses vers à sa bien-aimée Déborah, attentive à la voix de son père, tandis que sa femme, Élisabeth, le regarde comme Ève regardait son époux après la faute et le châtiment. Ses deux plus jeunes filles lui cueillent des fleurs des prés pour lui faire respirer quelques odeurs de l'Éden qui viennent de parfumer ses songes.

On pense involontairement à ce que deviendront cette épouse et ces jeunes filles, après la mort de ce beau et auguste vieillard, et le poëte, ainsi reproduit, est plus pathétique que le poëme.

Heureux les hommes qui ont ainsi une larme sur leur gloire ! Cette gloire alors descend jusqu'au cœur, et c'est dans ce cœur seul que le poëte est véritablement immortel.

MADAME DE SÉVIGNÉ

MADAME DE SÉVIGNÉ

ANNÉE 1626 DE J.-C.

La gloire a ses hasards, ou plutôt elle a ses mystères ; car il y a raison à tout ; nous appelons mal à propos *mystère* cette logique secrète des choses humaines, que notre irréflexion n'a pas assez approfondie, et dont nous attribuons les effets au hasard, au lieu de les attribuer à leur véritable cause.

Disons d'abord quel est ce hasard qui nous frappe l'esprit au seul nom de madame de Sévigné ; nous chercherons ensuite si la gloire de ce nom est bien en effet un hasard, et nous expliquerons le mystère de cette immortalité d'un commérage devenu un des plus grands vestiges d'un des plus grands siècles.

Le hasard, le voici :

Une femme obscure, une pauvre veuve mère de deux jeunes enfants, sans importance personnelle dans la nation, sans rang à la cour, sans nom qui attire d'avance sur elle l'attention de son pays, sans le prestige des dignités qu'elle aurait héritées d'un père ou d'un mari, sans haute fortune, sans grande parenté parmi ceux qui remuent les affaires de son temps, sans faveur et même sans distinction du roi qui règne, cachée tantôt dans une rue d'un quartier subalterne de Paris, tantôt dans les allées d'une métairie de

Bourgogne ou de basse Bretagne, cette veuve oisive s'assied les soirs d'été à l'ombre de son arbre des Rochers, se recueille les soirs d'hiver au coin de son feu de Paris, écoute son cœur, regarde par un coin de fenêtre ou d'horizon la *figure du monde qui passe*, prend la plume, la laisse courir à son caprice sur son genou, s'épanche avec sa fille, cause avec ses amis, chuchote avec les absents, s'entretient avec elle-même ou avec Dieu, jette jour par jour lettres et billets à la poste, ne pense ni au public, ni à l'art d'écrire, ni à la postérité, ni à la gloire, et se trouve tout à coup et à l'improviste avoir construit, non-seulement le monument littéraire le plus original, le plus varié, le plus national de son siècle, mais peut-être le monument le plus intime et le plus pathétique du cœur humain dans tous les siècles. Le temps a marché; des curieux ont décacheté les lettres : le babillage est devenu génie, le commérage est devenu histoire, et le chuchotement est devenu un des plus longs bruits de la postérité.

Voilà le hasard!

Et maintenant, voyons le mystère.

Le mystère? Il est en deux mots : c'est que l'intérêt des choses humaines n'est pas dans la grandeur des situations ou des événements, mais dans l'émotion de l'âme où ces situations et ces événements retentissent. L'âme est aux choses humaines, petites ou grandes, ce que l'air est au bruit, le véhicule du son; vous aurez beau frapper les plus grands coups sur le métal le plus sonore, si l'air manque, ou s'il est raréfié, vous n'entendrez rien, l'écho sera muet; sans air, point de bruit; sans âme, point d'impression, et de là point d'intérêt, et de là encore point de gloire; c'est le secret du cœur humain, qui ne peut être ému que par consonnance avec ce qui a été ému avant lui.

Or il y a des âmes cachées au monde, plus émues et par conséquent plus sonores que tout le siècle dans lequel

Dieu les jette comme il jette des échos dans le secret des forêts et des antres; on ne les voit pas et on les entend jusqu'à ce que le bûcheron ait renversé les arbres, ou que le temps ait réduit le roc en poussière. Ces âmes communicatives, véhicules des impressions et des retentissements de leur propre cœur ou des bruits de leur siècle, s'interposent puissamment par leur nature émue et vibrante entre le monde et nous, et nous forcent à penser et à sentir en elles et par elles, quand nous voudrions en vain leur échapper. Elles sont l'élément sensible, le milieu sympathique (pour nous servir d'un terme matériel) à travers lequel nous percevons tout, le présent, le passé, et souvent nous-mêmes. Aussi qu'arrive-t-il dans les jeux de la réputation et de la gloire littéraire? Il arrive que des êtres inaperçus de leurs contemporains, des hommes cachés, des femmes obscures, quelquefois des âmes anonymes, comme l'auteur de l'*Imitation de Jésus-Christ*, sont en réalité plus grands et plus immortels que tout leur siècle, et que, pendant que les hommes qui remuent à grandes brassées les choses humaines, qui bouleversent les empires, qui manient les sceptres, qui agitent les assemblées, qui administrent les affaires publiques, qui font l'histoire ou qui l'écrivent, s'efforcent de créer un grand bruit permanent après eux autour de leur nom, ces hommes sont supplantés dans la gloire par quelqu'un qu'ils n'avaient pas même aperçu sous leurs pieds dans la foule, par un pauvre rêveur comme saint Augustin, par un pauvre moine comme l'anonyme de l'*Imitation*, par un pauvre horloger comme Jean-Jacques Rousseau, ou par une pauvre femme comme madame de Sévigné. La postérité sait à peine le nom des prétendus grands politiques, grands poëtes, grands orateurs, grands écrivains, qui monopolisaient la renommée du temps, et elle écoute après des siècles les plus secrètes palpitations du cœur de ces êtres ignorés, comme si ces palpitations étaient les plus grands événements de l'humanité! Ils le sont en effet; car les choses ne sont rien, c'est le cœur humain qui est tout dans l'homme: la gloire le sait bien, elle; voilà pourquoi elle prend ses vrais et éternels favoris, non dans ceux qui lui font le plus de bruit, mais dans ceux qui lui font les plus pathétiques confidences de l'âme.

Voilà, selon nous, le mystère de la renommée toujours croissante de madame de Sévigné. Maintenant racontons sa vie.

Mais non: avant de raconter sa vie, disons, pour qu'on le comprenne bien, un mot d'un genre de littérature qui lui vaut l'intérêt du monde, qui n'existait pas avant elle, qu'elle a créé, et qui ne peut être caractérisé, selon nous, que d'un mot: la littérature domestique, le génie du foyer, le cœur de la famille.

Il y a deux centres entièrement différents auxquels aboutissent les pensées, les actes, les écrits de l'homme dans nos sociétés modernes, et même dans les sociétés de tous les âges: le public, ou la famille, ce public restreint caché derrière les murs du foyer, et resserré de plus près et par des liens plus étroits et plus intimes autour du cœur.

Il n'est pas vrai, comme on a affecté de le dire de nos jours pour autoriser la destruction de la famille par un individualisme impossible ou par un communisme brutal, que ce soit la société politique qui ait fait la famille; c'est la nature. Heureusement pour le genre humain, dont la conservation est placée au-dessus de nos aberrations et de nos rêves, ce n'est pas sur une loi humaine que la famille est fondée, c'est sur une loi de Dieu, c'est-à-dire sur un instinct. Les instincts sont le droit divin de la constitution de l'humanité; on ne les discute pas, on les subit; l'esprit véritablement philosophique ne se révolte pas contre les instincts, il s'abîme, au contraire, dans la contemplation de la sagesse infinie et de la bonté suprême qui a chargé la nature elle-même de nous promulguer le premier article de cette constitution du genre humain.

La Providence, par une loi aussi mystérieuse qu'elle est clémente, a voulu que l'espèce humaine ne se créât et ne se conservât que par l'amour. Elle a placé une passion sympathique aux sources de la vie pour enfanter l'homme, et une affection sympathique aux sources de la famille pour perpétuer la société. Par un mystère de notre origine qui est en même temps une révélation de notre destinée, l'être isolé peut vivre, mais il ne peut se perpétuer ; il suffit d'être un pour exister, il faut être deux pour créer. L'unité est inféconde, le couple est éternel.

De ce couple, naît par l'amour un troisième être qui le complète, c'est le fruit de l'amour ou l'enfant. Jusqu'à la naissance de l'enfant, il y avait union, il n'y avait pas encore famille ; l'esprit de famille, c'est-à-dire d'amour conservateur, multiplié par l'être nouveau qui l'inspire et qui le ressent, naît avec le premier enfant dans l'âme du père et de la mère, et remonte par une réciprocité instinctive aussi de l'enfant à la mère et au père. L'enfant les aime parce qu'il en est aimé. Voilà le groupe achevé ! Voilà la trinité de la nature, d'où jaillit et rejaillit l'amour comme l'esprit saint de l'humanité, l'esprit de famille !

Quand la famille se développe et se multiplie dans d'autres enfants ou petits-enfants, avec elle se multiplie et se diversifie sous mille formes nouvelles, et dans mille proportions inégales et graduées, cet amour allumé à son premier foyer, le sein de la mère ; foyer dont chacun emporte et rapporte une parcelle au groupe commun dont il fait partie. Les rapports entre ces différents membres du groupe humain s'étendent, se diversifient, se combinent à l'infini de l'un à l'autre, d'un seul à tous, de tous à un ; c'est ce qu'on appelle la parenté ; parenté du sang, parenté de l'âme, qui se resserre ou se relâche à mesure que chacun de ces rejetons de la famille porte, dans ses veines ce sang plus rapproché ou plus éloigné de sa source, et qu'il conserve aussi plus ou moins de cet amour qui coule dans son cœur avec cette séve de l'arbre humain.

Ainsi il y a l'amour parallèle du père pour la mère, de la mère pour le père, l'amour descendant du père et de la mère pour le premier-né, l'amour remontant du premier-né au père et à la mère, l'amour rayonnant du frère au frère, de la sœur à la mère, au père, au frère, des oncles et des tantes aux neveux et aux nièces, des neveux et des nièces aux oncles et aux tantes, du petit-enfant à l'aïeule et de l'aïeule aux petits-enfants, jusqu'à la dernière génération que la brièveté de la vie ou sa longévité nous permet d'atteindre de l'œil, du cœur ou de la pensée. Enfin, l'amour répercuté, attiédi, mais conservant encore une sympathique réciprocité et une douce chaleur, entre les enfants de ces frères, de ces sœurs, de ces petits-enfants, tant que la séve, le nom et la mémoire de la racine commune se perpétuent dans les rameaux. L'esprit de famille se forme de ces rejaillissements à l'infini de toutes ces affinités directes ou indirectes de cœur à cœur, qui vont en se refroidissant à mesure qu'elles divergent des trois premiers cœurs, mais qui gardent, même à la circonférence la plus éloignée, un peu de la température du premier foyer.

Le même sang puisé à la même veine, le même lait sucé à la même mamelle, le même nom dont chacun porte la responsabilité (modeste ou illustre, peu importe, mais solidaire), nom qui ne peut se ternir ou se glorifier dans un seul sans se glorifier ou se ternir un peu dans tous; la même fortune qui fait vivre largement ou étroitement toute la race du domaine séculaire de la maison, par l'héritage aggloméré ou subdivisé, selon le petit nombre ou le grand nombre des enfants; la même maison paternelle à la ville ou aux champs, dont le toit a caché tous ces berceaux pendant l'enfance de la famille, et dont l'ombre nous suit jusqu'aux derniers jours de la vie; les mêmes traditions, ce ciment des idées qui tient ensemble les piétés, les habitudes, les mœurs, les sentiments innés du groupe héréditaire; enfin les mêmes souvenirs des leçons, des entretiens, des travaux, des voisinages, des amitiés, des plaisirs, des hospitalités, de l'aisance, de la gêne, du bonheur, des larmes, des naissances, des morts, des espérances, tristes ou doux mystères du même foyer, tout cela compose, même à notre insu, autour de nos cœurs, une atmosphère d'impressions ineffaçables qui nous pénètre par tous nos sens moraux comme par tous nos sens corporels, atmosphère à laquelle il est impossible d'échapper, qui n'a pas la rigidité froide d'une législation sans doute, mais qui a la toute-puissance de la nature.

C'est ce qui fit que dans les temps primitifs, où tout était inné et rien écrit dans les sociétés naissantes, où les lois n'étaient que les inspirations de nos instincts, le souverain n'était que le père, la tribu n'était que la famille, et la nation n'était que la fraternité du sang dans une collection de tribus. On a pu détrôner le patriarche, on a pu réduire bien au delà du juste l'autorité paternelle, on a pu détruire la tribu et l'absorber dans l'État; mais on ne pourra jamais détruire la famille; elle subsistera éternellement comme l'heureuse protestation de la nature contre l'absorption de l'État, comme elle subsistera avec la propriété héréditaire, sa base divine, contre le communisme, cette révolte impuissante de l'utopie contre l'instinct.

On conçoit qu'un groupe d'êtres si distincts et si intimement liés les uns aux autres au milieu du grand groupe national, doit avoir non-seulement ses lois, ses mœurs, ses sentiments, ses devoirs, ses relations à part, mais même sa littérature. C'est cette littérature que nous avons appelée en commençant la littérature domestique ou familière, genre dont madame de Sévigné est la plus complète et la plus admirable expression.

Cette littérature est de sa nature toute confidentielle. La maison est murée comme la vie privée. On n'y parle ou on n'y écrit qu'à demi-voix, pour être lu ou entendu au coin du feu des parents et des proches. Les bruits de la maison ne se répandent pas sur la place publique. Ce qu'on publie pour le monde a un accent, ce qu'on confie aux siens en a un autre. On écrit pour le public ou pour la postérité des poëmes, des histoires, des philosophies, des harangues, des romans, des livres, on n'écrit pour la famille que des lettres; la famille n'a donc, comme l'amitié ou l'amour, qu'un seul genre de littérature, la correspondance. Quand la correspondance a le génie de l'agrément, comme madame de Sévigné, la famille, après sa mort, laisse une à une envoler les feuilles mystérieuses; le siècle les recueille, tous les siècles les lisent, et le dialogue à voix basse entre une mère et sa fille devient l'entretien de la postérité.

Voilà l'histoire de madame de Sévigné. En décachetant ses lettres, on a enlevé le sceau de son cœur.

Mais ce n'est pas seulement le sceau de son cœur qui a été brisé par cette indiscrétion, c'est le sceau du siècle où elle a vécu.

Cette femme, du fond de sa masure des Rochers, est l'écho d'un règne. C'est ce qui fait que la correspondance de madame de Sévigné, quelque intime qu'elle soit, est cependant essentiellement historique; c'est ce qui fait aussi que ce livre, écrit par une femme qui écoutait aux portes d'une cour, est très-aristocratique; que, pour s'y complaire, il faut être né ou avoir vécu dans les régions élevées de la société élégante auxquelles ces lettres font de perpétuelles allusions, allusions qu'on ne goûterait pas si on n'en savait pas un peu la langue, les demi-mots et les mystères ; c'est ce qui fait enfin que ce livre, quoique éminemment national, ne sera jamais populaire. Si madame de Sévigné, au lieu d'être une femme de haute naissance écrivant pour des courtisans, n'eût été qu'une tendre mère vivant dans les conditions communes de l'existence et écrivant pour une famille d'un étage plus bas dans la vie, son livre, plus accessible, plus intelligible et plus sympathique à toutes les classes qui ont une âme, ne serait pas seulement les délices du monde raffiné, il serait le manuel de toutes les familles, le diapason du cœur humain.

Qu'on nous pardonne un souvenir d'enfant qui tient à ce récit ; nous avons appris à lire dans ce livre ; une mère, élevée dans les élégances d'esprit d'une cour, et reléguée après sa jeunesse par la modicité de sa fortune dans une retraite rurale semblable aux Rochers de madame de Sévigné, trouvait dans cette femme, outre les analogies d'esprit et de cœur, tous les souvenirs du monde aristocratique qu'elle avait fréquenté, tous les recueillements de la solitude champêtre qu'elle habitait avec ses enfants, et tous les épanchements pieux de son cœur de mère qui couvait un nid contre les vents de la vie. Ce livre, ouvert, fermé, rouvert à toutes les pages, était sans cesse sur la tablette de pierre fruste de sa cheminée. Quand nous avions bien mérité du jour par nos leçons bien apprises sous les arbres du jardin et bien récitées sur ses genoux, on nous récompensait en nous lisant quelques lettres choisies et appropriées à nos années, celles surtout où la mère parle à sa fille de ses bois, de son allée, de son chien, de ses rossignols, de sa piété, de ses méditations religieuses au coucher du soleil sur la terrasse de Livry, de son oncle, l'obligeant abbé de Coulanges, de ses amis et de ses voisins venant la distraire de ses plantations ou de ses rêveries du soir. Nous connaissions les sentiers des Rochers et les parterres de Livry comme ceux de notre petit domaine paternel. Ces lieux et ces impressions faisaient corps avec nos pensées de dix ans. Nous voyions notre mère dans cette mère; nous nous voyions nous-mêmes dans ces enfants.

Depuis, le livre m'était tombé des mains. Il y avait assez de tendresse pour tous les âges, il n'y avait plus assez de passion pour ma jeunesse.

Enfin, un jour, le hasard d'une chasse égarée dans les forêts de la haute Bourgogne me conduisit au revers d'une colline boisée, d'où se découvrait à travers les feuilles jaunies et les brumes transparentes de l'automne une large vallée au-dessous de moi. Des prairies en formaient le bassin; une rivière de quelques pas de largeur, traversée à gué par des troupeaux de vaches blanches et de bœufs roux, y serpentait sous une double haie de grands saules. Le vent de l'eau, en retournant les feuilles, les faisait miroiter comme des lames d'argent; cette rivière sans cours et sans murmure semblait sortir au midi de l'ombre d'une vaste étendue de bois, comme un égouttement de la brume sur les innombrables rameaux; du côté du nord, elle étincelait au soleil couchant aussi loin que l'œil pouvait la suivre entre d'autres falaises boisées qui s'entre-croisaient pour la resserrer, ou qui s'entr'ouvraient pour lui ouvrir passage.

Excepté le bassin herbeux de la vallée, tout était forêt continue à l'horizon; un ciel bas et opaque pesait sur la contrée; le silence n'était interrompu de loin en loin que par le mugissement répercuté de quelque vache qui appelait son petit aventuré sur les berges fangeuses de la rivière, et par la cognée des bûcherons qui dépeçaient çà et là de grands chênes abattus sur la lisière des bois, et qui en entassaient les bûches écorcées en piles rouges comme le sang au bord de la rivière. Une fumée de feu de charbonniers s'élevait d'une clairière à quelque distance, et montait en spirale lourde et bleuâtre vers les nuages, comme l'haleine d'un feu trop mouillé de rosée.

C'était la saison et l'heure où les brouillards humides qui sortent des bois rampent sur l'herbe, montent, descendent au plus léger mouvement de l'air, se déchirent, se recomposent, s'éclaircissent de nouveau à un rayon de soleil, et, par leurs ondulations convulsives, semblables à celles des grandes vagues, imitent tout d'une mer tempêtueuse, excepté son bruit.

Tout à coup, au-dessus de ce lit mouvant des brumes, je vis transpercer et surgir, comme une coque de navire en perdition, une tour noire, au faîte de laquelle une volée de corneilles s'ébattait en jetant des cris; deux autres tourelles sortirent peu à peu de l'ombre éclaircie, comme si on les avait dépouillées lambeau par lambeau de leur linceul de brume qui retombait à leurs pieds; puis le toit rouge d'un haut et large donjon carré, puis la longue façade grise d'un château démantelé, percé irrégulièrement de fenêtres hautes ou basses, où le lierre des fossés se cramponnait par touffes aux grillages de fer. Les parapets éboulés de ces fossés trempaient par brèches dans l'eau stagnante qui servait maintenant d'abreuvoir aux bœufs et aux poulains; le pont-levis, dont les chaînes brisées et inutiles pendaient comme deux branches de gibet au-dessus de la porte, était remplacé par une chaussée en pierre. Des charrettes dételées et des gerbes éparses en jonchaient le sol; une paysanne en sabots jetait du grain aux poules sur les marches d'une porte en ogive, dont les écussons mutilés par le marteau de la révolution populaire ressemblaient à un stigmate blanc de boulet sur un mur de rempart. Une seule cheminée fumait en tourbillons d'une fumée noire et épaisse de fagots sur tout le vaste édifice.

Les fenêtres, au lieu de réverbérer le soleil couchant sur des vitres, dégorgeaient par toutes leurs ouvertures ou leurs lucarnes la paille et le foin de la dernière récolte. Des batteurs en grange faisaient entendre le bruit cadencé de leurs fléaux dans la grande salle des gardes. On voyait que le château était devenu une ferme ; mais, par une vicissitude assez ordinaire à ces édifices des siècles passés, trop vastes pour leur possesseur actuel, la ferme était devenue château.

A quelques centaines de pas de l'édifice principal, une maisonnette, adossée à des écuries et à des granges, semblable à un cottage anglais des bois de Richmond ou de Windsor, éclatait de jeunesse, de propreté, d'élégance, au milieu d'une pelouse enceinte de barrières peintes à l'huile et entrelacées de roses tardives et de jasmins odorants. Les fenêtres à grandes vitres de cristal éblouissaient les yeux de la réverbération des derniers rayons du jour ; la fumée imperceptible de bois sec en sortait de plusieurs cheminées en fonte, comme pour inviter les hôtes ; des palefreniers en vestes jaunes y promenaient des chevaux sellés sur des allées de sable devant la porte ; des maîtres ou des visiteurs apparaissaient et disparaissaient sur le seuil ; tout y annonçait la vie, le mouvement, l'opulence d'un foyer d'automne habité par une famille hospitalière.

J'ignorais tout, le château, la ferme, le cottage, les maîtres anciens, les maîtres nouveaux, et jusqu'au nom de la vallée où la voix des meutes sur la piste du chevreuil m'avait emporté.

Pendant que je contemplais, immobile, cette contrée inconnue et cette ruine sans nom pour moi, j'entendis galoper un cheval sur ma trace, et je fus rejoint par un de mes amis compagnons de chasse, M. de Capmas. Il habitait depuis plusieurs années la petite ville de Semur, capitale pittoresque de ces forêts, de ces rochers et de ces torrents. Homme déjà mûr, mais toujours jeune, que sa passion pour la chasse et son aimable cordialité avaient rendu familier et cher à tous les foyers de la haute Bourgogne. Il aimait les vers et la littérature autant que la voix des chiens dans les forêts et le galop des chevaux sous les voûtes de feuilles ; cette analogie de goûts nous avait naturellement liés. Il fut depuis un de mes compagnons de tente dans les déserts de la Mésopotamie et dans les rochers de la Palestine. Hélas! il n'habite plus ici-bas que dans ma mémoire ; mais il est un de ces absents dont on fait toujours commémoration, et dont le souvenir sourit jusque dans la mort!

« Savez-vous où nous sommes? me dit-il avec l'accent d'interrogation fine et suspendue d'un homme qui aime à causer une surprise agréable.

» — Non, lui dis-je, mais c'est un des plus moroses paysages et une des plus mélancoliques ruines que j'aie jamais rencontrées dans nos chasses.

» — Je le crois bien, reprit-il, mais cette vallée et ce château vous donneraient bien plus d'émotion aux yeux et au cœur, si vous en saviez le nom, et si je vous disais de qui ces ruines furent le berceau?

» — Où sommes-nous donc? lui dis-je.

» — A Bourbilly, me répondit-il, château de madame de Sévigné! »

A ce nom, le paysage, indifférent et mort tout à l'heure, s'illumina soudain pour moi comme si on avait allumé un phare sur toutes les tourelles du château et sur toutes le collines du morne horizon ; je crus voir les ondes paresseuses et les flaques d'eau extravasée du Serin dans les prairies réfléchir l'image de cette enfant aux cheveux blonds, devenue l'enfant chéri de son siècle ; je crus entendre son nom murmuré par la rivière, par les feuilles, par les échos des vieux murs, et jusque par les cris des corneilles effarées autour des créneaux du donjon! Puissance d'un nom qui vit et qui fait revivre toute la contrée morte à laquelle il a été une fois identifié !

Toutes les pages du livre chéri de ma mère, depuis longtemps fermées, se rouvrirent et se répandirent en intarissables émotions de souvenir ; mais aucune page ne valait pour moi celle que le hasard venait d'écrire et de peindre dans cette vallée sous mes yeux.

Un autre hasard servit mieux encore ma piété historique pour cette mémoire, qui se confondait dans mon cœur avec celle de ma mère. Le propriétaire actuel du château et des bois de Bourbilly était un ami de mon compagnon de chasse. Il nous reçut en hôte cordial, heureux de secouer la poussière du monument dont son culte pour madame de Sévigné l'avait rendu possesseur, et de nous conduire pas à pas sur toutes les traces que cette famille, devenue par le génie la famille de tout le monde, avaient laissées dans ces sillons, dans ces allées, dans ces salles et ces écussons, et dans ces toiles enfumées suspendues aux murs du château. Nous passâmes deux jours et deux nuits dans ce pèlerinage de souvenirs et de sentiment. L'histoire de madame de Sévigné partait de là à l'âge de dix ans, et revenait là dans sa vieillesse ; c'était le cycle de sa vie : il n'y avait qu'à regarder et à lire pour revivre avec elle toute cette vie.

C'était là en effet qu'elle était née, ou du moins qu'elle avait été allaitée et bercée au printemps de l'année 1626, époque où sa mère, qui l'avait mise au monde pendant un séjour à Paris, la rapporta dans ce nid de famille ; c'est là que ses yeux s'étaient ouverts à la lumière, qu'elle avait essayé ses premiers pas sur ces dalles, balbutié les premiers mots sous ces voûtes, reçu, pendant les années où l'âme émane des lieux, les premières impressions de cette nature, joué dans ces prairies comme le chevreuil de ces forêts, et respiré, avec cet air élastique et toujours frissonnant de la haute Bourgogne, cette vigueur de santé et cette impressionnabilité des sens qui donnèrent à son teint ces *roses* célèbres, et à son âme ce perpétuel frisson de sensibilité, prélude du génie quand il n'est pas le prélude de la passion.

J'étudiais avec complaisance les analogies mystérieuses de ce paysage serein sur un horizon grave avec l'esprit de cette femme mobile dont le sourire éclate sur un fond caché de mélancolie. Qui ne connaît pas le site ne connaît pas la plante, disent les Persans; l'homme est plante jusqu'à un certain âge de la vie, et l'âme a ses racines dans le sol, dans l'air et dans le ciel qui ont formé les sens.

Le père de madame de Sévigné, gentilhomme de haute naissance du Charolais, transplanté dans la haute Bourgogne, était fils de Christophe de Rabutin, baron de Chantal, dont il possédait le fief, près d'Autun, et seigneur de Bourbilly, terre près de Semur.

Christophe de Rabutin avait épousé mademoiselle de Chantal, fille d'un président au parlement de Dijon. A la mort de son mari, tué à la chasse à l'âge de trente-six ans, sa veuve, éprise d'une vénération mystique pour saint François de Sales, gentilhomme de Savoie et évêque de Genève, abandonna la maison de son beau-père infirme et ses enfants pour suivre comme une Madeleine les conseils de la perfection chrétienne la plus raffinée, en désertant les devoirs de la vie commune. Elle cessa d'être mère selon la nature pour devenir mère selon la grâce d'un ordre monastique de femmes connues sous le nom de *sœurs de la Visitation*. Saint François de Sales, homme dont la candeur ne cherchait pas la vertu hors de la nature, détourna longtemps sa prosélyte d'une obsession qui l'édifiait, mais qui lui était importune.. La baronne de Chantal s'obstina; elle passa sur le corps de son fils, qui s'était jeté sur le seuil de la porte pour l'empêcher de sortir de sa maison et d'entrer dans un monastère; elle s'attacha au saint, elle entretint avec lui une correspondance spirituelle; elle fut fondatrice : elle devint sainte. C'est sous ce titre que son ordre la vénère aujourd'hui. Ses religieuses en ont fait leur patronne; mais elle n'est ni celle des mères, ni celle des orphelins.

Ce fils, dont la baronne de Chantal avait franchi le corps pour quitter le monde, fut le père de madame de Sévigné. Il épousa Marie de Coulanges, fille d'un conseiller d'État. Remarqué à la cour par son esprit, à la guerre par sa bravoure, dans quelques duels du temps par sa main prompte à l'épée, il mourut sur le champ de bataille contre les Anglais, à la Rochelle. Grégorio Léti, l'historien de ce temps, dit que M. de Chantal tomba sous l'épée de Cromwell lui-même. Trois chevaux tués sous lui et vingt-sept coups de lance sur le corps attestent son héroïsme.

Sa veuve lui survécut peu. Leur enfant n'avait que six ans à sa mort. Cette enfant, Marie de Rabutin-Chantal, qui devait être un jour le prodige des mères, ne connut ainsi aucune des tendresses de mère; elle inventa la passion maternelle à elle seule. Son aïeule, la baronne de Chantal, tout absorbée dans la fondation de ses quatre-vingts monastères, relégua sa petite-fille orpheline aux soins de sa famille maternelle. On lui donna pour tuteur le vieil abbé de Coulanges, son oncle, qui possédait le prieuré de Livry, près de Paris. Cet oncle devint un père pour l'orpheline. On ignore comment ce vieux abbé, régulier sans rudesse, tendre sans faiblesse, éleva cette enfant sans mère; mais, à quinze ans, une jeune fille accomplie en beauté, en grâce, en instruction sérieuse et en talents précoces, sortit de la solitude de Livry et éblouit, dès sa première apparition, le monde.

Ce qu'on appelait *le monde* alors, c'était la place Royale à Paris, quartier aristocratique renfermant, entre quatre rangs d'arcades ténébreuses, une place plantée de quel-

ques tilleuls. Mais ce quartier était habité par l'élite de
la noblesse et de la littérature françaises. C'était le vestibule des Tuileries, le portique de la cour. Pour aller aux
honneurs, à la considération, à la renommée, à la gloire,
on passait par là. Il y a des pavés qui anoblissent. L'orgueil, la vanité, la prééminence de race ou de profession,
sont si inhérents à la nature humaine, qu'on se fait un
privilége d'une arcade ou d'une fenêtre sur la rue comme
d'un trône dans un palais.

La famille de Coulanges la présenta à la cour. Son
portrait, écrit par madame de La Fayette, les exclamations
échappées à tous ses contemporains illustres, tels que Ménage, Chapelain, Bussy-Rabutin, et les nombreux portraits
peints par les meilleurs artistes de son époque, expliquent
l'attention unanime qui se fixa sur cette jeune fille. Elle
fut enveloppée d'enthousiasme et d'amour; son premier
pas dans le monde trouva l'accueil dans tous les yeux;
cet accueil, qu'elle devait à son visage, ouvrit son âme à
la sérénité : c'est le privilége de la beauté d'éclore ainsi
au milieu de la douce chaleur qu'elle inspire, de la ressentir elle-même, et de commencer la vie par la reconnaissance. Ce premier regard du public est un miroir où la vie
sourit ou se fronce aux yeux d'une jeune femme, et la
prédispose pour jamais à se féliciter ou à s'attrister de
l'existence; c'est la physionomie de sa destinée qui lui
apparaît en un coup d'œil. Tout dans cette physionomie
du monde où elle entrait fut caressant pour la belle orpheline. Elle sentit que la nature l'avait créée pour être l'heureuse favorite, non d'un roi, mais d'un temps. Elle aima
en retour, dès la première heure, ce monde qui l'aimait.

« Je ne veux pas vous écraser de louanges, lui écrivit
à son début madame de La Fayette, dont l'esprit et le
style faisaient autorité dans cette société aristocratique et
lettrée du dix-septième siècle; je ne veux pas m'amuser à

vous dire que votre taille est admirable, que votre teint a une fleur..., que votre bouche, vos dents, vos cheveux, sont incomparables... Votre miroir vous le dit mieux; mais, comme vous ne parlez pas devant votre miroir, il ne peut vous dire ce que vous êtes quand vous parlez... Sachez donc, si par hasard vous l'ignorez encore, que votre esprit pare et embellit tellement votre beauté, qu'il n'y en a point sur la terre d'aussi enivrante, lorsque vous êtes animée dans une conversation sans contrainte. Tout ce que vous dites vous sied si bien, que l'éclat de votre esprit en ajoute à votre teint et à vos yeux; et quoiqu'il semble que l'esprit n'impressionne que les oreilles, il est pourtant certain que le vôtre éblouit par votre physionomie même les yeux... Quand on vous écoute, on cède à la beauté du monde la plus achevée!... »

Le pinceau de Mignard, plusieurs années après ce portrait écrit, nous rend ses beaux cheveux blonds foncés, ondés sur le front comme de petites vagues écumantes au souffle de l'inspiration, et surmontés d'une branche de citronnier en fleur; l'ovale déprimé des joues vers la bouche par la mélancolie, puis légèrement renflé pour donner de la solidité après la délicatesse au menton; un front dont la douce convexité fait glisser la lumière comme une transparence de la pensée; des tempes qui palpitent, des yeux bleus qui rêvent en regardant, des paupières fines, plissées, veinées d'azur et d'albâtre, qui voilent à demi le globe de l'œil; un nez grec et effilé à son confluent avec le front, fortement noué à l'extrémité par le muscle relevé entre les ailes roses des narines; des lèvres qui se reposent l'une contre l'autre d'avoir souri, et qui reprennent peu à peu l'inflexion de la gravité habituelle; une peau à petits grains où courent mille frissons visibles; cette fleur printanière de teint qu'elle avait apportée de ses montagnes natales, et qui ne se flétrit jamais, au récit de ses contemporains, même sous les années et sous les larmes; une physionomie si mobile et si fugitive qu'on peut lui prêter autant d'expressions qu'il y a de nuances dans les sentiments d'une âme féminine; enfin un buste digne de porter cette tête, large aux épaules, fuyant aux bras, libre au sein, svelte à la ceinture, propre à donner à l'attitude ou à la démarche cette dignité, ce mouvement, cette cadence des pas, qui rendent la taille d'une femme, quand elle se lève, inexprimable en mesures et en nombres, mais qui font qu'elle remplit à vos yeux l'espace et qu'elle s'agrandit jusqu'au ciel. C'est ce prestige de l'atmosphère qui rend dans ses portraits madame de Sévigné plus grande que nature. On sent que le peintre, ébloui comme un amant, a voulu répandre autour de cette figure une atmosphère, et qu'il ne peint pas des contours bornés, mais une impression infinie, éparse et invisible autour de la beauté!

Telle était à dix-huit ans, et telle après quarante ans, cette physionomie où l'éblouissement du premier moment se changeait en attrait et en éternelle mémoire dans tous ceux qui la voyaient, ne fût-ce qu'une heure.

Il n'y eut qu'un cri à la cour sur la merveille de la maison de Coulanges. Cette faveur du monde n'altéra pas la modestie de la jeune fille. Elle avait contracté dans la solitude de son adolescence à Livry, dans la lecture des livres graves, dans la société des philosophes jansénistes, voisins et amis de son oncle, une réflexion précoce, une piété solide, des goûts d'esprit, des exercices d'études qui la rendaient plus apte à devenir une seconde Héloïse chez Fulbert qu'une favorite évaporée de cour. Son nom, sa grâce, sa fortune de trois cent mille francs, dot considérable pour le temps, son titre de fille unique, qui permettait aux aspirants à sa main de ne devoir son cœur qu'à sa préférence, la firent rechercher pour épouse par les fils des plus hautes maisons de Paris. Elle leur préféra un jeune gentilhomme breton, Henri de Sévigné ou de *Sévigny*, parent et protégé du cardinal de Retz.

L'abbé de Coulanges, quoique de mœurs sévères, était lié de subordination et de déférence avec ce coadjuteur de Paris. Étourdi, débauché et factieux, le cardinal de Retz, toujours flottant entre la petite intrigue, la grande ambition et la licencieuse volupté de son temps, était l'Alcibiade mitré de la Fronde. On ne pouvait s'empêcher de l'aimer, en le méprisant, comme un enfant à qui la fortune avait donné pour amusement le peuple, le parlement, la cour et l'Église, et qui n'avait fait de tout cela qu'un jouet.

Un reste de popularité attaché à son nom par la Fronde, et un reste de respect attaché à son titre ecclésiastique par l'Église, lui laissaient alors une certaine considération dans le monde; son esprit charmant et léger couvrait les inconséquences de son caractère; on croyait à sa fortune, même après qu'il l'eut dissipée. L'abbé de Coulanges espérait bien d'un jeune militaire protégé par un futur archevêque de Paris. Le cardinal de Retz avait assez de génie pour s'élever un jour au rang de Richelieu et de Mazarin, s'il n'avait pas dévoré d'avance sa haute fortune dans les petites factions. Mademoiselle de Chantal ne vit dans le marquis Henri de Sévigné qu'une charmante figure, une bravoure romanesque, une élégance martiale, un nom bien apparenté à la cour et un attrait pour elle qu'elle inspirait à toute la jeunessse du temps, et qu'elle ne ressentait que pour lui seul. Mais ces grâces du marquis de Sévigné cachaient, sinon des vices, au moins des légèretés d'âme, de mœurs et de caractère qui ne pouvaient se fixer à rien, pas même au bonheur. Le premier pas de cette jeune femme si digne de la constance d'un mari la jeta dans le piége d'un amour ardent en elle, léger et fugitif dans M. de Sévigné. « Il aimait partout, dit Bussy dans ses mémoires, et il n'aima jamais rien d'aussi aimable que sa femme. Il l'estimait sans l'aimer ; elle, sans pouvoir l'estimer, ne put jamais cesser de l'aimer. »

Ce mariage la lança dans un nouveau monde. Les factions, décapitées par la hache du cardinal de Richelieu, avaient renoué après lui leurs tronçons sanglants et ressuscité en guerres civiles. Richelieu avait semé la vengeance avec le sang : c'est la suite naturelle de toute terreur ; on fait honneur à ses exécutions d'avoir éteint les factions dans les supplices ; c'est lui qui les rendit plus implacables et plus nationales en les désespérant. Les princes, les nobles, le parlement, le peuple, se jetèrent dans les rébellions armées et dans les séditions civiles pour échapper aux échafauds ou à la tyrannie dont ce Sylla en robe de pourpre les avait épouvantés.

Mazarin, mille fois plus politique parce qu'il était plus pacificateur et plus humain, paraît moins colossal aux yeux du vulgaire, parce que la politique fait moins de bruit que la terreur, et que le vulgaire comprend mieux la violence que la sagesse ; mais, aux yeux du philosophe et de l'homme d'État, c'est Mazarin qui fut le grand ministre, c'est Richelieu qui fut le grand vengeur. La constance d'Anne d'Autriche dans son attachement à ce conseiller de sa régence, la dictature qu'elle lui donna dans son gouvernement comme dans son cœur, l'habileté tour à tour ferme et souple de cet Italien, neutre dans nos partis, mais nécessaire pour les neutraliser tous ; l'art avec lequel il les balança l'un par l'autre, et finit, après les avoir non vaincus, mais lassés, par les ramener tous d'eux-mêmes, repentants, soumis et obéissants, aux pieds d'un roi de quatorze ans, est le chef-d'œuvre de l'art de gouverner les hommes. C'est précisément parce que ce chef-d'œuvre de diplomatie, d'intelligence, d'obstination au but, de négociation, de tempéraments, de fermeté et de patience, est trop compliqué qu'il n'est pas compris; mais il le sera. Le nom de Mazarin dominera le siècle de Louis XIV; car c'est lui qui a fait le roi, et c'est lui qui a fait le règne. Et quand il mourut à Vincennes, dans son lit, les rênes de l'empire encore dans la main, il remit la France à ce pupille de son génie comme un père remet à son fils son compte de tutelle. Les factions étaient liquidées, les factieux étaient devenus des courtisans, et ce compte de tutelle se soldait par le royaume de France. Malheur au peuple qui estime Richelieu et qui ne comprend pas Mazarin !

Quoi qu'il en soit, à l'époque où madame de Sévigné entrait dans le monde, Mazarin, qui régnait encore, avait si bien pacifié l'empire, que toutes les factions civiles féodales ou parlementaires étaient devenues de simples factions d'esprit, de littérature ou de goût. Le génie littéraire du siècle naissait de la sécurité générale. Les esprits s'étaient fécondés dans la licence, et produisaient dans une autorité modérée. C'est une loi de l'esprit humain : le génie des lettres éclôt à la suite des longues interruptions de la pensée par les révolutions ou par la guerre. Les secousses civiles donnent des répercussions, des exercices, des impatiences d'idées à l'imagination des peuples : après les convulsions démocratiques d'Athènes, le siècle de Périclès; après les proscriptions de Rome et le meurtre inutile de César, le siècle d'Auguste; après les déchirements des républiques italiennes, le siècle des Médicis; après la Ligue et la Fronde, ces guerres féodales de la France, le siècle de Louis XIV; enfin, de nos jours, après les convulsions de la liberté, les bouleversements de l'Europe et la restauration, salutaire à la littérature, des Bourbons, une renaissance intellectuelle dans toute l'Europe; renaissance courte comme cette restauration, mais qui laissera de grands noms à la postérité.

Voyons comment naissait ce siècle littéraire de Louis XIV, et où tant de gloire avait son berceau.

Les hommes et les femmes déjà nés ou prêts à mourir qui composaient, depuis le commencement du siècle, cette élite de l'esprit humain, étaient Malherbe, Corneille, Voiture, le premier Balzac, Ménage, Saint-Évremond, Sarrazin, Chapelain, Pélisson, Pascal, Bossuet, Molière, La Fontaine, Fénelon, Boileau, Racine, Fléchier, Bourdaloue, La Rochefoucauld, La Bruyère, Chaulieu, madame de La Fayette, la marquise de Sablé, la duchesse de Longueville, madame de Cornuel, et enfin madame de Sévigné elle-même, bien jeune alors, attirée par l'éclat de ce qui commençait à briller autour d'elle, et qui ne se doutait pas que son nom, perdu dans la foule, survivrait un jour à presque tous ces noms.

Une jeune femme d'origine italienne, de la maison florentine des Savelli, parents des Médicis, alliés de nos rois, avait apporté en France le goût, le sentiment, les délicatesses, et même les raffinements de la poésie italienne. C'était madame de Rambouillet, femme du marquis de Rambouillet, grand seigneur, ambassadeur et courtisan. Madame de Rambouillet, mariée à seize ans, jeune et belle encore, avait une fille de quinze ans dont elle paraissait être la sœur. La mère avait inspiré à la fille cette passion de la poésie, de l'imagination et des lettres qu'elle avait respirée elle-même avec l'air de l'Arno et des collines de Toscane. Cette fille se nommait Julie d'Angennes, nom encadré depuis dans des guirlandes de vers. La mémoire de ces deux femmes était embaumée des stances du Tasse, de l'Arioste, des tercets du Dante, des sonnets de Pétrarque. Elles cherchaient à prolonger de ce côté des Alpes, dans une langue jusque-là incomplète, les échos de ces divins poëtes, échos eux-mêmes de ceux du siècle d'Auguste. Une analogie de goûts, de nobles loisirs, de lectures et de conversations littéraires, réunissait chez elles tous les hommes et toutes les femmes de la cour et de la ville qui cultivaient leur imagination. Ces deux femmes tenaient la cour de l'esprit français à l'hôtel de Rambouillet, sur la place du Carrousel, à côté de ce palais où Louis XIV tenait la cour de la politique, de l'ambition et de la faveur. La maison de madame de Rambouillet était l'académie des *délicats et des curieux*; c'est ainsi qu'on appelait alors tous ceux qui, sans faire profession du métier des lettres, formaient pour ainsi dire le public ou le parterre exquis des poëtes, des prosateurs et des académiciens officiels de leur temps. Il y a eu sans cesse et jusqu'à nos jours, à Paris, comme il y avait à Athènes, à Rome, à Florence, de ces maisons de goût, présidées par des femmes supérieures en esprit ou en grâces, où le monde et les lettres se rencontrent pour se féconder mutuellement.

Là, dans la noble émulation des plaisirs de l'esprit, et dans l'aimable égalité du culte des choses intellectuelles, tous ceux qui les aiment se confondent avec ceux qui les cultivent. Attirés les uns par le besoin d'être loués, les autres par le plaisir d'admirer, quelques-uns par la vanité de juger, ils forment le foyer précurseur du grand foyer du siècle, l'avant-goût du public, le vestibule de la gloire. Ainsi, Lucrèce Borgia, tant calomniée, à Rome; Éléonore d'Est, à Ferrare; Vittoria Colonna, à Naples; madame de Rambouillet, à Paris, pendant la minorité de Louis XIV; madame de Maintenon, dans la vieillesse de ce roi; madame du Deffant et madame Geoffrin, sous Louis XV; madame la duchesse d'Anville, sous Louis XVI; madame de Staël, dans son exil, sous l'empire; madame de Montcalm, madame la duchesse de Broglie, madame de Saint-Aulaire; madame de Duras, sous la Restauration; madame Récamier, sous le Directoire; puis, sous trois règnes et jusqu'à nos jours, d'autres que l'amitié nous interdit de nommer, cette dynastie élective des femmes supérieures qui groupent autour d'elles les supériorités de leur époque par la seule attraction de leur mérite et de leur accueil, se perpétue de siècle en siècle. Elle ne s'interrompt qu'aux époques des grandes convulsions civiles, et aux époques plus abjectes où la frénésie de l'or, possédant pour un moment le monde, relègue dans le silence et dans l'ombre toutes les autres nobles passions de l'esprit.

Ces temps sont courts comme les éclipses de lumière dans le ciel, comme les éclipses de la pensée sur la terre ; on n'en compte que trois en France : la régence du duc d'Orléans, après le règne de Louis XIV; le Directoire, après la terreur de 1793, et le temps présent, qui se hâte de jouir dans la crainte d'être surpris entre deux spéculations par les écroulements qui ont secoué le monde.

Madame de Sévigné, introduite par son mari dans le salon de madame de Rambouillet, y apportait tout ce qui pouvait la séduire elle-même en y séduisant cette société : une jeunesse qui répandait la fraîcheur du matin et la vie sur tout ; une beauté qui rayonnait involontairement, sans la prétention d'éblouir ou d'éclipser autour d'elle ; enfin, une instruction supérieure à son âge et à son sexe, puisée dans la solitude studieuse de Livry ; une teinture des langues mortes, suffisante pour goûter Homère et Virgile ; une mémoire ornée de tous les chefs-d'œuvre de l'Arioste et du Tasse, et un goût prématuré qui, sans lui ôter l'enthousiasme, lui donnait de bonne heure le discernement, cette expérience de l'esprit.

Tant de charmes et tant d'âme la rendirent en peu de temps, dans cette société, l'objet d'une admiration générale : amitié dans les femmes, protection dans les vieillards, passion dans les jeunes hommes.

La licence des mœurs, encouragée par la publicité des

amours du roi et par les traditions encore vivantes de la Fronde, où les princesses étaient les embaucheuses des factions; l'exemple même du marquis de Sévigné, mari indifférent et amant volage, autorisaient la jeune femme à ces liaisons qui ne scandalisaient plus le temps. Son amour obstiné pour son mari l'en défendit autant que sa vertu. Son nom retentit dans les vers des poëtes, jamais dans les chuchotements de la chronique amoureuse de cette cour. Elle ne vit dans les accents passionnés de ses adorateurs que des jeux d'esprit qui flattaient ses oreilles sans aller jusqu'à son cœur. Elle resta, sans ostentation et sans morgue, pure au milieu de cette corruption. Tous les poëtes de son temps attestent ce désintéressement des passions, si naturel en elle, qu'on l'accusait de froideur.

Cette pureté fut une rare exception de son siècle ; mais elle fut inaltérable, sans être austère. Elle semblait demander grâce plutôt qu'hommages pour sa vertu ; elle joua avec les passions qu'elle inspirait, sans s'en laisser effleurer, et, de tant d'idolâtries qui brûlaient l'encens à ses pieds, elle ne respira que la fumée.

La Fontaine, Montreuil, Ménage, Segrais, Saint-Pavin, Benserade, Racan, la célébraient à l'envi. Le premier lui adressa cette épigramme amoureuse, à propos d'un jeu de société où elle avait paru avec un bandeau sur les yeux :

> De toutes les façons vous avez l'art de plaire ;
> Sous mille aspects divers vous charmez tour à tour.
> Voyant vos yeux bandés, on vous prend pour l'Amour ;
> Les voyant découverts, on vous prend pour sa mère !

Le comte du Lude et le comte de Bussy-Rabutin, les deux hommes les plus séduisants de la cour, affichaient pour elle une adoration dont elle était flattée, mais que son amour pour son mari découragea de toute espérance. Le comte du Lude, caractère noble et généreux, l'en estima davantage. Bussy-Rabutin, qui était son cousin, ne lui pardonna jamais son indifférence. Possédé de tous les genres de vanités qui dépravaient en lui tous les genres de mérite, son amour dédaigné se changea en haine sourde, mais implacable. De courtisan public de sa cousine, il se fit pamphlétaire anonyme dans son *Histoire amoureuse des Gaules*, et il s'efforça honteusement de ternir la vertu dont il n'avait pu triompher.

Madame de Sévigné n'aspirait, au milieu de cette atmosphère d'adoration, qu'à se recueillir, avec le mari qu'elle aimait, dans l'isolement d'une vie paisible, à la campagne, loin des vanités et des séductions de Paris. Elle parvint, au printemps de 1645, à entraîner le marquis de Sévigné dans une de ses terres de Bretagne, aux environs de Vitré.

Cette terre, depuis longtemps négligée, s'appelait *les Rochers*. Ce vieux château fut le gîte de son court bonheur, comme le donjon de Bourbilly avait été celui de son berceau. Cette demeure lui rappelait Bourbilly. Ses murs et ses jardins délabrés attestaient la longue absence de ses possesseurs. Son horizon bornait les désirs et les pensées comme les yeux. Le château s'élevait sur une éminence du sol, au pied de laquelle murmurait une petite rivière cherchant sa pente entre les blocs de granit verdis d'arbustes. L'ombre dormante des châtaigniers, des chênes et des hêtres noircissait les rares clairières; des haies de houx et d'épines encadraient les champs cultivés et les pelouses tachées des fleurs jaunes des genêts; des landes immenses, bornées au loin par la brume, s'éclairaient çà et là d'une nappe d'étang ou d'un rejaillissement de soleil : la mélancolie de la terre s'y communiquait à l'âme. Quelques vestiges d'une antique magnificence marquaient cependant la maison d'un signe de vétusté et de noblesse. De longues avenues, plantées de vieux arbres sur les bords et pavées de gros blocs de pierre fruste, y aboutissaient du côté qui regarde Vitré. La maison était et elle est encore composée d'un donjon peu exhaussé, flanqué de deux larges tours dont les corniches sont bordées de têtes de monstres sculptées grossièrement dans la pierre. Une troisième tour contient l'escalier en limaçon, éclairé par des fentes dans les murs massifs qu'un jour oblique traverse d'étage en étage. De vastes salles nues, voûtées ou plafonnées de noires solives, reçurent les jeunes époux. Ils y vécurent plusieurs années, dans une retraite occupée, pour madame de Sévigné, des soucis de sa tendresse, et, pour son mari, des soins de sa fortune à rétablir et des distinctions que sa province natale offrait à un gentilhomme déjà promu aux grades élevés de l'armée.

Au mois de mars 1647, elle accoucha aux Rochers d'un fils, héritier du cœur et de l'esprit de sa mère, et qui, s'il ne fut pas la passion, fut du moins l'amusement et la consolation de sa vie. L'année suivante lui donna une fille qui fut depuis madame de Grignan, et que sa mère a immortalisée de sa tendresse. M. de Sévigné, que la dernière guerre de la Fronde avait rappelé à l'armée, l'attirait à Paris. Elle y revint avec ses deux enfants au moment où la régente Anne d'Autriche y rentrait triomphante avec le jeune roi, sous la protection de Mazarin.

Les guerres civiles avaient porté jusque dans les villes la licence soldatesque des camps. Le marquis de Sévigné s'attacha à une beauté célèbre dont l'existence rappelait à Paris les grandes courtisanes historiques d'Athènes ou de Rome; profession admise à des conditions de honte dans les civilisations païennes, mais incompatible avec les mœurs chrétiennes, qui allaient devenir si austères peu de temps après. Cette exception avouée à la décence publique dans deux courtisanes presque contemporaines, Marion de Lorme et Ninon de Lenclos, ne peut s'expliquer que par deux considérations historiques : l'introduction de la licence italienne à la cour par les Médicis et leur cortége, et la dépravation de l'aristocratie française par la licence militaire transportée des champs de bataille dans la capitale.

Ninon était fille d'un gentilhomme de Touraine nommé Lenclos. Sa beauté précoce, perfectionnée par les soins d'un père dépravé qui ne lui enseigna pour toute vertu que l'art de séduire, l'introduisit à Paris dans les cercles les plus élégants de la noblesse. Comme musicienne et comme danseuse, elle s'y donna en spectacle dès son enfance. Son esprit sans contrainte, ses passions sans constance, sa philosophie sans frein, la firent rechercher tour à tour par les gentilshommes les plus débauchés de l'époque ; elle ne se vendit point, mais elle se donna à plusieurs, perdant insolemment toute pudeur pour conserver sa liberté. Cette noblesse dans la licence et cette réserve de sa probité dans le vice la firent admettre dans les sociétés légères d'hommes lettrés, et même de femmes peu scrupuleuses qui recherchaient la beauté et l'esprit plus que la vertu. Elle fréquentait assidûment la maison du poëte Scarron, centre alors de la littérature triviale ; la jeune et belle orpheline de la maison d'Aubigné, devenue l'épouse de Scarron, était son amie. A la mort de Scarron, cette étrange amitié subsistait encore ; et l'histoire se confond d'étonnement en voyant la jeune veuve, pieuse, irréprochable, qui devait entrer, si peu d'années après, dans la couche de Louis XIV, partager le logement, la société, et quelquefois le lit de la courtisane Ninon.

Le comte de Bussy-Rabutin, pour détacher le cœur de sa cousine de son mari, afin de devenir son consolateur et son séducteur, instruisit madame de Sévigné de la passion de M. de Sévigné pour Ninon. La douleur de la vertueuse épouse brisa son cœur, mais ne l'amollit pas aux séductions de Bussy; elle lui ferma sa porte avec indignation, et feignit d'ignorer l'infidélité de son mari. « Sévigné, disent les mémoires du temps, n'est point un honnête homme; il ruine sa femme, qui est une des plus agréables de Paris. »

Pour sauver les débris de la fortune de sa nièce et l'avenir de ses enfants, l'abbé de Coulanges la contraignit à se séparer de biens; mais, en prenant cette précaution, elle cautionna son mari pour une somme énorme, égale aux dettes qu'il avait alors. Elle se retira seule aux Rochers avec ses enfants, laissant le marquis de Sévigné à la liberté de ses désordres.

Il s'était attaché à une autre beauté célèbre, rivale de Ninon, nommée madame de Gondran, et d'un nom plus familier, Lolo. Le chevalier d'Albret, cadet de la maison de Miossens, lui disputa sa conquête. Sévigné triompha à force de prodigalités et de passion. Cette rivalité fit du bruit dans Paris; on prévit un duel; on écrivit prématurément à madame de Sévigné, aux Rochers, que son mari avait été blessé par son rival; elle lui adressa une lettre de douleur, de désespoir et de pardon. Le bruit était anticipé; le duel avait été ajourné. Sévigné reçut ainsi en tendres reproches les derniers adieux de celle qu'il trahissait pour un caprice.

Le jour était pris pour le combat : il fut courtois et chevaleresque; les deux combattants s'expliquèrent et s'embrassèrent avant de tirer l'épée, pour satisfaire à ce qu'un usage barbare appelait en France l'honneur. Sévigné reçut le coup mortel, et expira à vingt-sept ans, dans la fleur de sa vie.

Sa femme, qui pardonnait tout à son âge, à sa légèreté, aux habitudes du temps, faillit mourir de douleur en apprenant sa catastrophe; elle accourut à Paris pour s'entourer de ses chers vestiges. Il ne lui restait de son mari que les preuves de son ingratitude. Pour conserver à ses enfants le portrait et les cheveux de celui qu'elle avait tant aimé, elle fut obligée de les demander à madame de Gondran, cette *Lolo*, cause de sa perte. Madame de Gondran lui remit ces cheveux et ce portrait, cruelles consolations; en sorte que cette malheureuse veuve ne put jamais depuis regarder l'image de celui qu'elle adorait sans se retracer en même temps son abandon et son ingratitude!

Cette douleur fut si violente et si obstinée, que madame de Sévigné ne put jamais apercevoir de loin, dans les cercles ou dans les promenades, le chevalier d'Albret ou un des témoins du duel sans tomber en défaillance.

Sévigné avait été son premier amour, il devait être le dernier. De ce jour elle jeta un linceul sur son cœur, et l'ensevelit, pour ainsi dire, tout jeune et tout vivant, avec les cendres de son mari.

Une autre passion possédait déjà toute l'âme de madame de Sévigné : c'était celle de ses enfants, et surtout de sa fille. Elle renonça pour jamais à l'idée d'un second mariage, qui leur aurait donné un autre père. La pensée que ces deux chers fruits de son seul amour pourraient avoir des rivaux de tendresse dans son propre cœur dans les enfants d'un autre lit lui faisait horreur. Elle se dévoua entièrement à leur bonheur, à leur fortune, à leur éducation. La femme n'exista plus en elle; il n'y eut plus que la mère.

« J'ai effacé de ma mémoire toutes les dates de ma vie, écrit-elle dans sa vieillesse, je ne me souviens que de celle de mon mariage et de celle de mon veuvage. » Sous la tutelle de son oncle, le serviable abbé de Coulanges, elle s'occupa, pendant de longues années, à relever les ruines de sa modique fortune des dissipations de son mari, et à l'administration rurale de Bourbilly et des Rochers. Elle passait une partie de l'année avec l'abbé de Coulanges dans ces terres, le reste à Paris ou à Livry, séjour chéri de sa jeunesse. Elle avait relâché ses liens avec le monde sans les rompre; elle prévoyait que son fils aurait besoin de patrons à la cour, et sa fille de mari sortable à sa naissance; elle cultivait pour ses enfants les amitiés qui pouvaient rejaillir en crédit et en faveur sur eux. Sa solide raison l'éloignait des partis extrêmes; elle ne se croyait pas le droit de disposer de son sort tant que celui de son fils et de sa fille ne serait pas fixé. Elle restait mondaine par devoir et aimable par vertu; disons tout, elle l'était aussi par inclination naturelle. Accueillie dans le monde par un enthousiasme universel, regrettée avec passion dès qu'elle s'en absentait; elle jouissait d'autant plus de cette faveur de la cour et des salons, qu'elle ne leur apportait qu'un cœur libre, et qu'elle ne leur demandait que des amitiés.

C'est l'époque où elle se fit le plus d'amis parmi les hommes célèbres et parmi les femmes remarquables de ce siècle fécond en noms devenus illustres. On trouverait sur les adresses de ses lettres le catalogue de toutes les gloires, de tous les mérites et de toutes les hautes vertus de son temps : le prince de Condé, le duc de Rohan, le comte du Lude, toujours épris, quoique toujours écarté, Ménage, Marigny, le cardinal de Retz, Montmorency, Brissac, Bellièvre, Montrésor, Chateaubriand, de Chaulnes, Caumartin, d'Hacqueville, Corbinelli, les Arnauld, pères du jansénisme; Pascal, leur apôtre; d'Humières, d'Argenteuil, Bussy, sans cesse amoureux, sans cesse importun, souvent perfide par ressentiment; Sablonière; l'Écossais Montrose, le martyr héroïque de son roi proscrit; la duchesse de Longueville, l'âme découragée de la Fronde, éteinte malgré son souffle qui l'attisait toujours; la duchesse de Lesdiguières, la duchesse de Montbazon, la princesse Palatine, pour laquelle Cinq-Mars était mort sur l'échafaud; madame Henriette de Coulanges, sœur de l'abbé; madame de Lavardin, madame de Maintenon, mademoiselle de la Vallière, madame de Montespan, mademoiselle de Lavergne, Henriette d'Angennes, devenue comtesse d'Olonne, célèbre alors par sa beauté, depuis par ses scandales; madame de La Fayette, l'amie du grand duc de La Rochefoucauld, l'auteur des *Maximes;* La Rochefoucauld lui-même, ce juge difficile et souverain des mérites et des grâces; de Vardes, Turenne, Bossuet, Corneille, Fénelon, Racine, Molière, La Fontaine, Boileau, apparaissent ou disparaissent tour à tour sur l'horizon du grand siècle. Voilà cette société de la vie entière de madame de Sévigné; voilà les amis, les correspondants ou les sujets de son long commerce épistolaire. Si son temps, revivant dans ses lettres, doit beaucoup à l'intérêt que son style sait y répandre, on ne peut nier que ces lettres ne doivent beaucoup à l'intérêt du temps.

Plusieurs de ces hommes, encore jeunes et déjà illustres, s'efforçaient d'effacer dans le cœur de la belle veuve le souvenir de son mari; le prince de Conti et le surintendant général des finances, le tout-puissant Fouquet, l'obsédaient de leur culte. Fouquet est le seul qui paraît avoir effleuré son cœur. Jeune, beau, respectueux dans les formes, audacieux dans les pensées, disposant en maître aussi absolu que Richelieu ou Mazarin des trésors de la France, tenant dans ses mains les rênes du royaume, assez puissant pour inspirer des ombrages fondés au jeune roi, assez téméraire pour affecter la rivalité avec le roi lui-même en amour, Fouquet s'était déclaré hautement l'adorateur de madame de Sévigné. Elle avait été, sinon touchée, au moins reconnaissante d'un hommage qui effaçait par tant d'éclat tous les autres. Être la pensée dominante d'un homme vers lequel se tournaient alors toutes les pensées de l'amour ou de l'ambition des femmes de cette cour, faisait pardonner par madame de Sévigné au surintendant du royaume la témérité de ses hommages secrets et publics. C'est la seule circonstance dans son long veuvage où l'on aperçoive une impression de réciprocité pour les sentiments tendres qu'elle inspirait sans les encourager, et encore ce fut le malheur seul de Fouquet qui fit transpercer au dehors ce sentiment contenu dans l'âme de madame de Sévigné. Si elle aima une fois, cet amour ne se révéla que par des larmes sur les infortunes de celui qu'elle n'avouait que pour ami.

Le coup qui frappa l'ambitieux ministre fut longtemps invisible sur sa tête; la dissimulation nécessaire aux rois, enseignée dans ses derniers avis, sur son lit de mort, par Mazarin à Louis XIV, prépara tout avec lenteur et mystère, pour que la chute n'eût pas de contre-coup capable d'ébranler son trône. Colbert, esprit probe, sûr, servile, ingrat et envieux, fut son seul confident. Déjà, pendant les derniers mois de la vie de Mazarin, Colbert, quoique créature de Fouquet et confident de ce surintendant des finances, avait dénoncé, dans une lettre secrète à Mazarin, les malversations ou les manœuvres de chiffres à l'aide desquelles Fouquet dissimulait dans ses comptes le véritable état du trésor. Cette dénonciation de Colbert avait éveillé l'attention de Mazarin. Sa mort avait prévenu la vérification du crime; Louis XIV, informé par Mazarin, soupçonnait Fouquet de dilapidation, sans oser l'en convaincre. Les besoins urgents du trésor public le forçaient à ne pas scruter trop avant la conduite de son surintendant, dont l'habile agiotage lui fournissait seul, au premier moment de son règne, les ressources nécessaires à l'administration du royaume et au luxe de la cour. Mais Louis XIV soupçonnait plus que la probité de Fouquet, il suspectait sa fidélité politique; il le croyait capable de rêver de nouvelles factions suscitées contre son maître, pour s'emparer sans rival des affaires, et pour devenir un nouveau Richelieu sous un second Louis XIII, ou un chef de factieux contre une cour dont il ne serait plus le premier ministre. Tout indique que ces soupçons étaient fondés, et que, s'il n'y avait pas encore assez d'indices pour frapper, il y avait assez d'ombres dans la conduite de Fouquet pour se prémunir. Tout justifie Louis XIV d'avoir prévenu le coup par le coup. Les femmes et les poëtes salariés par le surintendant ont pleuré sur sa disgrâce; mais les juges et les hommes d'État ont absous le roi de sa prétendue ingratitude. Fouquet ne dissimulait déjà plus des richesses et des somptuosités dont la source était trop intarissable pour être pure; il achetait par des dons, des pensions, des libéralités royales, les femmes et les hommes qui pouvaient ou combattre ou assurer sa domination dans l'intimité et jusque dans les amours de son maître; il se faisait un parti tout prêt à devenir une faction dans l'État.

Les cassettes trouvées après son emprisonnement dans sa maison de Vaux renfermaient le tarif de ses corruptions et la solde de sa coupable popularité. Maître de plusieurs places fortes du royaume, on le voyait encore fortifier Belle-Isle, sur la côte de Bretagne, et s'assurer un point d'appui solide ou une retraite inexpugnable pour ses desseins. Il avait eu l'audace de tenter même, par l'ambition, le cœur d'Anne d'Autriche, mère du jeune roi, et de lui proposer une ligue pour dominer ensemble le conseil. Il marchandait aussi avec le cardinal de Retz le prix de sa démission de l'archevêché de Paris, pour s'emparer du clergé comme il s'emparait de la cour. Sa place de procureur général du parlement de Paris, qu'il avait eu la précaution de conserver, lui assurait le privilége de n'être jugé que par le parlement, dont il se ménageait la faveur toujours séditieuse. Pour le frapper, il fallait le tromper et lui faire renoncer, par l'appât d'une faveur plus haute, à sa place dans le parlement. Le roi y réussit en le comblant d'espérances, et en lui faisant envisager ses fonctions subalternes comme incompatibles avec celles qu'il lui destinait. Il fallait, de plus, attendre pour sévir contre lui qu'il eût fait rentrer dans le trésor public, à une époque encore éloignée, les millions nécessaires aux services publics, que son agiotage seul y faisait affluer. Une circonstance hâta le dénoûment, mais sans en être la véritable cause.

Un jour que Louis XIV avait accepté une fête du surintendant en son honneur au château de Vaux, le jeune roi, en parcourant les appartements secrets de cette magnifique demeure, aperçut dans un cabinet de tableaux le portrait de mademoiselle de la Vallière, objet de sa première passion publique. Fouquet avait eu l'audace de l'aimer et la témérité de la faire peindre. Le roi, indigné de cette profanation de ses amours, se retira le ressentiment dans le cœur; mais il n'éclata pas encore. Sa mère fit avertir Fouquet par la duchesse de Chevreuse de se défier de la feinte sécurité qui l'entourait. Le roi redoubla de faveur et de fausse confiance pour détourner son ministre de ces pressentiments. Fouquet, tremblant de trop croire à son empire ou de trop s'en défier, flottait entre la pensée de se réfugier en Italie ou de s'enfermer dans Belle-Isle.

Il partit pour Nantes dans cette perplexité. C'était là, hors de Paris et loin du parlement, que le roi avait résolu de l'atteindre. A peine Fouquet était-il parti, que Louis XIV, se défiant lui-même de tous les instruments de son autorité, peut-être vendus secrètement à Fouquet, appela un officier obscur de sa garde, et lui donna l'ordre d'arrêter le surintendant à son arrivée à Nantes. L'officier partit avec dix cavaliers sûrs, devança le ministre à Nantes, et le ramena prisonnier à Paris. Ses papiers saisis, portés chez le roi et scrutés par lui seul, livrèrent à Louis XIV le secret des trames, des amours, des ambitions de Fouquet. On dit que le nom de madame de Sévigné se trouva parmi les noms des femmes qu'il comptait au nombre de ses amies, et sur lesquelles il se réservait de répandre les faveurs de sa prédilection et de sa toute-puissance. On attribua à cette découverte, dont madame de Sévigné était parfaitement innocente, la froideur que Louis XIV témoigna constamment à madame de Sévigné, la femme la plus éminente de son siècle. Louis XIV ne pardonnait jamais volontiers deux torts aux hommes et aux femmes de son entourage : le tort d'avoir trempé dans la Fronde, et le tort d'une trop éclatante supériorité d'esprit. Tout éclat qui ne servait pas à relever le sien l'offusquait. Il aimait le talent, mais à condition de l'enchâsser comme un ornement dans sa couronne. L'adulation était à ses yeux la première condition du génie.

Madame de Sévigné avait l'esprit courtisan, mais elle n'avait pas le cœur servile. L'infortune de Fouquet ne fit que raviver son inclination et sa reconnaissance pour lui. Elle ne sacrifia rien de son attendrissement et de sa pitié à sa complaisance d'opinion pour le roi. Elle témoigna aux disgrâces du surintendant un intérêt si tendre et si hardi, qu'il s'éleva jusqu'au murmure et jusqu'à l'opposition contre ses persécuteurs. Elle fit partie de cette faction de la fidélité et du malheur qui suivit Fouquet jusque devant ses juges et jusqu'à son cachot perpétuel. C'est la chaleur de ce sentiment qui fit éclater, pour la première fois, son ardeur épistolaire dans sa correspondance de tous les jours avec les amis de son ami. Son amitié lui révéla son talent : tout, même la renommée, devait avoir une source pure dans ce cœur né pour les sentiments doux. Ceux qu'elle exprime pour Fouquet ont un accent qu'on ne retrouve nulle part ailleurs dans ses lettres : c'est l'accent d'une pitié si tendre pour l'infortune, qu'on peut le confondre avec l'accent d'un amour contenu.

Louis XIV n'en était pas encore arrivé à cette possession hardie de despotisme qui lui permit, plus tard, tant de proscriptions sans jugement. ...t juger le surintendant, non par des juges indépendants, mais au moins par des commissaires réputés libres. Le procès fut long, difficile, plein de retours, de révélations, d'espérances et de terreurs tour à tour. Madame de Sévigné en suivit les phases avec l'anxiété d'une amie qui ne désavoue rien de son attachement pour un accusé, et qui l'encourage de l'œil et du cœur devant ses juges. Les cassettes trouvées chez le surintendant avaient révélé une correspondance intime, mais innocente, entre la femme gracieuse et le ministre bienveillant. Cette découverte, qui révélait tant de secrètes intelligences et qui faisait trembler tant de coupables, émut, sans la déconcerter, madame de Sévigné; elle brava avec la sécurité d'une bonne conscience le murmure public qui s'éleva contre elle à la lecture de ses lettres :

« Il n'y a rien de plus vrai, écrit-elle à M. de Pomponne, membre de cette famille pieuse des Arnauld, voisin et ami de son oncle l'abbé de Coulanges ; il n'y a rien de plus vrai que l'amitié se réchauffe quand on est dans les mêmes intérêts ; vous m'écrivez si obligeamment là-dessus, que je ne puis y répondre plus juste qu'en vous assurant que je suis dans les mêmes sentiments pour vous que vous avez pour moi. Mais que dites-vous de tout ce qu'on a trouvé dans ces cassettes ? Auriez-vous jamais cru que mes pauvres lettres se trouvassent placées si mystérieusement? Je vous assure, quelque gloire que j'en puisse tirer par ceux qui me rendront justice, de n'avoir jamais eu avec *lui* d'autre commerce que celui-là. Je ne laisse pas d'être sensiblement touchée de me voir obligée de me justifier, et peut-être fort inutilement à l'égard des mille personnes qui ne comprendront jamais cette vérité. Je pense que vous comprenez bien la douleur que cela fait à un cœur comme le mien ; je vous conjure de dire sur cela ce que vous savez ; je ne puis avoir trop d'amis en cette occasion ; j'attends avec impatience monsieur votre frère (l'abbé Arnauld d'Andilly) pour me consoler un peu avec lui de cette étrange aventure. Cependant je ne cesse pas de souhaiter de tout mon cœur du soulagement aux malheureux, et je vous demande toujours la consolation de votre amitié. »

« Remerciez mademoiselle de Scudéri, écrit-elle quelques jours après à Ménage, de rester si courageusement fidèle à son amitié pour Fouquet, et de me défendre contre les insinuations calomnieuses à ce sujet. Je voudrais de tout mon cœur que l'on pût oublier le surintendant lui-même. »

Dans les lettres qu'elle écrit plus tard de sa retraite des Rochers aux Arnauld, exilés pour la cause de Fouquet, elle n'appelle jamais l'accusé que *notre cher ami*. Elle sait que ces lettres seront décachetées par les ennemis de Fouquet, et elle les brave; elle verse des larmes courageuses sur son sort; elle suit de l'œil et de l'oreille son attitude et ses réponses dans les interrogatoires; elle écrit à M. de Pomponne: « Notre cher et malheureux ami a parlé deux heures ce matin, mais si admirablement bien, que plusieurs n'ont pu s'empêcher de l'admirer, M. Renard a dit entre autres : « Il faut avouer que cet homme est incompa-
» rable; il n'a jamais si bien parlé dans le parlement, il se
» possède mieux qu'il n'a jamais fait. » C'était sur les six millions et sur ses dépenses; il n'y a rien de comparable à ce qu'il a dit là-dessus. — Je vous écrirai jeudi ou vendredi. Dieu veuille que ma lettre vous apprenne ce que je souhaite le plus ardemment; priez notre solitaire (Arnauld) de prier Dieu pour notre pauvre ami. »

« Notre cher ami est encore allé sur la sellette. L'abbé d'Effiat l'a salué en passant; il lui rendit son salut avec cette mine riante et fixe que nous connaissons. L'abbé d'Effiat a été si saisi de tendresse qu'il n'en pouvait plus.

» Cela durera encore toute la semaine prochaine, c'est-à-dire qu'entre ci et là, ce n'est pas vivre que la vie que nous passerons. Pour moi, je ne suis pas reconnaissable, et je ne crois pas que je puisse aller jusque-là...

» Au fond de mon cœur, j'ai un petit brin d'espérance; je ne sais d'où il vient, ni où il va, et même il n'est pas assez grand pour que je puisse dormir en repos... Je ne puis voir que les gens avec qui j'en puis parler, et qui sont dans les mêmes sentiments que moi. Elle (madame du Plessis) espère comme je fais, sans en savoir la raison. « Mais pour- » quoi espérez-vous? — Parce que j'espère. » Voilà nos réponses; ne sont-elles pas bien raisonnables? Si nous avions un arrêt tel que nous le souhaitons, le comble de ma joie serait de vous envoyer un homme à cheval à toute bride, qui vous apprendrait cette agréable nouvelle; et le plaisir d'imaginer celui que je vous ferais rendrait le mien entièrement complet. »

Plus loin, elle écrit: « Je ne saurais dire ce que je ferai si cela n'est pas; je ne comprends pas moi-même ce que je deviendrai. »

Elle relève avec orgueil tout ce qui est digne, elle blâme tendrement tout ce qui est imprudent dans les paroles de l'accusé. Elle déplore quelques impatiences de Fouquet contre ses juges.

« Cette manière n'est pas bonne, dit-elle aux Arnauld; il se corrigera; mais, en vérité, la patience échappe, et il me semble que je ferais tout comme lui. »

Elle revient à Paris au moment où le sort de son ami va se décider; elle s'absorbe dans cette seule pensée; elle se nourrit de ses espérances et de ses craintes; elle veut l'entrevoir une dernière fois quand il va comparaître devant le tribunal, elle se déguise, elle couvre son visage d'un masque, en usage alors, pour cacher la pâleur et le frisson de ses traits. « *Ses jambes tremblent, son cœur bat* si vite à son apparition, dit-elle, qu'elle est prête à tomber en défaillance. Je ne crois pas qu'il m'ait reconnue, écrit-elle le soir, mais je vous avoue que j'ai été extrêmement saisie quand je l'ai vu entrer par cette petite porte; si vous saviez combien on est malheureux quand on a le cœur fait comme le mien, vous auriez pitié de moi. J'ai été voir madame de Guénégaud, notre chère voisine; nous avons bien parlé du cher ami; elle a vu *Sapho* (mademoiselle de Scudéri), qui lui a donné du courage; pour moi, j'irai demain en reprendre chez cette amie, car je sens que j'ai besoin de reconfort; ce n'est pas que l'on ne dise mille choses qui doivent faire espérer, mais, mon Dieu! j'ai l'imagination si vive que tout ce qui est incertain me fait mourir! » Puis, s'indignant jusqu'à la révolte contre le gouvernement : « L'émotion est grande, dit-elle, mais la dureté l'est encore plus! » Elle sollicite elle-même le rapporteur du procès, d'Ormesson, comme dans une cause personnelle.

« *Fouquet est un homme dangereux!* » dit le roi, à son lever, quelques jours avant le jugement. Ce mot était un arrêt; cependant madame de Sévigné s'obstinait à ne pas désespérer de la justice ou de la miséricorde des hommes.

« Tout le monde, écrit-elle, s'intéresse dans cette grande affaire; on ne parle pas d'autre chose; on raisonne, on tire des conséquences, on compte sur ses doigts des opinions, on s'attendrit, on craint, on souhaite, on hait, on admire, on est triste, on est accablé; enfin, mon pauvre monsieur, c'est une chose extraordinaire que l'état où l'on est présentement. C'est une chose divine que la résignation et la fermeté de notre cher malheureux! Il sait tous les jours ce qui se passe, et il faudrait faire des volumes à sa louange. »

Qui ne reconnaîtrait dans cet accent celui d'un sentiment supérieur à la passion pour la justice et à l'attendrissement même de l'amitié! Fouquet avait dans madame de Sévigné moins qu'une amante, plus qu'une amie, une providence invisible attachée aux mêmes chaînes que lui et prête à vivre de la même vie ou à mourir de la même mort.

Au 19 décembre 1664 soir, elle écrit : « Louez Dieu, monsieur, et le remerciez, notre pauvre ami est sauvé. Je suis si aise que je suis hors de moi... Je mourais de peur qu'un autre que moi vous eût donné le plaisir d'apprendre la bonne nouvelle. De longtemps je ne serai remise de la joie que j'eus hier. »

Lorsque madame de Sévigné apprit que le roi avait aggravé la sentence d'exil en prison perpétuelle à Pignerol, elle écrit : « Mais non ; ce n'est point de si haut que cela vient. De telles vengeances rudes et basses ne sauraient partir d'un cœur comme celui de notre maître. On se sert de son nom, et on le profane comme vous voyez. Je vous manderai la suite. »

Le mardi 23, elle écrit sur un autre ton : « On espère toujours des adoucissements, je les espère aussi ; l'espérance m'a trop bien servie pour l'abandonner. Ce n'est pas que, toutes les fois qu'à nos ballets je regarde notre maître, ces deux vers du Tasse ne me reviennent à la tête :

Goffredo ascolata, e in rigida sembianza
Porge più di timor che di speranza.

» Cependant je me garde bien de me décourager ; il faut suivre l'exemple de notre pauvre prisonnier : il est gai et tranquille ; soyons-le aussi. »

Ainsi, malgré l'arrêt de Louis XIV, la conscience des juges sauva la tête de Fouquet. Il fut donc condamné à l'exil perpétuel. Le roi trouva la peine trop douce et la liberté de Fouquet trop dangereuse, même hors du royaume ; il interpréta despotiquement l'arrêt, et le changea de sa pleine autorité en une prison perpétuelle dans la forteresse de Pignerol. Tout le monde l'oublia, excepté madame de Sévigné. Il y mourut lentement pendant une captivité au secret de quinze ans, sans qu'un écho de ce monde qu'il avait rempli de son nom perçât jamais les murs de sa prison. A la rigueur du châtiment, on jugea de la terreur que ce ministre ambitieux avait inspirée à son maître. Le seul sentiment tendre que madame de Sévigné ait éprouvé dans sa vie, après son veuvage, fut enseveli pour jamais dans le cachot de son ami. Son cœur, désormais vide de toute tendresse de femme, se reporta tout entier sur ses enfants. Elle ne reçut plus les contre-coups du monde que pour les transmettre avec les émotions de sa sensibilité oisive à sa fille et à ses amis, comme un spectateur désintéressé du drame humain, qui regarde de l'amphithéâtre la scène du monde et qui la raconte à voix basse au dehors à ceux qu'il veut faire participer à ses impressions.

A dater de ce jour, tout le règne de Louis XIV vient se répercuter dans la conversation écrite d'une femme; sa correspondance devient à son insu le chuchotement de l'histoire dans la coulisse du grand siècle. C'est l'heure aussi où son style sort tout nu et tout chaud de son cœur, et où la nature à son insu devient talent.

Disons-en un mot.

Buffon a dit: *Le style est l'homme.* Buffon a dit dans ce mot ce que le style devrait être bien plutôt que ce qu'il est; car, bien souvent, le style est l'écrivain plus qu'il n'est l'homme. L'art s'interpose entre l'écrivain et ce qu'il écrit; ce n'est plus l'homme que vous voyez, c'est le talent. Le chef-d'œuvre des véritables grands écrivains, c'est d'anéantir en eux le talent et de n'exprimer que l'homme; mais, pour cela, il faut que la sensibilité soit plus accomplie en eux que l'art, c'est-à-dire, il faut qu'ils soient plus grands hommes encore par le cœur que par le style. Combien y a-t-il de livres par siècle, et même dans tous les siècles, qui portent ce caractère et qui vous donnent de l'âme une impression plus vivante que du génie? Trois ou quatre. Le livre masque presque toujours l'auteur : pourquoi? Parce que le livre est une œuvre d'art et de volonté, où l'auteur se propose un but, et où il se montre, non ce qu'il est, mais ce qu'il veut paraître. Ce n'est pas dans les livres qu'il faut chercher le véritable style; il n'est pas là. Je me trompe : il est là, mais c'est dans les livres que l'homme a écrits sans penser qu'il faisait un livre, c'est-à-dire dans ses lettres; les lettres, c'est le style à nu; les livres, c'est le style habillé. Les vêtements voilent les formes; en style comme en sculpture, il n'y a de beau que la nudité. La nature a fait la chair, l'homme a fait l'étoffe et la draperie. Voulez-vous voir le chef-d'œuvre, dépouillez la statue: cela est aussi vrai de l'esprit que du corps; ce que nous aimons le mieux des grands écrivains, ce ne sont pas leurs ouvrages, c'est eux-mêmes; les œuvres où ils ont mis le plus d'eux-mêmes sont donc pour nous les meilleures; qui ne préfère mille fois une lettre de Cicéron à une de ses harangues? une lettre de Voltaire à une de ses tragédies? une lettre de madame de Sévigné à tous les romans de mademoiselle de Scudéri, qu'elle appelait *Sapho*, et dont elle regardait d'en bas briller la gloire sans oser élever son ambition si haut? Ces grands esprits ont eu du talent dans leurs ouvrages prémédités d'artistes, mais ils n'ont eu de véritable style que dans leur correspondance; pourquoi encore? Parce que là ils ne pensaient point à en avoir ou à en faire. Ils prenaient comme madame de Sévigné leur sensation sur le fait; ils n'écrivaient pas, ils causaient; leur style n'est plus le style, c'est leur pensée même.

De toutes les facultés de l'esprit, la plus indéfinissable, selon nous, c'est le style, et, si nous avions à notre tour à le définir, nous ne le définirions que par son analogie avec quelque chose qui n'a jamais pu être défini, la physionomie humaine. Nous dirions donc : *Le style est la physionomie de la pensée.*

Regardez bien un visage, et tâchez de vous expliquer à vous-même pourquoi ce visage vous charme, ou vous repousse, ou vous laisse indifférent : le secret de cette indifférence, de ce charme ou de cette répulsion est-il dans tel ou tel trait de ce visage? dans l'ovale plus ou moins régulier du contour? dans la ligne plus ou moins grecque du front? dans le globe plus ou moins enfoncé des yeux? dans leur couleur? dans leur regard? dans le dessin plus ou moins correct des lèvres? dans les nuances plus ou moins vives du teint? Vous ne sauriez le dire, vous ne le saurez jamais; l'impression générale est un mystère, et ce mystère s'appelle physionomie. C'est la contre-épreuve du caractère tout entier sur le front, c'est le résumé vivant et combiné de tous les traits flottants comme une atmosphère de l'âme sur la figure. Tant de nuances concourent à former cette atmosphère qu'il est impossible à l'homme qui la sent de la décomposer; il aime ou il n'aime pas, voilà toute son analyse; le jugement n'est qu'une impression aussi rapide qu'un instinct; il est aussi infaillible en nous que l'impression que nous ressentons en plongeant la main dans une eau brûlante, tiède ou froide; nous avons chaud ou nous avons froid à l'âme en regardant cette physionomie, voilà tout ce qu'il nous est permis de conclure.

Eh bien, il en est de même du style, nous sentons s'il nous charme ou s'il nous laisse languissants, s'il nous réchauffe ou s'il nous glace; mais il est composé de tant d'éléments indéfinissables de l'intelligence, de la pensée et du cœur, qu'il est un mystère pour nous comme la physionomie, et qu'en le ressentant dans ses effets, il nous est impossible de l'analyser dans ses causes. Les rhéteurs n'ont jamais pu l'enseigner ni le surprendre, pas plus que les chimistes n'ont pu saisir le principe de vie qui fuit sous leurs doigts dans les éléments qu'ils élaborent : on sait ce qu'il produit, on ne sait pas ce qu'il est; et comment le saurait-on? l'écrivain ne le sait pas lui-même; c'est un don de sa nature comme la couleur de ses cheveux ou comme la sensibilité de son tact. Énumérez seulement quelques-unes des conditions innombrables de ce qu'on nomme style, et jugez s'il est au pouvoir de la rhétorique de créer dans un homme ou dans une femme une telle réunion de qualités diverses : il faut qu'il soit vrai, et que le mot se modèle sur l'impression, sans quoi il ment à l'esprit, et l'on sent le comédien de parade au lieu de l'homme qui dit ce qu'il éprouve; il faut qu'il soit clair, sans quoi la parole passe dans la forme des mots et laisse l'esprit en suspens dans les ténèbres; il faut qu'il jaillisse, sans quoi l'effort de l'écrivain se fait sentir à l'esprit du lecteur, et la fatigue de l'un se communique à l'autre; il faut qu'il soit transparent, sans quoi on ne lit pas jusqu'au fond de l'âme; il faut qu'il soit simple, sans quoi l'esprit a trop d'étonnement et trop de peine à suivre les raffinements de l'expression, et, pendant qu'il admire la phrase, l'impression s'évapore; il faut qu'il soit coloré, sans quoi il reste terne, quoique juste, et l'objet n'a que des lignes et point de reliefs; il faut qu'il soit imagé, sans quoi l'objet seulement décrit ne se représente dans aucun miroir, et ne devient palpable à aucun sens; il faut qu'il soit sobre, car l'abondance rassasie; il faut qu'il soit abondant, car l'indigence de l'expression atteste la pauvreté de l'intelligence; il faut qu'il soit modeste, car l'éclat éblouit; il faut qu'il soit riche, car le dénûment attriste; il faut qu'il soit naturel, car l'artifice défigure par ses contorsions la pensée; il faut qu'il coure, car le mouvement seul entraîne; il faut qu'il soit chaud, car une douce chaleur est la température de l'âme; il faut qu'il soit facile, car tout ce qui est peiné est pénible; il faut qu'il s'élève et qu'il s'abaisse, car tout ce qui est uniforme est fastidieux; il faut qu'il raisonne, car l'homme est raison; il faut qu'il se passionne, car le cœur est passion; il faut qu'il converse, car la lecture est un entretien avec les absents ou avec les morts; il faut qu'il soit personnel et qu'il ait l'empreinte de l'esprit, car un homme ne ressemble pas à un autre; il faut qu'il soit lyrique, car l'âme a des cris comme la voix; il faut qu'il pleure, car la nature humaine a des gémissements et des larmes; il faut... Mais des pages ne suffiraient pas à énumérer tous les éléments dont se compose le style. Nul ne les réunit jamais dans une langue écrite, dans une telle harmonie que madame de Sévigné. Elle n'est pas un écrivain, elle est le style.

Reprenons sa vie, elle en a fait la lecture à tous ceux qui aiment à se retrouver dans autrui. En l'écoutant vivre, on croit vivre soi-même deux fois. C'est que son livre n'est pas un livre, c'est une vie.

Une seule passion avait succédé dans son âme à celle qu'elle avait eue pour son mari; cette passion, c'était sa fille. Jamais femme ne fut aussi mère. Si vous ôtiez cette fille de l'âme et des lettres de madame de Sévigné, il n'y resterait qu'un grand vide sans mouvement, sans chaleur et sans écho, où rien ne palpite, pas même un cœur. Par un phénomène d'instinct maternel qui ressemble presque autant à un miracle de la nature qu'à un prodige d'affection, bien que cette mère eût enfanté cette fille depuis quinze ans, elle semblait porter toujours ce fruit mal détaché de ses entrailles dans ses flancs. Elle continuait à l'envelopper de sa chaleur, à lui donner sa vie, à vivre de la sienne. Elle ne sentait Dieu, la nature, le monde, ses ambitions, ses vanités, ses amitiés même, que dans cette enfant. Entre l'univers et elle, il y avait sa fille; mais, si l'univers avait disparu et que sa fille lui fût restée, elle ne se serait pas aperçue de la disparition de l'univers. Il faut admettre cette espèce de folie de l'instinct maternel dans l'âme de madame de Sévigné pour comprendre cette connexité absolue d'existence, et cet anéantissement complet de sa personnalité dans un autre. L'antiquité n'a pas de telles fatalités dans ses fables ; il n'y a pas dans l'*Enfer* ou dans le *Paradis* du Dante une telle identification d'un être dans un autre, un tel supplice, un tel bonheur ! Tantôt bonheur et tantôt supplice, comme nous allons le voir en la regardant exister.

Après avoir adoré cette fille, son image vivante et même embellie, dans sa retraite pendant ses années d'enfance, madame de Sévigné la produisit enfin au grand jour de Paris et de la cour. S'il lui en coûtait de laisser échapper son trésor de son sein, sa vanité maternelle, la plus sainte des vanités, l'enivrait d'avance de l'ivresse d'admiration que sa fille allait exciter à son apparition sur cette grande scène. Cet orgueil impersonnel ne fut pas trompé, et ne devait pas l'être : les mémoires et les poésies du temps sont de l'avis de la mère sur les charmes de la fille. Ménage l'appelle *le miracle de nos jours*. Le satiriste Bussy lui-même ne l'appelle jamais que *la plus jolie fille de France*. Elle effaça ce groupe éblouissant de beautés célèbres qui figuraient dans les ballets de Louis XIV, dans les carrousels et dans les fêtes de Fontainebleau. On ne douta pas, à l'envie de ses rivales, que le jeune roi ne fût bientôt ébloui lui-même, et qu'elle ne devînt la favorite de ce règne naissant. Mais, soit que Louis XIV se souvînt trop de ses ressentiments d'enfance contre le nom de Sévigné, trop mêlé à la Fronde, soit que mademoiselle de Sévigné, trop adorée par sa mère, se sentît au-dessus de l'adoration d'un roi, soit enfin qu'elle eût plus l'éclat qui produit l'admiration que cet attrait qui produit l'amour, le roi fut poli, mais insensible à tant de charmes. Mademoiselle de Sévigné, qui avait autant d'esprit, mais un autre esprit que sa mère, sentait elle-même que sa beauté avait plus d'éblouissement que de chaleur. « Au premier moment, écrit-elle à sa mère, on me croit adorable, et quand on me voit davantage on ne m'aime plus. » Madame de Sévigné, qui avait placé toute son ambition en elle, aspirait à lui faire épouser un des grands noms de la cour. La naissance, la beauté, la fortune de sa fille, justifiaient cette espérance. Mais la froideur de la fille, et peut-être aussi la défaveur secrète de la mère dans l'esprit du roi, écartaient les prétendants.

« La plus jolie fille de France vous fait ses compliments, écrivait-elle à son cousin Bussy; ce nom paraît bien séduisant, je suis pourtant lasse d'en faire les honneurs si longtemps. »

Bussy répond : « Je reconnais la bizarrerie du destin dans la difficulté de marier la plus jolie fille de France. »

« La plus jolie fille de France, réplique la mère, est plus digne que jamais de vos hommages, et pourtant sa destinée est si difficile à comprendre que pour moi je m'y perds. »

L'explication de cette destinée, qui humiliait et contristait le cœur de la mère, était tout entière dans la crainte que les grandes familles de cour avaient de participer à la défaveur d'une femme qui tenait aux factions politiques éteintes, par sa jeunesse, et aux factions religieuses naissantes, par ses liaisons avec les Arnauld, entachés de jansénisme.

Elle peint ces solitaires avec un charme infini.

« Je revins hier, dit-elle, du Meni, où j'étais allée pour voir le lendemain M. d'Andilly; je fus six heures avec lui; j'eus toute la joie que peut donner la conversation d'un homme admirable; je vis aussi mon oncle de Sévigné, mais un moment. Le Port-Royal est une Thébaïde; c'est un paradis, c'est un désert où toute la dévotion du christianisme s'est rangée. C'est une sainteté répandue dans tout le pays à une lieue à la ronde. Il y a cinq ou six solitaires qu'on ne connaît point, qui vivent comme les pénitents de saint Jean Climaque; les religieuses sont des anges sur terre. Mademoiselle de Vertus y achève sa vie avec des douleurs inconcevables et une résignation extrême. Tout ce qui les sert, jusqu'aux charretiers, aux bergers, aux ouvriers, tout est modeste. Je vous avoue que j'ai été ravie de voir cette divine solitude dont j'avais tant ouï parler; c'est un vallon affreux, tout propre à inspirer le goût de faire son salut. Je revins coucher au Meni, et hier ici, après avoir embrassé M. d'Andilly en passant. »

Madame de Sévigné crut devoir s'éclipser quelque temps avec sa fille dans sa solitude des Rochers pour laisser passer cette mauvaise étoile, et pour faire regretter de Paris celle qu'on n'y apercevait pas assez : elle se retira en Bretagne, et passa tout un hiver aux Rochers.

Cette absence réveilla, en effet, les regrets sur lesquels son dépit avait compté. Elle fut assaillie de phrases et de vers, où ses amis, ses admirateurs et ses poëtes déploraient son éloignement, et la rappelaient à ce centre d'esprit et d'agrément obscurci depuis qu'elle en retirait sa lumière. Saint-Savin, dans une épître familière, se fit l'interprète avoué de ces regrets. Il la flattait dans sa passion.

> Votre fille est le seul ouvrage
> Que la nature ait achevé;
> Dans les autres elle a rêvé.
> Aussi la terre est trop petite
> Pour y trouver qui la mérite.....

La mère offensée fut sourde à ces repentirs de Paris; elle prolongea jusqu'au printemps son séjour aux Rochers, s'exerçant par la réflexion et par la lecture à se passer du monde. Elle s'y occupait à relever sa fortune pour ses enfants et à embellir sa demeure.

« Je fais planter, dit-elle dans une de ses lettres, une infinité de petits arbres, et un labyrinthe d'où on ne sortira pas sans le fil d'Ariane. J'ai aussi acheté plusieurs morceaux de terre à qui j'ai dit, suivant ma manière accoutumée : *Je vous fais parcs!* de sorte que j'ai étendu mes jardins et mes promenoirs, sans qu'il m'en ait coûté beaucoup! »

A son retour à Paris, après la courte campagne de Louis XIV en Franche-Comté, elle trouva le roi étalant scandaleusement à Compiègne et à Paris, sans respect pour la jeune reine, ses amours mal éteints avec mademoiselle de la Vallière, madame de Monaco, madame de Montespan, légitimant par des actes publics les enfants qu'il avait de ses favorites, faisant enregistrer en termes effrontés au parlement le titre de duchesse qu'il conférait à l'une, enlevant l'autre à son mari, et s'affranchissant des murmures de M. Montespan en l'exilant au fond de la France ; mais la divinité du roi était devenue un dogme si incrusté dans la servilité des courtisans, que les insolences même du roi contre les lois, les mœurs, la religion, le mariage, paraissaient royales, et que, tout en rougissant, la cour adorait.

Bien que madame de Sévigné fût, suivant deux vers italiens de Ménage,

Donna bella, gentil, cortese e saggia,
Di castità, di fede e d'amor tempio;

c'est-à-dire « femme accomplie de beauté, d'amabilité, de vertu, dont l'âme était un sanctuaire de chasteté, de foi et de pur amour! » la corruption de l'exemple tombait de si haut, et le vice se confondait tellement avec la majesté, qu'elle ne se montre pas dans ses lettres aussi scandalisée qu'elle était pure. Pendant ces longues années de dépravation publique, elle continua de suivre sa fille dans les fêtes de la cour ; seulement elle restreint autour d'elle, comme un rempart contre la licence générale des esprits et des mœurs, un petit concile d'hommes et de femmes qui faisaient, par leur sévérité, exception au temps. Ses amis les plus intimes à cette époque étaient madame de Scudéri, tante de mademoiselle de Scudéri, veuve comme madame de Sévigné à trente ans : elle avait épousé un vieillard qu'elle avait aimé malgré son âge, et elle se refusait, comme madame de Sévigné, à de nouveaux liens ; madame de La Fayette, que son attachement au duc de La Rochefoucauld tenait dans un éloignement de la cour, semblable à un blâme muet ; madame de Guénégaud, parente et voisine des Arnauld, au château de Fresnes, près de Livry ; enfin les Arnauld eux-mêmes, les anciens amis de Fouquet et les patrons de Pascal. Elle passa l'été de 1667 dans cet air sain et vivifiant au château de Fresnes.

« Il faut que je vous dise comme je suis, écrit-elle à M. de Pomponne, membre de cette famille des Arnauld et ambassadeur alors en Suède. J'ai M. d'Andilly à ma main gauche, c'est-à-dire du côté de mon cœur ; j'ai madame de La Fayette à ma droite ; madame de Guénégaud devant moi, qui s'amuse à barbouiller de petites images ; un peu plus loin, madame de Motteville (l'auteur des *Mémoires*), qui rêve profondément ; notre oncle de Cessac, que je crains parce que je ne le connais guère ; madame de Caderousse ; mademoiselle sa sœur, qui est un fruit nouveau que vous ne connaissez pas, et mademoiselle de Sévigné sur le tout, allant et venant par le cabinet comme de petits frelons : je suis assurée que cette compagnie vous plairait comme à moi. »

Ce portrait de famille unissait dans ses personnages le vieux siècle au nouveau. Le chef de la famille des Arnauld d'Andilly, âgé à peu près de quatre-vingts ans, avait vu

Richelieu, Mazarin, les orages et les transformations des derniers règnes ; il écrivait, dans sa verte vieillesse, les mémoires qui ont servi de matériaux à notre histoire.

Elle écrit de Livry, 29 avril :

« J'ai fait un fort joli voyage. Je partis hier assez matin de Paris ; j'allai dîner à Pomponne, j'y trouvai notre bonhomme (Arnauld) qui m'attendait ; je n'aurais pas voulu manquer à lui dire adieu. Je le trouvai dans une augmentation de sainteté qui m'étonna : plus il approche de la mort, plus il s'épure. Il me gronda très-sérieusement ; et, transporté de zèle et d'amitié pour moi, il me dit que j'étais folle de ne point songer à me convertir ; que j'étais une jolie païenne, que je faisais de vous une idole dans mon cœur, que cette sorte d'idolâtrie était aussi dangereuse qu'une autre, quoiqu'elle me parût moins criminelle, qu'enfin je songeasse à moi ; il me dit cela si fortement que je n'avais pas le mot à dire. Enfin, après six heures de conversation très-agréable, quoique très-sérieuse, je le quittai et vins ici, où je trouvai tout le triomphe du mois de mai : le rossignol, le coucou, la fauvette, qui ont ouvert le printemps dans la forêt ; je m'y suis promenée tout le soir toute seule ; j'y ai trouvé mes tristes pensées ; mais je ne veux plus vous en parler. J'ai destiné une partie de cette après-dînée à vous écrire dans le jardin, où je suis étourdie de trois ou quatre rossignols qui sont sur ma tête. Ce soir je m'en retourne à Paris pour faire un paquet, et vous l'envoyer. »

Madame de La Fayette, versée comme un érudit dans les langues classiques et qui commentait Horace et Virgile, écrivait en même temps ses premiers romans français, palpitants de toutes les émanations d'un cœur qui se repose d'avoir aimé ; elle déplorait en ce moment l'absence de son ami, le duc de La Rochefoucauld, qui servait, quoique infirme, en volontaire au siége de Lille. Madame de Motteville, cette confidente d'Anne d'Autriche, importune au roi, dont elle avait trop ouvertement blâmé les vices, s'était retirée après la mort de la reine-mère ; elle écrivait en silence ses *Mémoires* avec l'autorité d'une femme qui a tout vu, mais avec les réticences d'une confidente qui sait se taire.

Madame de Guénégaud peignait avec un talent qui rivalisait les grands maîtres du temps. Ses tableaux, suspendus à côté de ceux de Poussin, décoraient la chapelle et la galerie du château de Fresnes. Les entretiens roulaient sur les victoires du roi en Flandre et sur les chefs-d'œuvre du *Misanthrope*, du *Cid* et d'*Andromaque*, dont Molière, Corneille et Racine illustraient cette année la scène. Les juges étaient dignes de ces jeux du génie.

La paix d'Aix-la-Chapelle et la construction de Versailles, et les fêtes que le roi y donna à madame de Montespan, encore dérobée sous le demi-jour, mais déjà reine de son cœur, rappelèrent madame de Sévigné et sa fille à Paris. Elles assistèrent à ces fêtes de 1688, dont la description transporte l'imagination aux féeries du luxe. Mademoiselle de Sévigné, assise à la table du roi, au milieu de trois cents femmes avides de son coup d'œil, les éclipsa toutes. Le roi parut ébloui. Les courtisans, qui devinaient les goûts du maître, se répandirent en idolâtrie pour la nouvelle idole. Le duc de La Feuillade, favori, à qui madame de Montespan portait ombrage, fomenta dans le cœur du roi un penchant qu'il crut entrevoir pour mademoiselle de Sévigné ; le bruit se répandit qu'elle avait conquis la faveur du maître ; le siècle était si assoupli qu'on ne supposa pas même une résistance. Bussy, l'ami de la mère, le protecteur né de la fille, le gentilhomme superbe de sa naissance et de ses grades, se félicite tout haut dans ses lettres de la honteuse faveur de sa jeune cousine. Il se trompait : le roi avait dissimulé sous son attention feinte à mademoiselle de Sévigné sa passion réelle pour madame de Montespan.

Cette fausse faveur ne servit heureusement qu'à la fortune du fils de madame de Sévigné. Ce jeune homme, doué de toute la bravoure de son père et de toutes les grâces de sa mère, n'occupait dans le cœur de madame de Sévigné que le peu de place qu'y laissait sa fille. Les grandes passions ne souffrent pas le partage. Cette mère aimait, mais avec la négligence d'un cœur trop plein d'un autre sentiment exclusif. Le baron de Sévigné, caractère souriant, tolérait sans envie cette négligence de sentiment de sa mère pour lui. Il se rangeait volontairement au second rang dans son cœur; soit amour pour cette mère dont il aimait jusqu'à l'injustice, soit habitude prise de bonne heure de n'occuper dans la famille qu'un rang cher mais subalterne, soit admiration pour cette sœur qui avait accoutumé depuis son berceau tous les familiers de madame de Sévigné à l'enthousiasme, il s'accommodait complaisamment de cette seconde place; il était le courtisan plus que le fils et le frère de sa mère et de sa sœur. Il amusait et intéressait cette mère plus qu'il ne la passionnait. Elle songeait cependant à sa fortune militaire. Son éducation forte et littéraire, sous les soins d'une mère si supérieure, le plaçait au niveau de toute la jeunesse de son âge. Il avait vingt ans, il attendait une occasion de se signaler à l'attention du roi, elle se présenta.

Les Turcs assiégeaient depuis vingt-quatre ans la capitale de la Crète, Candie, défendue par les Vénitiens. La vieille alliance de la France et de la Turquie pour contrebalancer la maison d'Autriche empêchait Louis XIV de porter secours aux Vénitiens; d'un autre côté, l'antipathie religieuse des chrétiens contre les musulmans faisait rougir le roi très-chrétien de laisser succomber le dernier rempart du christianisme dans la Méditerranée, sans lever le bras pour défendre la croix presque abattue sous ses yeux. Il fallait concilier la déférence pour le pape avec sa politique; il ne se présentait qu'un subterfuge, indigne à la fois du politique et du chrétien; l'embarras de conscience le lui fit adopter. Tout en continuant de déclarer amitié aux Turcs, il autorisa le duc de La Feuillade, son favori, à lever un corps de gentilshommes volontaires, qui n'auraient d'autre drapeau que celui de la croix et qui iraient combattre contre les Ottomans. La noblesse française se jeta avec l'impétuosité de son courage dans cette expédition d'aventuriers désavoués mais protégés. Les d'Aubusson, parents du héros de Rhodes, les Langeron, les Beauvau, les Fénelon, les Créqui, les La Rochejacquelein, les Xaintrailles, les Saint-Paul, les Gramont, les Château-Thierry, les Chamborant, s'enrôlèrent sous cette croisade. Turenne, ami et admirateur de madame de Sévigné, conseilla à son fils de commencer sa carrière militaire par cette campagne, sur laquelle la religion et la distance jetteraient le prestige qui couvre toujours les choses d'Orient. Le duc de La Rochefoucauld donna à madame de Sévigné le même conseil. Le jeune comte de Saint-Paul, fils charmant de la belle duchesse de Longueville, et dont le duc de La Rochefoucauld passait pour être le père, levait un escadron de cent cinquante jeunes gentilshommes impatients d'exploits. Le baron de Sévigné partit avec le comte de Saint-Paul. Les Français y montrèrent une valeur qui honora leur nom, mais avec une jactance, une insubordination et une impatience qui perdirent la ville. Ils périrent presque tous dans des sorties contre une armée de Turcs. Les Vénitiens leur reprochèrent leur fougue, ils reprochèrent aux Vénitiens leur prudence; décimés par le sabre des Ottomans, ils laissèrent la plage de Candie couverte des cadavres de leurs chefs; les survivants se rembarquèrent avant la chute de la place, laissant l'île de Crète déplorer le funeste secours qu'ils lui avaient apporté et que leur inconstance avait tourné en ruine.

Le départ de son fils pour une expédition si capricieusement conçue et si capricieusement abandonnée coûta quelques larmes à madame de Sévigné, mais ces larmes furent promptement séchées par un sourire de sa fille. Rien ne manquait profondément à son cœur tant que sa fille lui restait. Sa tendresse même a un accent léger quand elle parle à ses amis de cette absence de son fils.

« Je crois que vous ignorez, écrit-elle, que mon fils est allé en Candie avec le duc de La Feuillade et le comte de Saint-Paul : cette fantaisie lui est entrée fortement dans la tête ; il en a parlé au cardinal de Retz, à M. de Turenne, à M. de La Rochefoucauld. Voyez quels personnages ! J'en ai pleuré amèrement, j'en suis sensiblement affligée ; je n'aurai pas un moment de repos pendant tout ce voyage ; j'en vois tous les périls ; j'en suis morte ; mais enfin je n'ai pas été maîtresse, et, dans ces occasions-là, les mères n'ont pas beaucoup voix au chapitre. »

Quand on compare cette légère mention du départ de son fils pour une campagne où l'héroïque héritier des Sévigné allait braver le fer, et le feu, et la mer, sans beaucoup de chances de retour, avec les explosions de larmes, d'anxiété et de désespoir de la même femme lorsque sa fille entreprend le moindre petit voyage en province par un jour de pluie, on a la mesure du sentiment de cette mère pour son fils ou pour sa fille. Ce fils cependant méritait mieux d'une telle mère. En partant pour l'île de Crète, il avait de lui-même donné à madame de Sévigné sa signature en blanc pour consentir à tous les avantages de fortune qu'il lui conviendrait de faire à sa sœur, dans les stipulations matrimoniales qui pourraient intervenir en son absence.

L'heure désirée et redoutée qui allait séparer la fille de

sa mère sonnait enfin. Le comte de Grignan, lieutenant général du roi en Languedoc, gentilhomme illustre de province, âgé de près de quarante ans, déjà deux fois veuf, d'un esprit plus solide qu'étendu, d'une figure plus terne qu'attrayante, d'un caractère plus ambitieux que séduisant, épousa, le 29 janvier 1669, mademoiselle de Sévigné. La mère, en choisissant M. de Grignan de préférence à un gendre plus jeune, dont le cœur n'aurait pas porté déjà la trace de deux unions et le deuil de deux épouses, n'eut évidemment pour but que de conserver sa fille à Paris. Elle se flattait que M. de Grignan, courtisan estimé du roi, changerait sa place en Languedoc contre une place de la cour dont il avait la promesse. Mademoiselle de Sévigné céda par obéissance et par lassitude d'attendre plus que par inclination. Sa tiédeur naturelle n'avait pas besoin d'amour dans le mariage; sa mère l'avait lassée d'adoration; tout fut convenance, calcul et froide raison dans son consentement à ce mariage. On voit avec quelle ruse d'instinct naturel madame de Sévigné lui en dérobe et s'en dérobe à elle-même toutes les disparités dans ses lettres à ses amis.

« Il faut que je vous apprenne que la plus jolie fille de France épouse, non le plus joli garçon, mais un des plus honnêtes hommes du royaume. Toutes ses femmes sont mortes pour faire place à ma fille, et même son père et son fils, par une bonté extraordinaire, en sorte qu'étant plus riche qu'il n'a jamais été, et se trouvant d'ailleurs, et par sa naissance, et par ses mariages, et par ses bonnes qualités, tel que nous pouvions le souhaiter, nous ne le marchandons point comme on a coutume de le faire, et nous nous en fions bien aux deux familles qui ont passé avant nous. Le public paraît content, c'est beaucoup... Il a du bien, de la qualité, une charge, de l'estime, de la considération dans le monde : que faut-il davantage? Je trouve que nous sommes bien sorties d'intrigue. »

On voit par ces allusions railleuses et presque cruelles au double et heureux veuvage de M. de Grignan, à la mort complaisante de son père et de son fils unique, que sa joie d'avoir trouvé un mari selon ses desseins l'emportait sur la décence même des expressions. On s'apercevra de plus en plus, en lisant sa correspondance, que l'esprit était en plus grande proportion que le sentiment dans sa nature, et qu'à l'exception de sa fille, tout était léger dans ses émotions.

Les premiers mois du mariage de madame de Grignan répondirent en effet aux espérances qu'avait eues madame de Sévigné de ne jamais se séparer de sa fille. Ils s'écoulèrent dans cette douce retraite de Livry, qui rappelait à madame de Sévigné ses plus beaux jours de jeunesse, en abritant encore les plus beaux jours de sa maturité. Tout ce qu'elle écrit de Livry, pendant et après ce séjour, respire la paix, l'ombre et le recueillement de ces bois. Une seule amertume empoisonna pour elle ce bonheur. Un cheval fougueux renversa sous les yeux de la jeune comtesse de Grignan le frère cadet du comte de Grignan. Madame de Grignan était enceinte : l'excès de son émotion la fit défaillir; elle se blessa. Cette sensibilité bien naturelle à l'accident d'un beau-frère qu'elle aimait fut interprétée par la calomnie comme la preuve d'une préférence criminelle de la comtesse pour le plus beau, le plus jeune et le plus aimable des Grignan. Le monde retentit de ces soupçons; les poëtes le consacrèrent dans leurs épigrammes; les femmes, jalouses de la beauté et de la vertu dans une femme, l'élevèrent jusqu'aux oreilles du roi. Madame de Sévigné, atteinte dans ce qu'elle avait de plus vulnérable, la renommée de sa fille, s'en plaignit au duc de La Rochefoucauld et au prince de Condé, qui soufflèrent de haut sur cette calomnie; mais la cicatrice en resta au cœur de madame de Sévigné, et son ressentiment contre celles qui avaient colporté cette rumeur ne s'amortit jamais. Ce ressentiment, qui venait de sa tendresse, est inépuisable.

. . . .

« J'allai chez madame de La Fayette, écrit-elle à sa fille ; M. de La Rochefoucauld y vint ; on ne parla que de vous, de la raison que j'avais d'être touchée, et du dessein de parler comme il faut à *Mellusine* (madame de Marans). Je vous réponds qu'elle sera bien relancée. D'Hacqueville vous rendra un bon compte de cette affaire... »

. . . .

« L'affaire de *Mellusine* est entre les mains de Langlade, après avoir passé par celles de M. de La Rochefoucauld et de d'Hacqueville. Je vous assure qu'elle est bien confondue et bien méprisée par ceux qui ont l'honneur de la connaître. »

. . . .

Un malheur plus réel la menaçait. Ce gendre auquel elle avait sacrifié tant de convenances, dans l'unique espoir de le conserver à Paris, échoua dans ses sollicitations d'une charge à la cour, et fut nommé lieutenant général du roi ou vice-gouverneur de Provence. Cette charge exigeait que M. de Grignan résidât dans son gouvernement ; elle obtint avec peine qu'il laisserait sa fille jusqu'à sa délivrance. Madame de Grignan mit au monde une fille qu'on appela mademoiselle d'Adhémar, qui promettait les charmes de sa mère et l'esprit de sa grand'mère, mais que des ambitions cruelles de famille ensevelirent, dans la fleur de sa beauté, dans un monastère.

On voit, plus tard, que madame de Sévigné ne put conserver au monde cette première fille ; mais elle sauva du cloître Pauline, qui fut depuis madame de Simiane. Il faut l'entendre elle-même ; elle multiplie ses efforts et ses insinuations :

« Votre petite demoiselle (Marie-Blanche, mademoiselle d'Adhémar) me fait pitié d'être destinée à demeurer dans ce couvent, perdue pour vous. En attendant une vocation, vous n'oseriez la remuer, de peur qu'elle ne se dissipe. Cette enfant est d'un esprit chagrin et jaloux, tout propre à se dévorer. »

. . . .

« Je fais réponse à ma chère petite Adhémar (Marie-Blanche) avec une vraie amitié. La pauvre enfant! qu'elle est heureuse, si elle est contente! Cela est, sans doute; mais vous m'entendez bien. »

. . . .

Quelques années après, au sujet de sa seconde fille Pauline, elle écrit :

« Aimez, aimez Pauline ; donnez-vous cet amusement ; ne vous martyrisez point à vous ôter cette petite personne ; que craignez-vous ? Vous ne laisserez pas de la mettre au couvent dans quelques années, quand vous le jugerez nécessaire. Tâtez, tâtez un peu de l'amour maternel ; on doit le trouver assez salé, quand c'est un choix du cœur, et que ce choix regarde une créature aimable. Je vois d'ici cette petite ; elle vous ressemblera, malgré la marque de l'ouvrier. Il est vrai que ce nez est une étrange affaire ; mais il se rajustera, et je vous réponds que Pauline sera belle. »

. . . .

« Je sais comme on reçoit M. de Grignan en Provence. Je lui recommande Pauline, et le prie de la défendre contre votre philosophie. Ne vous ôtez pas tous deux ce joli amusement : hélas! a-t-on si souvent des plaisirs à choisir ? Quand il s'en trouve quelqu'un d'innocent et de naturel sous notre main, il me semble qu'il ne faut pas se faire la cruauté de s'en priver. Je chante donc encore une fois : *Aimez, aimez Pauline, aimez sa grâce extrême.* »

. . . .

« Mais parlons de Pauline, l'aimable, la jolie petite créature ! Je suis étonnée qu'elle ne soit pas devenue sotte et ricaneuse dans ce couvent. Ah ! que vous avez bien fait de l'en retirer. Gardez-la, ma fille, ne vous privez pas de ce plaisir ; la Providence en aura soin. Je vous conseille de ne pas vous défendre de l'aimer, quand vous devriez la marier en Béarn. »

. . . .

« Dites-moi si vous ôterez Pauline d'avec vous ; c'est un prodige que cette petite, son esprit est sa dot. Je la mènerais toujours avec moi, j'en ferais mon plaisir, je me garderais bien de la mettre (au couvent) avec sa sœur. Enfin, comme elle est extraordinaire, je la traiterais extraordinairement. »

. . . .

« Jamais vous ne serez embarrassée de cette enfant ; au contraire, elle pourra vous être utile ; enfin j'en jouirais, et ne me ferais point le martyre de m'ôter cette consolation. »

Cette digression nous a paru nécessaire pour montrer la protestation du cœur de madame de Sévigné contre cette coutume barbare qui sacrifiait les filles à la fortune du fils. Reprenons notre récit à la première séparation de madame de Sévigné d'avec madame de Grignan.

Le frisson de cœur de madame de Sévigné, à l'approche du moment où il faudrait rendre sa fille à son gendre, la saisit le lendemain de la délivrance de madame de Grignan. La douleur la rend pour la première fois éloquente ; ses lettres à M. de Grignan ne sont plus des conversations et des anecdotes, ce sont des supplications et des plaidoyers. Elle lui dispute un à un les semaines, les jours, les heures ; tous les prétextes lui sont des raisons pour ajourner ce fatal départ ; elle sent qu'on va lui arracher son âme, elle a l'agonie de la séparation. Ces lettres palpitent, brûlent, ou transissent comme la peau. La puérilité y devient pathétique ; elle se retient à tout comme quelqu'un qui se noie, même à la pluie qui tombe et au vent qui court.

« Je vous avoue que l'excès d'un si mauvais temps fait que je me suis opposée à son départ pendant quelques jours. Je ne prétends pas qu'elle évite le froid, ni les boues, ni les fatigues du voyage, mais je ne veux pas qu'elle soit noyée. Cette raison, quoique très-forte, ne la retiendrait pas présentement, sans le coadjuteur qui part avec elle, et qui est engagé de marier sa cousine d'Harcourt. Cette cérémonie se fait au Louvre. M. de Lyonne est le procureur ; le roi lui a parlé... Ce serait une chose si étrange que d'aller seule, et c'est une chose si heureuse pour elle d'aller avec son beau-frère, que je ferai tous mes efforts pour qu'ils ne se quittent pas. Cependant les eaux s'écouleront un peu ; je veux vous dire de plus que je ne sens pas le plaisir de l'avoir présentement ; je sais qu'il faut qu'elle parte ; ce qu'elle fait ici ne consiste qu'en devoir et en affaires ; on ne s'attache à nulle société ; on ne prend aucun plaisir ; on a toujours le cœur serré ; on ne cesse de parler de chemins, de pluies, des histoires tragiques de ceux qui se sont hasardés. En un mot, quoique je l'aime comme vous savez, l'état où nous sommes à présent nous pèse et nous ennuie ; ces derniers jours-ci n'ont aucun agrément. Je vous remercie de la pitié que je vous fais ; vous pouvez mieux comprendre qu'un autre ce que je souffre et ce que je vais souffrir ! »

Le surlendemain, nouvel obstacle.

« Les pluies ont été et sont encore si excessives, qu'il y aurait eu de la folie à se hasarder. Toutes les rivières sont débordées, tous les grands chemins sont noyés, toutes les ornières cachées ; on peut fort bien verser dans tous les gués ; enfin, la chose est au point que madame de Rochefort, qui est chez elle à la campagne, qui brûle d'envie de revenir à Paris, où son mari la souhaite, et où sa mère l'attend avec une impatience incroyable, ne peut pas se mettre en chemin, parce qu'il n'y a pas de sûreté, et qu'il est vrai que cet hiver est épouvantable ; il n'a pas gelé un moment, et il a plu tous les jours comme des pluies d'orage ; il ne passe plus aucun bateau sous les ponts ; les arches du Pont-Neuf sont quasi comblées : enfin c'est une chose étrange. »

Enfin le jour arrive ; l'adieu est consommé ; il faut assister dans son cœur même à ses durs moments. On ne sait le plus ou le moins cruel d'avant ou d'après la séparation. Le carrosse de la fille n'est pas encore aux barrières de Paris que déjà la mère s'assied pour lui écrire, espérant la rejoindre au moins par la pensée. On voit même qu'elle étouffe à demi ses sanglots pour ne pas se rendre trop importune à ce qu'elle aime. Cette première lettre après le départ a le désordre d'une âme où la douleur, comme dans une chambre vide, n'a pas encore rangé les traces éparses d'un déménagement.

« Ah ! ma douleur serait bien faible si je pouvais vous la peindre ; aussi je ne l'entreprendrai pas. J'ai beau chercher ma fille, je ne la trouve plus, et tous les pas qu'elle fait l'éloignent de moi !... Je m'en allai donc à cette chapelle de Sainte-Marie, toujours pleurant et toujours mourant ; il me semblait qu'on m'arrachait le cœur et l'âme ; en effet, quelle rude séparation ! Je demandai la liberté d'être seule ; on me mena dans la chambre de madame de Houssuit, on me fit du feu. Agnès me regardait sans me parler ; c'était notre marché. J'y passai jusqu'à cinq heures sans cesser de sangloter ; toutes mes pensées me faisaient mourir. J'écrivis à M. de Grignan, vous pouvez juger sur quel ton ; j'allai ensuite chez madame de La Fayette, qui redoubla mes douleurs par l'intérêt qu'elle y prit : elle était seule et malade, et triste de la mort d'une sœur religieuse. Elle était comme je pouvais la désirer. M. de La Rochefoucauld y vint ; on ne parla plus que de vous, et de la raison que j'avais d'être touchée... Les réveils de la nuit ont été noirs, et le matin je n'étais pas avancée d'un pas pour le repos de mon esprit. L'après-dînée se passa chez madame de la Troche et à l'Arsenal. Le soir, je reçus votre lettre, qui me remit dans mes premiers transports... »

Et cette douleur se nourrit et se renouvelle de tout ce qui rappelle la fille à la mère. Un mois après, sa maison, l'escalier, la chambre où l'adieu s'est consommé, rouvrent par tous ses sens toutes ses blessures :

« Je vous assure, ma chère enfant, lui écrit-elle alors, que je songe à vous continuellement, et que je sens tous les jours ce que vous me dîtes une fois : qu'il ne fallait pas appuyer sur certaines pensées : si l'on ne glissait pas dessus, on serait toujours en larmes, c'est-à-dire moi. Il n'y a lieu dans cette maison qui ne me blesse le cœur. Toute votre chambre me tue; j'y ai fait mettre un paravent tout au milieu pour rompre la vue; une fenêtre de ce degré par où je vous vis monter dans le carrosse de d'Hacqueville, et par où je vous rappelai, me fait peur à moi-même, quand je pense combien alors j'étais capable de me jeter par la fenêtre, car je suis folle quelquefois. Ce cabinet où je vous embrassais sans savoir ce que je faisais; ces Capucins où j'allais entendre la messe; ces larmes qui tombaient de mes yeux à terre comme si c'eût été de l'eau qu'on eût répandue; Sainte-Marie, madame de La Fayette, mon retour dans cette maison, votre appartement, la nuit, le lendemain; et votre première lettre, et toutes les autres, et encore tous les jours; et tous les entretiens de ceux qui entrent dans mes sentiments, ce pauvre d'Hacqueville est le premier; je n'oublierai jamais la pitié qu'il eut de moi! Voilà donc où j'en reviens, il faut glisser sur tout cela, et se bien garder de s'abandonner à ses pensées et aux mouvements de son cœur : j'aime mieux m'occuper de la vie que vous faites maintenant. Cela me fait une diversion, sans m'éloigner pourtant de mon sujet et de mon objet aimé. Je songe donc à vous, et je souhaite toujours de vos lettres; quand je viens d'en recevoir, j'en voudrais bien encore. J'en attends présentement, et je reprendrai ma lettre quand j'aurai de vos nouvelles. J'abuse de vous, ma très-chère; j'ai voulu aujourd'hui me permettre cette lettre d'avance, mon cœur en avait besoin, je n'en ferai pas coutume. »

Cette fixité de regard sur l'objet disparu ne se lasse pas, et suit sa fille dans tout le voyage. Elle craint d'obséder, elle s'efforce quelquefois de sourire à travers les larmes. Le moindre retour de tendresse de son enfant vers elle l'enivre, lui arrache un cri de joie, une flatterie, une caresse; elle veut se faire pardonner de trop aimer par celle qu'elle fatigue d'amour.

« Vous comprenez bien, ma belle, qu'à la manière dont vous m'écrivez, il faut que je pleure en lisant votre lettre. Joignez à la tendresse et à l'inclination naturelle que j'ai pour vous la petite circonstance d'être persuadée que vous m'aimez, et jugez de l'excès de mes sentiments! Méchante! pourquoi me cachez-vous quelquefois de si précieux trésors? vous avez peur que je meure de joie! Mais ne craignez-vous pas aussi que je meure de déplaisir de croire voir le contraire! Je prends votre ami d'Hacqueville à témoin de l'état où il m'a vue autrefois!... Mais quittons ces tristes souvenirs, et laissez-moi jouir d'un bien sans lequel la vie m'est dure et fâcheuse. Ce ne sont point des paroles, ce sont des vérités; madame de Guénégaud me mande de quelle manière elle vous a vue pour moi! Je vous conjure de garder le fond de ces sentiments, mais plus de larmes! elles ne vous sont pas aussi saines qu'à moi! Je suis à présent assez raisonnable, je me soutiens au besoin, et quelquefois je suis quatre ou cinq heures comme une autre;

mais peu de chose me replonge en mon premier état : un souvenir, un lieu, une parole, une pensée un peu trop arrêtée, vos lettres surtout! les miennes même en les écrivant, quelqu'un qui me parle de vous, voilà des écueils à mon courage, et ces écueils se rencontrent souvent. Je vois madame de Villars : je m'y plais parce qu'elle entre dans mes sentiments ; madame de La Fayette comprend aussi les tendresses que j'ai pour vous, elle est touchée de celles que vous me témoignez. J'ai vu cette pauvre madame Amyot, elle pleure bien, je m'y connais! Hélas! de quoi ne me souviens-je pas ! les moindres choses me sont chères. »

A dater de cette séparation commence la véritable œuvre de madame de Sévigné, l'épanchement de sa vie dans ses lettres à sa fille. La correspondance de son esprit fait place à la correspondance de son cœur ; elle n'avait que le génie de l'agrément, le génie de la tendresse éclate sous ses larmes ; elle ne vit plus que pour écrire à sa fille, et pour que la douce assiduité de ses lettres, besoin quotidien de son amour, ne devienne pas une fastidieuse obsession de tendresse éternellement répétée sous sa plume, elle glane partout dans ses détails domestiques, dans ses entretiens, dans ses lectures, dans ses élévations, à la cour, à la ville, à l'armée, et jusque dans les scandales de son siècle, ce qui peut lui faire pardonner de tant écrire. Elle s'efforce d'intéresser et d'amuser, afin qu'on lui pardonne d'attendrir. A cette date aussi commence l'histoire épistolaire du siècle de Louis XIV : une femme cachée dans la rue des Tournelles, ou dans sa retraite des Rochers, tient à son insu la plume d'un secrétaire élégant de ce règne, tandis que Saint-Simon tient celle d'un Tacite des cours dans l'antichambre du Dauphin.

Singulière destinée de ce règne heureux en tout, d'avoir été écrit tout entier dans ses coulisses plus que dans ses annales par une mère qui cherche à amuser sa fille, et par un courtisan qui cherche à stigmatiser ses rivaux. Voltaire, dans son *Histoire du siècle de Louis XIV*, est moins historique que ces deux échos. On peut affirmer que cette bonne fortune d'avoir eu pour annalistes involontaires une mère aussi émue que madame de Sévigné, et un satiriste aussi passionné que Saint-Simon, a beaucoup contribué à l'intérêt et au retentissement de cette grande époque. La correspondance privée de madame de Sévigné devient donc tout à coup une chronique de France. On y voit passer en quelques lignes, en impressions successives, en anecdotes, en portraits, en confidences, en demi-mots, en réticences, en applaudissements et en murmures, mais on y voit passer tout vivants, les événements, les hommes, les femmes, les gloires, les hontes, les douleurs du siècle. Il y a sur chacune de ces pages une empreinte du temps devenue ineffaçable sous cette main de femme. C'est le tableau de famille du dix-septième siècle, retrouvé sous la poussière du château de Grignan pour la dernière postérité.

On ne peut ni réduire, ni analyser, ni graver un pareil tableau, il faut le lire traits par traits épars dans deux mille lettres, et le peintre y est tellement confondu avec les figures, qu'en étudiant le siècle on s'apparente forcément avec l'écrivain. Aussi serait-il impossible d'enlever madame de Sévigné du tableau sans déchirer la toile, et sans qu'il manquât la plus vive couleur et la plus naïve expression à ce règne.

L'absence de madame de Grignan ne sépara madame de Sévigné de sa fille que des yeux. Jamais elle ne lui fut plus présente. Les intérêts de monsieur et de madame de Grignan, devenus désormais sa seule pensée, la rendirent plus ambitieuse que la nature ne l'avait faite; elle fit attention à tout ce qui pouvait servir ou desservir à la cour la fortune de son gendre; elle se fit l'ambassadeur perpétuel du nouveau gouverneur de Provence auprès des hommes de qui cette fortune et cette considération dépendaient, pendant qu'elle écrivait d'admirables conseils politiques à M. de Grignan, pour lui apprendre à ménager les partis, les intérêts, les vanités, à Aix et à Marseille; elle se répandait plus que jamais dans les sociétés influentes de Paris pour y faire valoir ses services; elle y cultivait avec assiduité toutes les amitiés de la jeunesse pour les reporter sur sa fille. Jusque-là elle avait joui négligemment d'être aimée; maintenant elle aspirait volontairement à plaire. Ses agréments n'étaient plus seulement des hasards, c'étaient des moyens; sa beauté toujours jeune, ses entretiens toujours recherchés, son esprit plus souple et plus caressant que jamais, étaient devenus la diplomatie des deux familles. Elle ne négligeait plus rien de ce qui pouvait rendre son nom agréable au roi et aux favorites. Son fils, revenu de la malheureuse campagne de Candie, avait besoin de faveur pour s'élever dans l'armée. C'est aussi le temps où, la cour commençant à tourner à la dévotion espagnole, transmise avec le sang de Philippe II par Anne d'Autriche à son fils, madame de Sévigné suit à son insu le courant d'idées qui mène à la fois au ciel et à la faveur royale; sa vie prend le pli, ses lettres prennent l'accent, ses pensées contractent sous leur légèreté superficielle une certaine onction de piété facile. On peut croire que la douleur de vivre loin de l'objet unique de sa passion l'incline aussi plus naturellement vers la source des consolations surnaturelles. Il faut remarquer à sa gloire, cependant, que cette dévotion, devenue à cette époque un costume de cour, ne fut jamais chez elle une lâche adulation au parti dominant dans le conseil de la conscience du roi; elle resta secrètement fidèle à ses premières amitiés et à ses constantes vénérations pour les Arnauld, les rigoristes et les indépendants du catholicisme; ses gémissements et des tendresses pour les solitaires persécutés de Port-Royal éclatent dans ses lettres avec un accent de sainte opposition qui absout de servilité sa dévotion ; elle lisait beaucoup les *Essais* de Nicole. Ce philosophe stoïque du détachement des choses humaines la persuadait.

« Je poursuis cette *Morale* de Nicole, que je trouve délicieuse ; elle ne m'a encore donné aucune leçon contre la pluie, mais j'en attends : car j'y trouve tout, et la conformité à la volonté de Dieu pourrait me suffire, si je ne voulais un remède spécifique. Enfin je trouve ce livre admirable ; personne n'a encore écrit comme ces messieurs ; car je mets Pascal de moitié à tout ce qui est beau. On aime tant à entendre parler de soi et de ses sentiments, que, quoique ce soit en mal, on en est charmé. J'ai même pardonné l'*enflure* du cœur en faveur du reste, et je maintiens qu'il n'y a point d'autre mot pour expliquer la vanité et l'orgueil, qui sont proprement du vent : cherchez un autre mot, j'achèverai cette lecture avec plaisir. »

. . . .

« Je lis M. Nicole avec un plaisir qui m'enlève ; surtout je suis charmée du troisième traité, des moyens de conserver la paix avec les hommes : lisez-le, je vous prie, avec attention, et comme chacun s'y trouve, et philosophes, et jansénistes, et molinistes, et tout le monde enfin ; ce qui s'appelle chercher au fond du cœur avec une lanterne, c'est ce qu'il fait ; il nous découvre ce que nous sentons tous les jours, et que nous n'avons pas l'esprit de démêler, ou la sincérité d'avouer ; en un mot, je n'ai jamais vu écrire comme ces messieurs-là. »

. . . .

« Vous savez que je suis toujours un peu entêtée de mes lectures. Ceux à qui je parle ont intérêt que je lise de bons livres. Celui dont il s'agit présentement, c'est cette *Morale* de Nicole ; il y a un traité sur les moyens d'entretenir la paix entre les hommes, qui me ravit. Je n'ai jamais rien vu de plus utile, ni si plein d'esprit et de lumières : si vous ne l'avez pas lu, lisez-le ; si vous l'avez lu, relisez-le avec une nouvelle attention : je crois que tout le monde s'y trouve ; pour moi, je suis persuadée qu'il a été fait à mon intention ; j'espère aussi d'en profiter, j'y ferai mes efforts. Vous savez que je ne puis souffrir que les vieilles gens disent : « Je suis trop vieux pour me corriger » ; je pardonnerais plutôt aux jeunes gens de dire : « Je suis trop jeune. » La jeunesse est si aimable qu'il faudrait l'adorer, si l'âme et l'esprit étaient aussi parfaits que le corps ; mais, quand on n'est plus jeune, c'est alors qu'il faut se perfectionner, et tâcher de regagner par les bonnes qualités ce qu'on perd du côté des agréables. Il y a longtemps que j'ai fait ces réflexions, et, par cette raison, je veux tous les jours travailler à mon esprit, à mon âme, à mon cœur, à mes sentiments. Voilà de quoi je suis remplie, et de quoi je remplis cette lettre, n'ayant pas beaucoup d'autres sujets. »

. . . .

« Voilà les tours que me fait mon imagination à tout moment ; il me semble toujours que tout ce que j'aime, que tout ce qui m'est bon, va m'échapper ; et cela donne de telles détresses à mon cœur, que, si elles étaient continuelles comme elles sont vives, je n'y pourrais pas résister ; sur cela il faut faire des actes de résignation à l'ordre et à la volonté de Dieu. M. Nicole n'est-il pas encore admirable là-dessus ? J'en suis charmée, je n'ai rien vu de pareil. Il est vrai que c'est une perfection un peu au-dessus de l'humanité, que l'indifférence qu'il veut de nous pour l'estime et l'improbation du monde ; je suis moins capable que personne de la comprendre ; mais, quoique dans l'exécution on se trouve faible, c'est pourtant un plaisir que de méditer avec lui, et de faire réflexion sur la vanité de la joie ou de la tristesse que nous recevons d'une telle fumée ; et à force de trouver un raisonnement vrai, il ne serait pas impossible qu'on s'en servît dans certaines occasions. En un mot, c'est toujours un trésor, quoi que nous en puissions faire, d'avoir un si bon miroir des faiblesses de notre cœur. M. d'Andilly est aussi content que nous de ce beau livre. »

. . . .

« Il s'en faut bien que le livre de M. Nicole ne fasse en moi d'aussi beaux effets qu'en M. de Grignan ; j'ai des liens de tous côtés ; mais surtout j'en ai un qui est dans la moelle de mes os ; et que fera là-dessus M. Nicole ? Mon Dieu, que je sais bien l'admirer ; mais que je suis loin de cette bienheureuse indifférence qu'il veut nous inspirer ! »

Elle s'accusait à sa fille de sentir l'élévation de cette morale sans avoir la force de sevrer son cœur de l'affection qui le remplissait. « Hélas ! mes paroles sont assez bonnes. Je les range comme ceux qui disent bien ; mais la tendresse de mes sentiments me tue ; par exemple, je n'ai point été trompée par les douleurs d'être séparée de vous ; je les ai imaginées comme je les sens. J'ai toujours compris que rien ne remplirait votre place ; que votre souvenir me serait toujours sensible au cœur, que je m'ennuierais de votre absence, que jour et nuit je serais occupée de vous ! Oui, je suis tout cela comme je l'avais pressenti ; il y a plusieurs endroits sur lesquels je n'ai pas la force d'appuyer ; toute ma pensée glisse là-dessus, comme vous disiez, et je n'ai pas trouvé que le proverbe fût vrai pour moi, d'*avoir la robe selon le froid*. Je n'ai point de robe pour ce froid-là ! »

Elle allait chercher ses consolations dans les temples et ses souvenirs à Livry. « Mon enfant, écrit-elle quelques jours après, il y a trois heures que je suis partie de Paris avec l'abbé (de Coulanges), Hélène (sa femme de chambre), Hébert (son valet de chambre) et Marphise (sa chienne), dans le dessein de me retirer du monde et du bruit jusqu'à jeudi soir. Je prétends être en solitude, je fais de lui une petite Trappe ; je veux prier Dieu, y faire mille réflexions : j'ai résolu d'y jeûner beaucoup pour toutes sortes de raisons ; de marcher pour tout le temps que j'ai été dans ma chambre, et surtout de m'y ennuyer pour l'amour de Dieu. Mais ce que je ferai beaucoup mieux que tout cela, c'est de penser à vous, ma fille ; je n'ai point encore cessé depuis que je suis arrivée, et, ne pouvant contenir tous mes sentiments, je me suis mise à vous écrire au bout de cette petite allée sombre que vous aimez, assise sur ce siége de mousse où je vous ai vue quelquefois couchée. Mais, mon Dieu, où ne vous ai-je point vue ici ? et de quelle façon toutes ces pensées me traversent-elles le cœur ! Il n'y a point d'endroit, point de lieu, ni dans la maison, ni dans l'église, ni dans le pays, ni dans le jardin, où je ne vous aie vue... Je vous vois, vous m'êtes présente, je pense et repense à vous, ma tête et mon esprit se creusent ; mais j'ai beau tourner, j'ai beau chercher cette chère enfant que j'aime avec tant de passion, elle est à deux cents lieues de moi, je ne l'ai plus. Sur cela, je pleure sans pouvoir m'en empêcher. Ma bonne, voilà qui est bien faible ; pour moi, je ne sais pas être forte contre ma tendresse, si juste et si naturelle. L'état où ce lieu m'a mise est une chose incroyable. Je vous prie de ne pas parler de ma faiblesse ; mais vous devez aimer et respecter mes larmes, qui viennent d'un cœur tout à vous.

» Si j'avais autant pleuré mes péchés que j'ai pleuré pour vous depuis que je suis ici, je serais très-bien disposée pour faire mes Pâques et mon jubilé. J'ai passé ici le temps que j'avais résolu, et de la manière dont je l'avais prévu. C'est une chose étrange qu'une imagination vive qui représente toutes choses comme si elles étaient encore ; sur cela on songe au présent, et quand on a le cœur comme je l'ai, on se meurt. Je ne sais où me sauver de vous, notre maison de Paris m'assomme encore tous les jours, et Livry m'achève. Pour vous, c'est par un effort de mémoire que vous pensez à moi ; la Provence n'est point obligée de me rendre à vous, comme ces lieux-ci doivent vous rendre à moi. J'ai trouvé de la douceur dans la tristesse que j'ai eue ici. Une grande solitude, un grand silence, un office triste, des ténèbres chantées avec dévotion, un jeune canonique et une beauté dans ces jardins dont vous seriez charmée, tout cela m'a plu. Je n'avais jamais été à Livry la semaine sainte.

» Hélas ! que je vous y ai souhaitée ! Quelque ennemie que vous soyez de la solitude, vous auriez été contente de celle-ci.

» Mais je m'en retourne à Paris par nécessité. »

L'absence du roi de Paris, la fluctuation de sa vie dans le vide, le besoin de repasser sur les traces de ses beaux jours de recueillement avec sa fille, la ramènent aux Rochers, au fond de la Bretagne, pendant la session des états de la province où son fils représentait la noblesse. C'est là que toute sa légèreté s'évapore, et que la solitude pour laquelle elle semblait si peu faite l'enveloppe du seul bonheur qui lui reste, ses souvenirs et ses tristesses. La perte de la présence de sa fille en a fait une autre femme ; elle s'y plonge dans toute la poésie des larmes, elle y épuise l'infini du regret, elle y découvre ces délicieuses sympathies entre la nature inanimée et l'âme vivante qui ont fait depuis le génie de Jean-Jacques Rousseau, de Bernardin de Saint-Pierre, de Chateaubriand, et qui étaient des mystères pour les écrivains de la cour toute mondaine de Louis XIV.

« Enfin, ma fille, me voici dans ces pauvres Rochers : peut-on revoir ces allées, ces devises, ce petit cabinet, ces livres, cette chambre, sans mourir de tristesse? Il y a des souvenirs agréables ; mais il y en a de si vifs et de si tendres, qu'on a peine à les supporter. Ceux que j'ai de vous sont de ce nombre. Ne comprenez-vous pas bien l'effet que cela peut faire dans un cœur comme le mien? J'ai quelquefois des rêveries, dans ces bois, d'une telle noirceur, que j'en reviens plus changée que dans un accès de fièvre : là je rêve tout ce qu'on peut rêver ; j'en ai le temps et le lieu ; j'ai le champ libre dans mon jardin pour y faire ce qui me plaît, il me plaît de m'y promener le soir jusqu'à huit heures ; mon fils n'y est plus, cela fait un silence, une tranquillité, une solitude que je ne crois pas qu'on puisse rencontrer ailleurs. Je ne vous dis point à qui je pense, ni avec quelle tendresse? Quand on devine, il n'est pas besoin de parler. Nous lisons toujours le Tasse et cette *Morale* de Nicole, qui est admirable, et la *Cléopâtre* de mademoiselle de Scudéri aux heures perdues : c'est ordinairement sur cette lecture que je m'endors ! »

« Ah ! mon enfant, poursuit-elle à une autre heure, que je viens de bien me promener dans l'*Humeur de ma fille* (nom qu'elle avait donné, dans l'enfance de madame de Grignan, à une allée de ses bois où sa fille aimait à rêver seule) ! Je viens de ce bois ; vraiment ces allées sont d'un charme duquel je ne me lasse pas ! Il y en a six que vous ne connaissez pas du tout, mais celles que vous connaissez sont embellies par la croissance des arbres ; il fait à présent beau et sec, j'y demeure entre chien et loup ; c'est là que j'ai le loisir de vous aimer. Je vous remercie, mon enfant, d'avoir conservé quelque doux souvenir du *patrio nido!* et pourquoi serait-il impossible de vous revoir dans ces belles allées?... »

Elle puise alors dans son âme, pour l'intérêt de ses lettres à sa fille, tout ce que la vie de la campagne offre de douces vicissitudes quotidiennes, de détails domestiques, de distractions familières. On la suit dans les promenades, dans ses visites à ses voisins, dans ses parterres, dans ses soirées d'automne au coin du feu, dans ses lectures, dans ses badinages avec son fils, qu'elle ne traite jamais sérieusement ; jusque dans ses regrets d'avoir laissé sa chienne Marphise à Paris, et dans ses remords d'en avoir adopté et d'en aimer une autre.

« Vous êtes étonnée que j'aie un petit chien, voici l'aventure. J'appelais par contenance une chienne courante d'une madame qui demeure au bout de ce parc. Madame de Tarente me dit : « Quoi ! vous appelez un chien ? Je veux vous » en envoyer un, le plus joli du monde. » Je la remerciai et lui dis la résolution que j'avais prise de ne plus m'engager dans cette sottise. Cela se passe, on n'y pense plus. Deux jours après, je vois entrer un valet de chambre avec une petite maison de chien toute pleine de rubans, et sortir de cette jolie maison un petit chien tout parfumé, d'une beauté extraordinaire, des oreilles, des soies, une haleine douce, petit comme une sylphide, blondin comme un blondin ; jamais je ne fus plus étonnée ni plus embarrassée. Je voulus le renvoyer, on ne voulut jamais le reporter. La femme de chambre qui l'a élevé en a pensé mourir de douleur. C'est Marie qui aime le petit chien ! il couche dans sa maison et dans la chambre de Beaulieu ; il ne mange que du pain ; je ne m'y attache point ; mais il commence à m'aimer, je crains de succomber. Voilà l'histoire que je vous prie de ne point mander à Marphise, car je crains ses reproches. Au reste, une propreté extraordinaire ; il s'appelle Fidèle ; c'est un nom que les amants de la princesse n'ont jamais mérité de porter ; ils ont été pourtant d'un assez bel air ; je vous conterai quelque jour ses aventures... »

« Ce que vous me dites sur Fidèle est fort plaisant et fort joli. C'est la vraie conduite d'une coquette que celle que j'ai eue. Il est vrai que j'en ai honte et que je m'en justifie, comme vous avez vu ; car il est certain que j'aspirais au chef-d'œuvre de n'avoir aimé qu'un chien, malgré les *Maximes* de M. de La Rochefoucauld, et je suis embarrassée de Marphise ; je ne comprends pas ce qu'on en fait ; quelle raison lui donnerai-je ? Cela me jette insensiblement dans les menteries ; tout au moins je lui conterai bien toutes les circonstances de mon nouvel engagement. Enfin c'est un embarras où j'ai résolu de ne jamais me retrouver : c'est un grand exemple de la misère humaine ; ce malheur m'est arrivé par le voisinage de Vitré. »

La légèreté, les amours, les repentirs de son fils, sont le texte habituel de ses confidences à sa fille. Mais il n'est que l'objet de son enjouement qui le sacrifie sans cesse au sourire de sa sœur.

« Comme je venais de me promener avant-hier, je trouvai au bout du mail le *frater*, qui se mit à deux genoux aussitôt qu'il m'aperçut, se sentant si coupable d'avoir été trois semaines sous terre à chanter matines, qu'il ne croyait pas pouvoir m'aborder d'une autre façon. J'avais bien résolu de le gronder, et je ne sus jamais où trouver de la colère ; je fus fort aise de le voir. Vous savez comme il est divertissant ; il m'embrassa mille fois ; il me donna les plus méchantes raisons du monde, que je pris pour bonnes. Nous causons fort, nous lisons, nous nous promenons et nous achevons ainsi l'année, c'est-à-dire le reste. »

Elle entremêla cependant sa solitude de visites à monsieur et madame de Chaulnes ; il faut lire ces triomphantes descriptions des états, on se sent en pleine Bretagne du dix-septième siècle.

Juin 1671. « Je ne sais encore, écrit-elle à sa fille, ce que me feront les états ; je crois que je m'enfuirai de peur d'être ruinée. C'est une belle chose que d'aller dépenser mille écus en fricassées et en dîners, pour l'honneur d'être la maison de plaisance de monsieur et madame de Chaulnes, de madame de Rohan, de M. de Lavardin, et de toute la Bretagne, qui, sans me connaître, pour le plaisir de contrefaire les autres, ne manquerait pas de venir ici. Nous verrons.

» J'allai dîner lundi chez M. de Chaulnes, qui fait tenir les états deux fois par jour, de peur qu'on ne vienne me voir. Je n'ose vous dire les honneurs qu'on me fait dans ces états; cela est ridicule. Cependant je n'y ai point encore couché, et je ne puis quitter mes bois ni mes promenades, quelque prière que l'on me fasse. »

Août 1671. « Enfin, ma chère fille, me voilà en pleins états, sans cela les états seraient en pleins Rochers. Dimanche dernier, aussitôt que j'eus cacheté mes lettres, je vis entrer quatre carrosses à six chevaux dans ma cour, avec cinquante gardes à cheval, plusieurs chevaux de main et plusieurs juges à cheval. C'étaient M. de Chaulnes, M. de Rohan, M. de Lavardin, MM. Coëtlogon, de Locmarie, les barons de Guais, les évêques de Rennes, de Saint-Malo, les MM. d'Argouges, et huit ou dix que je ne connais point; j'oublie M. d'Harouïs, qui ne vaut pas la peine d'être nommé. Je reçois tout cela : on dit et on répondit beaucoup de choses. Après une promenade dont ils furent fort contents, une collation très-bonne et très-galante sortit d'un des bouts du mail, surtout du vin de Bourgogne, qui passa comme de l'eau de Forges; on fut persuadé que cela s'était fait avec un coup de baguette. M. de Chaulnes me pria instamment d'aller à Vitré. J'y vins donc lundi au soir; M. de Chaulnes me donna à souper, avec la comédie de *Tartufe*, point trop mal jouée, et un bal où le passepied et le menuet pensèrent me faire pleurer : cela me fait souvenir de vous si vivement que je n'y puis résister; il faut promptement que je me dissipe. On me parle de vous très-souvent, et je ne cherche point longtemps mes réponses, car j'y pense à l'instant même, et je crois toujours que c'est qu'on voit mes pensées au travers mon corps de jupe. Hier je reçus toute la Bretagne à ma tour de Sévigné. Je fus encore à la comédie ; c'était *Andromaque*, qui me fit pleurer plus de six larmes ; c'est assez pour une troupe de campagne... Vous voilà bien instruite, Dieu merci, de votre bon pays.

» Si vous me demandez comment je me trouve aux Rochers après tant de bruit, je vous dirai que je suis transportée de joie, j'y serai pour le moins huit jours, quelque façon qu'on me fasse pour me faire retourner. J'ai un besoin de repos qui ne se peut dire ; j'ai besoin de dormir ; j'ai besoin de manger, car je meurs de faim à ces festins ; j'ai besoin de me rafraîchir ; j'ai besoin de me taire, tout le monde m'attaquait et mon poumon était usé. Enfin, ma chère enfant, j'ai retrouvé mon abbé, ma Mousse, ma chienne, mon mail, Pilois, mes maçons, tout cela m'est uniquement bon en l'état où je suis ; quand je commencerai à m'ennuyer, je m'en retournerai. »

Revenue à Paris, ces lettres changent de sujets, et reprennent aussi aisément le ton grave qu'elles étaient descendues au ton enjoué. Là, c'est la cour avec ses vicissitudes de faveur et de disgrâce ; c'est le jugement plus ou moins sain sur les grands poëtes, les grands écrivains et les grands orateurs sacrés du jour ; c'est la lutte entre la foi et la philosophie, lutte dans laquelle la mère penche pour la foi passive et aveugle, la fille pour la religion indépendante et raisonnée ; c'était la discussion entre elles sur leurs prédilections littéraires, leurs réflexions sur les livres lus à la même heure à Livry ou à Grignan. M. de Sévigné prend parti pour sa mère, il plaisante sa sœur avec un agrément exquis et de bon goût.

« Ah ! pauvre esprit, écrit-il, vous n'aimez point Homère. Les ouvrages les plus parfaits vous paraissent dignes de mépris, les beautés naturelles ne vous touchent point, il vous faut du clinquant ou des *petits corps* (allusion à Descartes, dont madame de Grignan faisait sa principale étude). Si vous voulez avoir quelque repos avec moi, ne lisez point Virgile ; je ne vous pardonnerais jamais les injures que vous pourriez lui dire. Si vous vouliez cependant vous faire expliquer le sixième livre et le neuvième, où est l'aventure de *Nisus et d'Euryalus*, et le onze et le douze, je suis sûr que vous y trouveriez du plaisir : *Turnus* vous paraîtrait digne de votre estime et de votre amitié, et, en un mot, comme je vous connais, je craindrais fort pour M. de Grignan qu'un pareil personnage vînt aborder en Provence ; mais moi qui suis bon frère, je vous souhaiterais du meilleur de mon cœur une telle aventure ; puisqu'il est écrit que vous devez avoir la tête tournée, il vaudrait mieux que ce fût de cette sorte que par l'*indéfectibilité de la matière*, et par les *négations non-conversibles* (doctrine cartésienne). Il est triste de n'être occupé que d'atomes et de raisonnements si subtils que l'on n'y puisse atteindre...

» Quoi qu'il puisse arriver, je vous assure que ma reconnaissance et ma tendresse seront toujours les mêmes pour vous, ma belle petite sœur. »

Corneille, La Fontaine, Bourdaloue, Bossuet, Fénelon, l'Arioste, le Tasse, Pétrarque, Montaigne, Boileau, Don Quichotte, le Coran, Nicole, Pascal, Molière, étaient ses favoris ; elle ne pressentait pas la grandeur de Racine, dissimulée sous l'uniforme perfection du style, dans le poëte jeune encore qui venait éclipser ses vieilles admirations. Racine, d'ailleurs, alors amoureux de la Champmêlé, actrice et beauté célèbre, était le rival heureux du baron son fils, épris de la même comédienne, et qui lui prodiguait son cœur et sa fortune. Les préventions de madame de Sévigné contre Racine étaient une antipathie de famille. Dans tout le reste, son jugement sain était le précurseur de celui de la postérité. Son parti pris contre les jésuites et son engouement pour les jansénistes ne l'empêchaient pas de proclamer Bossuet et Bourdaloue les maîtres de la chaire sacrée, et de s'extasier à leur prédication. Sa dévotion cependant, conforme en cela aux autres sentiments de son âme, sacrifie tout à son unique passion pour sa fille ; elle était plutôt une science qu'une inspiration, un devoir de sa vie qu'un élan de son âme. La foi apprise en faisait le fond, la piété tendre n'y était pour rien, elle croyait plus qu'elle n'adorait.

« Je viens de classer ma petite bibliothèque en une matinée, dit-elle. J'ai apporté ici une quantité de livres, je les ai rangés ce matin ; on ne met pas la main sur tel que ce soit sans qu'on ait envie de le lire tout entier, toute une tablette de dévotion. Bon Dieu ! quel point de vue pour honorer notre religion ! L'autre tablette est toute d'histoire admirable ! l'autre de morale, l'autre de poëtes, et de nouvelles, et de mémoires, les romans sont méprisés et ils ont gagné les petites armoires. Quand je rentre dans ce cabinet, je ne comprends pas pourquoi j'en sors ! Il serait digne de vous, ma fille ! »

Les plus hautes questions de métaphysique sacrée se jouent alors sous sa plume avec la même souplesse de mouvement que les badinages de sa pensée. Elle soutient, en les modérant par son sens exquis, les théories sur la *grâce* et sur l'*action* de Dieu dans les créatures, sorte de fatalité chrétienne de ses amis de Port-Royal. Une femme, simple disciple, corrige, en les expliquant, les apôtres.

« Vous lisez donc saint Paul et saint Augustin ? Voilà les bons ouvriers pour rétablir la souveraine volonté de Dieu ; ils ne marchandent point à dire que Dieu dispose de ses créatures. Comme le potier, il en choisit, il en rejette ; ils ne sont point en peine de faire des compliments pour sauver la justice, car il n'y a point d'autre justice que sa volonté : c'est la justice même, c'est la règle, et, après tout, que doit-il aux hommes ? Que leur appartient-il ? Rien

du tout. Il leur fait donc justice quand il les laisse à cause du péché originel, qui est le fondement de tout, et il fait miséricorde au petit nombre de ceux qu'il sauve par son fils. Jésus-Christ le dit lui-même : « Je connais mes bre-
» bis, je les mènerai paître moi-même : je n'en perdrai
» aucune ; je les connais, elles me connaissent. Je vous ai
» choisis, dit-il à ses apôtres ; ce n'est pas vous qui m'avez
» choisi. » Je trouve mille passages sur ce ton : je les entends tous, et, quand je vois le contraire, je dis : C'est qu'ils ont voulu parler communément ; c'est comme quand on dit que Dieu s'est repenti, qu'il est en furie, c'est qu'ils parlent aux hommes ; et je tiens à cette première grande vérité, qui est toute divine, qui me représente Dieu comme Dieu, comme un maître, comme un souverain créateur et auteur de l'univers, et comme un être enfin très-parfait selon la réflexion de votre père (Descartes). Voilà mes petites pensées respectueuses dont je ne tire point de conséquences ridicules et qui n'ôtent point l'espérance d'être du nombre choisi après tant de grâces qui sont des préjugés et des fondements de cette confiance. Je hais mortellement de vous parler de tout cela, pourquoi m'en parlez-vous ? Ma plume va comme une étourdie ! »

Elle passe de ces sublimités de la métaphysique aux plaisanteries les plus enjouées et les moins maternelles sur les amours de son fils, qu'elle livre à la risée un peu amère de sa sœur. Par une fatalité héréditaire contre le cœur des Sévigné, cette même Ninon de Lenclos, qui avait enlevé à vingt ans l'amour de son mari à madame de Sévigné, lui enlevait à cinquante-quatre ans le cœur de son fils. La fleur de la beauté survivait aux années dans cette courtisane. La renommée d'esprit, de goût, de philosophie qui s'accroissait avec le nombre de ses adorateurs, ajoutait pour Sévigné à sa séduction. Ninon n'était plus seulement un attrait, elle était une mode, on se glorifiait de son asservissement à ses charmes. Les hommes les plus illustres par le talent, et quelques-uns même des plus austères par leurs principes, ne se déshonoraient pas en fréquentant sa maison. On voit par les plaintes de madame de Sévigné à sa fille que Racine et Boileau soupaient chez Ninon aux dépens de son fils, après avoir lu le matin leurs vers au roi et à madame de Maintenon.

Cette double séduction dans la même famille à trente ans de distance rouvrit la blessure au cœur de madame de Sévigné; elle se révolta contre Ninon, et s'efforça de faire rougir son fils d'une passion contre nature.

« Mais qu'elle est dangereuse cette Ninon! écrit-elle à sa fille : si vous saviez comme elle dogmatise sur la religion, cela vous ferait horreur. Son zèle pour pervertir les jeunes gens est pareil à un certain M. de Saint-Germain, que nous avons vu quelquefois à Livry. Elle trouve que votre frère a la simplicité d'une colombe; il ressemble à sa mère; c'est madame de Grignan qui a tout le sel de la maison et qui n'est pas si sotte que d'être dans cette docilité. Quelqu'un pensa prendre votre parti, et voulut lui ôter l'estime qu'elle a pour vous : elle le fit taire et dit qu'elle en savait plus que lui. Quelle corruption! Quoi! parce qu'elle vous trouve belle et spirituelle, elle veut joindre à cela cette bonne qualité sans laquelle, selon ses maximes, on ne peut être parfaite! Je suis vivement touchée du mal qu'elle fait à mon fils sur ce chapitre. Ne lui en mandez rien : nous faisons nos efforts, madame de La Fayette et moi, pour le dépêtrer d'un engagement si dangereux. »

Plus loin : « Je crois que le chapitre de votre frère vous a fort divertie. Il est présentement en quelque repos : il voit pourtant Ninon tous les jours; mais c'est en ami. Je l'emmène en Bretagne, où j'espère que je lui ferai recouvrer la santé de l'âme et du corps. »

L'éloignement, les reproches tendres de sa mère, plus

confidente de ses désordres que la décence maternelle ne le tolérerait aujourd'hui, enfin la guerre, arrachèrent Sévigné à l'amour de Ninon. Madame de Sévigné le conduisit en Bretagne, et fit diversion à ses regrets par le charme de ses entretiens et de son indulgence.

Madame de Sévigné alla ensuite passer quinze mois en Provence auprès de madame de Grignan, et reconquit tous les cœurs aliénés par la froideur de sa fille.

« Il y a huit mois que je suis ici, mon cher cousin, écrit-elle à Bussy. Je vous mandai le courage que j'avais eu d'y venir de Bretagne ; je ne m'en suis pas repentie. Ma fille est aimable, comme vous le savez, elle m'aime extrêmement. M. de Grignan a toutes les qualités qui rendent la société agréable. Leur château est très-beau et très-magnifique. Cette maison a un grand air ; on y fait bonne chère, et on y voit mille gens. Nous y avons passé l'hiver sans autre chagrin que d'y avoir le maître de la maison malade d'une fièvre dont le quinquina a eu toutes les peines du monde à le tirer, tout quinquina qu'il est. Enfin il est guéri. Il a fait un voyage à Aix, où l'on a été ravi de le revoir. D'un autre côté, mon fils est venu encore de Bretagne prendre des eaux en ce pays, où la bonne compagnie, qu'il augmente fort par sa présence, lui fait plus de bien que tout autre remède. Nous sommes donc ici tous ensemble. Il y a une jeune petite Grignan que vous ne connaissez pas, qui tient fort bien sa place. Elle a seize ans ; elle est jolie ; elle a de l'esprit ; nous lui en donnons encore. Tout cela ensemble fait fort bien et trop bien ; car je trouve que les jours vont si vite, et les mois et les années, je ne puis plus les retenir. Le temps vole et m'emporte malgré moi ; j'ai bien voulu le retenir, c'est lui qui m'entraîne ; et cette pensée me fait grand'peur. Le petit Grignan a passé l'hiver avec nous, il a eu la fièvre ce printemps ; il n'est que depuis quinze jours retourné à son régiment. Il est encore dans les secrets de la Providence de savoir quand nous partirons pour Paris. »

De là elle revint à Paris, de là aux Rochers. La Bretagne était alors agitée par des soulèvements de paysans, occasionnés par la misère publique. Les termes dans lesquels madame de Sévigné s'exprime sur les supplices en masse infligés aux malheureux Bretons sont plus que cruels, ils sont légers ; l'air de la cour avait endurci son âme sur les souffrances de ce qui mourait ainsi au-dessous de son niveau. Cette femme si sensible à un pli de feuille de rose dans la destinée de sa fille rit des potences où les troupes du roi pendent de malheureux paysans agenouillés devant leurs bourreaux, et qui ne savent pas même la langue de leurs oppresseurs. Il faut arracher ces feuilles de la correspondance de madame de Sévigné pour croire à sa sensibilité. Une femme qui peut chercher dans le spectacle de ces supplices des agréments de style pour amuser sa fille peut être mère, mais elle n'est plus femme. Hâtons-nous de glisser sur cette tache qui attriste ces lettres.

Le bonheur d'être cinq ans réunie à sa fille interrompt l'œuvre de sa vie, écrire et regretter. Elle marie son fils à une jeune héritière de Bretagne, qui ramène le baron de Sévigné des égarements de sa jeunesse à une vie honnête, retirée dans son bonheur et presque ascétique. Il devient un des plus fervents et des plus austères disciples des amis de sa mère à Port-Royal. Madame de Sévigné seule, désormais, partage sa vie entre Paris, Livry et les Rochers. Elle retrouve dans ce recueillement les sources de ses sensibilités et les grâces tristes de son style.

Elle écrit à cette époque :

« Nous avons eu ici les plus beaux jours du monde jusqu'à la veille de Noël. J'étais au bout de la grande allée, admirant la beauté du soleil, quand tout d'un coup je vis sortir du couchant un nuage noir et poétique, où le soleil alla se plonger, et en même temps un brouillard affreux ; et moi de m'enfuir. Je ne suis point sortie de ma chambre ou de la chapelle jusqu'à aujourd'hui que la colombe a apporté le rameau. La terre a repris sa couleur, et le soleil ressortant de son trou fera que je reprendrai aussi le cours de mes promenades ; car vous pouvez compter, ma très-chère, puisque vous aimez ma santé, que quand le temps est vilain je suis au coin de mon feu lisant et causant avec mon fils et sa femme. »

Dans cette solitude elle perdit peu de l'intérêt de son existence, car elle était de ces âmes de température tiède, auxquelles la vieillesse enlève peu de leur chaleur en ajoutant à leur sérénité. La seule passion, ou plutôt le seul instinct qu'elle avait eu dans toute sa vie était son instinct de mère; celui-là s'accroît au lieu de décroître dans la femme avec les années. Moins on vit en soi, plus on revit dans son enfant. Sa vie ne s'épuisait pas, elle se transvasait de plus en plus dans une autre.

Dans une telle disposition d'esprit on ne sent pas le vide, car le cœur qui n'a jamais débordé est toujours aussi plein. L'amitié suffit à la température de pareilles âmes. Madame de Sévigné avait beaucoup d'amis avec lesquels elle s'entretenait par un doux exercice de plume de causer spirituellement de toute chose ; à l'exception de sa fille, sa vie n'avait été qu'une conversation de soixante-dix ans. Un seul homme, parmi ces nombreux causeurs, paraît avoir échauffé son âme jusqu'à la chaleur de la véritable amitié: cet homme était Corbinelli. C'est le nom qui revient le plus souvent dans ses lettres.

Corbinelli était un de ces hommes rares que la nature semble avoir créés pour être les spectateurs bénévoles des choses humaines, sans y prendre jamais d'autres parts que la curiosité du spectacle et l'intérêt qu'ils portent aux auteurs. Ces hommes modestes, mais nécessaires, ressemblent aux confidents sur la scène ; ils écoutent, ils sont là pour remplir le vide du théâtre et pour donner la réplique aux personnages ; ils ont besoin d'autant d'intelligence et de finesse que les premiers rôles, mais ils n'ont pas besoin d'autant de passion, et les applaudissements ne sont pas pour eux.

Corbinelli n'avait rien de cette vanité française qui veut être regardée, il lui suffisait de jouir. Italien de naissance, indifférent comme un étranger, lettré comme un Florentin de la grande époque philosophique et poétique de Léon X, amené en France par le cardinal Mazarin, employé quelques années à Rome par ce ministre à des négociations secondaires, où il avait eu le secret des grandes affaires politiques dénouées par son adresse sans en avoir le mérite apparent et la récompense, Corbinelli était resté à Paris vivant d'une pension médiocre, et ne désirant rien de plus que son loisir. Il cultivait pour lui-même les lettres, l'antiquité, l'histoire, la philosophie, la société éminente de son temps. C'était un Saint-Évremond italien, égal aux plus grands esprits, mais craignant la peine que donne la recherche de la gloire, et se renfermant par paresse autant que par défaut d'ambition dans le rôle d'amateur. Il avait été un des premiers à sentir l'exquise supériorité de grâce attique dans madame de Sévigné, et il avait fait d'elle sa Béatrix. Son admiration, son assiduité, son culte qui ne demandait aucun retour, l'avaient apparenté dans la maison ; il était devenu l'homme nécessaire ; madame de Sévigné, d'abord charmée de son esprit, puis touchée de sa constance et de son désintéressement, avait fini par parler et par sentir tout haut devant lui ; tout cœur qui bat fortement dans la poitrine a besoin de s'entendre dans un autre cœur. Corbinelli était l'écho de l'esprit, de l'âme et de la vie de madame de Sévigné. Il partageait par complaisance ou par prévention jusqu'à ses adorations maternelles pour sa fille. A Paris, Corbinelli voyait tous les jours madame de Sévigné ; il la suivait quelquefois à Livry ou aux Rochers ; absente, il lui écrivait ou en recevait des lettres fréquentes. L'empire de son amie sur lui était si doux qu'il ne se sentait pas esclave en étant asservi à tous ses goûts ; cet empire était si absolu, qu'à l'époque où madame de Sévigné devint dévote, Corbinelli devint mystique. Il la suivit comme le satellite suit la planète, depuis les dissipations mondaines de sa jeunesse jusqu'à l'ascétisme de Port-Royal, et au pied des autels.

Tel était le principal ami de madame de Sévigné : si on ôtait son nom de ses lettres, on mutilerait ce monument ; il y est incrusté jusqu'au cœur, et il le mérite. Il ne faut pas priver de tels dévouements de leur seule gloire, la gloire d'avoir aimé. Corbinelli, dont la douce philosophie et l'aimable insouciance de lui-même prolongèrent démesurément l'existence, survécut à son amie comme il aurait survécu à sa propre vie, et ne mourut qu'à l'âge de cent quatre ans. Les sentiments doux vivifient l'homme.

Ceux de madame de Sévigné étaient trop vifs pour qu'elle n'en fût pas consumée. L'obsession d'une seule pensée la suivait de plus en plus jusque dans ses retraites. La vie de sa fille, devenue mère à son tour, agitée par l'ambition, gênée par la prodigalité de M. de Grignan, se répercutait douloureusement dans la sienne. Elle avait de temps en temps quelques cris de joie, bientôt changés en réflexions et en larmes, à la vue des sites que remplissait pour elle l'image de son enfant.

« Me voilà, ma fille, lui écrit-elle de la Silleraie dans ces dernières années, me voilà dans un lieu où vous fûtes un jour avec moi ; mais il n'est pas reconnaissable, il n'y a plus pierre sur pierre de ce qui était en ce temps-là. »

Et en retournant aux Rochers :

« J'ai trouvé des bois, dit-elle, d'une beauté et d'une

tristesse extraordinaires : tous les arbres que vous avez vus petits sont devenus grands et droits, et beaux en perfection. Ils sont élevés, et font une ombre agréable ; ils ont quarante ou cinquante pieds de hauteur. Il y a un petit air d'amour maternel dans ce détail : songez que je les ai tous plantés, et que je les ai vus, comme disait M. de Montbazon, *pas plus grands que cela* (M. de Montbazon avait l'habitude de dire cela de ses propres enfants). C'est ici une solitude faite exprès pour y bien rêver : j'y pense à vous à tout moment ; je vous regrette, je vous souhaite. Votre santé, vos affaires, votre éloignement, que pensez-vous que tout cela fasse entre chien et loup ? J'ai ces vers dans la tête :

> Sous quel astre cruel l'avez-vous mis au jour,
> L'objet infortuné d'une si tendre amour ?

» Il faut regarder la volonté de Dieu bien fixement, pour envisager sans désespoir tout ce que je vois, dont assurément je ne vous entretiendrai pas... Je retrouvai, l'autre jour, une lettre de vous, où vous m'appeliez *ma bonne maman*; vous aviez dix ans, vous étiez à Sainte-Marie, et vous me contiez la culbute de madame Amelot, qui de la salle se trouva dans la cave. Il y a déjà du bon style à cette lettre. J'en ai trouvé mille autres, qu'on écrivait alors à mademoiselle de Sévigné ; toutes les rencontres sont bien heureuses pour me faire souvenir de vous, car sans cela (ajoute-t-elle en souriant tristement) où en prendrais-je l'idée ?

» Nous faisons une vie si réglée, poursuit-elle, qu'il n'est pas possible de se mal porter : on se lève à huit heures, très-souvent je vais jusqu'à neuf heures, que la messe sonne, prendre la fraîcheur des bois. Après la messe on s'habille, on se dit bonjour, on retourne cueillir des fleurs d'oranger, on dîne, ou lit où l'on travaille jusqu'à cinq heures. Depuis que nous n'avons plus mon fils, je lis pour épargner la petite poitrine de sa femme. Je la quitte à cinq heures ; je m'en vais dans les aimables allées, j'ai des livres, je change de place, je varie le tour de mes promenades. Un livre de dévotion, un livre d'histoire ; on va de l'un à l'autre, cela fait divertissement, un peu rêver à Dieu, à sa Providence, posséder son âme, songer à l'avenir ; enfin, sur les huit heures, j'entends la cloche, c'est le souper. Je suis quelquefois un peu loin ; je retrouve ma belle-fille dans son beau parterre, nous nous sommes une compagnie ; on soupe pendant l'entre chien et loup... Je retourne avec elle à *la place Coulanges*, au milieu de ses orangers. Je regarde d'un œil d'envie la *sainte horreur des bois*, au travers la belle porte de fer que vous ne connaissez pas.

» Il y a écho, un *petit rediseur mot à mot jusque dans l'oreille.* »

On voit qu'elle voulait dire jusque dans le cœur. L'écho existe encore, dit M. de Walsh, auteur d'une biographie des plus accentuées de madame de Sévigné. Une plaque de marbre dans le parterre indique aux pèlerins des Rochers la place où il faut prononcer le nom que cette mère lui a appris pour qu'il le répète.

C'étaient les dernières heures aussi du soir serein de madame de Sévigné ; elles durèrent seize mois. Puis vint la mort, la mort véritable, naturelle, après une telle vie, la mort d'une mère qui se sacrifie pour son enfant et qui meurt à sa place.

Madame de Sévigné apprit aux Rochers que sa fille était malade au château de Grignan, en Provence, d'une de ces maladies sourdes et lentes qui sont comme les piéges cachés de la vie ; elle partit pour Grignan dans une saison rigoureuse, et s'oubliant elle-même ; elle se consuma pendant trois mois de veilles autour du lit de madame de

Grignan, comme elle avait fait autour de son berceau. Après ces trois mois de veilles et d'insomnies, elle eut la joie de ramener sa fille à la vie ; mais la sienne avait été donnée en échange. Sa tendresse seule semblait avoir retendu en elle la vie que la convalescence de madame de Grignan laissa fuir comme sans objet désormais sur la terre. Elle s'éteignit le 16 avril 1696 dans les bras de sa fille, et entourée de ses petits-enfants en larmes. Son dernier regard vit cette fille, ressuscitée par ses soins, recueillir son âme. Elle fut ensevelie dans la chapelle du château de Grignan ; mais sa véritable et vivante sépulture, ce sont ces lettres ; son corps est à Grignan, son âme est toute là.

Non loin de sa tombe, on montre aux voyageurs sa grotte chérie de Roche-Courbierre, sur les flancs de laquelle les racines d'un figuier poussent encore quelques branches contemporaines de la visiteuse de Grignan ; c'est à l'entrée de cette grotte, à l'ombre de ce figuier, qu'elle aimait à s'asseoir pour écrire. Ce lieu est voisin de ces grottes de Vaucluse, illustrées par Pétrarque, poëte qu'elle adorait, parce qu'il n'avait vécu, comme elle, que d'une seule pensée. Madame de Sévigné, à la poésie près, est, en effet, le Pétrarque de la prose en France. Comme lui, sa vie n'a été qu'un nom, et elle a ému des millions d'âmes des palpitations d'un seul cœur. Comme lui, elle ne doit sa gloire qu'à un seul sentiment.

Telle fut la vie sans événements de cette femme qui n'eut pas d'autre histoire que ce qui se passe entre le cœur et l'esprit dans la chambre d'une mère qui pense à sa fille absente. Des regrets, des alarmes, des tendresses, des départs prévus, des retours espérés, des réunions passionnées, mais silencieuses, des confidences de famille dont l'intérêt ordinairement ne dépasse pas le seuil de la maison, des descriptions, des lieux et des sites aimés par leurs souvenirs, des conversations avec les amis et les voisins, un écho souvent lointain des rumeurs de la cour, le commérage à huis clos d'un siècle immortel, enfin une mort douce après une vie sans drame : voilà toute cette existence. Elle est monotone comme le chant d'une nourrice qui berce son enfant depuis le berceau jusqu'à la mort; et cependant le monde ne se lasse pas de l'écouter. Les renommées des hommes de guerre, des ministres, des poëtes, des orateurs sacrés de ces temps subissent les vicissitudes de la postérité, et s'enfoncent plus ou moins vite dans la brume de la distance ; la personne et les lettres de madame de Sévigné n'ont cédé ni une palpitation ni une page au temps; on recherche, comme des trésors, les moindres billets dans les archives des familles avec lesquelles cette femme mémorable fut liée et la découverte d'une correspondance de la causeuse solitaire des Rochers ne donnerait pas moins d'émotion aux érudits que la découverte d'un livre tronqué de Tacite? Pourquoi cela? C'est que le cœur humain est plus sympathique encore qu'il n'est curieux, et que les secrets de la tendresse d'une mère pour son enfant, quand ils sont surpris à la nature et gravés par le génie du sentiment, ont autant d'intérêt pour nous que les destinées d'un empire. Entrez dans l'intérieur de toutes les demeures, regardez sur la tablette de la cheminée le titre du livre le plus répandu, le plus usé par la main des lecteurs de la famille : vous trouverez vingt fois contre une la correspondance de madame de Sévigné. Les chefs-d'œuvre de l'esprit humain cèdent le pas à cette conversation éternelle. C'est le classique des portes fermées.

Toutefois c'est le livre de la vieilllesse plus que des vertes années de la vie. Il n'a pas assez de passion pour la jeunesse. Pour s'y plaire, il faut que la première chaleur de la vie soit éteinte ou amortie en nous par l'âge avancé. C'est le livre du soir, non du matin ; il a le jour doux, les ombres, les rêveries, les loisirs vagues, les sérénités du soleil couchant. Il convient à cette heure où les hommes, cessant de désirer, de marcher et d'agir, s'assoient devant la porte ou au coin du foyer, pour s'entretenir à demi-voix des choses et des foules qui passent, sans être tentés de s'y mêler. C'est moins la vie que la conversation sur la vie. Ce livre délasse après les émotions du cœur et des jours. C'est le livre du repos.

Cependant il y a une leçon dans ce livre et dans cette vie de madame de Sévigné. Les mères, en le relisant, apprendront à aimer autant, et les filles à aimer davantage.

BOSSUET

BOSSUET

ANNÉE 1627 DE J.-C.

Si, après avoir étudié dans tous ses détails la vie, les les actes, les œuvres, les croyances, les fautes, les vertus, le style, la parole d'un homme aussi mémorable que Bossuet, on cherche à résumer en un seul mot le caractère général de cet homme, le mot qui se présente à l'esprit pour caractériser Bossuet, c'est *le prêtre!*

Le prêtre, pour apparaître dans toute sa majesté, dans toute son autorité, dans toute sa pompe morale de l'imagination, ne peut pas se personnifier plus complétement que dans Bossuet.

Bossuet, pour être lui-même, pour développer dans toute son étendue et à toute sa hauteur les grandes qualités d'âme, de génie, de gouvernement, d'éloquence dont la nature l'avait pétri, ne pouvait être autre chose que prêtre.

Cet homme était formé pour le sacerdoce, pour le pontificat, pour l'autel, pour le parvis, pour la chaire, pour la robe traînante, pour la tiare. Aucun autre lieu, aucune autre fonction, aucun autre costume, ne siéent à cette nature. L'imagination ne saurait se représenter Bossuet sous l'habit laïque. Il est né pontife. La nature et la profession sont si indissolublement liées et confondues en lui que la pensée même ne peut les séparer. Ce n'est pas un homme, c'est un oracle.

Nous ne voulons ni flatter ni dénigrer ici le sacerdoce. Nous ne voulons parler du prêtre qu'en philosophe et en historien. La théologie est, comme la conscience, du domaine privé de chaque communion. Nous n'y entrons pas; mais, en laissant de côté la théologie du prêtre, et ne considérant ici que la profession sacerdotale dans ses rapports avec le monde, nous devons reconnaître les supériorités morales et les priviléges inhérents à cette profession pour l'homme de génie et de vertu qui s'y consacre.

Et d'abord un préjugé de piété, de force et de vertu se répand à l'instant sur le prêtre. La sainteté du sanctuaire le suit, en quelque sorte, hors du lieu saint. Ce préjugé n'est pas purement imaginaire. Nous connaissons les faiblesses, les vices, les ambitions, les orgueils, les hypocrisies d'état, emmaillottés de bure ou de lin. L'Évangile lui-même lève la pierre des *sépulcres blanchis* pour décréditer les saintes apparences. Oui, la robe ne transforme pas les difformités du corps. Il y a des vices dans les sacerdoces, et ces vices mêmes sont plus vicieux que dans les autres conditions, parce qu'ils jurent plus avec la sainteté de Dieu et avec la pureté de la morale.

Mais, en ne concédant à cet égard aucun privilége aux sacerdoces, il nous est impossible de ne pas reconnaître que la vocation a une influence sur la vie, et que la profession sacerdotale est celle où, à nombre égal, le regard impartial du philosophe et du moraliste découvrira le plus de piété et le plus de vertu.

Il n'y a pas besoin pour cela d'en chercher une cause surnaturelle. A défaut de toute autre cause, la cause est dans la vocation elle-même. D'abord (non pas pour tous, mais pour le plus grand nombre), les natures qui se destinent à cette vie âpre, ingrate, contemplative, de renoncement sur la terre et d'habitation anticipée dans le ciel, sont des natures graves, mélancoliques, chastes de cœur, sevrées des passions énergiques qui troublent la vie, inclinées à l'obéissance, au recueillement, à l'adoration, à la prière, à l'abnégation des choses terrestres pour les choses célestes. Cette vocation n'est pas la vertu; mais elle en est la pente. Il y a plus de probabilité à ce que l'homme qui est placé par sa nature sur cette pente arrive à la sainteté qu'à la dépravation.

Ensuite, la profession est un exercice habituel et constant de certaines facultés morales de l'homme au détriment des autres facultés. Cet exercice, commandé depuis l'enfance jusqu'à la tombe par la profession, fortifie les bons penchants et atténue les mauvais. La vertu est une force; on centuple cette force, comme toutes les autres, en l'exerçant. Qui oserait prétendre que la lutte ne forme pas l'athlète? la bataille le guerrier? la tribune l'orateur? la réflexion le philosophe? Pourquoi l'étude, la prière, le recueillement, le combat corps à corps contre la nature, ne formeront-ils pas aussi la piété et la vertu? L'habitude seule de la méditer, de la prêcher, de la pratiquer dans ses actes extérieurs suffirait pour en inspirer le goût et pour en former le simulacre, sinon la réalité dans l'âme. Le sacerdoce en général est donc une présomption légitime de vertu.

Quand vous voulez de l'or, vous le cherchez chez l'orfèvre; quand vous voulez de l'encens, vous le cherchez dans l'encensoir; quand vous voulez de la sainteté, vous la cherchez chez ceux qui se sanctifient par excellence.

Il y a une raison de plus pour que la vertu soit plus fréquente et plus pure dans la profession sacerdotale que dans les autres; c'est ce supplément à l'honnêteté qu'on appelle la pudeur publique. Les regards du monde sont sur le prêtre pour voir s'il conforme sa vie à sa profession,

Le vice, qui n'est que le vice dans le monde, est scandale dans le sanctuaire. Cette pudeur est une gardienne profane, mais enfin c'est une gardienne vigilante de la vie du ministre des autels. Celui qui porte une tunique blanche craint plus les taches que celui qui porte le vêtement de la foule.

La vénération d'instinct qui enveloppe le prêtre d'un préjugé de vertu supérieure au reste des hommes n'est donc pas purement une chimère. Les respects pour les sacerdoces sont un signe du respect intérieur que toute âme pieuse porte à la Divinité. Ces hommes passent pour vivre en communication plus intime avec l'infini que nous cherchons tous; ils ont des noms mystérieux écrits sur leur poitrine; ils portent la livrée du Roi des rois; c'est lui qu'on salue en eux.

Et puis ils ont la parole à la tribune des âmes; ils sont les orateurs de la morale; la chaire est leur trône. Ce trône, pour le prêtre de génie, est plus haut que celui des rois : c'est de là qu'il règne sur le monde des consciences. De toutes les places où un mortel peut monter sur la terre, la plus haute pour un homme de génie est incontestablement une chaire sacrée. Si cet homme est *Bossuet*, c'est-à-dire s'il réunit dans sa personne la conviction qui assure l'attitude, la pureté de vie qui préconise le Verbe, le zèle qui dévore, l'autorité qui impose, la renommée qui prédispose, le pontificat qui consacre, la vieillesse qui est la sainteté du visage, le génie qui est la divinité de la parole, l'idée réfléchie qui est la conquête de l'intelligence; l'explosion soudaine qui est l'assaut de l'esprit, la poésie qui est le resplendissement de la vérité, la gravité de la voix qui est le timbre des pensées, les cheveux blancs, la pâleur émue, le regard lointain, la bouche cordiale, les gestes enfin qui sont les attitudes visibles de l'âme; si cet homme sort lentement de son recueillement ainsi que d'un sanctuaire intérieur; s'il se laisse soulever peu à peu par l'inspiration, comme l'aigle d'abord pesant, dont les premiers battements d'ailes ont peine à embrasser assez d'air pour élever son vol; s'il prend enfin son souffle et son essor, s'il ne sent plus la chaire sous ses pieds, s'il respire à plein souffle l'esprit divin, et s'il épanche intarissablement de cette hauteur démesurée l'inspiration ou ce qu'on appelle la parole de Dieu à son auditoire, cet homme n'est plus un homme, c'est une voix.

Et quelle voix!... Une voix qui ne s'est jamais enrouée, cassée, aigrie, irritée, profanée dans nos rixes mondaines et passionnées d'intérêts ou du siècle! une voix qui, comme celle du tonnerre dans les nuées ou de l'orgue dans les basiliques, n'a jamais été qu'un organe de puissance ou de persuasion divine à nos âmes! une voix qui ne parle qu'à des auditeurs à genoux! une voix qu'on écoute en silence, à laquelle nul ne répond que par une inclination de front ou par des larmes dans les yeux, applaudissements muets de l'âme! une voix qu'on ne réfute et qu'on ne contredit jamais, même quand elle étonne ou qu'elle blesse! une voix enfin qui ne parle ni au nom de l'opinion, chose fugitive; ni au nom de la philosophie, chose discutable; ni au nom de la patrie, chose locale; ni au nom de la souveraineté du prince, chose temporelle; ni au nom de l'orateur lui-même, chose transformée; mais au nom de Dieu, autorité de langage qui n'a rien d'égal sur la terre, et contre laquelle le moindre murmure est impiété et la moindre protestation blasphème!

Voilà la tribune du sacerdoce! voilà le trépied du prophète, voilà la chaire de l'orateur sacrée! On ne peut y voir que Bossuet, et on ne peut voir Bossuet ailleurs. Son histoire n'est que l'histoire de cette éloquence. L'homme était digne de sa tribune : les autres éloquences ne montent pas à ces hauteurs. Les noms qui la représentent restent grands; mais Bossuet, qui les égale par le génie, les dépasse par la portée de sa tribune. Ils parlaient de la terre, il parle du nuage. Cicéron n'a pas plus de culture et d'abondance; Démosthène n'a pas plus de violence de persuasion; Chatham n'a pas plus de poésie oratoire; Mirabeau n'a pas plus de courant; Vergniaud n'a pas plus d'images. Tous ont moins d'élévation, d'étendue et de majesté dans la parole. Ce sont des orateurs humains; l'orateur divin, c'est Bossuet. Pour l'entendre, il faut d'abord monter à son niveau, le ciel.

Disons sa vie, ce ne fut que sa voix. Il naquit, il vécut, il mourut dans le temple. Son existence ne fut qu'un discours. L'homme disparaît en lui dans le prêtre. C'est là qu'il faut chercher la source de son génie, de ses vertus et de ses rigueurs. Homme bon, prêtre inflexible, en vengeant son dogme, il crut venger Dieu.

Il naquit à Dijon, capitale de la Bourgogne, le 28 septembre 1627. Il fut porté le lendemain dans l'église gothique de Saint-Jean par une famille pieuse, comme s'il eût été dans sa destinée de faire entendre ses premiers vagissements à ces cathédrales du vieux christianisme qu'il devait remplir jusqu'à sa mort de sa grande voix. On lui donna les noms de Jacques-Bénigne. Son aïeul, qui tenait un registre domestique des événements et des dates de sa maison, inscrivit prophétiquement à la suite de ce nom de son petit-fils ce verset de la Bible : « *Le Seigneur l'a amené et l'a enseigné; il l'a préservé comme la prunelle de ses yeux.* »

Son père s'appelait Bénigne Bossuet, sa mère Madeleine Mochette. Cette femme avait déjà donné six enfants à son mari ; Bossuet fut le septième ; elle devait en donner encore trois autres à cette maison.

La famille des Bossuet, qui devint par cet enfant la gloire de la Bourgogne, était antique. L'étymologie de ce nom, dérivé du latin, semblait indiquer à son origine le caractère rural, laborieux et patient de quelque ancêtre, laboureur de durs sillons, *Bos suetus aratro* : le Bœuf assidu à la charrue. Le génie infatigable et discipliné de l'enfant qui venait de naître ne devait pas démentir cette caractérisation de sa race.

Cette famille n'était pas vieille à Dijon. Elle y avait été transplantée d'une autre petite ville de la même province, nommée Seurre, ville de culture et de pâturage dans les prairies aux sources de la Saône. Le mouvement naturel et ascendant qui porte les familles aisées, à mesure qu'elles s'allient plus loin et plus haut, à se transplanter des campagnes dans les petites villes et des petites villes dans les capitales des provinces, avait amené l'aïeul de Bossuet à Dijon. Dijon était une ville, pour ainsi dire, fédérale, qui conservait les vestiges de sa nationalité indépendante. L'aïeul de Bossuet, ses frères, ses fils, ses neveux, y avaient occupé ces charges inférieures, mais considérées, du parlement et de la chambre des comptes, degrés par lesquels la haute bourgeoisie montait, de magistrature en magistrature héréditaire, à la noblesse. Il avait des alliances et des parentés dans l'aristocratie fière, exclusive et dédaigneuse de Dijon. Ce mépris inné que Bossuet apporta en naissant pour l'égalité des conditions, cet instinct des hiérarchies et des castes, ce goût pour l'autorité, ce verbe haut, ce regard sec, sont des empreintes de cette race patricienne de la haute Bourgogne, où le sang, chaud à la tête, laisse souvent le cœur froid. Le caractère d'une race se retrouve dans chacun de ses enfants; les exceptions ne sont que des hasards. Le génie d'un homme ne dément pas le génie d'une ville. Dijon est une capitale d'intelligence; non d'enthousiasme ni de sentiment. Saint Bernard, Bossuet, Buffon, les enfants de cette ville, sont des hommes de bronze ou de marbre plus que de chair. L'un a pour victime Abélard, l'autre Fénelon; le troisième dissèque la nature entière sans y trouver ni une larme, ni un hymne, ni un Dieu.

Vers le temps de la naissance de Bossuet, son père fut nommé conseiller au parlement de Metz. Il laissa sa femme et ses enfants à Dijon. Un de ses frères, Claude Bossuet, aussi conseiller au parlement de Bourgogne, se chargea du soin de la famille. C'était un homme austère et lettré comme sa profession. Il démêla de bonne heure les aptitudes transcendantes de son neveu, et s'étudia à les cultiver pour l'honneur du nom. L'enfant, élevé dans sa maison, mais allant recevoir tous les jours l'enseignement classique et religieux au collége des jésuites, dépassait de nature tous ses égaux d'années. Maîtres et condisciples ne le mesurèrent bientôt qu'à lui-même. On n'essaye d'envier que ce qu'on espère d'égaler. La suprématie de cette intelligence déconcerta tout, même l'admiration. Il n'eut d'enfance que sur son visage; son esprit fut mûr en naissant. Les livres de la bibliothèque de son oncle suffisaient à peine à son impatience de lecture. Sa passion pour le beau dans l'idée, dans l'image et dans l'harmonie des langues, le livra surtout aux poëtes, ces divins musiciens de l'âme. Il s'enivra de vers. Homère surtout, qui retrace toute la nature comme un océan limpide retrace, en les remuant, ses rivages, fut la Bible profane de son imagination. C'est là qu'il puisa la simplicité, la majesté, le pathétique. Les prophètes lui donnèrent le lyrisme et le cri. On comprend moins comment il s'engoua pour toute sa vie du poëte latin Horace, esprit exquis, mais raffiné, qui n'a pour corde à sa lyre que les fibres les plus molles du cœur; voluptueux indifférent qui s'amuse à écouter murmurer en lui le flot de la vie courant parmi les fleurs à la mort. Il n'y a rien dans Horace qui soit de nature à justifier cette prédilection de Bossuet, à moins que ce ne soit cette grâce nue de la pensée, ce premier mot venu de l'inspiration, ce jeu périlleux et toujours heureux du vers libre que le poëte lance, comme au hasard de le briser dans sa chute, et qui retombe toujours cadencé et toujours juste sur l'idée. Bossuet, comme tous les hommes heureux, aimait ces hasards.

Peut-être aussi cette inexplicable prédilection pour Horace, le moins divin de tous les poëtes, tenait-elle à ce que la poésie avait apparu à Bossuet enfant, pour la première fois, dans les pages de ce poëte. Cette ravissante apparition s'était prolongée et changée en reconnaissance dans son âme. Il y a dans les bibliothèques, comme dans le monde, de mauvaises rencontres qui deviennent de vieilles amitiés.

Mais la Bible effaça tout, excepté ce léger souvenir d'Horace. La Bible, et surtout la Bible poétique, foudroya d'éclairs et d'éblouissements les yeux de l'enfant. Il crut voir le feu vivant du Sinaï et entendre la langue de Dieu répercutée par les rochers de l'Horeb. Son Dieu à lui fut Jéhovah, son législateur Moïse, son pontife Aaron, son poëte Isaïe, sa patrie la Judée. La vivacité de son imagination, le lyrisme de son esprit, l'analogie de sa nature avec la nature orientale, l'enthousiasme de l'âge, la divinité de la langue, la nouveauté éternelle du récit, la majesté des lois, le cri déchirant des hymnes, enfin le caractère de vétusté, de consécration, de divinité traditionnelle du livre firent, à l'instant de Bossuet un homme biblique. Le métal était en ébullition, l'empreinte fut reçue, elle resta à jamais. Cet enfant devint prophète. Tel il naquit, tel il grandit, tel il vécut, tel il mourut. La Bible s'était faite homme.

On ne peut étudier dans les récits de son enfance l'impulsion que Bossuet reçut de cette lecture sans se rappeler ces traces profondes et gigantesques de l'orteil ou du pied d'Adam et de Bouddha, que les habitants crédules de l'Inde ou de l'Arabie montrent aux voyageurs imprimées dans le granit du Liban ou du Tibet. Le roc, pétrifié par les siècles, a gardé en creux l'impression reçue par l'argile. La chair s'est faite granit. Ainsi en fut-il de la Bible dans l'esprit de l'enfant.

Il n'avait pas encore neuf ans qu'on lui coupa les cheveux en couronne au sommet de la tête, en signe de consécration à l'autel. A treize ans on le nomma chanoine de Metz par une dotation anticipée sur ces richesses de l'Église, qui l'enrôlait et le soldait avant l'âge des services. Cette tonsure et ce vêtement seyaient à sa physionomie comme à son maintien. On reconnaissait le lévite dans l'adolescent. Sa taille, qui devait grandir beaucoup encore, était élevée pour son âge; elle avait la délicatesse et la souplesse de l'homme qui n'est pas destiné à porter d'autre fardeau que la pensée, qui se glisse avec recueillement, à pas muets, entre les colonnes des basiliques, et que la génuflexion et le prosternement habituel assouplissent sous la majesté de Dieu. Ses cheveux, de teinte brune, étaient soyeux; un épi involontaire en relevait au sommet du front une ou deux boucles comme le diadème de Moïse ou comme les cornes du bélier prophétique; ces cheveux ainsi plantés, dont on retrouve le mouvement jusque dans ses portraits d'un âge avancé, donnaient du vent et de l'inspiration à sa chevelure. Ses yeux étaient noirs, pénétrants, mais doux. Son regard était une lueur continue et sereine. La lumière ne jaillissait point par éclairs, elle en coulait par un rayonnement qui attirait l'œil sans l'éblouir. Son front élevé et plan laissait voir à travers une peau fine les veines entrelacées des tempes. Son nez, presque droit, mince, délicatement sculpté, entre la mollesse grecque et l'énergie romaine, n'était ni relevé par l'impudence, ni abaissé par la pesanteur des sens. Sa bouche s'ouvrait largement entre des lèvres fines; ses lèvres frémissaient souvent sans parler comme sous le vent d'une parole intérieure que la modestie réprimait devant les hommes plus âgés. Un demi-sourire plein de grâce et d'arrière-pensée muette était leur expression la plus fréquente. On y sentait une disposition naturelle à la sincérité; jamais la rudesse ni le dédain. En résumé général, dans cette physionomie, la grâce du caractère couvrait si complétement la force de l'intelligence, et la suavité de chaque trait y tempérait si harmonieusement la virilité de l'ensemble, qu'on ne s'y apercevait du génie qu'à l'exquise délicatesse des muscles et des nerfs de la pensée, et que l'attrait l'emportait sur l'admiration. Nul lecteur des œuvres ou de la vie de cet homme redoutable ne mettrait le nom de Bossuet sur cette figure tempérée que les peintres nous ont laissée. C'est que l'âme évidemment, dans ce grand homme, était d'une trempe, et le génie d'une autre. La nature l'avait fait tendre, le dogme l'avait fait dur. Mais alors il n'était que serein. La maigreur des joues et la pâleur précoce du teint imprimaient sur ce visage l'ascétisme du temple et les veilles de l'étude luttant contre la séve de la vie.

Tel était Bossuet à cet âge, tel nous le retrouverons encore dans sa vieillesse, sous le pinceau du peintre ou sous le ciseau du statuaire: beauté morale qui n'a point d'enfance et qui n'a point de caducité.

Cette figure et ce caractère le faisaient respecter par ceux qui l'aimaient. On ne voit pas trace d'un défaut dans son enfance ou d'une légèreté dans sa jeunesse; il semblait échapper sans lutte aux fragilités de la nature et n'avoir d'autre passion que le beau et le bien. On eût dit qu'il respectait d'avance lui-même l'autorité future de son nom, de son ministère, et qu'il ne voulait pas qu'il y eût une tache humaine à essuyer sur l'homme de Dieu quand il entrerait de plain-pied du siècle dans le tabernacle.

A quatorze ans, son père, doyen du parlement de Metz, le rappela dans cette ville pour y jouir de son canonicat et pour y achever ses études de lettres humaines et de théologie. On ne tarda pas à l'envoyer à Paris pour l'exposer de plus haut aux yeux de l'Église, dont il était déjà l'espérance.

Il entra dans Paris le jour où le cardinal de Richelieu mourant y rentrait, comme Tibère à Rome, au milieu du silence de la terreur, et tout empourpré du sang de Cinq-Mars et de de Thou, qu'il venait de verser à Lyon. Bossuet assista à cette entrée du prêtre ministre et bourreau, qui menait son maître asservi à sa suite. Ce spectacle rappelait le Bas-Empire dans toute son ignominie et dans toute sa férocité. Le ministre jaloux arrachait au roi ses amis et jetait insolemment leurs cadavres à ses pieds, sous prétexte de les immoler en victimes à la monarchie. Le roi tremblait, pleurait, se taisait. Le peuple, étonné, regardait sans comprendre. L'histoire a été assez lâche pour imiter le peuple, et pour faire à ce Séjan capricieux, bizarre, sanguinaire, un mérite de ses audaces et une mémoire de ses échafauds. Cette mémoire finira par être de la honte quand la vraie postérité jugera les actes à la moralité et non au succès.

La main de Dieu s'était chargée enfin de délivrer le trône et la nation de ce Cromwell de la France. Le cardinal de Richelieu expirait de la fatigue de son ambition et de sa tyrannie. Il se déguisait à lui-même et il cherchait à déguiser au peuple son agonie sous le fard de ses joues et sous l'appareil d'un triomphe. Pour lui éviter les secousses des roues, vingt de ses licteurs personnels, la tête toujours nue, sous le soleil ou sous la pluie, se relayant d'une extrémité du royaume à l'autre, soutenaient sur leurs épaules sa litière. Cette litière était une chambre portative, dans laquelle il avait son lit, sa table de conseil, ses familiers, ses secrétaires, donnant en route ses ordres à l'empire pour distraire ses insomnies. Comme les portes des villes n'étaient ni assez hautes ni assez larges pour ce palais mobile, on les abattait pour laisser passer le vieillard. On avait ainsi abattu celles de Paris. On avait tendu des chaînes sur le bord des rues que le cardinal devait suivre en se rendant au Louvre, pour contenir la curiosité de la foule. Elle contemplait avec stupeur, à travers des fenêtres de cristal, le cardinal à demi couché sur un lit de pourpre, dictant à son secrétaire, assis devant sa table, on ne sait quels ordres d'ostentation pour ses ministres. On s'inclinait devant le prêtre en frémissant devant le tyran.

Bossuet éprouva une profonde et durable impression de ce triomphe. C'était l'image vivante de cette théocratie et de cette monarchie égyptiennes liées l'une à l'autre par une indissoluble solidarité d'empire, mais où le roi s'abaissait devant le prêtre, et où le peuple se prosternait devant tous les deux. Cette première apparition fortuite, le jour même de son arrivée à Paris, dut faire rêver on ne sait quoi d'antique à ce jeune homme. C'était la pourpre du prince de l'Église et la toute-puissance du ministre en perspective dans un même homme. Bossuet, par sa profession, devait aspirer à l'un, par son génie à l'autre. On verra bientôt que, si ce ne fut pas sa destinée, ce fut du moins jusqu'à la mort son système.

Le jeune homme fut admis, par l'influence de sa famille, dans un de ces établissements, moitié laïques, moitié religieux, où l'Église, maîtresse alors de l'Université, se préparait des néophytes. On appelait cette maison le collége de Navarre. Bossuet en était à la fois membre et disciple. Il y jouissait de la liberté dans une discipline décente, protectrice des bonnes mœurs et des études de la jeunesse. Il fut bientôt reconnu à Paris, comme à Dijon, pour un prédestiné de l'éloquence. L'Université le choisit, au talent, pour les harangues d'apparat dans les jours de solennité. Les évêques et les ministres auxquels il parla à ce titre furent ravis de la convenance, de la dignité et de l'élocution de ce jeune homme. Son nom se répandit comme le retentissement d'une merveille. On l'arracha malgré lui à son obscurité ; on se le disputa dans les cérémonies ecclésiastiques ou littéraires ; on le rechercha dans les palais des princes et des princesses qui s'occupaient avec passion des choses d'esprit. C'était une époque de renaissance des lettres assez semblable alors à Paris à celle de Léon X à Rome ou des Médicis à Florence. Le profane et le sacré, la Bible et la Fable, les prophètes et les poëtes, les prédicateurs et les orateurs s'y confondaient dans le goût ou dans l'enthousiasme de la littérature. Un parent du jeune étudiant, François Bossuet, secrétaire du conseil des finances à la cour, présenta son neveu chez le marquis du Plessis-Guénégaud, ami du ministre Fouquet, et protecteur des lettres auprès de ce Mécène. Le marquis de Feuquières, gouverneur de Versailles, qui avait connu le père de Bossuet pendant qu'il commandait à Metz, accueillit le fils avec cette faveur des vieilles amitiés reportées sur la jeunesse. Il en parla à madame de Rambouillet et à sa société raffinée, qui voulut le voir et l'entendre. On lui fit improviser un sermon dans le salon de M. de Feuquières, devant ces juges délicats. Voiture, le juge souverain de tous, y était. On prit Bossuet au dépourvu ; on lui donna le texte, le sujet, l'heure. Il eut la faiblesse de consentir, ou par déférence ou par vanité, à ce jeu du génie sur les choses sacrées : il fut heureux et sublime. Le cri d'admiration de Voiture et de madame de Rambouillet éclata du salon de M. de Feuquières dans tout Paris. La vogue, quelquefois le présage, plus souvent la parodie de la gloire, s'empara du nom de Bossuet et le fit retentir jusqu'au roi. Le grand Condé, sur la tombe de qui Bossuet, vieilli, devait pleurer un jour de si mémorables larmes, se fit gloire d'assister un jour à un discours d'épreuve de ce jeune homme qui promettait d'illustrer son gouvernement de Bourgogne. Les princes de Condé présidaient héréditairement ces états, c'est-à-dire le conseil délibérant sur les intérêts administratifs de cette province. Ils venaient tous les ans tenir, pendant quelques semaines, leur cour à Dijon : ils connaissaient de vue et de nom toutes les familles notables de la province. Ils avaient leurs clients à Dijon ; ils en étaient les patrons naturels à Paris. De là cette protection toute paternelle du vieux Condé sur le fils des Bossuet.

Pendant que ce jeune orateur se formait au goût des lettres et au ton des cours dans ces intimités avec les plus illustres maisons du royaume, il se formait aux plus hautes vertus de son état dans la société et sous la discipline des ecclésiastiques vénérés de son temps.

Un vieillard dont tout le génie était dans la charité, et qu'on pourrait appeler le saint Jean du christianisme moderne, achevait alors ses jours à Paris pendant que Bossuet commençait les siennes. C'était saint Vincent de Paul.

Brisé par le temps, lassé de controverses, dégoûté de ces querelles religieuses qui n'avaient fait que des victimes et des bourreaux, ce saint homme n'avait trouvé le véritable domaine du prêtre que dans la clémence et la charité, qui consolent au lieu de disputer. Il avait pris le rôle de la Providence bienfaisante et secourable à tous les partis. La vertu lui avait paru la meilleure part dans le sacerdoce. On conteste des doctrines, on ne conteste pas des services. Retiré dans un cloître à demi ouvert, un petit nombre de disciples y venaient entendre ses derniers préceptes, résumés comme ceux de saint Jean en un seul précepte : *Aimez Dieu et aimez-vous les uns les autres.* Saint Vincent de Paul les réunissait dans des conférences où il exerçait ces jeunes novices à la parole familière plutôt qu'oratoire de leur profession. Le cœur ne déclame pas. Saint Vincent de Paul ne leur enseignait pas le discours, mais la tendresse et la persuasion.

Il distingua Bossuet parmi ces disciples, et il s'étudia à former sa conscience plus que son talent; il lui donna de sa main un confesseur plus soigneux de sa piété que de sa gloire. Cette piété, il faut le reconnaître, était plus chère à Bossuet que son talent. Il se pliait avec humilité, et même avec goût, aux plus austères pratiques de sa foi ; il aimait la prière, la méditation, les exercices de l'âme, les cérémonies, le temple, l'autel ; il y édifiait ses émules par son assiduité. Il trouvait dans la contemplation des mystères des profondeurs de sagesse et des abîmes de révélation, dans lesquels il se complaisait à plonger. Son ardente imagination croyait y saisir les secrets de Dieu à leur source ; il avait trop d'enthousiasme pour admettre le doute. C'était un génie convaincu à force de volonté. Un tel génie n'est pas loin d'imposer au monde la tyrannie qu'il s'impose à lui-même. Croire avec une telle conviction, c'est subjuguer en soi toute délibération de la pensée sur les choses surnaturelles ; quand on s'est si complétement subjugué soi-même, on se croit en droit de subjuguer dans les autres tous les doutes ou toutes les résistances à la foi. Ce fanatisme inné, sincère et sans réplique, fut la source des intolérances et des conversions par la gloire de Bossuet.

Cependant il conserva toujours un bon souvenir de l'onction chrétienne et des vertus clémentes de saint Vincent de Paul, qui contrastaient tant avec l'âpreté de son prosélytisme. Quand l'Église s'occupa de rechercher la vie de cet homme de bien après sa mort, pour consacrer sa mémoire en le sanctifiant, Bossuet, consulté, écrivit son témoignage :

« On se réunissait, dit-il, chez lui le mardi de chaque semaine ; de grands évêques y étaient amenés par la réputation de piété de cet excellent homme. Ils y apprenaient à prêcher l'Évangile autant par leurs exemples que par leurs discours. Plein de reconnaissance pour la mémoire de ce pieux personnage, nous l'avons connu personnellement dans notre jeunesse ; il nous a enseigné la piété et la discipline, et aujourd'hui, touchant nous-même à la vieillesse, nous nous rappelons avec un singulier plaisir ses tendres leçons. Avec quelle édification n'avons-nous pas contemplé à loisir ses vertus, son admirable charité, la gravité de ses mœurs, sa rare prudence, unis à la plus parfaite simplicité ; son application aux affaires, son zèle pour les âmes, ses institutions charitables, où sa mémoire vit dans chacune des saintes femmes qui continuent ses œuvres ! »

Ces pieux exercices n'empêchaient pas Bossuet de s'exercer avec la même ardeur dans l'éloquence, vocation maintenant nettement caractérisée de sa vie. Il soignait le talent autant que l'âme. Le grand artiste de la parole se révélait en lui sous le lévite. Il étudiait la poésie et l'éloquence dans tous leurs monuments littéraires ; il étudiait même la diction. Pour former sa voix, sa pose, son geste, il allait assidûment entendre au théâtre les grands acteurs tragiques, qui récitaient sur la scène les dialogues et les harangues de Rotrou, de Corneille, de Racine. Il ne croyait point avilir la parole de Dieu dans sa bouche en appropriant à cette parole l'organe humain ; il empruntait à l'art profane tout ce qu'il pouvait lui ravir pour perfectionner en lui l'art sacré. Ce qu'il cherchait au théâtre, ce n'était pas le vain plaisir d'une déclamation cadencée, c'étaient les modèles de la diction oratoire. Il ne cachait pas aux autres cette fréquentation de la scène, seul *Forum* où l'on pût alors se modeler sur les orateurs antiques, et les autres ne l'en blâmaient pas. La voix, l'attitude, le geste, sont communs aux orateurs sacrés, aux orateurs politiques et aux grands récitateurs tragiques de la scène. Ils se perfectionnent les uns les autres en se regardant. Bossuet voulait être un grand acteur de Dieu dans ses temples.

Il étudiait la déclamation comme il avait étudié la langue. Il se trompait seulement dans l'idée de trouver là des modèles. L'artifice de diction n'aurait pu que lui nuire. La nature, la foi, la piété, avaient tout fait pour lui. Il était né modèle ; c'était aux acteurs à venir étudier l'apôtre.

Il s'arracha à ces études et à ces amitiés de Paris pour retourner à Metz, auprès de son père, prendre possession de son canonicat et attendre l'âge des hautes fonctions ecclésiastiques auxquelles sa renommée l'appellerait inévitablement. Il y vécut six ans de la vie d'un cénobite. Ces six années n'y furent pour lui qu'une longue méditation de la Bible, de l'Évangile et des écrits des premiers fondateurs du christianisme : saint Jean Chrysostome, ce Démosthène sacré ; Tertullien, ce Tacite des persécutions ; Origène, ce poëte du dogme ; saint Augustin surtout, ce Platon de la doctrine, furent sa société antique. Il fallait que la sévérité et la sobriété naturelles de son goût fussent bien innées en lui pour ne pas se corrompre, s'exagérer, s'enfler ou se raffiner avec ces écrivains et ces orateurs d'un âge de décadence littéraire, qui forcent la langue ou l'image en la faisant déclamer au lieu de parler.

Mais l'éloquence de Bossuet était incorruptible, même à ses maîtres. Il prit dans ce commerce leur foi, et répudia instinctivement leurs erreurs. Il n'avait pour distraction à ces études que la société du maréchal de Schomberg, gouverneur de Metz. La maréchale de Schomberg, femme célèbre par sa beauté et par son esprit, qu'une passion contenue et chaste avait autrefois attachée au roi Louis XIII, aimait et protégeait le jeune orateur. Elle ne cessait de vanter dans ses lettres à la cour le mérite et le talent du chanoine de Metz. Elle l'engageait à complaire au roi en appliquant son zèle à la conversion des protestants de Metz. Bossuet prit, dans ces controverses avec quelques ministres du culte réformé de la province, cette habitude hautaine de fulminer contre ce qu'il jugeait les erreurs en matière d'orthodoxie, et de faire des crimes contre l'État des différences sur les dogmes. Cette habitude fut la faiblesse et plus tard la tache de sa vie.

Le zèle de l'unité de foi dévorait à cette époque toutes les âmes ; l'unité politique ne semblait assez bien affermie ni à Richelieu, ni à Mazarin, ni au jeune roi Louis XIV, ni à sa mère, la pieuse et douce Anne d'Autriche elle-même, tant que le catholicisme ne ferait pas plier dans le royaume, par conviction, par corruption ou par force, toutes les consciences.

Anne d'Autriche vint à Metz, vit Bossuet, admira sa parole, excita son zèle. Elle l'engagea à former une société de missionnaires pour la conversion des familles de la religion réformée. Cette mission devint le germe des compulsions et des proscriptions qui ensanglantèrent et dépeuplèrent plus tard le royaume. Bossuet s'accoutuma à faire de la prédication sacerdotale un supplément sacré du pouvoir politique, à menacer du roi ceux auxquels il voulait persuader Dieu, et à recevoir en crédit à la cour la récompense, involontaire sans doute, mais cependant directe, de ses travaux pour le ciel. Son prosélytisme, tout religieux dans son principe, devint contrainte morale sur les âmes, et bientôt contrainte armée sur les consciences ; il confondit dans un seul rôle son ministère sacré et son ministère politique. C'est cette première confusion entre le prêtre et l'homme de cour qui faussa souvent la ligne de sa vie. Les abjurations du protestantisme, que Bossuet recevait par conversion réelle ou par conversion simulée, étaient autant d'hommages que ce conquérant des âmes envoyait au roi. La cour ne persécutait pas ouvertement encore, mais elle séduisait ou intimidait déjà partout. Bossuet, par son talent, sa jeunesse, sa piété, son zèle, son empressement à servir la pensée de la cour, était le plus utile et le plus éclatant instrument de cette conquête du royaume à la religion du prince.

La conversion d'un courtisan, l'abbé de Dangeau, et bientôt la conversion plus illustre du maréchal de Turenne, lui valurent une nouvelle célébrité.

Turenne était un politique rompu par une longue vie aux manéges des cours; aussi courtisan que guerrier. Ayant passé, pendant la minorité de Louis XIV, du parti de la révolte dans le parti de la cour, il sentait qu'il avait beaucoup à se faire pardonner pour reconquérir la faveur du roi, maintenant affermi sur son trône. Il n'y avait pas pour Turenne de meilleur gage à donner qu'une adoption tardive de la religion du roi. Soit qu'il crût que le ciel était à ce prix, soit qu'il calculât que son rang dans les armées et dans le conseil tenait à cet acte, il hésita le temps nécessaire pour donner de la décence à ce changement. Il voulut être instruit par Bossuet, qui avait été rappelé à Paris et désigné à l'épiscopat. Bossuet eut peu de peine à convaincre un vieux soldat qui se présentait de lui-même à la conviction.

Turenne, suffisamment convaincu, se rendit à la cour à une heure où les courtisans affluaient dans le palais. Le roi était à table. Turenne lui demanda un moment d'entretien pressé et secret. Le roi se leva de table, et conduisit avec déférence le général dans l'embrasure d'une fenêtre. « Sire, lui dit Turenne, j'ai une confidence à vous faire, que je vous prie ne pas divulguer encore. Je veux changer de religion ! — Ah ! que je suis aise ! » s'écria le roi en lui ouvrant ses bras pour le presser sur son cœur; mais, se contenant de peur de révéler trop de joie par cet embrassement aux courtisans qui les regardaient sans les entendre, il fit entrer le nouveau converti dans son cabinet. Là, il l'embrassa, le félicita, et lui dit qu'il allait envoyer sur l'heure un courrier au pape, pour ne pas retarder le bonheur que le souverain pontife allait ressentir d'une si illustre conquête. « N'en faites rien, je vous en conjure, Sire, lui dit Turenne; car, si je croyais que cette conversion toute spontanée pût me valoir seulement le gant que vous portez à la main, je ne changerais pas de foi! » Le roi, aussi familier que triomphant, voulut donner à Turenne un confesseur de sa main; ils montèrent tous deux dans un carrosse, sans gardes et sans armoiries, pour aller ensemble, et sans être connus, chercher un confesseur pour Turenne dans les monastères de Paris.

Cette conversion rapprocha encore Bossuet de l'épiscopat. On attribua la conquête du vieux guerrier à la lecture d'un livre que Bossuet venait de publier, intitulé *Exposition de la doctrine de l'Église romaine*. Ce livre, écrit pendant son séjour à Metz, témoignait plus de sa foi que de son talent. La lucidité dans la controverse, l'ordre dans le style, et le raisonnement appliqué aux mystères, sont les seuls caractères de ce premier de ses écrits. Bossuet s'y montrait plus grand catéchiste que grand écrivain; mais c'était le mérite que voulait le moment. Ce livre, en naissant, devint texte; il l'est encore pour les catholiques romains. Sa renommée, grande déjà comme orateur, grandit comme théologien. On l'appela à prêcher enfin à Paris. Ce fut là qu'il éclata tout entier.

Un concours tel qu'on n'en avait pas vu depuis les temps d'Abélard se pressa dans le parvis des églises où le jeune prédicateur prenait la parole. On avait entendu et on devait entendre des discours plus littéraires et plus achevés : on n'avait rien entendu, on ne devait rien entendre de plus haut. Cette voix enlevait d'un mot au sublime. Bossuet déplaçait son auditoire de ses pensées habituelles, pour le transporter dans des régions nouvelles de la contemplation et de la présence de Dieu. C'était l'orateur au-dessus des nuées, touchant de la main le ciel, voyant la terre bien loin et bien bas sous ses pieds, jouant avec les éclairs et les foudres, et comblant de dédain pour les choses mortelles l'abîme de pensées hautes, fortes, éternelles, sur lequel il penchait ses auditeurs, en leur donnant le vertige de sa prodigieuse élévation.

Son style, conforme à cette majesté du lieu, paraissait de plain-pied avec l'infini. Ce style était simple comme l'oracle qui dédaigne de plaire, inculte comme le mot qu'on jette sans choix à la précipitation de sa pensée, lent comme la méditation qui oublie l'heure, hâté comme l'inspiration qui craint de s'échapper à elle-même, inachevé comme le trait qu'on lance au hasard et qu'on ne suit pas même de l'œil pour en ramasser un autre, nu comme la vérité à qui on arrache tous ses voiles pour les fouler aux pieds, dans son empressement vers elle seule; abondant comme l'infini, recueilli comme le temple, quelquefois vulgaire comme le peuple, toujours approprié par la nature et non par l'art à l'idée ou au sentiment, lyrique surtout, c'est-à-dire oubliant l'auditoire et le raisonnement pour jeter le cri inattendu de la joie ou de la douleur, et criant ou chantant alors directement face à face avec Dieu, dans des dialogues ou dans des hymnes qu'on n'avait pas entendus depuis Moïse ou depuis les prophètes!

Voilà ces sermons de Bossuet. Nous n'en possédons que les préparations et les ébauches. Ce sont des jalons jetés dans l'espace entre ciel et terre, pour tracer sa route à travers les hasards de l'inspiration. Mais ces ébauches et ces préparations sont si enchaînées par la logique, qu'on rétablit facilement les chaînons rompus çà et là, et qu'on remplit facilement par l'imagination les vides. On entend le discours tout entier par quelques mots; on mesure l'impression de l'auditoire alors vivant, non pas au texte, mais aux lacunes mêmes du texte de ces discours. On sent que chacune de ces lacunes était un abîme de réflexions, de considérations, d'exclamations, dans lequel l'orateur se plongeait avec ses auditeurs, et on conçoit, par ce qui manque, une plus étonnante idée de ce qui fut. Qui n'a pas reconstruit ainsi, à l'aide de quelques vestiges, des édifices aussi entiers et aussi gigantesques que ceux de Palmyre ou de Balbek, bien que le plan ne se lise que dans les fondations et les matériaux que dans la poussière?

La diction était (disent les traditions) conforme au génie. Une stature élevée, une pose ferme, un visage recueilli, un geste rare, une voix profonde, partant d'une âme et non d'un rôle, une dignité qui était dans la vie autant que dans le ministère, un profond sentiment de la supériorité, non de l'homme, mais de l'organe de la parole divine sur les hommes attentifs à sa voix; enfin on ne sait quoi de prestigieux que le pressentiment de la gloire future donne, dès le commencement de leur carrière, aux hommes qui doivent survivre à leur temps : tels étaient les traits de Bossuet dans la chaire. On oubliait l'homme, on ne voyait que l'inspiré; on n'assistait pas à un discours, mais à une respiration d'éloquence. On sortait ému plus que ravi. On n'avait pas le temps de penser à l'admiration. Ce n'était pas l'admiration non plus que cherchait l'orateur. De tous ses mépris pour le monde, le plus sincère était son mépris pour la gloire humaine, et c'est ce mépris sincère qui le rendait plus éloquent.

Sa parole tombait de si haut qu'elle écrasait tout en tombant, même l'orateur. De là vient qu'elle avait tant de poids et tant de retentissement dans la chute.

La reine Anne d'Autriche se souvint du jeune théologien qu'elle avait entrevu à Metz; elle voulut l'entendre. Cette princesse, après avoir abdiqué l'empire, avait la piété tendre comme le cœur. Sa longue familiarité avec Mazarin, Italien de Léon X autant que de Machiavel, lui avait exercé le goût pour les arts et pour l'éloquence. Bossuet prêcha

devant elle dans une chapelle de monastère de femmes.
Il caressa le cœur de la mère en faisant une comparaison
un peu adulatrice entre cette reine qui avait formé un roi
pour le trône et cette Vierge qui avait élevé un Dieu pour
la croix. L'adulation, ennoblie par la maternité, n'enleva
rien à la sainteté du discours. L'orateur fut plutôt le
consolateur d'une disgrâce que le courtisan d'une reine.
Anne d'Autriche pleura d'admiration et de reconnaissance.
Elle voulut que le jeune orateur notât les pensées et les
mouvements de ce discours, pour le répéter une autre fois
devant elle dans une plus vaste enceinte. Le poëte sacré
Santeuil, qui avait été admis dans ce cénacle d'auditeurs
privilégiés, à la suite de la reine, fut si enthousiasmé de
la poésie oratoire du prédicateur, que des souvenirs du
sermon il composa une hymne, chantée encore aujourd'hui
dans les temples, comme un retentissement en vers des
sublimités de Bossuet.

Ces succès firent rechercher Bossuet par tous les monastères qui voulaient illustrer leur église par cette série de
discours pieux qu'on appelle des *carêmes*, thème uniforme
de tous les mystères et de tous les anniversaires, varié par
la fécondité et par le talent des orateurs.

Le premier *carême* de Bossuet fut prêché dans l'église
des Carmélites de la montagne Sainte-Geneviève, quartier
à la fois monastique et littéraire de Paris. On raconte que
les maîtres et les disciples des colléges voisins, les académiciens, les théologiens des différentes factions qui divi-
saient l'Église entre les jésuites et les jansénistes, se disputaient dès l'aurore les places autour de la tribune de
Bossuet. Quand il était redescendu de la chaire, des
groupes, d'abord recueillis, puis peu à peu agités par la
discussion, se formaient dans la vaste cour du monastère
pour voir passer l'homme de l'éloquence. Les uns interpré-
taient ses paroles en faveur de leurs opinions, les autres le

revendiquaient pour leur secte ; mais tous s'accordaient à proclamer en lui le prodige de la chaire. L'unanimité d'enthousiasme faisait un moment la paix entre les partis. Bossuet, en effet, s'élevait au-dessus de tous par la haute impartialité du dédain. Il cherchait l'Église plus loin que ces sectes, et Dieu plus haut que ces disputes ; il forçait un moment ces hommes à le suivre dans l'éternité.

C'est dans un de ces couvents qu'il s'abandonna un jour, dans un éloge de saint Paul, ce Platon inspiré de la Judée, à un élan d'éloquence que des débris conservés de ce discours nous permettent de citer. On y voit Bossuet lui-même transparent et pour ainsi dire transfiguré dans saint Paul ; c'est Michel-Ange imprimant de son rude ciseau ses propres traits et sa propre inspiration sur le visage de sa statue de Moïse.

« Chrétiens, dit-il. . . . .

» N'attendez pas de l'Apôtre, ni qu'il vienne flatter les oreilles par des cadences harmonieuses, ni qu'il veuille charmer les oreilles par de vaines curiosités. Écoutez ce qu'il dit lui-même : « Nous prêchons une sagesse cachée ;
» nous prêchons un Dieu crucifié. Ne cherchons pas de vains
» ornements à ce Dieu qui rejette tout l'éclat du monde. Si
» notre simplicité déplaît aux superbes, qu'ils sachent que
» nous voulons leur déplaire, que Jésus-Christ dédaigne
» leur faste insolent, et qu'il ne veut être connu que des
» humbles. Abaissons-nous donc à ces humbles, faisons-leur
» des prédications dont la bassesse tienne quelque chose de
» l'humiliation de la croix, et qui soient dignes de ce Dieu
» qui ne veut vaincre que par la faiblesse. »

» C'est pour ces solides raisons que saint Paul rejette tous les artifices de la rhétorique. Son discours, bien loin de couler avec cette douceur agréable, avec cette égalité tempérée que nous admirons dans les orateurs, paraît inégal et sans suite à ceux qui ne l'ont pas assez pénétré ; et les délicats de la terre, qui ont, disent-ils, les oreilles fines, sont offensés de son style irrégulier. Mais, mes frères, n'en rougissons pas. Le discours de l'Apôtre est simple, mais ses pensées sont toutes divines. S'il ignore la rhétorique, s'il méprise la philosophie, Jésus-Christ lui tient lieu de tout; et son nom qu'il a toujours à la bouche, ses mystères qu'il traite si divinement, rendront sa simplicité toute-puissante. Il ira, cet ignorant dans l'art de bien dire, avec cette locution rude, avec cette phrase qui sent l'étranger, il ira en cette Grèce polie, la mère des philosophes et des orateurs; et, malgré la résistance du monde, il y établira plus d'églises que Platon n'y a gagné de disciples par cette éloquence qu'on a crue divine; il prêchera Jésus dans Athènes, et le plus savant de ses sénateurs passera de l'aréopage en l'école de ce barbare; il poussera encore plus loin ses conquêtes; il abattra aux pieds du Sauveur la majesté des faisceaux romains en la personne d'un proconsul, et il fera trembler dans leurs tribunaux les juges devant lesquels on le cite. Rome même entendra sa voix; et un jour cette ville maîtresse se tiendra bien plus honorée d'une lettre du style de saint Paul adressée à ses citoyens, que de tant de fameuses harangues qu'elle a entendues de son Cicéron.

» Et d'où vient cela, chrétiens? C'est que Paul a des moyens pour persuader que la Grèce n'enseigne pas et que Rome n'a pas appris. Une puissance surnaturelle, qui se plaît de relever ce que les superbes méprisent, s'est répandue et mêlée dans l'auguste simplicité de ses paroles. De là vient que nous admirons dans ses admirables épîtres une certaine vertu plus qu'humaine qui persuade contre les règles, ou plutôt qui ne persuade pas tant qu'elle captive les entendements; qui ne flatte pas les oreilles, mais qui porte ses coups droit au cœur. De même qu'on voit un grand fleuve qui retient encore, coulant dans la plaine, cette force violente et impétueuse qu'il avait acquise aux montagnes d'où il tire son origine : ainsi cette vertu céleste qui est contenue dans les écrits de saint Paul, même dans cette simplicité de style, conserve toute la vigueur qu'elle apporte du ciel, d'où elle descend. »

La célébrité du prédicateur s'élevait et s'étendait à chaque discours. Le grand Condé voulut l'entendre à Dijon, dans cette chaire, pour ainsi dire natale, dont un autre orateur sacré devait s'emparer de nos jours pour faire souvenir sa patrie de Bossuet. Il y fut ce qu'il savait être toujours, à la fois politique et théologien, inspiré, foudroyant et habile, n'oubliant jamais la cour en parlant du ciel, ni le ciel en parlant à la cour.

Après un éloge oratoire du grand Condé, qui l'écoutait, Bossuet, dans ce discours, reprend tout à coup sa taille d'apôtre après son prosternement de courtisan.

« Mais non, s'écrie-t-il, en me souvenant au nom de qui je parle, j'aime mieux abattre aux pieds de mon Dieu les grandeurs du monde que de les admirer plus longtemps dans un héros ! »

Le roi, prévenu par sa mère et par sa cour, voulut enfin que Bossuet parlât devant lui dans la chapelle du Louvre. Ce prince, presque illettré alors, avait plus que la science du beau dans les arts : il en avait la révélation. Le don d'admirer, plus rare encore que le don de juger, était la vertu d'esprit de Louis XIV. C'est à ce don qu'il dut la majesté de son règne. La gloire qu'il aimait, et qu'il discernait du fond de son ignorance, rejaillit par reconnaissance sur lui. Il eut une grandeur de reflet ; les flambeaux qu'il alluma l'illuminèrent.

La grande voix de Bossuet le remua dès le premier jour. Il pressentit le prophète de son temps : il discerna aussi du premier regard le génie de bon sens, de convenance et de discipline naturelle qu'on sentait dans cette éloquence, comme on sent la forte charpente sous la majesté et sous les ornements de l'édifice. Il augura que cet orateur serait un politique : il se souvint du cardinal de Richelieu et du cardinal de Mazarin, tyrans ou tuteurs de son enfance. La force de l'un, l'habileté de l'autre, lui parurent revivre, confondues et agrandies, dans ce jeune homme, né comme eux pour le gouvernement d'un empire bien plus que pour la direction d'une communauté ou d'un diocèse. Il le réserva, dans sa pensée, pour son conseil plus que pour sa conscience. Il songea à le préparer par les dignités au maniement de l'Église de France sous sa propre main. C'était alors une des nécessités les plus capitales de son règne.

Tout était faction dans la foi. Le roi méditait de subjuguer toutes ces factions sous le joug de l'Église romaine, et de rester, lui seul dans son royaume, indépendant de cette autorité à laquelle il voulait bien soumettre l'homme, mais non le roi. Il lui fallait pour cela plus qu'un évêque, moins qu'un schismatique, presque un patriarche. Il eut la révélation de cet homme dans Bossuet : il ne se trompait pas.

En rentrant au Louvre, après l'avoir entendu, le roi chargea son secrétaire intime, Rose, d'écrire pour lui au père du prédicateur qu'il venait d'entendre.

Rose écrivit une de ces lettres laconiques, mais mémorables, telles qu'il convient à un roi qui s'abaisse à admirer un sujet. Le roi copia la lettre de sa main. « Un père, disait-il au conseiller du parlement de Metz, doit être glorieux d'avoir un tel fils. »

C'était promettre la faveur et inviter à l'ambition. Le père comprit; le roi ne tarda pas à justifier ces espérances. Il appela Bossuet à parler en toute occasion devant lui. Nulle parole ne sembla désormais digne de Dieu et du roi, excepté la sienne.

Le père de Bossuet étant venu à Paris pour entendre

son fils, on le montra un jour à Louis XIV, confondu dans l'auditoire et les yeux mouillés de larmes. « Ah! dit le roi, voilà un père bien heureux d'assister à la gloire et à la sainteté de son enfant! » Pour combler la joie de ce père, il donna de lui-même, peu de jours après, l'évêché de Condom au fils. Il y avait dix ans qu'il remplissait de son nom les chaires de Paris.

Cette dignité n'interrompit point entièrement ses prédications. Elle ne fit qu'ajouter plus d'autorité au prêtre et plus de respect à l'attention publique. Un autre orateur s'empara de la chaire sacrée au moment même où Bossuet abdiquait la parole pour l'épiscopat. Cet orateur était Bourdaloue. On compara avec passion ces deux émules d'éloquence. A la honte de l'époque, le nombre des admirateurs de Bourdaloue dépassa en peu de temps celui des enthousiastes de Bossuet. La raison de cette préférence d'une argumentation froide sur une éloquence sublime est dans la nature des choses humaines. Les hommes de stature moyenne ont plus d'analogie avec leur siècle que les hommes démesurés n'en ont avec leurs contemporains. Les orateurs qui argumentent sont plus facilement compris par la foule que les orateurs qui s'enthousiasment. Il faut des ailes pour suivre l'orateur lyrique; il ne faut que de la logique pour suivre l'orateur qui raisonne. La logique dans un auditoire est un don plus commun que l'inspiration. Tout le monde n'a pas les ailes qui élèvent et qui soutiennent dans l'espace. C'est ainsi qu'on admirait plus à la tribune de l'Assemblée constituante Barnave que Mirabeau. Ces engouements, qui sont les épreuves du génie et les ovations de la rivalité, ne sont pas les arrêts de l'avenir. Les hommes de haute supériorité ne peuvent être jugés que par leurs pairs. Ces pairs, c'est-à-dire ces égaux des hommes de génie, existent en trop petit nombre du vivant de ces hommes culminants pour décider de la prééminence véritable, pour décerner le rang définitif dans la gloire. Ils sont étouffés par la multitude, qui juge plus grand ce qu'elle voit de plus près. Il faut plusieurs générations, et quelquefois plusieurs siècles, avant que ces égaux des hommes supérieurs naissent et jugent en assez grand nombre pour former le tribunal compétent de la vraie grandeur. Jusque-là, la foule se trompe; c'est là le mystère de la postérité; ses jugements cassent ceux du temps. Attendre est la condition de la gloire.

Bourdaloue et Massillon ont été déclarés, à leur époque, plus grands orateurs de la chaire que Bossuet; les années ont rectifié ce jugement. Bourdaloue n'est qu'un puissant argumentateur; Massillon, qu'un mélodieux flatteur d'oreilles; Bossuet seul était complétement éloquent, parce qu'il était à la fois lyrique et pathétique, et qu'il avait les ailes et le cri de l'aigle; mais il volait et criait trop haut dans le ciel pour être entendu d'en bas.

Madame de Sévigné, qui a transmis avec tant de grâce les chuchotements d'un siècle à un autre, et dont on peut appeler le livre le commérage immortel de la postérité, parle sans cesse dans ses *Lettres* des harangues de Bourdaloue, et ne dit pas un mot des sermons de Bossuet.

Jusqu'au moment où il fut désigné par le roi pour l'évêché de Condom, la vie de Bossuet à Paris était ce qu'elle avait été à Dijon et à Metz, solitaire, studieuse, exemplaire. Il logeait chez l'abbé de Lameth, doyen de l'église Saint-Thomas du Louvre, sorte de retraite entre le monastère et le monde, qui protégeait l'austérité des mœurs en laissant la fréquentation des amitiés. Les mœurs de ce grand homme avaient cette *tristesse évangélique* qui, selon La Bruyère, est l'âme de l'éloquence chrétienne. Rien ne s'évaporait hors de lui de ses pensées. Quelques ecclésiastiques de haute naissance, de science consommée, de vie irréprochable, noviciat d'élite de l'épiscopat d'alors, étaient sa société la plus assidue. Un attrait vers la gloire et vers la vertu les groupait déjà autour de l'homme prématurément illustre : ils semblaient pressentir la grandeur et s'honorer du titre de ses disciples.

Dans ces disciples, Bossuet ne voyait que des amis. C'étaient l'abbé d'Hoquincourt, plus tard évêque de Verdun ; l'abbé de Saint-Laurent, précepteur du duc d'Orléans, futur régent : cet ecclésiastique élevait le prince à la piété avant l'infâme Dubois, que ses vices firent cardinal à la dérision de la vertu.

Racine le fils raconte pathétiquement, dans une de ses lettres, la mort de l'abbé de Saint-Laurent, arraché aux bras de Bossuet.

C'était M. de Bédacier, évêque d'Auguste, qui ne voulut mourir aussi qu'au bruit des exhortations de son ami, et qui lui légua, en mourant, un prieuré dont il jouissait à Mantes ; c'était l'abbé Letellier, fils du chancelier de ce nom, qui combla le jeune prédicateur des bénéfices et des dignités dépendant de son évêché de Reims ; c'était l'abbé de Choisy, d'abord célèbre par des légèretés de jeunesse scandaleuses dans sa profession, ramené à l'austérité de vie et à la foi par Bossuet, et dirigé par lui dans des études historiques utiles à l'Église ; Hardouin de Péréfixe, ancien précepteur du roi, et maintenant archevêque de Paris ; c'était Fénelon, alors disciple, depuis rival, mais toujours tendre et cordial ; c'étaient tous les jeunes amis de Fénelon, entraînés par lui dans ce culte du cœur qu'il avait voué à Bossuet ; c'était surtout l'abbé Ledieu, le commensal, le confident, le secrétaire et le familier de Bossuet pendant vingt ans, et qui notait heure par heure, pour la postérité, la vie et les paroles de son maître.

Ce cénacle de vertu, de foi, de philosophie, d'éloquence, d'entretiens, d'amitié commune, rappelait les écoles philosophiques d'Athènes, rendues seulement plus chastes et plus saintes par l'austère discipline du christianisme qui en était le lien. Bossuet n'en sortait que pour monter dans la chaire ou pour cultiver quelques hautes faveurs de cour, convenances de sa dignité. Depuis qu'il était évêque, il prêchait plus rarement dans les chaires banales : il réservait sa parole pour d'éclatantes solennités, dont sa voix faisait des dates d'éloquence.

Un nouveau genre d'éloquence, rappelant les panégyriques des anciens, l'avait tenté. C'étaient les oraisons funèbres, sorte de discours éminemment adaptés à son génie par leurs circonstances, dont la tribune était un tombeau, dont une vie mémorable, tragique ou sainte, terminée par une mort récente, était le texte, et dont un cercueil était l'appareil. Là tout prêtait à l'éloquence de l'orateur sacré des accents, des spectacles, des gémissements, des consolations, des cris, des hymnes dignes de sa voix ; le temple en deuil, l'autel nu, les torches funèbres, les prêtres vêtus de couleurs sinistres, le catafalque entouré de la famille, des amis, des enfants, des serviteurs attristés; les larmes des proches, le contraste de la grandeur, de la puissance ou de la renommée du mort, avec ce cadavre tombé tout à coup des hauteurs de la vie dans ce coffre de bois, pour devenir un moment le vain sujet d'un discours, puis à jamais la proie de la terre, déjà ouverte pour l'ensevelir; cette vicissitude quotidienne, soudaine mais toujours frappante, de la vie au tombeau ; ces examens à haute voix, comme dans l'Égypte antique, de la mémoire encore chaude du mort au seuil de son sépulcre; ce pressentiment audacieux du jugement de Dieu sur le mort, au moment où il est déjà jugé par l'infaillible Juge; ce récit majestueux ou touchant des grandes choses de la vie, ces accents d'histoire dans les annales d'un de ses acteurs, ces retours à la religion, seul objet apparent du discours; ce pathétique des derniers moments et des récents adieux, retracé au bruit des sanglots de ceux qui sentent le vide de cette disparition dans leurs cœurs; enfin cette voix sereine et inaltérable du sacerdoce qui domine ces honneurs, ces vanités, ces sanglots, et qui recommande à ceux-ci de pleurer, à ceux-là de se consoler, à tous de se confondre devant le mystère de la volonté de Dieu et devant la souveraineté de la mort : voilà la scène, à la fois tragique, théâtrale et sainte, qui fascina Bossuet et qui lui fit résoudre de ne plus prendre pied dans ses harangues que sur un tombeau, et de ne plus aborder son auditoire qu'entre le temps et l'éternité.

Cette résolution était déjà du talent, car le caractère à la fois littéraire, historique, pathétique et religieux de ces discours autorisait l'orateur à se montrer un grand artiste, sans cesser d'être un grand apôtre. Il accomplit avec une inimitable supériorité de parole ce qu'il avait conçu avec tant de sagacité; il vivait dans un siècle où les occasions de louer, de pleurer et de s'étonner ne manquaient pas. Le siècle était plein de grandes choses et de grands hommes. L'éloquence de Bossuet, comme une pleureuse antique, les attendait au bord du cercueil.

L'amitié ou la reconnaissance personnelle qu'il portait à ces grandes mémoires ajoutait en général une note plus pathétique à ces éloges. Le cœur montait aux lèvres, on sentait que l'orateur prenait sa part dans les tristesses qu'il remuait au fond des autres âmes.

Ce fut ainsi qu'il fit, en 1667, l'oraison funèbre d'Anne d'Autriche, mère de Louis XIV. Cette princesse, belle, sensible, politique, tendre et pieuse, avait été le jouet de toutes les fortunes et de toutes les infortunes des cours. Épouse d'un mari froid, bizarre et scrupuleux, qui tremblait devant le cardinal de Richelieu, son ministre, elle n'avait connu du titre de reine que les ombrages et les servitudes dont ce ministre l'environnait pour se prémunir contre l'ascendant de sa jeunesse et de sa beauté. Veuve de bonne heure et mère d'enfants que leur âge tendre éloignait du trône, la minorité de ses fils avait été une longue tempête, d'où les manœuvres de Mazarin avaient sauvé laborieusement leur berceau. Attachée par politique et peut-être par sentiment à cet aimable et habile ministre, elle avait tellement mêlé sa fortune à la sienne, qu'elle avait préféré l'exil avec lui au trône sans lui. Les factions et la Fronde l'avaient ballottée de l'outrage à l'adoration, et de l'adoration à l'ingratitude. Le roi majeur et Mazarin mort, elle n'avait semblé tenir à la vie que par la résignation et par la douleur. Une maladie lente et cruelle l'avait torturée jusqu'au tombeau ; elle venait enfin d'y descendre. Épouse déshéritée de l'amour d'un mari imbécile, reine méconnue d'un peuple turbulent, amie d'un ministre haï de ses sujets, mère d'un roi dont elle avait préparé le règne par sa constance, Anne d'Autriche devait subir encore les injustices de la postérité, en n'occupant pas jusqu'ici dans l'histoire la place éminente que la France lui doit parmi ses femmes les plus accomplies et parmi ses reines les plus consommées. Bossuet lui-même ne lui rendait pas alors la justice et les hommages qui lui reviennent. Mais il se souvenait du moins qu'elle avait été la première à l'admirer lui-même. Il lui devait un des premiers tributs de cette voix qu'elle avait fait connaître à son fils. Ce discours ne fut pas imprimé alors. Les larmes pour les infortunes et les admirations pour sa piété furent sa seule éloquence. Bossuet oublia la politique pour la vertu ; mais il était trop plongé dans le règne du fils pour parler avec équité de la mère.

En descendant de la chaire, il apprit la maladie de son père. Il courut à Metz recevoir son dernier adieu. Le père de Bossuet avait résigné depuis quelques années sa place au parlement pour entrer, sur les pas de son fils, dans le sacerdoce. Bossuet, par son influence auprès du distributeur des bénéfices ecclésiastiques, avait fait donner à son père un canonicat à Metz. Il considérait les biens de l'Église comme un patrimoine de famille. Il ne se faisait aucun scrupule d'en disposer largement pour les siens. Ce n'était pas cupidité, c'était habitude du temps. L'autel, selon lui, devait honorer et rétribuer amplement le prêtre. Il avoue plusieurs fois, dans des lettres à ses amis, lettres que nous avons sous les yeux, cette nécessité de l'aisance pour le ministre de la parole sacrée. « Quant à moi, dit-il, mon esprit n'aurait pas sa liberté dans les gênes d'une existence étroite et mal assurée. Il ne faut pas que celui qui est chargé de penser aux autres soit contraint par ses embarras personnels de rétrécir sa vie et son âme en se repliant sans cesse sur d'abjectes nécessités. » Voilà le sens et presque les expressions de ces lettres, franchise d'un homme qui se sent supérieur à la fortune, mais qui l'apprécie non comme une condition de jouissance, mais comme une condition de liberté.

Bossuet administra lui-même les sacrements à la mort de son père, mêlant les prières et les larmes ; fils et pontife à la fois, et ouvrant, à celui qui lui avait ouvert la vie, l'éternité.

Revenu à Paris après ce deuil, il fut jeté avec la passion du zèle à travers les controverses ardentes du jour entre les protestants et les jansénistes. Ces nouveaux apôtres inspirés par Arnauld, Nicole, Pascal, en combattant un schisme, menaçaient l'Église d'une secte. Hommes de piété cénobitique, de vertus absolues, de logique inflexible, d'éloquence indomptée, ils exagéraient la vertu. C'étaient les Lacédémoniens du christianisme. On avait eu peur de leurs excès de sainteté : on avait prétendu découvrir dans leur chef de doctrine, Jansénius, des textes répréhensibles aux yeux de l'orthodoxie, textes que les uns affirmaient exister dans les livres de ce docteur hollandais, dont les autres niaient même l'existence.

De là des querelles interminables, que le gouvernement envenimait en y mettant l'œil et la main.

Bossuet, pour son malheur, commença dès lors à prendre parti dans ces querelles scolastiques, et à dépenser son génie et son caractère à ces polémiques de mots. Il parut d'abord incliner vers les jansénistes, par analogie de nature et de vertu. Bientôt les deux sentiments dominants en lui : le sentiment de l'autorité de l'Église et le sentiment de l'autorité du roi, supérieurs à toutes divergences de doctrine, l'éloignèrent de ces hommes selon son cœur, et firent de lui l'homme du gouvernement.

Nous parlerons peu de ces polémiques, où la grandeur du talent se perd dans le néant des disputes. L'éloquence le rappela à la chaire, son vrai piédestal.

Il y remonta en 1669, pour pleurer la reine d'Angleterre, veuve de Charles Ier, exilée en France par le meurtre de son mari. *Fille, femme, sœur, mère de rois*, sa vie, dit Bossuet, renfermait toutes les extrémités des choses humaines. Le roi le chargea d'égaler l'éloquence à la grandeur et aux infortunes de cette destinée. Louis XIV, après avoir donné pendant sa vie à cette reine proscrite une royale hospitalité à Saint-Germain, ne pouvait lui donner à sa mort une plus glorieuse commémoration que la voix de Bossuet. Cette oraison funèbre fut la première où il développa toutes les grandeurs d'âme, de politique, d'histoire et de parole dont la nature, l'étude et la profession l'avaient doué. Ce fut un cours d'histoire et de politique à vol d'aigle.

Bossuet, en faisant remonter au schisme de Henry VIII les causes du régicide de Charles Ier, proféra sur la fatale union du sacerdoce et de l'empire, de l'Église et de l'État, des vérités qu'il devait trop tôt démentir lui-même en servant l'Église par le glaive du roi, et le roi par la contrainte sur l'Église.

« Qu'est-ce, dit-il, que l'épiscopat, quand il se sépare

de l'Église, qui est son tout, et quand il se sépare de Rome, qui est son centre, pour s'attacher contre nature à la royauté? Ces deux puissances d'un ordre si différent ne s'unissent pas, mais s'embarrassent mutuellement quand elles se confondent. On énerve la religion quand on la change, et on lui ôte un certain poids qui seul est capable de tenir les peuples. Les peuples ont dans le fond du cœur je ne sais quoi d'inquiet qui s'échappe si on leur ôte ce frein nécessaire, et on ne leur laisse plus rien à ménager quand on les laisse maîtres de leur religion. Tout se tourne en révolte et en pensées séditieuses quand l'autorité de la religion est anéantie. »

Tout le caractère sacerdotal et politique de Bossuet est dans cette période, dont la première phrase jure si étrangement avec la dernière. Comme prêtre, il commence par déclarer avec vérité que la religion n'a rien à recevoir du pouvoir civil, et que ces deux puissances se dénaturent en s'alliant. Comme politique, il déclare, dans la seconde phrase, que les gouvernements ne peuvent laisser les peuples disposer librement de leur conscience sans s'anéantir eux-mêmes dans leur autorité temporelle. Il revêt ces deux contradictions de la même majesté de parole. On voit d'avance l'homme qui conseillera bientôt au roi de s'insurger respectueusement, mais inflexiblement contre Rome, pour fonder une Église gallicane, c'est-à-dire une indépendance dans l'obéissance et une diversité dans l'unité.

L'homme de Dieu disparaît déjà ici devant l'homme du prince, et l'homme de discipline paraît à la fin devant l'homme de gouvernement. Ce poids tout humain des religions, seul capable de tenir les peuples; ce frein nécessaire, cet appel au despotisme sur les consciences, pour s'assurer contre les révolutions et les séditions du peuple, sont des maximes où l'on sent plus de l'impiété de Machiavel que de la foi de Bossuet.

On retrouve ce fatalisme politique dans le portrait de Cromwell, en qui Bossuet, à l'exemple de son temps, ne voyait qu'un hypocrite. Il n'osait ni trop le louer, de peur de manquer au cercueil de cette reine, sa victime ; ni trop le flétrir, de peur de manquer au roi, qui avait traité avec ce dictateur. Il se jeta dans la théocratie, qui explique, qui excuse, qui légitime tout sur ses lèvres, et il s'écria avec le despotisme du prophète : « Quand Dieu a choisi quelqu'un pour être l'instrument de ses desseins, rien n'en arrête le cours ; il enchaîne, il aveugle, il dompte tout ce qui est capable de résistance. »

C'est de ce portrait de Cromwell, c'est de cette complicité sophistique de la Providence avec la victoire, que les théocrates modernes, M. de Maistre et ses adeptes, ont déduit cette adoration immorale de la force, impiété soi-disant pieuse, qui prosterne l'homme devant le succès au lieu de le redresser sur la justice. Ces interprètes menteurs de la Providence placent le dessein de Dieu dans l'événement, au lieu de le placer dans la moralité de l'acte. Voilà le danger, pour un homme supérieur comme Bossuet, de lancer une fausse maxime dans le monde : les hommes secondaires s'en font une autorité, et les peuples s'en font une fausse règle de leurs jugements. C'est ainsi que la théocratie détruirait au nom de Dieu son plus bel ouvrage, la conscience du bien et du mal dans le genre humain.

Ce discours, dans sa partie pathétique, déborde, du reste, de majesté, de douleurs, d'exclamations, d'éplorations sublimes. Bossuet semble faire son propre portrait en y parlant de ce poëte funèbre, Jérémie, « qui seul était capable, dit-il, d'égaler les lamentations aux calamités ! »

Un cri d'admiration s'éleva de toute la cour et de toute l'Église à ce discours. Aucun moderne n'avait encore parlé en prophète. On conjura Bossuet de publier ce chef-d'œuvre : l'Europe s'émut et pleura.

Six jours après, une jeune et séduisante princesse, fille de celle que Bossuet venait d'illustrer et de l'infortuné Charles Iᵉʳ, rappela l'orateur à un autre cercueil : c'était le cercueil de cette princesse elle-même. Henriette d'Angleterre avait épousé le duc d'Orléans, frère du roi. Ce prince, ignoble d'esprit et dépravé de goûts, était indigne d'apprécier tant de grâce sous des traits de femme. Il avait les vices des Valois. Henriette mourut soudainement à Saint-Cloud, sans preuve mais non sans rumeur de poison. On accusait les complices des goûts dépravés du duc d'Orléans d'avoir versé la mort dans le sein de son épouse, pour dominer sans rivale les sens et le cœur de ce prince. Le roi avait pour Henriette d'Angleterre une de ces prédilections que la parenté seule empêchait d'être un amour. Cette passion contenue avait dégénéré en tendresse. La mort de la duchesse d'Orléans frappa le roi au cœur : elle était le rayon de la cour ; la lumière du firmament semblait s'être amoindrie par la disparition de cet astre éteint dans une nuit. Bossuet l'aimait pour son esprit et pour ses malheurs. Elle admirait Bossuet comme le miracle vivant de l'Europe. Elle lui avait souvent dit, en badinant avec des idées tristes : « Si je meurs, parlez de moi à Dieu et aux hommes ; je ne veux d'éloges que votre amitié et d'apothéose que vos larmes ! »

Le roi fit prier Bossuet de parler. Son cœur était aussi ému que sa voix. Ce fut le plus éploré de ses discours. L'antiquité ne nous a rien laissé d'un pareil accent. « Je vais vous faire voir, chrétiens, dit-il, dans une seule mort, la mort et le néant de toutes les grandeurs humaines ! »

Pour être émouvant, Bossuet n'avait rien à imaginer, il n'avait qu'à se souvenir. Henriette, se sentant mourir, l'avait appelé à cris répétés pour lui prêter sa main dans le passage de la terre au ciel. Bossuet, rencontré trop tard à Paris, était accouru au milieu de la nuit. Il s'était jeté à genoux au pied du lit de la princesse; il avait pleuré, prié, consolé jusqu'au jour; il avait entendu les dernières confidences et reçu le dernier soupir.

Un moment avant d'expirer, Henriette, appelant du geste une de ses femmes, lui avait dit en anglais, pour n'être pas comprise de Bossuet : « Quand je serai morte, détachez de mon doigt cette émeraude, et donnez-la à ce saint évêque, en mémoire de moi! »

Tout ce drame de l'agonie, qui n'était que terreur et pitié pour les autres, était souvenir, image et tendresse pour lui; il racontait ce qu'il avait vu, il ressentait ce qu'il avait senti, il admirait ce qu'il avait admiré! On entendait dans ses paroles le tumulte du palais réveillé par la mort, le sursaut des serviteurs, l'empressement des amis, le gémissement des femmes, l'étonnement des indifférents, le cri de la cour et de la ville : « *Elle se meurt! elle est morte!* » cri où le coup ne laissait pas de temps à la menace ni le désespoir à la respiration; on assistait à cette sanctification foudroyante d'une femme à qui le ciel ne donne que des minutes pour mûrir en un clin d'œil à l'éternité. « Ce peu d'heures, racontait Bossuet, saintement passées parmi les plus rudes épreuves, tiennent lieu toutes seules d'un âge accompli. Le temps a été court, je l'avoue, mais l'opération de la grâce a été forte, et le concours de l'âme a été parfait! La grâce se plaît quelquefois à renfermer en un seul jour la perfection d'une longue vie!!!

» Non, reprend-il après quelques élans de contemplation sur les avantages de naissance, de rang, de beauté, de charmes, de cette morte : non, après ce que nous venons de voir, la santé n'est qu'un nom, la vie n'est qu'un songe, la gloire n'est qu'une apparence, les grâces et les plaisirs ne sont qu'un dangereux amusement; tout est vain en nous!... Et cependant elle fut douce envers la mort comme elle l'était envers tout le monde!... J'ai vu sa main défaillante chercher encore en retombant de nouvelles forces pour appliquer sur ses lèvres le signe de notre rédemption.

» ..... La voilà, malgré ce grand cœur, reprend-il, la voilà telle que la mort nous l'a faite!... Encore, ce reste tel quel va s'évanouir! Et nous l'allons voir dépouillée de cette triste décoration (du catafalque)... Elle va descendre dans ces sombres lieux et ces demeures souterraines, pour y dormir avec ces grands de la terre, avec ces princes et ces rois anéantis, parmi lesquels à peine peut-on trouver de la place, tant les rangs sont pressés! tant la mort est prompte à remplir ces places!... *Peut-on bâtir sur ces ruines?...* »

Puis, passant de l'élégie à la réflexion chrétienne : « La grandeur et la gloire, s'écrie-t-il, pouvons-nous prononcer encore ces noms dans ce triomphe de la mort? Non, je ne puis plus soutenir ces grandes paroles par lesquelles l'arrogance humaine tâche de s'étourdir elle-même pour ne pas s'apercevoir de son néant! Que peuvent la naissance, la grandeur, l'esprit, puisque la mort égale tout, domine tout, et que, d'une main si prompte et si souveraine, elle renverse les têtes les plus respectées?... Quoi! ne saurons-nous rien prévoir de ce qui est si près? Quoi! les adorateurs des grandeurs humaines seront-ils satisfaits de leur fortune, quand ils verront dans un moment leur gloire passer à leur nom, leurs titres à leur tombeau, leurs biens à des ingrats, et leurs dignités peut-être à leurs envieux!... »

Ces pensées le détachent de la terre, et lui font prendre toutes ces vanités et toutes ces tristesses même en pitié; il recommande à Dieu cette poussière qui palpitait hier d'ivresse et d'orgueil; il recommande cette âme à la prière, cette amitié des âmes survivantes; et il congédie enfin son auditoire dans ce recueillement et dans ce silence où l'on craint de faire retentir le bruit de ses pas devant le vide du sépulcre, et de respirer trop haut de peur d'être entendu de la mort.

Où trouver cette scène, cet homme, cette tribune, cette voix, dans les annales de l'esprit humain ? Bossuet avait inventé le frisson de la mort et l'éloquence de l'éternité.

Bossuet sentit lui-même le contre-coup de son âme sur l'âme de son auditoire.

L'abbé de Rancé, son ancien condisciple, esprit excessif comme tous les esprits légers, qui avait passé de la volupté à l'ascétisme, s'était précipité vivant dans le tombeau du monastère de la Trappe. Là, le solitaire, comme saint Jérôme, entretenait sa piété lugubre par la contemplation de crânes humains, vidés par les vers du sépulcre. Bossuet, en faisant une allusion enjouée à cet ameublement de la cellule du converti, lui écrivit : « Je vous envoie deux oraisons funèbres qui, parce qu'elles font voir le néant du monde, peuvent avoir place parmi les livres d'un solitaire ; en tout cas, on peut les regarder *comme deux têtes de mort assez touchantes!* »

L'artiste, on le voit à ce badinage sévère, se jugeait avec complaisance dans le *panégyriste* chrétien ! Ce néant n'était pas seulement pour lui un sujet de méditation, il était un texte d'éloquence.

Il suivait, en effet, du même pas sa double carrière de saint vers le ciel et de politique vers le pouvoir. Louis XIV, à qui tant de triomphes oratoires le rappelaient à propos, le nomma, après ce discours, précepteur de son fils. L'archevêque de Paris, Péréfixe, et le chancelier Letellier l'avaient recommandé pour ces fonctions. Le duc de Montausier, gouverneur du jeune prince, homme jaloux de faveurs, mais plus jaloux de piété, favorisa l'ambition de Bossuet. Le roi l'admit avec complaisance : le roi n'aimait pas le génie trop près de lui, pour ne pas faire mesurer sa grandeur royale aux grandeurs naturelles qui le dominaient de trop haut; mais il aimait le génie à son service comme une puissance qui, en se subordonnant à la sienne, en relevait le prestige au loin. La cour voulait pétrir ce jeune héritier du trône par des mains d'évêques, afin d'assurer un règne de plus à l'Église. Louis XIV entrait par conviction autant que par politique dans ce plan. Formé à la piété italienne et espagnole par sa mère, livré par ses sens à l'amour, il ne contestait rien à la foi, pourvu qu'on lui laissât la licence de ses mœurs. C'était le moment où madame de Montespan, son idole, régnait après ses trois sœurs sur le cœur et sur la cour de Louis XIV. Rien n'égala jamais le scandale de ces amours affichées, qui substituaient impudemment aux yeux de la nation, des armées et du peuple, et jusque dans le carrosse de la reine, des concubines à l'épouse du roi. Louis XIV voulait être adoré jusque dans ses vices. Nul homme n'a autant corrompu par exemple les mœurs de son peuple que lui, parce que nul homme n'a mêlé davantage la licence et la religion, et n'a imposé par autorité plus de vénération pour ses scandales. La favorite, consultée, inclina aussi pour le choix de Bossuet. Presque reine, elle pensait en reine. Un si illustre courtisan flattait son orgueil. Qui oserait murmurer contre une cour dont le plus saint orateur du siècle autoriserait par sa présence et par son silence de tels égarements? Le roi, pour indemniser le nouveau précepteur de son fils de l'évêché de Condom, lui donna l'abbaye de Saint-Lucien, près de Beauvais, bénéfice de vingt mille livres de rente, hérité du cardinal Mancini.

Un murmure contre ce surcroît de fortune s'éleva, même parmi les amis de Bossuet. Il se crut obligé de s'en expliquer dans une lettre au maréchal de Bellefonds, devant lequel il pensait tout haut avec une sincérité rare :

« Je ne m'attends, dit Bossuet, à aucune félicitation sur les fortunes de ce monde, et l'abbaye que le roi me donne me tire d'embarras et de soins qui ne peuvent pas se concilier longtemps avec les pensées que je suis obligé d'avoir. N'ayez pas peur que j'augmente mes dépenses ; la table ne convient ni à mon état ni à mon humeur. Je payerai mes dettes le plus tôt que je pourrai. Pour ce qui est des *bénéfices*, assurément ils sont destinés pour ceux qui servent l'Église... Tant que je n'aurai que ce qu'il faut pour soutenir mon état, je ne sais si je dois en avoir des scrupules. Quant à ce nécessaire pour soutenir son état, il est difficile de le déterminer précisément, à cause des dépenses imprévues ; je n'ai aucun attachement aux richesses, mais je ne suis pas encore assez habile pour trouver que j'ai tout le nécessaire si je n'avais que le nécessaire, et je perdrais plus de la moitié de mon esprit si j'étais à l'étroit dans mon domestique. Je tâcherai qu'à la fin tout l'ordre de ma conduite tourne à l'édification de l'Église. Je sais qu'on y a blâmé certaines choses : j'aime la régularité ; mais il y a certaines situations où il est malaisé de la garder très-stricte. »

Quoique irréprochable de mœurs, sobre et exempt de cupidité vulgaire, on voit que Bossuet recherchait dans sa vie l'espace, la liberté, la grandeur qu'il avait dans l'âme. Prodigue de lui-même envers l'Église et le roi, il voulait que ces puissances fussent prodigues envers lui. Il ne marchandait pas ses services, mais il en sentait le prix.

Ses nouvelles fonctions à la cour, en le plaçant à la source des grâces, élevèrent encore sa fortune et son crédit.

Cette fortune et ce crédit ne le firent pas négliger ses devoirs de précepteur d'un prince dont l'âge, le caractère et l'inaptitude d'esprit répondaient si peu à la sublimité du maître. Les travaux de Bossuet pour préparer à cet enfant les éléments tout digérés des connaissances humaines furent aussi immenses que ces travaux furent vains. Bossuet, de quarante-cinq à cinquante-cinq ans, refit ses études tout entières pour apprendre l'étude à un enfant. Il résuma toutes ces études dans un livre, le *Discours sur l'histoire universelle*, comme Fénelon devait résumer toute son imagination et tout son cœur pour un autre enfant, dans un autre livre, le *Télémaque*. Ces deux précepteurs de princes, se résumant ainsi eux-mêmes, l'un dans une histoire, l'autre dans un poëme, caractérisent bien leurs deux génies. Le *Discours sur l'histoire universelle*, malgré la supériorité de l'histoire sur le roman, et malgré la supériorité de l'écrivain sur le poëte, sera un monument moins durable de l'éducation du Dauphin, que le *Télémaque* ne l'a été de l'éducation du duc de Bourgogne. Le *Discours sur l'histoire universelle* n'est qu'une théorie de l'esprit; le *Télémaque* est un tableau de la nature. Les théories passent, la nature reste.

Le préjugé bien légitime du génie grandiose de Bossuet comme orateur a, selon nous, trop consacré jusqu'ici le préjugé de la supériorité de son œuvre comme historien. L'histoire raconte, elle ne contemple pas : Bossuet ne racontait jamais et contemplait toujours. Son regard généralisait trop pour rien détailler ; il voyait de trop haut et trop loin pour bien peindre toutes choses autrement que par résumés et par masses. Il pouvait faire des mappemondes historiques, il ne pouvait pas faire ce drame de la vérité qu'on appelle l'histoire, drame dans lequel les nations, les hommes, les événements, calqués avec leur caractère propre, leur âme, leurs formes, sur la nature, impriment, par l'admiration, la piété, les larmes, le sang, une empreinte vivante dans la mémoire par l'émotion du cœur. Or, sans émotion dans le lecteur, point de mémoire, et, sans mémoire, point d'histoire et point d'enseignement.

Le *Discours sur l'histoire universelle* n'est donc pas un récit, c'est un catalogue de peuples, de noms d'hommes et d'événements, groupés, sans doute, avec un admirable mécanisme de système en quelques pages, mais qui passent devant l'esprit comme des ombres confuses, sans y laisser d'autre impression durable que leur foule, leur rapidité, leurs éblouissements. On peut se donner, en le lisant, le vertige de l'histoire universelle : on ne s'en donnera à coup sûr pas la science, encore moins le sentiment. Ce livre ressemble au tableau du *Jugement dernier*, de Michel-Ange, sur les coupoles du Vatican. Ce sont des poses, des attitudes, des muscles, des torses, des visages, des membres d'homme jetés pêle-mêle par un pinceau gigantesque sur la muraille ; des anges, des dieux, des empirées, des enfers ; ce n'est pas l'humanité. On éprouve la même sensation d'esprit en lisant ce récit, ce qu'on appelle l'histoire de Bossuet. On voit tout, on ne distingue rien, on sent moins encore ; que peut-on retenir ? C'est une géographie ; ce n'est pas la terre ; Bossuet est géographe, il n'est pas historien.

Mais si ce livre, trop accrédité jusqu'ici, est nul pour l'enseignement de l'histoire, il n'est pas moins inférieur à sa renommée pour la philosophie de l'histoire. Cette philosophie, c'est-à-dire cette conclusion vraie, morale et civilisatrice, qui doit ressortir d'un si sublime et si vaste récit pour illuminer l'intelligence et améliorer les mœurs, comme la lumière se sépare du chaos à la voix de l'évocateur souverain des choses, ou comme le dénoûment sort du drame pour moraliser le spectateur ; cette philosophie manque presque partout dans ce tableau, comme elle paraît manquer à la nature même de l'historien.

Pourquoi cette philosophie manque-t-elle si complétement au *Discours sur l'histoire universelle* ? C'est que Bossuet, en l'écrivant, au lieu de rester homme, s'est fait l'organe de Dieu. Ce livre est l'œuvre d'un orgueil surhumain. L'histoire universelle est un mystère : Bossuet a prétendu en faire un système. Il a voulu déchirer le rideau sur la face et sur les pensées du Dieu incompréhensible à nos misérables intelligences, au lieu de s'incliner comme nous tous devant cette incompréhensibilité divine, qui n'est si sublime que parce qu'elle est la preuve de notre néant; au lieu de retracer avec un saint respect ce que le temps nous a laissé de vestiges, de nous montrer ici le berceau, là le tombeau des peuples, les races, les religions, les institutions, les vertus, les erreurs, les crimes des hommes, et de nous dire : « Voilà ce que je sais, j'ignore le reste; voilà les commencements et les bornes de l'horizon où je viens de vous montrer quelques pas de l'humanité sur la route des temps; les lointains échappent à ma faible vue; pour tout dire, il faudrait tout voir; Dieu seul voit tout, et seul il sait d'où nous venons et où nous allons; aveugles sous sa main clairvoyante, notre destinée antérieure est son secret, notre destinée future est son mystère; il nous a donné une lumière dans les ténèbres de notre route : la conscience! Cette lumière est courte, mais nous-mêmes nous sommes courts; elle suffit pour éclairer nos trois pas sur ce globe de boue; quant à la lumière historique universelle et éternelle qui doit éclairer consécutivement les siècles et conduire l'humanité où il veut et comme il veut, il n'a ni voulu ni pu nous la donner; c'est la sienne ; nous en serions aveuglés; la lui dérober serait une audace, la lui emprunter serait une impiété! Nous sommes des atomes, il est l'infini! »

Voilà, selon nous, le langage (au génie près) qu'aurait dû tenir Bossuet en écrivant, comme homme, son *Discours sur l'histoire universelle*. Mais, nous le répétons avec douleur, il ne l'a pas écrit comme homme, il l'a écrit comme prophète. Loin de se placer, pour regarder et pour raconter, au point de vue de l'insecte humain qui ne voit qu'un point du temps, de l'espace et des choses, il s'est placé au point de vue de l'être infini qui voit tout. Cet orgueil a troublé sa vue. Il a oublié que pour Dieu, qui est l'infini, le centre est partout, et la circonférence est encore centre. Au lieu de faire circuler les astres, les mondes, les créations, les événements, les choses, autour de cet axe éternel et ineffable du monde, qui est universel et éternel comme Dieu lui-même, il a fait circuler et converger humainement toute l'histoire autour d'un seul peuple, dont les destinées, grandes selon la foi, sont bornées devant l'histoire. En un mot, Bossuet a inventé le plan de Dieu ; il a contraint, avec une force de volonté tout humaine, les cieux et la terre, les empires et les royaumes, le passé et l'avenir, à entrer dans son cadre historique, admirable d'exécution, petit de philosophie.

Les cieux, la terre, les empires, les hommes, les choses, la vraisemblance, la raison, l'histoire, la vérité, ont résisté à cette violence de l'orgueil humain. Dieu est resté Dieu, et Bossuet est resté homme. Ce rêve de Titan n'a laissé qu'un beau vestige : l'histoire a compté un ingénieux sophisme de plus ; mais le plan divin est demeuré caché dans l'ombre sainte où Dieu retient ses pensées.

Voilà le *Discours sur l'histoire universelle* ; jeu d'une imagination puissante, mais jeu enfin, qui emploie la maturité d'un grand homme à écrire d'un doigt mortel sur un sable mobile le plan éternel et immuable de la création !

Une seule chose reste digne de Bossuet dans ce catalogue de nations reliées par un fil imaginaire, c'est le style. Jamais le texte éternel des instabilités et des vanités humaines n'a été déclamé avec plus de majesté et de tristesse ; aucune main d'homme n'a fait tourner avec plus de bruit, de rapidité et de vertige cette roue de la fortune qui élève et qui abaisse, qui prend et qui laisse, qui couronne et qui foule les hommes, les races, les empires, les nations. Bossuet est le grand interprète du néant des choses humaines. Il semble se complaire, comme l'enfant au bord des puits, à précipiter les religions, les institutions, les dynasties, les choses réputées immuables, au fond des abîmes, pour y entendre le bruit de leur chute, et pour faire remonter de là à l'oreille des hommes les retentissements de l'infini.

Bossuet voulut compléter cet ouvrage en tirant également de la Bible, pour son élève, une théorie politique à l'usage des rois. Il l'intitula : *la Politique sacrée*. Ce n'est qu'un commentaire savant et dogmatique de l'histoire sainte, pour justifier aux yeux des princes leur droit absolu sur les peuples; théorie du droit de la force, où le droit de violence et de conquête est lui-même sanctifié, pourvu qu'il soit légitimé par une possession paisible de ce qu'on a dérobé. Bossuet n'attribue aux rois, dans ce traité, d'autre juge que Dieu interprété par le prêtre. Sa politique sacrée n'est qu'une théocratie sans appel à la conscience, à la raison, au consentement des sujets; toute liberté humaine y est anéantie sous la mission indiscutable donnée aux rois par le Roi des rois. Tel prophète, tel politique. Bossuet, il est vrai, y professe de temps en temps quelques doctrines fraternelles de l'Évangile, ce code d'équité, de clémence et de liberté, si différent du sien. Il conseille aux rois de faire de la tyrannie une paternité, mais une paternité absolue, qui donne et qui ne doit rien à l'humanité.

Ces deux livres, la *Politique sacrée* et l'*Histoire universelle*, les enseignements de même nature dont le précepteur de l'héritier de Louis XIV accompagnait ces textes, n'étaient pas propres, comme on le voit, à former un roi selon le cœur du Christ ou selon le cœur de Fénelon. Aussi tout échoua dans cette éducation contre nature. Le disciple, lassé de ses maîtres, négligé par son père, tenu par cette jalousie paternelle dans une enceinte d'étiquettes, de formalités et de craintes, qui ne laissait aucun jeu à ses facultés naturelles, resta le premier esclave de son père, sans goût pour les lettres, sans ambition pour la gloire, sans désir du trône, sans ressort pour la vie. Relégué de bonne heure à Meudon dans l'isolement, le Dauphin ne cultiva que ses sens, se résigna à la subalternité, et mourut jeune, déjà las d'avoir trop vécu.

Bossuet se plaint en termes amers, dans quelques lettres confidentielles, de cette inaptitude de son élève. Mais on peut l'accuser lui-même d'avoir mal cultivé cet enfant, car l'intelligence dans le Dauphin ne manquait pas plus que le cœur : un Fénelon en aurait fait peut-être un autre Marcellus. Mais Bossuet, en élevant le fils, s'occupait beaucoup plus du père. La jeunesse et la santé du roi promettaient de longues années d'influence à Bossuet.

Cette influence était déjà affermie par de fréquentes communications avec le roi, et reconnue par le clergé qui entourait le souverain. Bossuet tenait à Versailles le rang d'un ministre plus que d'un précepteur. Sa table était décente, mais splendide. On se pressait dans ses appartements comme à une source des grâces ; quand il se promenait dans les jardins, l'élite des prélats et des ecclésiastiques lui formait un cortége semblable à une cour. On appelait l'allée du petit parc où il discourait avec eux en marchant *l'allée des Philosophes*. Ces philosophes, disciples et courtisans du moderne Platon, parmi lesquels il y avait un autre Platon, étaient Fénelon, Pélisson, l'abbé de Langeron, le plus tendre des amis, qui mourut de douleur à la mort de son maître; La Bruyère, le Molière des caractères didactique et épigrammatique ; l'abbé de Longuerue, orateur et écrivain studieux ; Fleury, historien de l'Église; beaucoup d'autres prêtres ou laïques que groupaient à la suite de Bossuet le charme, la liberté et l'autorité de ces entretiens.

« Quels agréments dans la société d'un si grand homme! écrit l'abbé de Choisy, revenu des légèretés de la jeunesse aux délices chastes de l'âge mûr; quelle égalité dans son humeur! quel entraînement dans sa conversation! Si la supériorité de son génie ne l'avait pas fait reconnaître, sa modestie et sa simplicité l'auraient fait oublier. »

L'entretien glissait souvent des choses saintes aux choses profanes, et les vers d'Homère, de Virgile, d'Horace, résonnaient sur les lèvres de Bossuet dans les allées de Versailles. Des dissertations et des commentaires sur la Bible, les prophètes, les poëtes sacrés, sortirent de ces promenades. Bossuet en fut bientôt distrait par des conférences polémiques avec un célèbre ministre protestant, nommé Claude.

Bossuet soutint devant Claude sa doctrine de l'obéissance rigoureuse à l'autorité.

« Jamais, dit-il, aucun particulier n'a le droit de se séparer de l'Église.

» — Mais, quand Jésus-Christ parut à Jérusalem, lui répondit le ministre, la synagogue était l'Église, et la synagogue méconnut la vérité dans le Christ. Si un seul homme, se séparant alors de la synagogue, avait proclamé que Jésus était le Messie, n'aurait-il pas eu raison contre l'Église? »

Bossuet brisa l'argument en déclarant que « Jésus, du moment où il avait paru, était à lui seul la synagogue et l'Église. »

Ces conférences, dont chacun s'arrogea la gloire, furent une vaine joute de controverse et de talent, où l'autorité du roi décernait d'avance le triomphe à son pontife : la force appuyait le dogme. Bossuet publia ces conférences.

Bientôt les vicissitudes des inconstances du roi appelèrent Bossuet à des interventions plus délicates entre les ardeurs, les refroidissements, les repentirs religieux et les retours de passion dans le cœur du prince et de deux femmes jalouses. Le roi, après avoir adoré mademoiselle de la Vallière, la plus intéressante victime de ses entraînements, commençait à aimer madame de Montespan, la plus impérieuse de ses maîtresses.

Mademoiselle de la Vallière, tantôt espérant, tantôt désespérant de reconquérir le cœur de Louis XIV, flottait entre la cour et le cloître. Le roi la retenait par orgueil plus que par tendresse. Il était humilié du scandale que la fuite de sa favorite dans un couvent donnerait à son inconstance. Il se refusait à accorder à mademoiselle de la Vallière la permission de s'ensevelir vivante et si belle encore dans la tombe; il sentait que l'indignation du monde s'élèverait contre cette barbarie.

D'un autre côté, il était trop épris de madame de Montespan pour la sacrifier à une convenance ou à un scrupule. Ces mystères, que par pudeur l'histoire ose à peine déchirer aujourd'hui, étaient alors l'entretien public de la cour. Les révolutions dans ses goûts étaient des révolutions dans l'État. Louis XIV, comme nous le verrons dans la Vie de Fénelon, n'avait aucune des pudeurs du vice. Il y avait tant de distance entre le monarque et les sujets, que la morale et la religion du peuple osaient à peine gronder jusqu'aux pieds du roi. On respectait tout du prince, jusqu'à ses scandales : ils faisaient partie du droit divin. On gémissait, mais on ne jugeait pas si haut.

Les ministres même les plus sévères de l'Église vivaient dans cette atmosphère de faiblesse. Ils se voilaient seulement le visage pour ne pas voir ces inconvenances contre leur habit. Le roi les employait tantôt à discuter, tantôt à pardonner ses faiblesses. Bossuet, cette fois, fut employé à débarrasser le roi de mademoiselle de la Vallière, qui le gênait, à précipiter cette maîtresse délaissée dans le cloître avec l'énergie de sa piété inflexible, et à livrer à son insu le roi, sans rivalité, à l'ascendant d'une autre femme, madame de Montespan. Il conquit ainsi la reconnaissance de tous les trois. Le roi lui dut la liberté; madame de Montespan, l'empire; mademoiselle de la Vallière, le ciel. Les détails de cette négociation, où l'apôtre fut, sans le vouloir, le plus habile des courtisans, seraient trop étendus pour ce récit. L'évêque traita lui-même avec madame de Montespan les conditions de cette retraite de sa rivale. La nouvelle favorite se refusait à consentir à l'ensevelissement trop rigoureux de l'ancienne. Elle trouvait l'exemple trop austère et trop périlleux pour elle-même.

« Mademoiselle de la Vallière, écrit Bossuet, m'a obligé de traiter de sa vocation avec madame de Montespan. On ne se soucie pas beaucoup de sa retraite. Il me semble que le couvent des Carmélites fait peur. On couvre cette résolution extrême de ridicule. Le roi a bien su qu'on m'avait parlé : comme il ne m'a rien dit, je me suis tu; je conseille à mademoiselle de la Vallière d'en finir vite. »

Enfin il admire dans les exclamations suivantes le courage de la victime : « Sa force et sa tranquillité, écrit-il au pieux maréchal de Bellefonds, augmentent à mesure que le moment approche. Je ne puis y penser sans entrer dans de continuelles effusions d'actions de grâces! La trace du doigt de Dieu, c'est le calme et l'humilité qui accompagnent toutes ses pensées; cela me ravit et me confond! *Je parle, et elle fait*; *j'ai les discours, elle a les œuvres!* Quand je considère ces choses, j'entre dans le désir de me taire et de me cacher. Pauvre canal où les eaux du ciel passent, et qui à peine en retient quelques gouttes!... »

Puis il scelle par un admirable discours sacré, oraison funèbre d'une beauté vivante, la pierre de la tombe sur mademoiselle de la Vallière.

Ce discours de Bossuet était en scène plus qu'en parole. Cette scène était si dramatique, que madame de Sévigné, dans ce chuchotage léger du temps, écrit que les paroles n'y répondaient pas. C'est que le temps était plus attentif aux palpitations du cœur de la victime qu'aux paroles du prédicateur ; car aucune parole ne peut pénétrer plus avant dans le vif de l'âme ni retentir plus haut au-dessus des sanglots humains. Cette beauté, encore dans sa fleur, arrachée à son printemps, consumée du feu qu'elle avait allumé et du feu qu'elle n'avait pu éteindre en elle; flétrie par un bonheur qui ressemblait trop à un défi à la morale et qui l'avilissait en l'élevant; trahie enfin par l'inconstance et rejetée par l'ingratitude de l'amour dans le sépulcre avec un cœur toujours trop vivant; couverte, par la reine même qu'elle avait offensée, de ce voile mortuaire qui l'enveloppait de honte et de pardon, en présence de cette cour hier témoin de ses triomphes, aujourd'hui de sa sépulture; enfin, Bossuet dans la chaire pour donner la voix à toutes ces oppressions et à tous ces silences du cœur : que fallait-il de plus à madame de Sévigné? Est-ce que l'éloquence ne s'arrête pas sur les lèvres, là où les facultés de sentir et d'exprimer s'arrêtent dans le cœur trop ému des auditeurs?

Et cependant celle de Bossuet ne s'arrête pas même là.

« Il le faut, dit-il avec un effort visible qui semblait arracher les mots de son âme, il faut rompre un silence de tant d'années, et faire entendre ici une voix que les chaires ne connaissaient plus!... Qu'avons-nous vu? et que voyons-nous? Quel état? et quel état? Je n'ai pas besoin de parler, les choses parlent assez d'elles-mêmes!... »

Et il montrait du geste cette forme agenouillée de femme jetée là, comme un cadavre, sous le linceul. Puis, comme s'interrompant dans ses pensées, il se tournait vers la reine, et lui disait :

« Madame, regardez! Voici un objet digne des yeux d'une si pieuse et si clémente reine!... »

Enfin, reprenant ses sens, il détournait l'attention trop émue de ses auditeurs de ce spectacle, et il s'élevait à ces considérations grandioses qui sont comme la moralité des larmes humaines.

« Les sentiments de la religion, disait-il, sont la dernière chose qui s'efface dans l'homme; rien ne les remue davantage, et cependant rien souvent ne les change moins!... Est-ce là un prodige? est-ce là une énigme de sa nature? ou bien n'est-ce pas plutôt, si je puis parler ainsi, un reste de lui-même, un vestige de ce qu'il était dans son origine, un édifice ruiné qui, dans ses masures renversées, conserve encore quelque chose de la beauté et de la grandeur de sa première forme? Il est tombé en ruines par sa volonté dépravée; le comble s'est abattu sur les murailles, et les murailles sur les fondements; mais qu'on remue ces ruines, on trouvera dans les restes de ce bâtiment renversé et dans les traces de ses fondations, et l'idée du premier dessin, et la marque de l'architecte! L'impression de Dieu y est si forte, que l'homme ne peut la perdre, et en même temps si faible, qu'il ne peut la suivre; si bien qu'elle semble n'être restée que pour le convaincre de sa chute et pour lui faire sentir sa peine!... »

Quelle philosophie pouvait sortir plus majestueuse et plus pathétique d'une telle scène interprétée par un pontife? et quelle émotion pouvait dépasser l'apostrophe du pontife à la femme coupable, déjà à moitié ensevelie sous ses yeux?

« Et vous, descendez! allez à l'autel, victime de la pénitence! allez achever votre sacrifice! Le feu est allumé! l'encens est prêt! le glaive est tiré! Le glaive, c'est la parole que vous allez prononcer, la parole qui sépare l'âme d'avec elle-même pour l'attacher uniquement à Dieu!... »

Qu'attendait-on donc de surhumain de Bossuet, si de telles paroles ne répondirent pas à l'attente publique?

Mademoiselle de la Vallière entra dans son sépulcre à cette voix, et y passa près de quarante ans, entre ses deux morts.

Mais Bossuet n'avait pas achevé son œuvre en jetant à l'éternité la première favorite du roi par la main de la seconde; il voulait purifier la cour et arracher aussi madame de Montespan au roi.

Louis XIV, combattu entre la passion qu'il nourrissait depuis longtemps pour cette femme et les scrupules de sa conscience, ravivés par Bossuet, faisait ou feignait des efforts qui le rejetaient toujours plus irrésistiblement sous le joug de son idole.

Déjà plusieurs enfants, élevés au rang de princes légitimés, attestaient la constance et presque l'insolence de cette passion. La reine était morte; mais le mari de madame de Montespan vivait. Aucune union, même occulte, ne pouvait pallier la faute. Le roi essayait quelquefois d'innocenter la présence de sa maîtresse à Versailles, en affirmant que l'amour éteint ou réprimé n'incriminait plus so nattachement pour elle. Quelquefois même, aux anniversaires religieux, il l'éloignait pour quelques jours de Versailles, afin que sa présence dans le palais ne lui fît pas interdire par son clergé l'usage des mystères.

D'un autre côté, une femme dont le caractère est resté une énigme, tant il y a d'intérêt visible dans sa vertu et de piété réelle dans son ambition, madame de Maintenon, s'insinuait, par les artifices les plus féminins, dans les yeux, dans l'esprit, dans les habitudes du roi. Cette femme d'esprit portait encore, dans son nom de veuve Scarron et d'amie de la courtisane Ninon, les stigmates de son obscurité et de sa mauvaise fortune récentes. Madame de Montespan, sans soupçon de l'ambition de cette protégée, mais charmée de son esprit et touchée de sa misère, l'avait rapprochée d'elle et du roi en lui confiant ses enfants. De confidente, madame Scarron était devenue rivale. Sa beauté mûre, sa raison calme, ses grâces voilées, ses séductions en apparence involontaires, sa piété affichée, quoique indulgente aux faiblesses de son maître et de sa protectrice, enfin on ne sait quel caprice des sens qui surprend les hommes dans la satiété de l'amour heureux, et qui leur fait concevoir des charmes inattendus dans les découvertes et dans les étonnements de la beauté jusque-là invisible aux autres et à eux-mêmes, tout cela commençait à remuer dans le cœur du roi des inclinations vagues pour cette femme si inégale au trône. Madame de Maintenon lui apparaissait comme un délicieux repos du cœur après le tumulte de ses passions présentes ; sa sévérité même lui plaisait. Il aimait à être respectueusement réprimandé par elle sur le désordre de son cœur. Elle s'appuyait sur sa piété pour lui conseiller, à l'insu de madame de Montespan, de rompre à jamais un lien criminel devant Dieu, usé devant les hommes ; elle empiétait sur son cœur par sa conscience ; retenue à la cour par le soin des enfants du roi, pendant les éloignements forcés de la mère, la gouvernante avait l'oreille du prince à toute heure ; elle connaissait les dégoûts et les amertumes de ce commerce orageux de madame de Montespan et du roi ; elle s'unissait au clergé pour encourager ce prince à se jeter dans la dévotion. La dévotion devait lui livrer un roi sans rivale. Elle connaissait l'empire de Bossuet sur la conscience de Louis XIV par la part qu'il avait prise à la reclusion de mademoiselle de la Vallière. Elle n'aimait pas ce génie trop supérieur, dont elle redoutait d'instinct la hauteur, la sévérité, la domination. Elle était trop politique pour admettre un jour entre elle et le roi un second cardinal de Richelieu. Elle s'opposait secrètement et indirectement à ce qu'on présentât au pape un homme si redoutable pour la pourpre romaine. Mais, dans l'intérêt du plan qu'elle avait ourdi pour éloigner madame de Montespan du roi, elle se rapprocha de Bossuet.

Elle écrivait dans ce temps à une confidente : « Bossuet n'a pas le génie politique ; il est destiné à être toujours dupe de la cour. »

Ce jugement était faux comme tous les jugements intéressés. Le génie de Bossuet était souverainement politique ; mais son caractère n'était pas intrigant. L'intrigue est la politique de la faiblesse ; madame de Maintenon, elle, devait s'y tromper : la postérité ne s'y trompera pas.

Quoi qu'il en soit, Bossuet, dupe, en effet, de sa vertu et des intérêts d'une femme non hypocrite, mais ambitieuse, joua, dans l'éloignement de madame de Montespan au profit de madame de Maintenon, exactement le même rôle qu'il avait joué dans l'éloignement de mademoiselle de la Vallière au profit de madame de Montespan. Il parla, il écrivit, il agit en apôtre ; il ne craignit pas d'offenser le roi, en lui objectant les règles inflexibles de l'Église ; il fit refuser les sacrements à madame de Montespan ; il obtint du roi la promesse de ne jamais la rapprocher de lui à Versailles.

Un regard, un mot, un reproche tendre de madame de Montespan, triomphèrent souvent de l'apôtre. L'amour déchira ces serments. Madame de Montespan reprit son empire ; Bossuet la vit par l'ordre du roi ; il essaya de jeter le trouble dans sa conscience ; il n'obtint que des respects apparents, une haine secrète. Madame de Montespan fit chercher partout des indices de faiblesse dans la vie du pontife, pour décréditer sa vertu auprès du roi. On ne trouva rien ; la vie était chaste, la piété n'avait de vice que son excès. Bossuet resta humilié de son impuissance, mais révéré de tous.

Cependant la nature, le temps, la satiété, les orages dans la passion, et, par-dessus tout, le travail lent, assidu, souterrain, de madame de Maintenon épiant à toute heure le cœur et les retours du roi, faisaient ce que la piété seule n'avait pu faire. Madame de Montespan fut vaincue et éloignée par celle qui lui devait tout, même l'occasion de la vaincre. Elle eut l'apparence de n'être remplacée que par Dieu dans l'âme du roi ; mais elle ne s'y trompait pas : elle était remplacée par la nouvelle favorite. Madame de Montespan mourut d'humiliation et de tristesse. Madame de Maintenon alluma de plus en plus la passion muette du roi pour elle. En lui opposant une inflexible vertu, elle exalta cette passion jusqu'au délire. La veuve de Scarron devint l'épouse de Louis XIV. L'adresse et la piété la placèrent, de leurs mains unies, presque sur le trône. Son esprit supérieur l'y maintint. Elle régna près d'un demi-siècle. Son règne fut le règne du sacerdoce par le ministère d'une femme. On sait le reste.

Cela était nécessaire à raconter pour comprendre la part de Bossuet dans les vicissitudes de cour qui amenèrent et qui suivirent ce règne d'une favorite des yeux, devenue reine par les scrupules de la conscience.

Après l'éducation du Dauphin, prince dont l'effacement ne déplaisait pas trop à son père, on songea à récompenser Bossuet de ses efforts, et peut-être de ses insuccès dans l'œuvre de préparer un héritier au trône. Louis XIV ne voulait rien que de subalterne dans ce qui l'approchait de trop près, même dans ses fils. Le jeune prince demanda pour son précepteur l'évêché de Beauvais, devenu vacant. Louis XIV le refusa, parce que cet évêché donnait à son possesseur le titre et le rang de duc et pair, que son orgueil ne pouvait s'accoutumer à voir associé à un nom trop plébéien. Le génie, à ses yeux, pouvait bien grandir, mais il n'anoblissait pas les hommes. Ce défaut de haute naissance dans Bossuet fut l'obstacle infranchissable de son élévation aux grands diocèses et aux grands honneurs de sa profession. Bien qu'honorée dans la magistrature, sa famille n'avait pas l'éclat des races d'épée et de cour. Elle était de celles où le roi prenait ses ministres, mais non ses pairs.

L'archevêché de Paris, auquel il aspira sourdement toujours, comme au trône du patriarcat français que la nature semblait lui décerner, fut donné à M. de Harlay, prélat d'esprit servile et de mœurs suspectes, qui n'avait de titre que son nom. On donna à Bossuet l'évêché subalterne de Meaux, sur lequel il refléta sa gloire. Bossuet avait le génie trop ambitieux pour ne pas ressentir l'humiliation et ces préférences de la cour aux hommes de cour; mais il avait l'âme trop grande et la foi trop vive pour ne pas fouler aux pieds ces petitesses. Il se consacra à son église de Meaux comme à un devoir qui lui était assigné par le ciel.

Avant de prendre possession de son palais épiscopal, il alla se retremper auprès de son ami l'abbé de Rancé, au monastère de la Trappe, dans ce séjour de l'abnégation et de l'humilité. Ces exemples de mortification volontaire l'endurcissaient aux mortifications du monde. L'abbé de Rancé lui parlait comme de l'autre côté de la tombe. Le monde s'évanouissait pour eux dans ces entretiens. Bossuet, pendant les jours qu'il passa cette fois, et souvent, plus tard, dans cette solitude, s'astreignit à toutes les macérations, à toutes les insomnies et à tous les anéantissements de cette vie, ou plutôt de cette mort lente des cénobites. On ne peut révoquer en doute la sincérité d'une piété qui dépouillait les habitudes de la cour et les splendeurs de l'épiscopat, pour se couvrir de cette cendre et de ces cilices.

Il partagea dès ce moment sa vie entre son palais de Meaux, sa campagne de Germigny et Versailles; pontife à Meaux, philosophe à Germigny, politique à la cour.

Nous touchons à l'époque de sa vie où le politique en lui sembla absorber davantage le philosophe et le pontife. Nous ne jugerons sa conduite dans la grande querelle qu'il soutint pour l'émancipation du pouvoir royal, ni du point de vue gallican, ni du point du vue romain, mais du point de vue de l'histoire. Étranger à ces débats de l'Église avec elle-même, l'impartialité en nous sera plus facile, parce qu'elle sera plus neutre entre ces partis. Résumons en peu de mots cette grande lutte qui fait de Bossuet, pour les uns, presque un libérateur de l'autorité royale asservie aux papes; pour les autres, un tribun de l'Église et presque un patriarche schismatique du clergé français.

Comme toutes les grandes querelles qui s'enveniment en vieillissant, celle-ci commença par peu de chose, et finit par scinder et par ébranler jusque dans ses fondements les bases de l'édifice religieux à Rome et en France.

Une contestation de droit s'était élevée entre le pape Innocent XI et le gouvernement du roi sur un objet de finance. L'or se mêle à tout dans l'esprit humain; les religions commencent par des idées, et finissent par se heurter à des intérêts : les symboles se compromettent dans les budgets. Il s'agissait de déterminer si le roi, dans l'intérieur de ses États, avait le droit de s'arroger pour le trésor public les revenus des évêchés de son royaume ou les revenus des abbayes et des bénéfices ecclésiastiques vacants par décès. L'Église disait : « Ce sont des biens ecclésiastiques appartenant à l'Église, à laquelle ils ont été alloués par des legs ou des libéralités pieuses, dont elle doit seule disposer, et qu'on ne peut, sous aucun prétexte, divertir de leur destination sacrée. » Le roi disait : « Ce sont les terres de mon royaume dont l'usage est à l'Église, sans doute, mais dont le sol est à moi, et dont moi seul j'ai le droit de disposer tant que l'Église et moi nous ne nous sommes pas entendus pour en nommer ensemble les titulaires. »

Cette querelle, déjà surannée, avait été jugée bien des siècles auparavant par le concile de Lyon, sous Grégoire X. On avait étouffé ce germe de discorde en donnant raison aux deux partis, selon les lieux et les usages établis, et en déclarant que le pape jouirait dans les provinces où il avait l'habitude de jouir; le roi, dans les provinces où le pape n'avait pas exercé habituellement son droit.

Cette contestation, ranimée depuis quelques années par la cour de Rome, avait forcé Louis XIV à convoquer une assemblée extraordinaire du clergé français en 1682, pour vider le différend par l'autorité même des évêques. C'était une mesure bien extrême et une redoutable témérité dans un roi si attaché à l'Église, que la convocation d'une assemblée nationale et jalouse, armée de l'autorité et de la parole, en face du pontificat romain et du clergé catholique de tout l'univers, pour discuter des limites entre un pouvoir temporel et un pouvoir spirituel, si longtemps, si obscurément et si intimement confondus. L'Église tout entière pouvait s'y déchirer en grandes factions, dont les lambeaux seraient restés les uns dans la main des papes, les autres dans la main des rois. La foi même des peuples scandalisés par leur propre pasteur pouvait s'atténuer dans ces débats. On ne conçoit guère aujourd'hui comment Louis XIV osa enlever ces questions au mystère de la diplomatie, qui les traite, les ajourne, ou les dénoue sans bruit dans les chancelleries de Rome, pour les transporter en plein bruit et, pour ainsi dire, en pleine passion publique, dans une assemblée où tout souvenir est retentissant. Sûr de son clergé, dont l'esprit national et l'esprit d'épiscopat indépendant s'identifiaient en sa cause, il l'osa cependant, et toucha par cette audace au schisme d'aussi près qu'il est possible d'y toucher avec une cour aussi prudente que celle de Rome, qui ne pouvait pas l'y précipiter sans se frapper elle-même.

Il avait fait précéder cette convocation par une déclaration péremptoire qui lui affectait à lui seul le droit de régale et le droit de nomination des évêques et des titulaires de bénéfices dans tout le royaume. Il avait exigé par cette même déclaration le serment personnel de fidélité de tous les évêques. Ce serment, unanimement prêté, lui garantissait les votes de l'assemblée. Le pape avait répondu par des menaces qui ne fulminaient pas encore, mais qui faisaient entendre le bruit des foudres du Vatican, l'excommunication.

« Nous ne traiterons plus, disait-il, cette affaire par lettres, mais aussi nous ne négligerons pas les armes que la puissance divine dont nous sommes investi met dans nos mains ; mais il n'y a ni périls ni tempêtes qui puissent nous ébranler. Nous ne tenons pas notre vie plus chère que notre salut et les vôtres. »

Les évêques avaient répliqué à ces menaces de Rome par une lettre collective au roi, dans laquelle ils prenaient fait et cause pour lui contre le souverain pontife, dans un langage qui gardait la foi, mais non le respect. Le pape défié avait excommunié quelques diocèses. Le clergé s'était assemblé à Paris. Bossuet fut choisi par le roi pour être l'orateur de sa pensée devant cette Église nationale et l'athlète de ses droits devant l'Église romaine. L'orateur, cette fois plus politique que sacré, ouvrit les séances par un discours de négociateur devant un congrès. Il commença par parler de l'Église gallicane, mot qui, à lui seul, signifiait au moins une menace de distinction dans l'unité. Il fit de cette Église ainsi nationalisée par son titre un éloge qui flattait l'orgueil de ses membres. Puis, après avoir montré les dangers réciproques d'une rupture avec Rome, il termina par une invocation à l'unité et par un hymne d'adhésion à l'Église romaine, qui jurait dans sa bouche avec l'esprit de contention dont il était en ce moment l'organe, et avec la révolte du pouvoir royal qu'il venait signifier au souverain pontife...

On connaît ce dithyrambe à l'unité catholique :

« O Église romaine ! mère des Églises et de tous les fidèles ! Église élue de Dieu pour unir ses enfants dans une même foi et dans une même charité ! nous tiendrons toujours à ton unité par le fond de nos entrailles !... Si je l'oublie, sainte Église romaine, puissé-je m'oublier moi-même !... Que ma langue se sèche et demeure immobile dans ma bouche, si tu n'es pas toujours la première dans mon souvenir, si je ne te mets pas au commencement de mes cantiques de réjouissance. »

Tel fut, dès le premier jour de cette assemblée jusqu'au dernier, le langage contradictoire de Bossuet, langage à deux tranchants, comme celui d'un homme qui voulait se souvenir qu'il était apôtre en étant avant tout politique. On eût dit qu'il voulait assourdir le monde catholique de ses déclamations à l'unité, et qu'il s'étudiait à étouffer, sous le bruit de ses hymnes à l'orthodoxie romaine, le bruit des coups qu'il portait à Rome et au pontificat romain.

Les membres de l'assemblée tranchèrent tout du côté du roi. Le souverain pontife leur reprocha leur défection d'une voix où la plainte se confondait dans l'objurgation : « Qui d'entre vous, disait-il aux évêques, a osé parler devant le roi pour une cause si sainte ? Qui d'entre vous est descendu dans l'arène pour s'opposer comme un mur pour Israël ? Qui a eu le courage de s'exposer ? Qui a seulement proféré une parole qui sentît l'ancienne liberté ? Comment n'avez-vous pas seulement daigné parler pour l'honneur et les intérêts du Christ ? *Nous cassons tout ce que vous avez fait !* »

Bossuet répliqua aigrement et presque séditieusement

au nom de l'assemblée, dans une lettre aux évêques de France. Les paroles s'élevaient contre les paroles, les cœurs contre les cœurs. Enfin on passa aux actes. Bossuet proposa de rédiger une série de propositions, acceptées et signées par les membres de l'assemblée, et servant dans l'avenir de code immuable des maximes, des opinions et des indépendances d'une Église gallicane, Église en conformité avec l'Église romaine par la foi, en opposition par le régime intérieur, formule irrévocable de ce qu'elle voulait croire et de ce qu'elle voulait nier. On a cru généralement que Bossuet avait été l'auteur de ces propositions ; il n'en fut que l'écrivain. Le gouvernement était derrière le pontife, et lui glissait ses maximes dans la main ; la politique du conseil soufflait l'orateur de l'Église gallicane. Bossuet ne fut que l'instrument de Colbert.

Un jour, dans un de ces entretiens de la vieillesse, où les confidences s'échappent du cœur des hommes avec la vie : « Je demandai à Bossuet, raconte le confident de toutes ses pensées, l'abbé Ledieu, qui est-ce qui lui avait inspiré le dessein des propositions du clergé sur la puissance de l'Église. Il me dit que M. Colbert, alors ministre secrétaire d'État, en était véritablement l'auteur, et que lui seul y avait déterminé le roi. M. Colbert, ajouta Bossuet, prétendait que c'était la vraie occasion de renouveler la doctrine de France sur l'usage de la puissance du souverain pontife ; que dans un temps de paix et de concorde on ne l'oserait pas, et qu'il fallait profiter de la guerre ouverte. Le chancelier Letellier rejetait cette idée de Colbert, ainsi que l'archevêque de Reims, fils de ce chancelier et ami de Bossuet. Ils frémissaient des suites. Le roi se rangea du côté de Colbert, et Bossuet du côté du roi. »

Louis XIV avait à ses yeux l'investiture surnaturelle et divine du trône. Il rédigea les propositions avec une mesure et une diplomatie dans les mots qui enlevaient à la forme presque toute l'énergie cachée du texte. Il fit précéder les quatre propositions d'un préambule qui redoublait de génuflexions devant l'unité romaine au moment où il allait la frapper. Enfin il lut ses propositions.

La première proclamait l'indépendance, déjà universellement acceptée, du pouvoir temporel des rois et des princes d'avec le pouvoir spirituel des papes.

La seconde n'était que la confirmation de cette indépendance temporelle par l'Église gallicane.

La troisième recommandait au clergé de respecter les limites de cette indépendance mutuelle.

La quatrième, qui seule attentait dans son esprit au pouvoir spirituel du souverain pontife, déclarait que :

« Bien que le souverain pontife eût la principale part *dans les questions de foi*, son décret n'était cependant pas irréformable, à moins qu'il ne fût confirmé par le consentement de l'Église. »

On voit que la dernière ligne de la dernière maxime contenait à elle seule toute la révolution dans quelques mots. L'autorité du gouvernement pontifical, même en matière de foi, n'obligeait plus l'Église anglicane, à moins que cette autorité ne fût confirmée par le consentement de l'Église. Or, où était l'Église? était-elle à Rome? était-elle à Paris? Elle n'était que dans les conciles unis au pape. Le pape ne convoquant pas de concile, l'Église n'était donc nulle part présente dans son autorité et dans son gouvernement.

C'était l'anarchie sous le nom d'Église gallicane aujourjourd'hui, d'Église espagnole demain, d'Église italienne ou germanique un autre jour. L'unité existait sans doute, mais en théorie ; la diversité existait en fait ; la foi et la discipline flottaient à la merci des opinions ou des exigences nationales jusqu'à solution purement métaphysique d'un futur concile.

En deux mots, l'unité était le principe, la division était la conséquence. L'Église universelle se perdait dans ces diversités d'interprétation de gouvernement et de discipline, sauf à se retrouver à la fin des siècles.

La constitution civile du clergé de France, en 1791, qui fit déclarer l'Assemblée constituante schismatique, alla moins loin que Bossuet dans l'indépendance des Églises. L'Assemblée constituante se borna à revendiquer pour la nation ce qui est à la nation, c'est-à-dire l'administration, les biens, la discipline, ce qui est du sol et du temps. Bossuet revendiqua jusqu'à l'indépendance en matière de foi. Le schisme était plus profond, et cependant il ne fut pas fulminé expressément par Rome. Les ménagements de Louis XIV dans l'application, la longanimité pontificale dans la condamnation, amortirent les coups que les deux puissances temporelle et spirituelle venaient de se porter par la main d'Innocent XI et par la main de Bossuet. Ces deux puissances voulaient bien se menacer, non se rompre. L'Église avait besoin de Louis XIV pour dompter le protestantisme par l'épée du roi de France ; Louis XIV avait besoin de la cour de Rome pour autoriser, au nom du ciel, la contrainte, la guerre et la proscription qu'il méditait dans ses États, pour tout rallier par l'unité de foi à l'unité de règne. Après s'être menacé, on s'entendit ; il y eut dissension éternelle, il n'y eut pas schisme ; mais le schisme, non déclaré dans les mots, n'en exista pas moins dans l'esprit.

Ce saint et sublime factieux, Bossuet, proclamé père de l'Église à Paris, fut proclamé à Rome père de l'erreur et de la révolte. Il y est encore tel aux yeux des vrais monarchistes catholiques du Vatican. Les publicistes rigoureux de la catholicité, Bellarmin, de Maistre, incriminent sa mémoire; l'Assemblée constituante l'invoque; on l'appelle partout ailleurs qu'en France le grand agitateur de l'Église, et, toutes les fois qu'un prince veut négocier violemment avec Rome ou qu'une assemblée de peuple veut secouer le frein de son gouvernement spirituel, on trouve au fond de ces révoltes religieuses, de ces agitations et de ces troubles, le nom de Bossuet.

Qu'y a-t-il de juste, qu'y a-t-il de faux dans cette glorification des uns, dans cette sourde malédiction des autres envers ce grand homme? Selon nous, tous ont raison : il y a pour les chrétiens de quoi glorifier et de quoi haïr dans la mémoire de ce pontife.

Il trancha d'une main hardie et d'un coup d'État sacré les prétentions théocratiques qui subordonnaient, dans les âges de ténèbres, le pouvoir temporel des peuples au pouvoir spirituel des papes. Il rendit à César ce qui était à César, et pour cela il mérita bien à la fois de la conscience et de la politique.

Mais, chrétiennement parlant, rendit-il à Dieu ce qui est à Dieu? c'est-à-dire respecta-t-il dans la tête, dans le centre et dans l'unité du gouvernement spirituel de l'Église, cette autorité dogmatique, indéfectible, incessante et universelle, qui fait le fond du gouvernement chrétien? Non, il y porta respectueusement, mais témérairement, la plus rude atteinte que cette unité eût jamais reçue depuis les grands hérésiarques. Il fit signer par le clergé français, sous la dictée du roi, une maxime qui transporte l'autorité, en matière de foi, de la tête aux membres. Il fédéralisa la monarchie catholique; il substitua à une Église présente, souveraine, gouvernante, et arbitre de la foi à Rome, une Église idéale, absente, muette, expectante, à laquelle chaque Église nationale peut en appeler pour refuser son obéissance à l'Église visible; Église expectante qui ne peut jamais ni se réunir, ni parler, ni agir sans l'initiative et sans le concours du souverain pontife, contre lequel on la convoque en idée sans jamais pouvoir la convoquer en fait, et pendant l'absence de laquelle chaque nation peut gouverner à son gré sa foi diverse, que Bossuet appelle vainement *une*; l'appel au futur concile, véritables calendes grecques du christianisme, et, pendant cet appel indéfini, la foi et le gouvernement dévolus, au nom de l'unité, à chaque Église nationale, voilà, en dernière analyse, l'œuvre de Bossuet à l'assemblée de 1682. Grand prêtre contre les rois et les peuples en matière de liberté de conscience, grand tribun des rois et des peuples contre l'autorité spirituelle des souverains pontifes, voilà son double rôle pendant et après cette assemblée. Il y fut politique : il cessa d'y être apôtre.

Bossuet avait témérairement soulevé cette éternelle question : l'Église catholique est-elle une monarchie ? l'Église catholique est-elle une république ?

Si elle est république, elle n'est plus une; elle est diverse, perpétuellement délibérante. Elle forme et elle réforme éternellement son gouvernement à la majorité des suffrages. C'est le gouvernement du nombre. En ce cas, elle n'a pas besoin d'une tête à Rome : la tête est partout.

Si elle est une monarchie, il lui faut une tête; cette tête ne peut être qu'une; cette tête ne peut être ni absente, ni muette, ni ajournée, ni transportée ici et là, comme le dit Bossuet dans sa dernière maxime.

Dans les deux cas, Bossuet, comme chrétien, comme catholique, et plus encore comme pontife, tenant son autorité de Rome, était donc sur le bord glissant des erreurs.

Mais l'Église catholique, selon nous, n'est ni une monarchie ni une république, c'est une théocratie; c'est-à-dire c'est un gouvernement de Dieu. La nature de ce gouvernement, c'est l'inspiration de l'esprit divin à son Église. A qui parle cet esprit inspirateur dans la théorie catholique ? Aux conciles universels. Où sont ces conciles cependant ? Nulle part, tant que le pontife suprême, vicaire exécutif du législateur divin, ne les convoque pas. A qui donc Bossuet proposait-il de supposer l'interprétation de la foi et le gouvernement légitime de l'Église? A l'avenir, à l'expectative, et, en attendant, à l'anarchie. Chaque pontife entreprenant et éloquent, soutenu par le prince ou par le peuple, aurait été, dans sa nation, pendant cet interrègne des conciles, plus pape que le pape, plus Église que l'Église. C'était l'institution d'un patriarche dans chaque État chrétien. Le patriarche était tout désigné en France: le génie, la piété, la faveur royale, nommaient Bossuet.

Bossuet sortit, en effet, de cette assemblée non avec le titre, mais avec l'attitude et l'autorité du patriarche de l'Église gallicane. Elle lui devait son nom, elle lui décerna la suprématie. Le roi, reconnaissant, sanctionna par sa déférence l'ascendant magistral sur les opinions et sur les consciences pris par Bossuet. L'évêque de Meaux devint l'oracle des matières ecclésiastiques. Le ministère des consciences, le plus important des ministères alors, au lendemain d'une guerre religieuse et à la veille des proscriptions pour cause de foi, lui fut dévolu.

Nous allons l'y voir remplir un rôle bien opposé à celui qu'il venait de prendre contre l'Église de Rome. Le tribun de l'indépendance des rois allait se faire l'adversaire de l'indépendance de conscience dans les peuples. C'est la tache sinistre sur cette vie. Pour l'honneur du génie humain et pour l'honneur de la piété chrétienne, nous voudrions pouvoir la couvrir d'oubli; mais l'histoire est le jugement des grands hommes : il faut qu'ils répondent, quelque saints qu'ils soient; la conscience du genre humain est plus sainte qu'eux!

Bossuet commença par reprendre son humble métier de catéchiste, de prédicateur, de publiciste sacré. Il écrivit un *Traité sur la communion*, les *Élévations sur les mystères*. Là son esprit embrasse les symboles, les transfigure, les interprète, les colore de ses puissantes imaginations. Le poëte s'y retrouve sous le catéchiste. C'est Pindare sur le Calvaire chrétien.

« Ne rougissons pas de nos dogmes, écrivait-il à des prédicateurs plus timides, qui commençaient à passer sous silence les mystères pour ne prêcher que la morale immuable. Le silence sur notre foi serait une lâcheté. »

Il appela Fénelon, son jeune et cher disciple, à prêcher dans son église de Meaux et dans les campagnes de son diocèse. Fénelon était alors l'enfant selon son cœur; Bossuet avait pour ce génie si tendre et si pieux les attraits et les pressentiments d'un père. Ce génie homérique et platonicien, attendri et sanctifié par le génie chrétien, reportait à l'évêque de Meaux l'antiquité profane et sacrée dans laquelle il vivait, toutes les fois qu'il n'était pas dans le sanctuaire. Il l'emmenait avec lui à Germigny, maison de campagne et de repos, où il se délassait de ses luttes dans les entretiens de quelques disciples. L'amitié avait sur cette âme forte un empire qui l'amollissait. Déjà parvenu au sommet de la vie, il regardait en bas avec bienveillance, et tendait la main à ceux qui montaient plus jeunes après lui. Il reprit, à la même époque, ses conférences avec les ministres protestants; mais ces conférences n'étaient que des simulacres de discussion. Bossuet y souffrait impatiemment envers la religion du roi les libertés de paroles qu'il avait eues lui-même envers le pape. Il faisait intervenir constamment l'autorité du roi dans la cause de Dieu.

« Monsieur, dit-il en se levant avec indignation de son siége, à un ministre qui argumentait avec trop de licence contre lui, si vous continuez sur ce ton, je vous ferai sortir de la chaire et de l'assemblée. Apprenez à parler respectueusement de la religion que professe votre prince! »

Il insultait les nouveaux convertis de son diocèse en

leur rappelant, sans se souvenir des apôtres du Christ, la bassesse de condition de leurs ministres.

« Souvenez-vous, leur disait-il, de Pierre Leclerc, votre cardeur de laine, de cet homme qui osa tout à coup sortir de sa boutique pour présider dans l'Église ! C'est lui qui a fondé votre prétendue Église réformée de Meaux ! »

Son ami et son panégyriste, l'abbé Ledieu, avoue que sa dureté de paroles envers les protestants les aliénait de plus en plus de sa foi. Il était trop convaincu pour ne pas être impérieux : il lui fallait l'obéissance ou la proscription. Il n'avait de douceur que pour les fidèles. Ses méditations et ses lettres à ses religieuses sont d'un pasteur des âmes ; ses polémiques sont d'un dictateur des dogmes. Nous omettons la plupart de ces disputes, tombées aujourd'hui dans l'oubli, pour nous attacher à celles qui firent date dans sa vie. Pour bien en comprendre la gravité sacerdotale et pour bien en démêler la politique, choses toujours complexes dans la vie de ce pontife oracle et ministre, il faut entrer en ce moment jusque dans les derniers mystères du règne ; ces mystères aboutissaient tous à la chambre d'une femme de cinquante ans, gouvernante des enfants illégitimes d'un roi plus vieilli de cœur que d'années. Cette femme était madame de Maintenon ; elle vivait cachée dans les combles du palais de Versailles.

Madame de Maintenon, aidée de Bossuet, était parvenue à éloigner sa bienfaitrice, madame de Montespan. L'attrait pour madame de Maintenon, beauté mûre, mais préservée par le recueillement et la chasteté de sa vie de l'évaporation du monde, qui flétrit de bonne heure les autres femmes, avait aidé les scrupules de Louis XIV. En s'attachant à madame de Maintenon, il croyait presque s'attacher à la vertu. Les charmes de la confidence, de la piété, l'entretien d'un esprit aussi fin que juste, l'orgueil d'élever jusqu'à soi ce qu'on aime ; enfin, il faut le dire à la louange du roi, la sûreté des conseils qu'il trouvait dans cette femme supérieure, l'idée d'avoir en elle un premier ministre qui n'offusquerait jamais sa gloire, et dont la fortune, tout identifiée en lui seul, lui assurerait une fidélité presque conjugale : tous ces instincts, tous ces entraînements, toutes ces sollicitudes pour le salut, tous ces ombrages contre des ministres dominateurs qui réveillaient sans cesse en lui les noms de Richelieu et de Mazarin, tous ces orgueils et toutes ces tendresses avaient accru jusqu'à une absolue domination l'empire féminin et viril à la fois de madame de Maintenon. De là à la couche du roi, il n'y avait qu'une faiblesse de la vertu de cette femme ; de là au trône, il n'y avait qu'un oubli de la dignité du roi. La femme fut inflexible, le roi fut vaincu.

Bossuet, caressé dans son ambition de donner une Esther à l'Église, flatté des respects de la favorite, consulté mystérieusement par le roi sur un mariage secret qui sauverait à la fois le salut et l'honneur du prince, conseilla le mariage secret.

L'archevêque de Paris, de Harlay, pontife sans scrupule, mais non sans susceptibilité pour l'honneur du trône, consentit au mariage, à condition qu'il ne serait jamais déclaré. Louvois, fils du chancelier, devenu depuis quelques années ministre presque absolu de la guerre, et nécessaire par là à la gloire du prince, voulut enfin faire rougir son maître de cet abaissement de son rang. Le ministre ne put obtenir du roi asservi autre chose que le serment de ne jamais élever au trône celle qu'il allait élever à sa couche. Le mariage fut célébré nuitamment par l'archevêque de Paris, en présence de Bossuet, de Louvois et de quelques familiers, témoins, les uns satisfaits, les autres humiliés de ce prodige de l'amour. Tout indique que Bossuet, qui ne voyait en tout événement que l'intérêt de la religion, n'arrêtait pas là l'ambition de madame de Maintenon, ni ses espérances, et que les marches de cet autel où l'on consacrait cette union lui paraissait les marches du trône où l'épouse du nouvel Assuérus ne tarderait pas à monter.

Quoi qu'il en soit, madame de Maintenon sortit, sinon reine, du moins dominatrice absolue. Le roi donna assez d'authenticité à son mariage pour sauver le scandale, assez de mystère pour sauver l'honneur du trône. Un appartement royal de plain-pied avec l'appartement du roi à Versailles reçut l'épouse secrète; la famille royale et les courtisans vinrent y adorer respectueusement le caprice presque couronné du prince. Le roi y tint ses conseils avec ses ministres.

L'ameublement seul de la chambre attestait aux yeux l'élévation de la favorite au rang de reine dans le cœur du roi et dans l'intimité de son palais. Cette chambre ne contenait que deux fauteuils égaux aux deux coins de la cheminée, un pour Louis XIV, l'autre pour madame de Maintenon. Une table de travail et deux tabourets étaient au milieu de la chambre. Sur l'un de ces tabourets s'asseyait le ministre appelé à travailler avec le roi; sur l'autre, madame de Maintenon déposait son livre ou son ouvrage d'aiguille. Elle assistait, muette et distraite en apparence, à toutes les affaires, gardait ordinairement un silence de déférence et de modestie devant le mystère du gouvernement; mais, souvent provoquée par le roi à donner son avis, elle le discutait avec la justesse de sens, la solidité de raison et la convenance de paroles, caractères de sa pensée et de son élocution.

L'instinct des cours, le plus prompt et le plus servile des instincts sous un maître impérieux, comprit tout de suite que la disgrâce ou la faveur, l'élévation ou la chute, l'empire ou le précipice étaient là : madame de Maintenon eut une cour, et, plus heureuse qu'une reine avouée qui reçoit cette cour de l'étiquette, elle put la choisir. Elle la borna à une société intime, pieuse et lettrée, parmi laquelle on compta tout ce qu'il y avait de plus illustre et de plus vénéré en France, depuis Racine et Nicole jusqu'à Fénelon et Bossuet.

Fénelon, plus jeune, plus aimé, plus assidu bientôt que Bossuet à la cour, à cause de ses fonctions de précepteur du duc de Bourgogne, petit-fils du roi, ne tarda pas à séduire, comme il séduisait tout, l'esprit, la piété, l'attrait de madame de Maintenon. L'imagination de ce poëte, colorée de teintes religieuses, son aristocratie innée de manières et d'esprit, son tact à la fois caressant et digne, son éloquence fluide et pénétrante sans aucun effort, son élégance de nature révélée extérieurement par la plus noble élégance de traits, enfin sa piété, plus tendre que dogmatique, qui semblait une transfiguration de la douceur évangélique dans un disciple grec de Platon, charmaient madame de Maintenon.

Elle ne tarda pas à le préférer à Bossuet, pour qui elle avait plus de crainte que de penchant. Mais elle ne put jamais faire partager au roi cette prédilection pour Fénelon. Quelque chose avertissait le tact confus mais sûr de ce prince, que tant de grâces pouvaient cacher quelques piéges, que cette imagination pourrait se nourrir de chimères, et que des hardiesses en religion ou des utopies en politique couvaient dans l'esprit de ce philosophe ambitieux de perfections.

Cependant l'attrait de madame de Maintenon pour Fénélon était si puissant, qu'il prévalait même sur sa crainte de blesser le roi par cette préférence.

Elle cachait Fénelon dans le secret de son cœur; elle l'admettait dans le petit cercle d'hommes pieux et de femmes mystiques où l'on traitait chez elle, à Versailles et à Saint-Cyr, des raffinements platoniques de la dévotion transcendante. Elle l'écoutait avec ravissement dans ces entretiens édifiants. Son esprit, si solide, mais si longtemps sevré de douceurs humaines, se complaisait à donner à son imagination toujours jeune les extases du divin amour.

Une femme énigmatique, jeune encore, belle, dévote, éloquente, entourée d'on ne sait quel nuage de mysticité et de surnaturel, venait d'être introduite dans la société de madame de Maintenon, à Saint-Cyr, comme un sujet d'édification. Cette femme se nommait madame Guyon. On comprend mal comment madame de Maintenon avait admis si légèrement parmi les jeunes néophytes de son oratoire, dans son monastère royal de Saint-Cyr, une personne aussi équivoque que madame Guyon, femme indécise entre l'aventurière et l'inspirée. La dévotion a ses engouements et ses imprudences comme toute autre passion.

Madame Guyon, veuve d'un riche bourgeois de Paris, douée d'une imagination ardente, s'était précipitée toute jeune, après la mort de son mari, dans les pratiques les plus excessives de la piété. Elle avait suivi de ville en ville, et jusqu'à Turin et à Lausanne, un directeur de sa conscience, moine visionnaire, qui semblait exercer sur elle une attraction surnaturelle. Elle avait fondé ici et là des couvents de femmes dont elle remettait le gouvernement à ce directeur. Expulsée par plusieurs évêques à cause de cette liaison mystique, madame Guyon était revenue à Paris propager, dans des prédications occultes, des théories de pur amour de Dieu, et des inspirations étranges où le miracle des visions autorisait le péril des doctrines.

Elle y avait publié, sous le titre des *Torrents*, des effusions de piété sensuelle où la pensée était pure, mais où les mots étaient des scandales. Sa beauté, ses aventures, son mystère, ses inspirations, son éloquence qui se perdait en extases et qui se fondait en larmes, les persécutions qu'elle avait souffertes pour la cause de Dieu, la faisaient rechercher des personnes curieuses de perfections. Elle avait l'attrait que donne la pitié aux âmes généreuses. On se passionnait pour elle et contre elle. Fénelon la connut chez madame de Maintenon.

Il crut avoir découvert en elle une de ces sibylles que l'antiquité douait du don d'inspiration sur le trépied, et que le Calvaire pouvait, à ses yeux, inspirer plus divinement que Dodone. Il fut séduit surtout par cette sublime doctrine de l'amour désintéressé de Dieu, qui n'emprunte sa flamme qu'à la contemplation passionnée de la beauté suprême, et qui ne demande à l'adoration d'autre récompense que l'adoration. Mais il parut glisser avec madame Guyon, son oracle, dans une des conséquences périlleuses pour la morale de ce principe : qu'une fois parvenue à cet état d'amour parfait et désintéressé, l'âme, ravie entièrement par Dieu aux infirmités de la matière, devient impeccable, et qu'elle ne peut plus même être souillée par les actes que les sens commettraient en son absence dans la sphère vile de la matière et du péché. « Le monde, dit Bossuet en parlant de cette femme et de ses doctrines, semblait vouloir enfanter quelque étrange nouveauté! »

Cette nouveauté couva longtemps entre madame de Maintenon, madame Guyon, Fénelon et leurs pieuses amies de Saint-Cyr et de Versailles, sans éclater. L'éducation du duc de Bourgogne touchait à sa fin, et Fénelon, par la faveur de madame de Maintenon, était déjà archevêque de Cambrai quand elle éclata.

Bossuet s'était tu jusque-là, malgré les chuchotements étranges qui montaient de temps en temps à ses oreilles. Il aimait trop Fénelon, son disciple; il croyait trop à sa vertu pour le soupçonner d'aucun égarement de cœur ou d'esprit sur les traces d'une femme visionnaire et suspecte. Il s'affligeait, mais il ne tonnait pas. Madame de Maintenon aussi lui imposait la réserve et le silence. L'évêque de Meaux craignait que ses foudres ne rejaillissent de la tête de cette Priscille sur la tête de sa puissante protectrice. Sa conduite, pendant ces années inquiètes, fut pleine de prudence pour l'Église, de ménagements pour madame de Maintenon, de longanimité patiente pour Fénelon. La controverse seule envenima le zèle de Bossuet jusqu'à la sainte colère, et la sainte colère jusqu'à l'injure et jusqu'à la persécution.

La publication du livre des *Maximes des Saints*, par Fénelon, changea une polémique jusque-là domestique en une dispute théologique. Ce livre était une habile témérité de Fénelon.

Fidèle à son amitié pour madame Guyon, emprisonnée pour ses erreurs, Fénelon voulut confesser cette amitié dans le malheur, et prouver par les citations des Pères de l'Église que la doctrine fulminée dans une femme était la doctrine vénérée dans les saints.

Le livre était périlleux pour la foi, plus périlleux peut-être pour la morale. L'ombre même d'un schisme faisait horreur au roi : sa religion n'était qu'obéissance; il avait peur de tout ce qui sortait de la lettre des préceptes : son imagination sèche, aride et froide ne s'exaltait jamais jusqu'aux contemplations. Il reprocha à madame de Maintenon ses complaisances de cœur pour Fénelon, ses complaisances de mysticité pour une femme qui remuait les consciences et qui faisait naître des troubles dans la foi. Madame de Maintenon ne balança aucune de ses amitiés contre la faveur du prince : elle abandonna madame Guyon à ses persécuteurs, Fénelon à son antagoniste. Bossuet, avoué maintenant par elle, rompit avec douleur, mais rompit avec énergie le silence. La guerre commença entre le défenseur du dogme et le jeune novateur de la foi.

Cette guerre fut longue, acerbe, acharnée; elle finit par

la disgrâce irrémédiable de Fénelon à la cour et par sa condamnation éclatante à Rome. Elle rangea les théologiens et les courtisans du côté de Bossuet, les hommes de sensibilité, d'imagination et d'indépendance du côté de Fénelon. Cette vieille amitié déchirée entre deux pontifes dont l'un avait été le père spirituel de l'autre, ces dénonciations au pape, ces anathèmes de Rome, ces insinuations contre l'orthodoxie et presque contre les mœurs du jeune archevêque, ces intrigues diplomatiques appuyant à Rome les intrigues sacerdotales de l'abbé Bossuet, indigne neveu d'un grand homme, ministre de la colère de son oncle auprès du pape et servant la religion par la calomnie, enfin le triomphe implacable de Bossuet, ne ménageant aucune susceptibilité et presque aucune dignité dans sa victime : tout cela a justement et fortement incriminé le caractère de Bossuet dans la postérité. Mais, disons la vérité contre notre inclination même, la postérité a été jusqu'ici partiale ; elle devait l'être pour un si doux et si beau génie. La postérité a ses favoris comme les princes : nul ne mérita plus cette partialité du cœur contre l'esprit que Fénelon.

Mais aujourd'hui que la cendre de ces pamphlets est froide, et que le temps a dispersé à tous les vents les feuilles lourdes ou légères de ces polémiques, disons le vrai, et, après nous être placé avec indulgence au point de vue de Fénelon pour excuser ses fautes, plaçons-nous avec sévérité au point de vue de Bossuet, pour juger équitablement ces deux grands hommes.

Voilà les deux plus beaux génies de l'Église, de la politique, de l'épiscopat et de la chaire sacrée, unis jusque-là, par l'attachement le plus paternel dans le cœur de Bossuet, par la déférence la plus filiale dans le cœur de Fénelon ; l'un est déjà vieux, l'autre est jeune encore ; l'un descend et l'autre monte la pente de l'âge, des dignités et des honneurs de son ministère. L'un, du haut de sa vie couronnée de cheveux blancs, fort de l'autorité de son aînesse dans l'épiscopat, de son *antiquité* dans la foi, comme il nomme lui-même son auguste caractère, tend la main à l'autre pour l'élever, après lui, à cette espèce de grand pontificat qu'il exerce dans l'Église de France; Bossuet se prépare, comme Élie, à laisser son manteau à cet autre Élysée en montant au ciel; il le sacre lui-même archevêque de Cambrai, avec des paroles prophétiques qui le désignent au monde comme son successeur dans la suprême magistrature de la foi, du dogme et des mœurs. Il se complaît à montrer au monde dans ce jeune et éloquent disciple le flambeau sans ombre, à la lumière duquel marcheront les fidèles dans une voie droite et sûre, après que Dieu l'aura éteint lui-même.

C'est peu : ce vieillard est politique autant qu'il est pontife. Il a beaucoup à racheter par son zèle, auprès de cette cour de Rome à laquelle il a beaucoup arraché en la violentant. Il lui doit la surveillance des esprits, l'extirpation des hérésies naissantes; il doit au roi, dont il est l'œil et la bouche en matière ecclésiastique, l'apaisement des troubles religieux à peine étouffés, prompts à renaître dans le royaume; il doit à l'héritier du trône, le duc de Bourgogne, confié à des précepteurs de son choix, de ne pas laisser exalter, corrompre ou altérer sa foi, qui sera celle d'un grand empire, par des vertiges, des démences ou des hallucinations dont il serait responsable au royaume. Enfin il doit à Dieu, dont il est le ministre par l'épiscopat, par l'inspiration, de ne pas trahir, par faiblesse de cœur ou par une lâche complaisance d'amitié, ce qu'il croit la vérité divine, le dépôt confié par la succession des apôtres au dernier de ces apôtres, lui !

Tout à coup cet apôtre, ce Père de l'Église, ce maître de la doctrine, ce gardien de la foi, ce chef de l'épiscopat, ce ministre du roi, cet exterminateur de l'hérésie, ce viceroi de Rome, ce tuteur religieux de l'âme de l'héritier du trône, cette sentinelle de la paix du royaume, de la pureté de la foi, s'éveille au bruit d'étranges rumeurs répandues autour de lui.

Il apprend que son disciple, son fils, son successeur prédestiné, le précepteur de l'héritier du trône, l'archevêque d'une grande Église, Fénelon enfin, se livre à des rêves politiques ou à des visions extatiques, plus voisines de la chimère que de la sainteté; il apprend que, dans un livre encore secret, mais déjà transpiré à la cour et à la ville, le *Télémaque*, Fénelon a écrit dans l'ombre du palais de Louis XIV, pour l'instruction du petit-fils, la plus sanglante satire du règne et le portrait le plus odieux de l'aïeul de son élève.

Il apprend que ce livre, au lieu de donner à l'héritier du trône des leçons de gouvernement, lui dessine dans les nuages et lui colore de fausses couleurs une politique sans connaissance des hommes, sans réalité et sans muscles, qui appelle toute autorité nécessaire tyrannie, qui ébranle la foi des rois en eux-mêmes, qui condamne toutes les traditions expérimentées jusqu'alors, qui les remplace dans son utopie de Salente par des puérilités ou des vanités sonores, qui préconise l'égalité au lieu de la hiérarchie, la multiplicité au lieu de l'unité du pouvoir, qui préconise le travail et qui proscrit le luxe; livre, en un mot, ou plutôt rêve dont les fantômes se détruisent les uns par les autres, et dont la publication ne peut avoir d'autre effet, selon lui, que d'amollir l'esprit du roi futur et de décevoir les peuples par d'incohérentes illusions!

Convaincu par le premier coup d'œil jeté sur les pages de cette *utopie*, l'esprit si gouvernemental de Bossuet s'attriste plus qu'il ne s'irrite, et, quand on lui apporte le *Télémaque*, et qu'on lui parle du grand bruit que fait ce livre de son disciple dans le monde : « Non, dit-il, je ne le lirai pas; à mon âge, je ne lis plus de fables! »

Depuis ce jour, Bossuet ne parle même pas de Fénelon, dans la crainte d'avoir trop à dire. Il déplore seulement tout bas que des aventures d'amour et des images de voluptés soient reproduites avec complaisance par la main d'un archevêque chrétien devant l'imagination délicate d'un adolescent bientôt roi.

Mais d'autres bruits plus alarmants et plus incroyables montent à l'oreille de Bossuet. Il apprend que son disciple, fasciné par les extases et convaincu par les visions d'une jeune extatique, abandonne les augustes et saintes autorités vivantes de la foi pour chercher la doctrine et le salut dans les révélations d'une aventurière dont l'esprit a flotté à tout vent des sens, et dont les mœurs même, quoique peut-être chastes, n'ont pas été exemptes de soupçons. Il se fait lire les scandaleuses effusions de piété de cette sainte Thérèse des salons ; il croit rêver en lisant les *Torrents*, véritables accès de délire, écrits sur le trépied des sibylles. Il se fait raconter ces scènes étranges de possession prétendue par l'esprit divin, scènes pendant lesquelles, en présence de Fénelon lui-même, madame Guyon succombe à l'obsession divine, et qui font dire à Bossuet, rougissant pour l'épiscopat :

« Et vous, ô Seigneur! si j'osais, je vous demanderais un de vos séraphins, avec le plus brûlant de tous ses charbons, pour purifier mes lèvres de ce récit, quoique nécessaire! »

C'est dans ces séances, autorisées quelquefois par la présence de Fénelon, que madame Guyon prenait le nom d'épouse du Christ, racontait sa supériorité dans le cœur de son céleste époux sur la Vierge elle-même, et déclarait « que, dans l'état de purification parfaite où elle était montée par cette union, elle se refuserait à prier, attendu que c'était aux serviteurs de prier, mais que l'épouse se bornait à demander les grâces. »

Bossuet, dans son incrédulité charitable à de pareils excès de mysticisme dans son disciple, se tait longtemps ; il interroge enfin avec une douce inquiétude Fénelon sur la réalité de sa participation d'esprit à de telles aberrations de bon sens, de convenance, de doctrine.

Fénelon lui jure qu'il se borne à admirer la piété de madame Guyon, à éprouver ses inspirations, mais qu'il tient son jugement en suspens, sa foi à l'abri, et qu'il est prêt à ratifier les yeux fermés tous les arrêts, sans exception, que Bossuet lui-même portera sur ces nouveautés suspectes.

Cette assurance, sans cesse renouvelée de bouche et par écrit, rassure Bossuet et fait prendre patience à ses foudres.

On nomme, à la requête de l'archevêque de Paris, M. de Noailles, une commission de théologiens et d'évêques les plus vénérés de l'Église de France pour examiner cette affaire.

A la demande de Bossuet, on y appelle Fénelon lui-même, par respect et par impartialité.

Fénelon n'y assiste pas, mais il promet de signer l'arrêt de ses collègues dans l'épiscopat.

L'examen est long et interrompu par des circonstances étrangères au procès. Madame Guyon, pendant ces lenteurs, cherche à prévenir Bossuet lui-même par une déférence apparente à son autorité : elle vient vivre à Meaux dans un couvent sous sa direction. Elle se fait examiner par lui : elle reconnaît ses témérités ; elle lui promet de se soumettre en tout au jugement des évêques, et d'attendre ce jugement à Meaux, sous sa main.

Tout à coup, Bossuet apprend que sa pénitente astucieuse l'a trompé, qu'elle s'est évadée de Meaux, et que, cachée dans Paris, sans doute avec la connivence supposée de Fénelon, elle y continue ses séances d'inspirée et ses prédications.

La colère de Bossuet n'éclate pas encore, mais elle gronde. Le jugement des évêques est enfin lancé. Fénelon, qui a promis de signer, refuse sa signature. Il fait plus : il écrit en faveur de madame Guyon, condamnée par ses collègues. Il publie son livre des *Maximes des Saints*. Il publie lettres sur lettres contre Bossuet, lettres pleines d'insoumission et de griefs sous d'apparentes déférences. L'opinion prend parti, les factions pieuses se forment, elles divisent la cour et l'empire.

Bossuet, longtemps muet par douleur et par respect pour l'épiscopat, se croit enfin obligé de répondre pour l'Église menacée et pour lui-même ; il répond dans une seule lettre aux quatre lettres accusatrices de Fénelon, et, dans une *Relation du quiétisme*, aux doutes de l'opinion publique. Il confond, mais avec ménagement encore, son ancien disciple ; il respecte en lui l'antique amitié, le retour possible, le caractère épiscopal, la faveur de madame de Maintenon, la vertu enfin qu'il ne soupçonne pas en attaquant l'erreur. Ce n'est que par moments, et poussé par l'excès de l'injustice, qu'il laisse échapper le cri de son cœur ulcéré, et ce cri même n'est pas sans un dernier accent d'espérance et sans un dernier retentissement de douleur et de tendresse pour Fénelon.

« J'ai lu, dit-il en commençant, monseigneur, les quatre lettres que vous m'avez adressées, et j'ai admiré avec tout le monde la facilité de votre génie, la délicatesse de vos tours, la vivacité et les douces insinuations de votre éloquence. »

Il s'afflige, il se justifie de la nécessité de parler.

« Si l'auteur de ces nouveautés, déjà condamné par l'Église avant nous, les cache, les enveloppe, les mitige, et ne fait par là que les rendre plus coulantes, plus insinuantes, plus dangereuses, faudra-t-il, pour des bienséances du monde, les laisser glisser sous l'herbe et relâcher les saintes rigueurs du langage théologique? Si j'ai fait autre chose que cela, qu'on me le montre! Si c'est cela que j'ai fait, Dieu sera mon protecteur contre les mollesses du monde et ses vaines complaisances. »

Bossuet finit par ressentir trop vivement peut-être aussi l'injure humaine sous l'injure de la foi, et il lance lui-même l'injure oratoire à son adversaire, autrefois son fils.

« Après cela, dit-il, monseigneur, je n'ai plus rien à vous dire, et je m'en tiens pour vos quatre lettres à cette unique réponse. S'il se trouve dans vos écrits quelque chose de considérable qui n'ait pas encore été réfuté, j'y répondrai par d'autres moyens (l'autorité romaine et l'autorité pontificale). Pour des lettres, composez-en tant qu'il vous plaira; divisez la ville et la cour; faites admirer votre esprit et votre éloquence, et ramenez les grâces des *Provinciales* (lettres récentes de Pascal qui avaient charmé le monde et contristé l'Église). Je ne veux plus avoir de part au spectacle que vous semblez vouloir donner au public! »

« Une nouvelle prophétesse, s'écrie-t-il ailleurs, a entrepris de ressusciter de nos jours l'hérésie : c'est de cet enfant qu'elle est enceinte; l'ouvrage de cette femme n'est pas achevé. L'archevêque de Cambrai, un homme de cette élévation, est entré dans ce malheureux mystère; il ne dira pas qu'il a ignoré cette ridicule communication des grâces par cette femme en démence, ni ses prophéties, ni son prétendu état apostolique d'impeccabilité, et il l'a, de de son propre aveu cependant, *laissé estimer* de tant d'illustres personnes *qui se fiaient à lui*. Il a donc laissé estimer une femme qui prophétisait les illusions de son cœur!...

» Je n'ai rien dit toutefois qu'après que la charité et la douceur ont fait leur dernier effort! En ce qui concerne M. de Cambrai, je ne suis que trop justifié par les faits et par ses lettres. Où placera-t-on cette jalousie qu'on m'impute à moi et mes collègues? et, s'il faut se justifier d'une si basse passion, de quoi serait-on jaloux dans le nouveau livre de cet archevêque? Lui envierait-on la gloire de peindre de belles couleurs une femme comme madame Guyon? Si Dieu a voulu que l'Église eût dans la personne d'un de ses évêques ce prodige vivant de séductions, et si cette Priscille a trouvé son Montanus pour la défendre, qu'il prévienne, il en est temps encore, les jugements de l'Église! Quant au roi, qui veut laisser, par respect, à l'Église toute la liberté de son examen et de sa foi, qu'y aurait-il d'étonnant pourtant qu'il soutînt de son autorité les évêques qui marchent dans la voie droite? »

On voit partout ainsi dans Bossuet l'appel à la force suivre de trop près l'appel au bon sens. C'est le vice des convictions dominatrices et des caractères despotiques.

Dans cette polémique sur madame Guyon, à l'exception de quelques mots acerbes échappés à l'ardeur de sa foi et à la revendication de son caractère, mots trop provoqués par les apostrophes plus indirectes, mais plus blessantes, de Fénelon, Bossuet est jusqu'ici, dans cette querelle, l'homme du bon sens, de la patience et du devoir. Fénelon est l'homme d'illusion, d'inexpérience et de trouble. L'un rêve en visionnaire, contriste son maître, fait secte de quelques femmes exaltées, se dérobe au jugement, s'engage, se rétracte, abuse enfin de la patience et du silence de l'oracle de l'Église, pour l'appeler malgré lui dans la lice et pour publier, sous l'apparence de justification, des accusations contre Bossuet sans justice comme sans vérité.

L'autre pense en apôtre et en politique; il patiente en

ami; il compatit en vieillard; il fait des efforts surhumains pour amortir le bruit, pour circonscrire le scandale dans les murs du sanctuaire; il n'éclate enfin, et il n'éclate avec larmes que quand son silence deviendrait une défection de son épiscopat, une trahison de son ministère, une déshonoration de son caractère insulté.

Jusque-là, toute supériorité de raison, de mesure, d'égards, de tolérance et de conduite reste à Bossuet. La lecture des polémiques réciproques de ces deux antagonistes le grandit et diminue son rival.

Ces deux hommes ne paraissent plus au même niveau; quelque chose de l'inconsistance féminine transpire dans la pose et dans l'accent de Fénelon : Bossuet a l'accent de l'homme et de l'honnête homme. On va en juger par les fragments suivants de sa dernière réplique à Fénelon : son indignation contenue y double la force des paroles, la réticence y est plus significative que le mot.

« Monseigneur,

» J'ai vu quatre lettres que vous m'avez adressées, et j'ai admiré avec tout le monde la fertilité de votre génie, la délicatesse de vos tours, la vivacité et les douces insinuations de votre éloquence. Avec quelle variété de belles paroles représentez-vous « qu'on fait rêver les yeux ouverts,
» et qu'au reste il n'est pas permis de vous accuser de si
» grossières contradictions, sans avoir prouvé juridique-
» ment que vous avez perdu l'usage de la raison. »

» Vous poussez la plainte jusqu'à dire : « Si je suis ca-
» pable d'une telle folie, dont on ne trouverait pas même
» d'exemple parmi les insensés qu'on renferme, je ne suis
» pas en état d'avoir aucun tort, et c'est vous qu'il faut
» blâmer d'avoir écrit d'une manière si sérieuse et si vive
» contre un insensé. » Quelle élégance dans ces expressions! quelle beauté dans ces figures! Mais, après tout, on

ressent que des preuves de cette nature, dans un point de fait où il s'agit de savoir si vous vous êtes contredit ou non, ne peuvent être qu'éblouissantes, et qu'il faut revenir à la vérité.

. . . .

» On aimerait mieux s'être expliqué plus précisément et employer son esprit à bien définir ses mots pour parler conséquemment, que de les tordre après coup pour se sauver comme on peut. Mais quoi ! les contradictions sont un accident inséparable de la maladie qu'on appelle erreur, et de celle qu'on appelle vaine et fausse subtilité; la prévention demande une chose, la vérité en présente une autre : on avance des choses subtiles et alambiquées qui ne peuvent point tenir au cœur, et dont on se dédit naturellement. Quiconque est attaqué de ces maladies, quoi qu'il fasse, il ne peut jamais éviter de se contredire; car celui qui erre, il faut qu'il en vienne à un certain point où il est jeté nécessairement dans la contradiction. Quand saint Paul a dit des faux docteurs, qu'ils n'entendent ni ce qu'ils disent, ni de quoi ils parlent si affirmativement; quand il a dit que la fausse science est pleine de *contradictions*, qui est un des sens de cette parole, où il établit les *oppositions de la science faussement nommée;* quand il dit que l'homme hérétique, sans vouloir donner ce nom à celui qui se soumet, et en l'appliquant seulement à celui qui se trompe dans la foi, *se condamne par son propre jugement;* et qu'enfin tous ceux qui s'opposent à la vérité, après avoir durant quelque temps, *par un malheureux progrès, erré et jeté les autres dans l'erreur*, c'est-à-dire après avoir ébloui le monde par de spécieux raisonnements et par une éloquence séduisante, *cesseraient d'avancer, parce que leur folie serait connue de tous :* l'Apôtre ne voulait pas les faire lier, ni *prouver juridiquement qu'ils avaient perdu la raison*, et qu'il les fallait interdire. Il voulait seulement nous enseigner qu'il y a une lumière de la vérité qui se fait sentir jusque dans l'erreur.

. . . .

» Mais cette réputation d'avoir de l'esprit, loin d'excuser ces grands esprits qui se précipitent eux-mêmes et qui précipitent les autres dans l'erreur ; au contraire, c'est ce qui les perd. « Les grands esprits, dit saint Augustin, les » esprits subtils, *magna et acuta ingenia*, se sont jetés dans » des erreurs d'autant plus grandes, que, se fiant en leurs » propres forces, ils ont marché avec plus de hardiesse : » *In tanto majores errores ierunt, quanto præfidentius* » *tanquam suis viribus cucurrerent.* » Il ne faut point les lier ni les renfermer comme vous dites ; ce sont là des raisonnements qui n'ont qu'une fausse lueur : il n'y a souvent qu'à les laisser beaucoup écrire et étaler les lumières de leur bel esprit pour les voir bientôt, ou se perdre dans les unes et s'éblouir eux-mêmes comme les autres, ou se prendre dans les lacets de leur vaine dialectique.

» Je le dis avec douleur, Dieu le sait : vous avez voulu raffiner sur la piété ; vous n'avez trouvé digne de vous que Dieu beau en soi. La bonté par laquelle il descend à nous et nous fait remonter à lui vous a paru un objet peu convenable aux parfaits, et vous avez décrié jusqu'à l'espérance, puisque, sous le nom d'amour pur, vous avez établi le désespoir comme le plus parfait de tous les sacrifices ; c'est du moins de cette erreur qu'on vous accuse. Quiconque la voudra soutenir ne se pourra soutenir lui-même ; il faut que lui-même il se choque en cent endroits, ou pour se défendre, ou pour se couvrir et cacher son faible ; et vous venez dire : « Prouvez-moi que je suis un insensé » ; et quelquefois : « Prouvez-moi que je suis de mauvaise foi ; sinon ; » ma seule réputation me met à couvert. » Non, monseigneur, la vérité ne le souffre pas : vous serez en votre cœur ce que vous voudrez, mais nous ne pouvons vous juger que par vos paroles, etc. »

Les torts de l'évêque de Meaux, dans la suite de cette affaire, ne furent que des excès de bon droit : il poussa la justice jusqu'à la vengeance. Mais, il faut l'avouer à sa décharge, ce tort fut moins le sien que celui de son âge avancé. Entraîné, dominé, gouverné par son neveu, l'abbé Bossuet, esprit médiocre, âme vulgaire, cœur haineux, caractère dépravé par la servilité, le grand Bossuet parut rapetissé par ce neveu au niveau des inquisiteurs de la foi et des persécuteurs du génie. C'est ce neveu qui sollicitait à Rome les foudres de l'Église sur la tête de l'archevêque de Cambrai, avec la chaleur d'un saint qui solliciterait le ciel; c'est lui qui semait la calomnie contre l'ancien disciple de son oncle, qui pressait les ministres et les ambassadeurs du roi d'arracher au pape une condamnation et des flétrissures, qui attaquait l'innocence des mœurs, l'épiscopat, le talent, l'amitié, la vertu, et qui écrivait à ses correspondants de Paris, en parlant de Fénelon : « *Nous tenons enfin cette bête féroce!* » Véritable type de ces zélateurs de la foi qui s'efforcent d'ajouter aux foudres du ciel l'injure et la diffamation, ces foudres abjectes des colères de l'homme. Mais le caractère d'un grand homme ne doit pas souffrir des bassesses d'un neveu qui portait mal ce beau nom. Il n'y a de parenté ici ni entre les génies ni entre les âmes.

Plût à Dieu que le caractère de Bossuet n'eût pas de tache plus indélébile que la tache imméritée qu'on a voulu alors faire rejaillir sur son nom par partialité pour Fénelon, dans l'affaire du *Télémaque* et du *quiétisme!* Mais il y en a malheureusement une autre, qu'aucune indulgence ne peut absoudre, qu'aucun temps ne peut effacer. Il devint oppresseur des consciences; il voulut faire régner sur les âmes par le glaive les dogmes qui régnaient sur son esprit, l'uniformité de culte qui régnait sur le royaume. Il ne se contenta pas d'être le grand prêtre de la religion de son Dieu; il voulut être et il fut le grand prêtre de la religion de son prince.

Nous l'avons vu, dans sa dispute avec les ministres réformés, professer ce principe impie que la religion des sujets est obligatoirement conforme à la religion du prince; principe qui subordonne Dieu à l'homme, et qui fait pénétrer la tyrannie jusque dans le domaine inaccessible de la conscience.

Il faut le dire cependant, cette opinion chez Bossuet n'était pas une adulation au prince; elle était une déification des dogmes. Le dogme, dans cet esprit théologique, était Dieu. Sa philosophie tout entière était dans son catéchisme.

Jamais la liberté de penser n'avait pénétré dans cette âme, et par conséquent jamais la tolérance. Il était tellement convaincu de l'évidente réalité de ses principes, qu'il n'admettait pas que cette évidence ne frappât pas les autres hommes de la même conviction que lui; il attribuait de bonne foi à l'obstination, à la révolte et à l'impiété d'esprit toute résistance à l'autorité de l'Église. Un incrédule, pour lui, ce n'était pas un libre penseur, c'était un rebelle. Théocrate jusqu'au fond des entrailles, il croyait fermement que le devoir des rois était de faire régner son Dieu et leur Dieu sur la terre par la même loi et par la même contrainte qui leur sont prêtées pour faire obéir la loi de l'État. Il avait puisé cette théocratie implacable dans l'Ancien Testament : convertir ou exterminer, c'était sa tradition. Oubliant entièrement ses invectives contre les persécuteurs de l'Évangile opprimé, il admettait que l'Évangile, une fois triomphant, se fît persécuteur à son tour. Les martyrs de toute autre foi que la sienne n'étaient plus pour lui des martyrs, mais des factieux et des vaincus. Nous analysons cette pieuse iniquité de Bossuet, non pour la faire admirer, mais pour la faire condamner. Elle enlève à l'esprit humain, quelque grand qu'il soit, le premier instinct, la justice; elle enlève au christianisme sa première vertu, la charité; elle enlève à la religion sa première dignité, l'indépendance. C'est l'esclavage, avilissant à la fois le maître et l'esclave, transposé du corps à l'âme; c'est l'homme livré garrotté à Dieu et à l'Église, au lieu de l'homme élevant librement son âme au ciel et marchant de lui-même à son Dieu et à son autel.

Cette doctrine était celle de Louis XIV, esprit au fond aussi docile qu'impérieux. Louis XIV était grand surtout par la volonté. Hors de lui-même ce roi ne comprenait rien. Son égoïsme royal était son génie. Toute liberté l'offensait, même celle de croire. L'uniformité de la foi et de la prière lui semblait une des majestés de la monarchie. La politique renforçait en lui ces préjugés. Il ne se sentait pas assez roi tant que la libre croyance d'une partie de son peuple protesterait insolemment contre sa croyance de monarque. L'indépendance quant au dogme était pour lui une faction dans le ciel, comme la liberté était une faction sur la terre.

La longue guerre civile et religieuse de la Ligue s'était terminée par l'abjuration d'Henri IV. Ce prince avait vaincu avec les réformés, il allait régner contre eux. Sa foi avait suivi son ambition; il troquait avec des plaisanteries impies sa religion contre un trône. On sait son mot devenu le proverbe des ambitieux : « Paris vaut bien une messe! »

Cependant, pour cimenter la paix entre ses anciens amis les protestants et ses nouveaux sujets les catholiques, ce roi, tolérant par politique, avait promulgué l'édit de Nantes, qui assurait la liberté et l'égalité des deux cultes. Cet édit pesait aux catholiques, car, l'égalité, ce n'était pas la victoire.

Cet édit pesait également à Louis XIV, car, devenu catholique par la défection d'Henri IV au parti protestant, ce parti ne pouvait voir dans les successeurs d'Henri IV que des ennemis sur le trône.

Cependant, ni le cardinal de Richelieu, si exterminateur de l'aristocratie, ni le cardinal Mazarin, si pacificateur des troubles civils, n'avaient osé révoquer l'édit de Nantes. C'était la grande charte des libres croyants. Une moitié du royaume vivait à l'abri de cette charte.

On s'était borné, pendant la régence d'Anne d'Autriche, à convertir par la faveur partiale du gouvernement les familles influentes de la cour et des provinces. On achetait des consciences une à une, et, il faut le dire à la honte des convictions sérieusement religieuses de cette époque en France, elles ne se marchandaient pas à haut prix. L'exemple d'Henri IV avait fait un jeu du changement de religion. On ne se sentait pas coupable d'abjurer pour un domaine ou pour un titre ce que le roi avait abjuré pour un trône.

Mais aussitôt que Louis XIV, entouré par Anne d'Autriche, sa mère, de fervents catholiques et de pontifes imbus des traditions espagnoles, eut le règne en main, le plan d'uniformiser la foi dans le royaume par la séduction, par la contrainte, ou enfin, au besoin, par la violence, devint l'âme du gouvernement. Tout convergea de loin et constamment à ce but.

Il ne fut pas difficile aux politiques de faire comprendre à ce jeune prince que le dernier levain de la révolte était dans le culte hétérodoxe, et qu'il ne serait vraiment roi qu'après qu'il aurait le droit de gouverner ses peuples au nom d'un Dieu pour ainsi dire royal.

Il ne fut pas difficile à ses évêques de lui faire envisager ce grand service rendu à l'Église comme une expiation des légèretés ou des scandales de sa jeunesse. Il crut que Dieu pardonnerait tout à un prince qui lui rendrait un peuple.

L'amour et la guerre suspendirent longtemps ces pensées ; mais quand il fut à la fois lassé de gloire et de plaisirs, et quand madame de Maintenon, le duc de Beauvilliers, le duc de Montausier, Bossuet, l'archevêque de Reims, le chancelier Letellier, toute la partie dévote de la cour, commencèrent à tourner son esprit oisif et scrupuleux sur les intérêts de la religion, Louis XIV reprit ce plan avec plus d'ardeur. De la séduction on passa à la contrainte. Des missionnaires escortés de dragons se répandirent, sous l'impulsion de Bossuet et même de Fénelon, dans les provinces de l'ouest, du midi et de l'est, partout où le protestantisme, plus enraciné dans des populations plus tenaces, résistait davantage à la prédication. Ce récit est affreux, mais nécessaire. Taire le mal, c'est le flatter.

On autorisa les enfants, dès l'âge de sept ans, à abjurer valablement la religion de leurs pères. Les maisons des parents qui refusaient de livrer leurs enfants furent envahies et rançonnées par les troupes du roi. L'expropriation du foyer et le déchirement de la famille forcèrent les populations à fuir la persécution déclarée.

Le roi, inquiet de cette dépopulation, prononça la peine des galères contre ceux qui cherchaient la liberté dans la fuite.

Il ordonna la confiscation de toutes les terres et de toutes les maisons vendues par les propriétaires qui tentèrent de sortir du royaume.

Il catégorisa la nation par conscience, excluant de presque tous les emplois, et bientôt de tous les métiers, ceux qui persisteraient dans le culte proscrit, en sorte que le peuple en fut réduit à choisir entre la vie et l'abjuration.

Le bannissement perpétuel fut prononcé contre les ministres qui entretiendraient et propageraient leur foi par la parole.

Ces sévices soulèvent des murmures et des séditions dans les provinces ainsi torturées; on les punit par des supplices.

Le petit-fils du conseiller d'Henri IV, qui avait rédigé le texte de l'édit de Nantes, fut roué à Grenoble pour avoir revendiqué le bénéfice de l'acte royal. D'autres furent roués et pendus à Toulouse.

« La France ressemble à un malade à qui on coupe bras et jambes pour le guérir, » écrit la reine Christine de Suède, qui visitait le royaume en ce moment.

Bientôt on organisa la proscription en masse. Toute la cavalerie du royaume, oisive à cause de la paix, fut mise à la disposition des prédicateurs et des évêques, pour soutenir les missions par le sabre.

« Le roi veut, écrivait le ministre Louvois, fils de Letellier, l'ami de Bossuet, qu'on fasse éprouver les dernières rigueurs à ceux qui refuseront de se faire de sa religion, et il faut pousser ces rigueurs jusqu'à l'extrémité envers ceux qui auront la sotte gloire de vouloir se convertir les derniers. »

Bossuet approuvait donc ces persécutions; la foi religieuse et politique en justifiait à ses yeux la nécessité. Sa correspondance est pleine d'indices, ses actes pleins de complicités; son éloquence même, comme on va le voir, est pleine d'approbation et d'enthousiasme pour ces oppressions de l'âme et pour ces *terreurs* de l'hérésie.

Enfin, quand ces terreurs ne laissèrent presque plus de voix aux murmures, le roi osa le grand coup d'État contre la liberté de conscience. La révocation de l'édit de Nantes fut prononcée par un autre édit du roi.

Le parti de Bossuet et le parti de la cour, confondus dans une même joie, n'eurent qu'un cri pour applaudir au triomphe de la violence. La persécution, jusque-là illégale et déguisée, devint loi de l'État. La patrie se déroba tout à coup sous les pieds de près d'un quart de ses enfants. Il fallut abjurer ou le nom de Français ou la foi de sa conscience.

« Vous venez de voir sans doute, écrit madame de Sévigné le 31 octobre, l'édit par lequel le roi révoque l'édit de Nantes. Rien n'est si beau que cet édit! Et jamais un roi n'a fait et ne fera rien de si mémorable! »

Ainsi, selon les lieux et les temps, il y a des applaudissements pour les persécuteurs comme pour les opprimés. L'esprit de parti dénature l'instinct d'équité et de pitié jusque dans l'âme des femmes. L'histoire seule est du parti des victimes.

Les persécutions devenues légales qui suivirent la révocation de l'édit de Nantes rappellent les plus célèbres proscriptions des annales humaines. On proposa l'emprisonnement en masse de tous ceux qui se déclareraient rebelles à la religion du roi. Les prêtres réformés eurent quinze jours pour abjurer ou pour sortir du royaume.

Des milliers de familles, déracinées et expropriées de la patrie, s'enfuirent par toutes les frontières et par toutes les mers. Ces colonies de proscrits se répandirent en Allemagne, en Angleterre, en Piémont, dans les montagnes des Vaudois, et jusqu'aux extrémités de l'Afrique et de l'Amérique. Les ordres du roi qui les condamnaient à l'expatriation leur défendaient en même temps la fuite. Les prisons ne suffisaient pas à les contenir, les galères regorgaient de ces criminels préférant le martyre à l'abjuration.

Tout était crime à ceux qu'on retenait en France. Il leur était interdit d'avoir des serviteurs ou des ouvriers catholiques, de peur que la religion des maîtres ne corrompît leur domesticité. Il leur était interdit d'avoir des serviteurs protestants, de peur que leur maison ne devînt un asile pour des coreligionnaires. On les forçait d'assister aux cérémonies et de participer aux sacrements du culte qu'ils répudiaient du cœur.

Nous avons sous les yeux des lettres de Bossuet qui discutent gravement ces mesures, et qui décident à quels signes on pourra reconnaître la sincérité ou punir l'hypocrisie de ces assistances forcées aux cérémonies de l'Église. Ceux qui, en mourant, refusaient d'accomplir les rites catholiques, étaient traînés sur la claie, jetés à la voirie comme des animaux immondes.

La terreur alluma le fanatisme. Les Cévennes, contrée âpre et biblique du Midi, firent explosion. On l'étouffa dans le sang. Des assassinats réciproques consternèrent ces provinces. Un prêtre d'un zèle fanatique, l'abbé du Chaila, après avoir été mutilé comme missionnaire dans les Indes, revient torturer lui-même ses compatriotes protestants dans les Cévennes. Martyr à son tour, il est immolé sur les cadavres de ceux qu'il a immolés. Chacun est tour à tour ou tout à la fois bourreau et victime. Les prêtres catholiques et les ministres protestants sont, au gré des vicissitudes de la guerre, poursuivis, traqués, fusillés dans les antres des rochers de ces montagnes.

Trois armées du roi, commandées par des maréchaux de France, suffisent à peine à éteindre cette Vendée dans son sang. Tout meurt, tout fuit ou tout abjure. L'œil et la main du gouvernement ne sont plus occupés, sous la direction, ici paternelle, là cruelle, des théologiens, qu'à perpétuer une épuration domestique qui arrache les enfants aux pères et aux mères suspects ou obstinés, pour les dépayser de leur foi et pour les jeter dans les couvents, sous des instituteurs d'un autre culte. Fénelon lui-même ne se distingue, dans cet apostolat politique, que par des moyens plus doux de persuasion; mais il approuve, dans deux lettres, l'emploi des troupes et l'intimidation salutaire pour induire à l'abjuration par la peur.

Quant à Bossuet, il triomphe et prend hardiment la responsabilité de la proscription sur le cercueil de son ami le chancellier Letellier, ministre, machinateur, auteur et exécuteur de ces barbaries. Dans l'oraison funèbre qu'il prononce de son ami, il l'envoie devant Dieu avec ses proscriptions pour titre de salut et de gloire.

« Nos pères, dit-il dans ce panégyrique, n'avaient pas vu, comme nous le voyons, une hérésie invétérée tomber tout à coup sur l'univers étonné de voir dans un événement si nouveau la marque la plus assurée comme *le plus bel usage de l'autorité*, et le mérite du prince plus reconnu et plus révéré que son autorité même ! »

Puis, s'élevant jusqu'au lyrisme et entonnant le chant du triomphe sur la France purgée de tant de milliers de proscrits par la main de ces épurateurs de la foi :

« Ne laissons pas cependant, s'écrie-t-il, passer ce miracle de nos jours ; faisons-en le récit aux siècles futurs ! *Prenez vos plumes sacrées, vous qui composez les annales de l'Église !... Agiles instruments d'un prompt écrivain et d'une main diligente !* hâtez-vous de mettre Louis XIV avec les Constantin et les Théodose ! Avant ces empereurs, dont les lois proscrivirent les réunions des hérétiques, les sectes demeuraient unies et s'entretenaient longtemps. Mais, depuis que Dieu suscita des princes chrétiens pour interdire ces cultes aux hérétiques, et que le clergé qui veillait sur eux les empêcha de les exercer en particulier, les opiniâtres moururent sans postérité parce qu'ils ne pouvaient enseigner librement leur dogme. Ainsi tombait l'hérésie avec son venin. »

Et après avoir célébré une persécution récente et plus merveilleuse, selon lui :

« Poussons jusqu'au ciel, reprend-il, nos acclamations ! et disons à ce nouveau Constantin, à ce nouveau Théodose, à ce nouveau Marcien, à ce nouveau Charlemagne, ce que les six cents Pères de l'Église disaient autrefois dans le concile de Chalcédoine : « Vous avez affermi la foi, vous » avez exterminé les hérétiques ; c'est le digne ouvrage » de votre règne ! Roi du ciel, conservez le roi de la terre ! » c'est le vœu de l'Église, c'est le vœu des évêques ! »

» Quand le pieux chancelier scella enfin cette révocation du célèbre édit de Nantes, il s'écria qu'après ce triomphe de la foi et un si beau monument de la piété du roi, il n'avait plus qu'à mourir ! C'est la dernière parole qu'il ait prononcée dans les fonctions de son ministère ! »

Après de telles paroles, il est impossible d'innocenter Bossuet de complicité dans cette tache du règne ; son implacabilité théologique changeait, par sa propre bouche, l'oppression de conscience en vertu. On gémit de cette fausse conscience, qui force l'histoire à inscrire, à côté d'un si beau génie et d'un si grand zèle, le titre de proscripteur.

Mais il le faut : quand le zèle devient passion, il devient violence ; et quand le zèle emprunte la main du pouvoir politique, l'apôtre devient responsable du bourreau.

Hâtons-nous de jeter le voile sur cette partie de l'apostolat de Bossuet. Ce n'était pas son âme, c'était sa logique qui était cruelle. Il ne se vengeait pas lui-même, mais il avait l'orgueil de croire qu'il vengeait Dieu. Leçon terrible à tous les excès de zèle, à toutes les opinions et à tous les temps.

La mort du prince de Condé rappela le pontife à une éloquence plus digne de lui. Ce fut la dernière et la plus sublime de ses oraisons funèbres. Il semble qu'en approchant du tombeau lui-même, son génie en contractait la solennité. La mort du prince de Condé, son premier protecteur et son admirateur le plus constant, lui disait que toute célébrité doit mourir.

Ces deux plus grandes gloires du siècle, l'un dans la

guerre, l'autre dans les lettres et dans la religion, semblaient s'entraîner l'une et l'autre. Bossuet entendit l'avertissement dans son cœur, et le répercuta dans sa voix. La péroraison de ce discours est le sommet de l'éloquence moderne. Les anciens n'ont pas de tels accents.

La vieillesse, la contemporanéité, l'égalité de niveau entre l'orateur et le héros couché à ses pieds, complétaient l'éloquence. Le spectacle était aussi grand que le discours.

« Jetez les yeux de toutes parts, dit Bossuet : voilà ce qu'a pu faire la magnificence et la piété pour honorer un héros; des titres, des inscriptions, vaines marques de ce qui n'est plus; des figures qui semblent pleurer autour d'un tombeau, et de fragiles images d'une douleur que le temps emporte avec tout le reste; des colonnes qui semblent vouloir porter jusqu'au ciel le magnifique témoignage de notre néant : et rien enfin ne manque dans tous ces honneurs, que celui à qui on les rend.

» Pleurez donc sur ces faibles restes de la vie humaine! Pleurez sur cette triste immortalité que nous donnons aux héros! Mais approchez en particulier, ô vous qui courez avec tant d'ardeur dans la carrière de la gloire, âmes guerrières et intrépides! Quel autre fut plus digne de vous commander? Mais dans quel autre avez-vous trouvé le commandement plus honnête?

» Pleurez donc ce grand capitaine, et dites en gémissant : « Voilà celui qui nous menait dans les hasards; sous
» lui se sont formés tant de renommés capitaines, que ses
» exemples ont élevés aux premiers honneurs de la guerre :
» son ombre eût pu encore gagner des batailles; et voilà
» que, dans son silence, son nom même nous anime, et
» ensemble il nous avertit que, pour trouver à la mort quel-
» que reste de nos travaux et n'arriver pas sans ressources
» à notre éternelle demeure, avec le roi de la terre il faut
» encore servir le Roi du ciel. »

» Servez donc ce Roi immortel et si plein de miséricorde, qui vous comptera un soupir et un verre d'eau donné en son nom, plus que tous les autres ne feront jamais tout votre sang répandu ; et commencez à compter le temps de vos utiles services du jour que vous vous serez donnés à un maître si bienfaisant.

» Et vous, ne viendrez-vous pas à ce triste monument, vous, dis-je, qu'il a bien voulu mettre au rang de ses amis? Tous ensemble, en quelque degré de sa confiance qu'il vous ait reçus, environnez ce tombeau; versez des larmes avec des prières ; et, admirant dans un si grand prince une amitié si commode et un commerce si doux, conservez le souvenir d'un héros dont la bonté avait égalé le courage. Ainsi puisse-t-il vous être toujours un cher entretien ; ainsi puissiez-vous profiter de ses vertus; et que sa mort, que vous déplorez, vous serve à la fois de consolation et d'exemple!

» Pour moi, s'il m'est permis après tous les autres de venir rendre les derniers devoirs à ce tombeau, ô prince! le digne sujet de nos louanges, de nos regrets, vous vivrez éternellement dans ma mémoire : votre image y sera tracée, non point avec cette audace qui promettait la victoire; non, je ne veux rien voir en vous de ce que la mort y efface. Vous aurez dans cette image des traits immortels : je vous y verrai tel que vous étiez à ce dernier jour sous la main de Dieu, lorsque sa gloire sembla commencer à vous apparaître. C'est là que je vous verrai plus triomphant qu'à Fribourg et à Rocroi; et, ravi d'un si beau triomphe, je dirai en action de grâces ces belles paroles du bien-aimé disciple : *Et hæc est victoria quæ vincit mundum, fides nostra* (la véritable victoire, celle qui met sous nos pieds le monde entier, c'est notre foi).

» Jouissez, prince, de cette victoire ; jouissez-en éternellement par l'immortelle vertu de ce sacrifice. Agréez ces derniers efforts d'une voix qui vous fut connue. Vous mettrez fin à tous ces discours. Au lieu de déplorer la mort des autres, grand prince, dorénavant, je veux apprendre de vous à rendre la mienne sainte; heureux si, averti par ces cheveux blancs du compte que je dois rendre de mon administration, je réserve au troupeau que je dois nourrir de la parole de vie les restes d'une voix qui tombe et d'une ardeur qui s'éteint. »

Bossuet se retira en regardant la mort avec la même majesté qu'il se retirait de la chaire sacrée. Il entra de plus en plus dans le recueillement de son crépuscule comme un prêtre qui s'enfonce dans l'ombre des nefs.

Ses apparitions à la cour devinrent plus rares, ses séjours à Meaux et dans sa retraite champêtre de Champigny plus longs. Il avait fini sa tâche, il avait fait régner par la parole et, malheureusement pour lui, par le glaive, cette unité de culte qui, avec l'unité despotique du trône subordonné à l'Église, était l'utopie de sa vie.

Comme pontife, il n'avait plus rien à désirer. Comme homme, il se résignait à n'avoir pas atteint le double but de sa vie ecclésiastique : l'archevêché de Paris et la dignité de cardinal. Le roi l'avait trouvé trop plébéien, le pape trop Français pour grandir encore en lui le grand tribun de l'Église gallicane.

On ne peut douter qu'il ne ressentît souvent avec une secrète amertume de cœur cette ingratitude du roi et ce ressentiment de Rome. C'était un de ces esprits qui ne séparent pas la grandeur morale de la grandeur des situations. Un épiscopat subalterne lui paraissait contraster injustement avec l'éminence de ses services et la supériorité de son génie.

On voit de temps en temps, à travers ses lettres, transpercer une certaine humiliation et un certain reproche non articulé de cette injure de sa destinée. L'archevêché de

Paris et la pourpre romaine manquaient, à ses yeux, à la décoration de son nom. Mais ces deux regrets, compensés par tant de respects de la cour et de l'Église, n'éclatèrent jamais sur ses lèvres. S'il murmura tout bas le mot des services mal rétribués, comme Strafford : « *Nolite fidem principibus et filiis hominis, quia non est salus in illis* (ne placez pas votre confiance dans les princes et dans les enfants des hommes, parce qu'il n'y a pas de salut en eux), » il ne les prononça du moins jamais tout haut.

La foi et la piété refermèrent silencieusement et saintement ces cicatrices de son cœur. Il mit sa gloire dans sa foi, et sa foi dans sa gloire. Il n'attrista pas sa vieillesse ni ses amis par ces retours sur l'ingratitude des hommes et sur les espérances trompées, qui sont les consolations des petites âmes et le dédain des grandes. Il vieillit en Dieu comme il avait vécu en lui.

Ces amertumes le détachèrent du monde, qui avait peut-être compté pour trop dans sa vie. L'étude et surtout la poésie sacrée devinrent de plus en plus l'occupation et le charme de ses heures : la poésie est l'éloquence du loisir et de la rêverie.

Il composait beaucoup de vers qu'il laissait entrelire à ses amis, mais qu'il anéantissait à mesure qu'il les écrivait, soit qu'il les jugeât indignes de sa prose, soit qu'il les regardât comme un jeu de la parole, trop peu grave pour son caractère sacré. Mais la prière intérieure, la récitation de son bréviaire, l'assistance aux cérémonies de sa cathédrale, les polémiques sur les questions théologiques du temps, le perfectionnement de ses œuvres littéraires et de ses harangues déjà publiées, et la préparation de quelques sermons familiers pour son humble auditoire de Meaux, remplissaient sa vie.

Son âme se délassait dans une continuelle mais régulière activité d'esprit. Il dormait peu, comme les vieillards dont les veilles semblent vouloir disputer d'avance quelques heures de pensée de plus au sommeil éternel qui s'approche : une lampe brûlait toute la nuit dans sa chambre. On la voyait luire de loin à travers les fenêtres de son appartement, entre les arbres de son jardin, aux flancs de la colline, dominée par son palais et par les ombres massives de sa cathédrale. Cette lampe était pour les habitants de Meaux le symbole de sa pensée. Les pauvres ouvriers du faubourg et les jardiniers dont les chaumières étaient répandues sur la colline opposée connaissaient cette lueur matinale et l'appelaient l'*étoile de Monseigneur.*

Il se levait plusieurs fois dans la nuit pour noter avec la plume les idées qui visitaient ses insomnies.

Enveloppé, dit son secrétaire, d'une peau d'ours dont les poils étaient tournés en dedans, les pieds souvent nus, la tête blanchie par la neige de l'âge, la taille haute et maigre, il ressemblait à ces prophètes dont il récitait et commentait sans cesse les versets.

Il psalmodiait avant le jour, à demi-voix, les antiennes liturgiques que l'Église a appelées les *Matines*, par allusion aux heures nocturnes où elle en impose la récitation à ses ministres. Il travaillait ensuite deux ou trois heures à ses compositions historiques, à ses préparations de discours, à ses poésies.

La rapidité de sa plume, qu'on entendait à peine froisser la page d'un mouvement continu et régulier, rappelait « ces plumes agiles, rapides instruments de l'intelligence, » qu'il avait invoquées dans son oraison funèbre du chancelier.

Comme tous les écrivains qui veulent suffire à une longue tâche de la pensée, il jetait la plume aussitôt qu'elle ne courait plus d'elle-même entre ses doigts. Il savait que le génie est une jeunesse de la pensée, et que l'inspiration s'arrête aussitôt que la lassitude commence. Il se recouchait alors au lever de l'aurore, et reposait son âme dans un second et court sommeil. Le reste du jour était au monde, aux affaires, à la cathédrale, à la table frugale, au loisir, aux entretiens, à la lecture, à l'enjouement gracieux avec ses amis.

Son opulence lui permettait de négliger entièrement ses affaires domestiques. Il avouait lui-même son inaptitude à ces intérêts mesquins d'une grande maison : l'Église et le roi s'en étaient chargés. Il laissait largement couler dans un luxe facile, dans le sein des pauvres, des amis, des parents, ce superflu de son épargne. Il avait une cour d'amis, composée des premiers hommes de son siècle.

Outre Fénelon, qu'il avait perdu sans qu'on pût l'accuser de n'avoir pas attendu sept ans son retour, on comptait parmi ses amis avoués le grand Condé, le ministre M. de Malézieu, M. de Valincourt, dont la gloire fut dans l'estime de tous les hommes d'élite du siècle ; M. d'Ormesson, administrateur éminent ; l'orientaliste d'Herbelot, qui lui enseignait, à soixante-douze ans, la langue hébraïque ; Pélisson, précurseur de Boileau ; La Bruyère, précurseur de Molière ; Boileau, qui lui adressait son *Épître sur l'amour de Dieu ;* Racine, qui lui soumettait *Athalie ;* Santeuil, qui lui laissait corriger ses hymnes, et qui disait de lui : « *Per quem religio manet inconcussa, sacerdos !* (Pontife ! par la main de qui l'inébranlable foi résiste à toutes les secousses du siècle !) » D'autres encore, moins célèbres : l'abbé de Fleury, qui écrivait l'histoire sous ses yeux avec la modestie d'un disciple ; l'abbé Ledieu, le commensal, le secrétaire et le confident de tous ses âges ; Bourdaloue et le jeune Massillon, qui venaient à Germigny et à Meaux essayer leurs sermons devant le maître de la parole.

Sa conversation était reposée, douce, complaisante aux entraînements de l'âme, sans pruderie et sans licence. Il aimait la facilité, jamais l'indécence de l'entretien.

« Soyez enjoué, ne soyez pas plaisant, écrivait-il à un de ses familiers; la plaisanterie, quand elle est personnelle, touche de trop près à la raillerie, et la raillerie est souvent ou insipide ou offensante. »

Il estimait peu le rire, qui offense presque toujours ou la dignité ou la charité. L'homme plein de pensées graves ne résonne pas si creux. Jésus-Christ, son maître, n'avait pas ri une seule fois dans sa vie. Mais Bossuet aimait le sourire, qui n'est que la détente de l'esprit et la prévenance du cœur.

Depuis longtemps des souffrances sourdes, produites par son assiduité sédentaire au travail, laissaient craindre à ses amis qu'il ne fût menacé de la maladie de la pierre.

Il ne se dissimulait pas à lui-même son affaiblissement. Il avait le pressentiment de sa fin. Il fit ses adieux à son clergé, en 1702, dans un discours au synode des ecclésiastiques de son diocèse, discours où il rappela involontairement sa péroraison pathétique de l'oraison funèbre du prince de Condé.

« Ces cheveux blancs, leur dit-il, mes chers frères, m'avertissent que bientôt je dois aller rendre compte à Dieu de mon ministère, et que ce sera aujourd'hui peut-être la dernière fois que je vous parlerai! »

Il employa ses derniers jours à traduire en vers français les psaumes, seule poésie digne de lui, qu'il « espérait, disait-il, entendre chanter dans le ciel; et dont il aimait à se consoler d'avance sur la terre. »

Cependant il doutait encore de la nature incurable de son mal. La conviction qu'il en reçut par la bouche de Fagon, le grand médecin du temps, lui donna la mort plus que la maladie elle-même. L'horreur de l'opération qu'il fallait se résoudre à subir prévalut sur la constance du philosophe et sur la vertu du chrétien. Une fièvre de terreur le saisit; sa voix se perdit; sa plume faillit dans sa main : il ne put achever d'écrire lui-même le billet par lequel il appelait à lui son confesseur pour préparer son âme à ce hasard d'une dangereuse opération. Il pâlit devant l'image de la torture que l'art allait lui faire subir.

La vigueur de sa santé et la constance de sa fortune l'avaient mal préparé à ce supplice. Il eut pitié de son corps, lui qui n'avait pas eu assez de pitié des larmes et du supplice de tant de proscrits. Il pleura non devant la mort, mais devant la douleur.

Son neveu, l'abbé Bossuet, profita de cette faiblesse pour lui faire demander au roi la survivance de l'évêché de Meaux, héritage résigné entre les mains d'un indigne héritier. Madame de Maintenon et le cardinal de Noailles, ne voulant ni condescendre à cette faiblesse de népotisme de Bossuet ni contrister sa fin par un refus, conseillèrent au roi d'ajourner la grâce sans l'accorder ni la refuser à ce grand homme.

Bossuet, dans un intervalle de son mal, se traîna jusqu'à la cour pour solliciter le roi en faveur de son neveu. Louis XIV le reçut en père spirituel, mais lui dit que l'heure n'était pas venue de penser à son héritage.

La fatigue et la fièvre le retinrent quelques jours à Versailles. Il y reçut les sacrements de l'Église et dicta son testament.

L'énormité des dettes qu'il avait contractées par la négligence de ses affaires domestiques et par la prodigalité de sa main, jeta la consternation dans son esprit. Une langueur mortelle, mais lente, succéda aux accès du mal. On en profita pour le ramener à Paris. Ses sommeils, pendant les nuits, étaient entrecoupés de gémissements et de délires; on l'entendait se plaindre et se résigner à haute voix. Le jour, il se faisait lire constamment les Évangiles comme des promesses qu'il avait besoin d'entendre sans cesse pour se rassurer contre la mort.

« Je lui lisais, à sa demande, souvent cinq ou six fois de suite le même Évangile, » écrit l'ami qui veillait auprès de sa couche.

Un cortége sans cesse renouvelé de courtisans, d'amis, de prêtres, assiégeait sa porte. On sentait qu'une grande gloire du siècle allait s'éteindre : on voulait en recueillir les dernières lueurs. Les derniers soupirs des grands hommes sont un spectacle que la terre aime à retenir. Il avait repris la sérénité et la confiance de vivre.

« Je vois bien, disait-il, que Dieu veut me conserver ! »

L'ardeur de la controverse sacrée se rallumait en lui. Il revoyait ses livres contre les jansénistes. Il dictait des corrections à sa *Politique sacrée*. Son génie n'avait point pâli, il écrivait des lignes pleines du suc de ses plus robustes années.

« La foi, disait-il, est un flambeau; mais c'est un flambeau qui reluit dans un lieu obscur dont il ne dissipe pas toutes les ténèbres. Si tout était obscur, nous marcherions comme à tâtons dans une nuit profonde, en danger à chaque pas, et sans jamais pouvoir nous convaincre. Mais aussi, si tout y était clair, nous croirions être dans la patrie et dans la lumière de la vérité. Tout reconnaît le besoin que nous avons d'être guidés et enseignés, en dedans par l'esprit divin, en dehors par l'autorité de l'Église ! »

Il répétait souvent ce passage de l'Évangile, qu'il se destinait sans doute pour épitaphe à lui-même :

« *Celui-là est apparu dans le monde pour la perte et pour le salut d'un grand nombre !* »

La fièvre mortelle le consumait à grand feu.

« Cessez de me tromper, dit-il à ses amis; que la volonté de Dieu se fasse sur moi ! Je sens mon anéantissement. Prions ensemble, je sens la machine se détruire; prions, mais peu à la fois, à cause de mes douleurs ! »

C'était la semaine où l'Église commémore par la prière,

le deuil et la joie, les supplices et la résurrection du Christ. Il s'unit de cœur aux cérémonies sacrées. On lui parla de sa mission si magnifiquement accomplie, de ses œuvres, de ses vertus, de sa sainteté, de sa *gloire*. A ce mot de gloire, qui avait peut-être été sa faiblesse, il s'indigna contre lui-même.

« Cessez ce discours, s'écria-t-il ; ne parlez que de pardon ; c'est le seul mot de l'homme ! »

Le frisson monta enfin des membres au cœur. La tête pensait et priait encore. On l'entendait balbutier en latin :

«*Vim patior, sed scio cui credidi!* (Je souffre la violence de la douleur et de la mort ; mais je sais en qui j'ai cru.) »

La foi survivait à cette vie. Il s'assoupit après ces paroles, et dormit paisiblement jusqu'au matin. A l'aube du jour, on entendit une respiration plus forte que les autres : c'était la dernière. Bossuet n'était plus. Le jugement commençait là-haut pour lui, la mémoire ici.

Cette mémoire est auguste, mais elle n'est pas sans reproches. Il y a deux choses dans cet homme : l'homme et le talent. Le talent est incomparable, l'homme est inférieur au génie : il eut la volonté droite, mais violente ; le génie immense, mais tyrannique ; son caractère absolu, impérieux, ne fut pas seulement d'un grand apôtre, mais d'un grand juge. Il y a des larmes dans l'histoire qui protestent éternellement contre lui. Il apporta dans ce monde la guerre et non la paix. Une guerre éternelle remuera sa mémoire dans son tombeau. Il fit quelque bien à la religion, aucun à l'humanité ; mais il fit une gloire immense à sa patrie. Cette gloire du talent suivit et grandit parmi les adorateurs de l'esprit humain. Elle ne tient pas à ses œuvres, mais à lui.

Sa philosophie naturelle était limitée par l'esprit dogmatique, d'où il envisageait systématiquement l'univers. Il fut plus théologien que philosophe. Les querelles sacerdotales dans lesquelles il a consumé sa vie ont vieilli; la distance les diminue tous les jours aux yeux de la postérité. Son histoire universelle n'est qu'un jeu de génie, ses controverses ne sont que des éclats de voix dont on n'entend plus le sens de si loin, après deux siècles. Le *quiétisme*, le *jansénisme*, les subtilités des maximes de l'Église gallicane, sont des cendres froides qu'aucune parole du prophète ne peut rallumer.

Les lettres à ses religieuses, les conférences avec ses synodes de Meaux, les sermons pour des prises d'habit dans ses cloîtres, les oraisons funèbres même de quelques reines, de quelques princesses, ou de quelques amis de cour plus ou moins dignes de cette grande voix, ne sont plus par le sujet que de *magnifiques témoignages du néant* de ces noms morts avec leur panégyriste. Tout est momentané, accidentel, dans les occupations de cette longue vie, et rien, excepté la langue, n'est de nature à rester monumental dans les âges.

Mais c'est Bossuet qui est le monument de lui-même. La nature était si grande en lui, qu'elle a survécu et survivra éternellement à ses œuvres. C'est la grandeur de Dieu, ce n'est pas la sienne; c'est la plus abondante, la plus imagée et la plus haute parole dont la nature ait doué des lèvres d'homme.

Bossuet est tellement incorporé dans la gloire de la France, qu'en le diminuant, on retrancherait quelque chose à la majesté du génie français.

Ce nom ressemble à ces sommets des Alpes ou de l'Himalaya, couverts de neiges ou de foudres, que les hommes n'habitent pas, mais qui font la renommée et l'orgueil des contrées que ces montagnes tiennent à l'ombre, et qui servent à mesurer la hauteur à laquelle la terre peut s'élever dans le ciel.

FÉNELON

FÉNELON

ANNÉE 1651 DE J.-C.

De tous les hommes modernes, celui qui ressemble le plus à un sage de l'antiquité, c'est Fénelon. Il est beau de visage comme un de ces jeunes disciples du Christ, que le pinceau de Raphaël nous représente dans saint Jean endormi sur le sein de son divin Maître. Il converse, en se promenant dans les jardins de Versailles, comme Platon dans les jardins d'Académus. Il tient une lyre, comme Homère ; il chante, comme un rapsode, des fables sacrées du monde ancien. Il habite la demeure d'un grand roi qui rappelle Cyrus ou Sésostris ; il donne des leçons de sagesse, d'héroïsme, du culte divin, aux petits-fils de ce roi ; il vit, revêtu de la robe du sacerdoce, entre le vestibule du temple et le vestibule du palais ; il passe de la cour à l'autel, de la solitude au commerce d'esprit avec les politiques, les lettrés, les courtisans, les favorites du maître de l'empire ; il est législateur aussi bien que poëte, homme d'État autant que pontife. Il veut introduire la charité et l'égalité chrétiennes dans le gouvernement ; il veut, comme dans l'antique Égypte, que la loi religieuse et la loi civile ne se contredisent pas dans la politique de l'empire. Il médite, dans l'antichambre du pouvoir absolu, les institutions de la liberté. Il entrevoit, du haut de sa piété sublime, des perfections et même des chimères de sociétés politiques, qui sont le germe et quelquefois le piége des philosophes législateurs pères de la Révolution française. Ses larmes sur le sort des peuples et ses leçons à l'héritier du trône inquiétaient le maître du trône ; il craint que l'esprit de la royauté ne soit corrompu dans son héritier par quelque excès de vertu qui jette l'empire dans les utopies, ces précipices de la bonne intention ; il le relègue à distance de son gouvernement. Le philosophe se retire en pleurant sur le sort du peuple et des princes. Il se réfugie en Dieu ; il donne les leçons et les exemples de cette vertu plus difficile aux hommes de génie qu'aux autres hommes, l'humilité. N'ayant pas pu améliorer l'empire, il améliore et il sanctifie en lui l'homme et le chrétien ; il meurt de langueur et de sainte tristesse dans l'obscurité. Ses œuvres et ses vertus se répandent et se multiplient après lui, de sa tombe, comme la liqueur d'un vase enfoui et brisé sous les pieds de ses profanateurs, et son nom devient le nom de toute poésie, de toute politique et de toute piété pendant deux siècles.

Tel est Fénelon. Encore une fois, ne dirait-on pas d'un Pythagore ou d'un Platon de la France ? Nous allons retracer cette vie, une des plus belles des temps où nous sommes.

Fénelon était né d'une famille noble et militaire du Périgord, vivant tantôt dans les camps, tantôt dans le fond de cette province, parmi le peuple des campagnes, et non encore corrompue par l'air des cours. Son père, Pons de Salignac, comte de Fénelon, retiré du service, avait eu plusieurs enfants d'un premier mariage avec Isabelle d'Esparbès. Veuf et déjà avancé en âge, il avait épousé Louise de Saint-Abre, fille d'une noble maison de la même province. Les enfants du premier lit s'affligèrent et murmurèrent de ce second mariage de leur père. Ils craignaient que les enfants qui en surviendraient ne réduisissent jusqu'à l'exiguïté la part de l'héritage paternel qui reviendrait à chacun d'eux, et ne fissent ainsi déchoir la famille de son rang dans le pays. Un oncle de cette jeune famille, Antoine de Fénelon, informé de ces murmures, écrivit à ses neveux pour leur reprocher leurs plaintes.

« Sachez, leur dit-il dans cette lettre, retrouvée dans les archives de la maison, sachez déférer avec confiance et respect aux désirs de votre père : la Providence a ses vues secrètes qu'il n'est pas donné aux familles de percer. Souvent l'illustration et la fortune des maisons viennent des choses qui semblent le plus contraires à nos courtes sagesses. » On eût dit que cet oncle, doué du don des présages, entrevoyait de loin, dans l'enfant qui devait naître, l'éternel honneur de son nom.

Peu de temps après naquit de ce mariage François de Fénelon, archevêque de Cambrai. Fils d'un vieillard et d'une jeune épouse, il reçut de la nature la maturité de l'un et les grâces de l'autre. Cultivé dans la maison paternelle, comme un fruit tardif et délicat, il y fut élevé jusqu'à l'âge de douze ans par cette raison de père et cette tendresse de mère qui se retrouvèrent tout entiers plus tard dans son âme, dans son caractère et dans ses œuvres.

La littérature sacrée et la littérature grecque et latine furent, sous un précepteur domestique, les premiers aliments de son imagination. Son intelligence et son cœur, modelés dès son berceau sur ces modèles classiques du bon et du beau dans l'antiquité, en prenaient naturellement l'esprit et les formes. On peut dire que l'enfant était né en France au dix-septième siècle, mais que son génie était né à Athènes au siècle de Périclès. L'université de Cahors acheva son éducation. Le bruit de ses heureuses dispositions franchit les limites de cette école de sa province, et parvint jusqu'à son oncle, Antoine de Fénelon, le même qui avait si bien auguré de lui avant sa naissance. Cet oncle, parvenu aux premiers grades de l'armée, appela son neveu auprès de lui à Paris. On destinait l'enfant à l'Église, comme un fardeau de famille dont on se déchargeait alors sur le sacerdoce. On lui fit poursuivre ses études philosophiques et théologiques, plus fortes dans les hautes écoles de Paris. Son génie, naturel, facile et précoce, y éclata comme il avait éclaté à Cahors, mais de plus haut, et ses succès ainsi que ses grâces lui attachèrent de plus illustres amis. Cette gloire anticipée et cette faveur générale qui entouraient le jeune Fénelon firent craindre quelque enivrement du monde au vieil oncle son tuteur; il se hâta de soustraire son neveu aux séductions de l'amitié et de l'admiration en le jetant dans le séminaire de Saint-Sulpice, pour l'attacher au sacerdoce par des vœux.

Pendant que Fénelon y poursuivait ses études en leur imprimant une direction moins profane, l'oncle, qui voulait donner lui-même à son propre fils les premières leçons de la guerre, le conduisait au siége de Candie, contre les Turcs. Ce fils unique, frappé, dès les premiers assauts, d'un boulet, y périt dans les bras de son père. Le vieux guerrier revint en rapportant le corps de son enfant à Paris. Il ne lui restait qu'une fille; il la donna en mariage au marquis de Montmorency-Laval, de l'illustre maison de ce nom. La perte de son fils unique l'attacha davantage à son neveu. Vertueux et pieux lui-même, il s'étudia à ne faire des honneurs ecclésiastiques, pour le jeune néophyte, que le prix de la piété et de la vertu.

L'ardente imagination du lévite devait naturellement le porter à l'héroïsme de sa profession. Il forma la résolution de passer les mers, de s'enrôler parmi les missionnaires qui allaient convertir le Canada au christianisme, et de se consacrer, comme les premiers apôtres de l'Évangile, à la poursuite des âmes parmi les idolâtres, dans les forêts du nouveau monde. L'image de ces Thébaïdes modernes l'attirait par ses ressemblances avec les austérités et les apostolats antiques. Sa belle imagination devait avoir, dès sa jeunesse et pendant toute sa vie, sa part dans ses rêves et même dans sa vertu. Ainsi celui qui était destiné à civiliser des cours et à élever des rois n'aspirait qu'à civiliser des sauvages dans la solitude du désert. Le directeur du séminaire de Saint-Sulpice, homme sage et prudent, avertit le marquis Antoine de Fénelon de la résolution de son élève. L'oncle gourmanda tendrement son neveu sur une fausse vocation qui éteindrait, dans les forêts d'Amérique, un flambeau allumé par Dieu pour éclairer un grand siècle. Fénelon résista ; sa famille persista. On l'envoya chez un autre de ses oncles, évêque à Sarlat, qui lui défendit, au nom du ciel, de poursuivre ce dessein téméraire, et qui le fit rentrer au séminaire de Saint-Sulpice pour y consommer son sacrifice et pour y revêtir le caractère sacerdotal. Le jeune homme obéit, devint prêtre, resta à Paris, et fut employé, pendant trois ans, à expliquer les mystères aux enfants du peuple, les jours de fête et les dimanches, dans la sacristie de l'église de Saint-Sulpice.

L'évêque de Sarlat, son oncle, l'appela de ces humbles fonctions dans son diocèse, pour le faire nommer représentant du clergé de la province à l'assemblée générale du clergé. La jeunesse de Fénelon fit échouer l'ambition de son oncle : un autre ecclésiastique de haute naissance obtint les suffrages. Fénelon reprit à Sarlat sa passion d'apostolat lointain et poétique pour la conversion des peuples.

« Je médite, écrit-il alors, un grand voyage. La Grèce s'ouvre devant mes pas ; l'islamisme recule ; le Péloponèse redevient libre ; l'Église de Corinthe refleurit, la voix de l'Apôtre s'y fait encore entendre. Je me vois transporté dans ces belles contrées et parmi ces ruines sacrées pour y recueillir, avec les plus curieux monuments, l'esprit même de l'antiquité. Je visite cet *aréopage* où saint Paul annonça aux sages du monde le Dieu inconnu ; mais le profane vient après le sacré, et je ne dédaigne pas de descendre au Pirée, où Socrate fit le plan de sa république. Je ne t'oublierai pas, ô île consacrée par les visions du disciple bien-aimé ! Heureuse Pathmos ! j'irai baiser ta terre sur les pas de saint Jean, et je croirai, comme lui, voir les cieux ouverts ! Je vois déjà le schisme qui tombe, l'Orient et l'Occident qui se réunissent, et l'Asie qui voit renaître le jour, après une si longue nuit ! »

Cette lettre écrite à Bossuet, jeune aussi alors, son ami à ce commencement de la vie, son antagoniste à la fin, ne fut qu'une confidence sans réalisation. L'évêque de Sarlat, qui avait consenti par lassitude, inclina l'esprit de son neveu d'un autre côté par des sollicitations indirectes. Fénelon, rappelé à Paris par l'archevêque M. de Harlay, fut nommé, malgré sa jeunesse, supérieur des nouvelles converties au catholicisme, dont les persécutions de Louis XIV avaient multiplié le nombre à Paris. Il n'avait que vingt-sept ans. La sévérité de ses mœurs, l'ardeur de sa foi, la splendeur de sa parole, le sens droit et mûr de son esprit, suppléaient déjà en lui l'autorité de l'âge. Logé dans l'abbaye de Saint-Germain des Prés, chez son oncle, le marquis Antoine de Fénelon, qui s'y était retiré à l'ombre du cloître ; dirigé par l'expérience du supérieur de Saint-Sulpice, M. Tronson ; encouragé par Bossuet, son émule et son ami ; vivant dans la société austère du duc de Beauvilliers et des familiers les plus rigides de Louis XIV ; recherché par l'archevêque de Paris, M. de Harlay, qui voyait dans ce jeune prêtre un ornement de son diocèse, Fénelon gouverna cet ordre de femmes de son administration et de sa parole avec une sagesse prématurée. Il pouvait aspirer, sous les auspices de M. de Harlay, aux plus hautes et aux plus soudaines dignités de l'Église ; il leur préféra l'amitié stérile alors de Bossuet, évêque de Meaux, la plus haute science et la plus haute éloquence de l'Église. Il se fit le disciple de Bossuet, au lieu de se faire le favori de M. de Harlay, renonçant à la faveur pour s'attacher à la gloire. M. de Harlay, jaloux de Bossuet, ressentit cette négligence du jeune prêtre.

« Monsieur l'abbé, lui dit-il un jour en se plaignant de son peu d'empressement à lui complaire, vous voulez être oublié, vous le serez! »

Il fut oublié, en effet, dans la distribution des faveurs de l'Église. Son oncle, l'évêque de Sarlat, fut obligé, pour soutenir son neveu à Paris, de lui résigner le petit prieuré de Carénac, dépendant de son évêché. Ce revenu de trois mille francs, suffisant à peine aux nécessités d'une vie ascétique, fut la seule fortune de Fénelon jusqu'à l'âge de quarante-deux ans. Il passa quelques semaines dans ce prieuré champêtre; il distribua aux indigents de la contrée tout ce qu'il put retrancher de ce modique revenu à ses besoins les plus restreints. Il y composa des vers où le sentiment de la solitude qui porte à Dieu se mêle au sentiment de Dieu qui remplit la solitude. Comme la plupart des grands esprits de tous les siècles, Solon, César, Cicéron, Montesquieu, Jean-Jacques Rousseau, Chateaubriand, il commença par chanter avant de penser. La musique des vers précède, dans l'homme, l'éloquence, parce que l'émotion de l'âme précède en lui la vigueur du raisonnement. Les vers de Fénelon avaient la mollesse et la grâce de la jeunesse; ils n'avaient pas la virilité de l'âme véritablement poétique qui surmonte du premier coup les difficultés du rhythme, et qui crée du même jet le sentiment, le mot et le vers. Il le sentit lui-même; il laissa, après quelques essais, les vers à Racine, ce Virgile français; il se résigna à la prose, instrument moins laborieux, moins parfait, mais plus complaisant de la pensée, et il ne cessa pas d'être le plus poétique génie de son temps.

Il reprit et poursuivit pendant dix ans, à Paris, la direction de l'établissement qui lui était confié, mûrissant dans l'ombre un talent et une vertu qui devaient éclater bientôt. Il s'exerçait à parler et à écrire sur des choses saintes. Il composait, pour la duchesse de Beauvilliers, mère d'une jeune et nombreuse famille, un traité de l'éducation des filles. Ce livre, bien supérieur à l'*Émile* de Jean-Jacques Rousseau, n'est point l'utopie, mais la pratique raisonnée d'une éducation domestique pour l'époque où Fénelon écrivait. On y sent le tact parfait d'un homme qui n'écrit pas pour être lu, mais pour profiter aux familles. Il entremêlait à ces travaux et à ces devoirs de sa profession des correspondances intimes pleines d'onction sainte et d'enjouement chaste avec ses amis. Il en avait déjà un grand nombre; le plus cher et le plus assidu de tous était le jeune abbé de Langeron, digne d'avoir associé sa mémoire à celle de Fénelon. Bossuet était pour lui plus qu'un ami, c'était un maître, mais un maître chéri autant qu'admiré. Ce grand homme, alors dans toute sa force et dans toute son autorité, qui croissait avec ses années, possédait non loin de Paris, à Germigny, une maison de campagne, délassement et délices de ses travaux.

Fénelon, l'abbé Fleury, l'abbé Langeron, l'élite de l'Église et de la littérature sacrée, suivaient Bossuet dans cette retraite; ils partageaient ses loisirs sévères; ils recevaient les confidences de ses sermons, de ses oraisons funèbres, de ses traités de polémique; ils lui soumettaient leurs essais; ils s'enrichissaient de ses entretiens familiers, dans lesquels cet homme de premier mouvement était plus sublime encore que dans sa chaire, parce qu'il était plus naturel. Une telle société d'intelligences mûrissait les pensées, agrandissait les vues, polissait le style, cimentait les cœurs. Germigny était un Tibur français, de génie, de philosophie et de sainteté, supérieur par les hommes et par les choses au Tibur de Rome. Ce furent les plus heureuses années de Fénelon ; il jouissait de ses amis et de lui-même. Son éclat, renfermé dans cette retraite, ne lui attirait encore ni la renommée ni l'envie du monde. Il avait placé sa gloire dans la gloire de Bossuet, son ambition dans l'amitié de ces hommes supérieurs. Son propre génie lui était d'autant plus doux qu'il était encore une confidence. Il était loin de soupçonner que les foudres sortiraient bientôt pour lui de ce cénacle où il ne respirait que la paix, la modestie et le bonheur.

Les guerres de religion étaient à peine amorties en France. La révocation de l'édit de Nantes venait de frapper la liberté de conscience en rompant le traité de paix entre les religions, promulgué par Henri IV. Trois cent mille familles étaient expulsées, dépouillées, privées de leurs enfants, des milliers d'autres familles dans les provinces protestantes étaient contraintes, moitié par la persuasion commandée, moitié par la violence imposée, à désavouer la religion de leurs pères et à professer la religion du roi. Bossuet approuvait ces croisades intérieures contre la *Réforme*. Le but légitimait à ses yeux et sanctifiait même les moyens. Des missionnaires, appuyés de troupes et de geôliers, parcouraient les provinces, imposant la foi, convertissant les faibles, fortifiant les douteux, sévissant contre les obstinés. Les parties du royaume où le protestantisme avait laissé le plus de racines n'étaient qu'un vaste champ de bataille après la victoire, où des *commissions* ecclésiastiques ambulantes, armées à la fois de la parole et du glaive, ramenaient tout par le zèle, par la séduction ou par la terreur à l'unité de foi. C'était l'œuvre que Louis XIV vieilli et fanatisé de lui-même s'était imposée pour s'assurer le ciel en offrant à l'Église une immense dépouille d'âmes contraintes ou persuadées par son autorité.

Bossuet était le ministre intime de cet empire absolu sur les consciences. Réunissant en lui le double caractère de prêtre controversiste et d'homme d'État, il servait avec l'ardeur de son caractère et de sa foi l'Église par le roi, le roi par l'Église. Son ambition élevée, qu'il se dissimulait à lui-même sous la sainteté du zèle, lui faisait tenir une balance égale entre les exigences de la cour de Rome et l'orgueil de Louis XIV. Ménageant habilement la faveur alternative des deux puissances qui se servaient en se redoutant, il conquérait par la main du roi la France protestante au catholicisme, mais il revendiquait pour le roi, dans ce catholicisme français, des attributions temporelles et des libertés voisines de la révolte et qui touchaient au schisme. Serviteur ardent mais superbe, Bossuet s'imposait ainsi à Rome par ses services à l'Église, à Versailles par son ascendant à Rome, au monde par la sublimité de son génie. Sans avoir le titre, il avait l'omnipotence de patriarche en France. La cour le craignait et le vénérait. Madame de Maintenon, sans satisfaire l'ambition de Bossuet, qui aspirait à l'archevêché de Paris et au cardinalat, mais qui, du haut de cette position, serait devenu trop absolu et peut-être indocile, ménageait en lui l'oracle de l'Église et le conseil de conscience du roi. Bien qu'elle eût été arrachée elle-même de son berceau par la persécution à la foi réformée de sa famille, elle trempait dans cette persécution de toute son influence sur l'esprit de Louis XIV. L'autorité de Dieu et l'autorité du roi, confondues dans un seul et même pouvoir, lui paraissaient, ainsi qu'à la cour, sanctifier toutes les rigueurs de cette conversion en masse. Une persécution dont deux siècles n'ont pu effacer l'effroi dans la mémoire de ces provinces consternait une partie du Languedoc et le Vivarais. L'excès des sévices criait vengeance. Ce cri des victimes commençait à importuner la cour; on voulait l'apaiser, non par des libertés rendues à la conscience des peuples, mais par des ministres plus insinuants et plus humains.

Bossuet jeta les yeux sur Fénelon. Nul homme n'était plus propre à relever des âmes abattues sous la crainte, à faire paraître léger et volontaire le joug imposé, à porter pour ainsi dire l'amnistie des consciences dans les provinces où la persécution et la prédication s'étaient jusque-là décréditées l'une par l'autre. Fénelon, présenté pour la première fois par Bossuet à Louis XIV, ne demanda pour toute grâce au roi que de désarmer la religion de toute force coercitive, de laisser respirer les protestants de la terreur qui glaçait les âmes, d'éloigner les troupes des provinces qu'il allait visiter, et de laisser la parole, la charité et la grâce opérer seules sur les convictions qu'il voulait éclairer, et non dompter. Louis XIV, qui touchait au but, ne disputa pas sur les moyens. Il fut charmé de l'extérieur, de la modestie, de l'éloquence naturelle du jeune prêtre; il lui confia les missions du Poitou. Fénelon s'adjoignit pour cette œuvre ses amis l'abbé de Langeron et l'abbé Fleury, animés de son propre esprit. Sa présence, sa mansuétude, sa prédication dans ces contrées, pacifièrent les esprits. Il obtint des abjurations libres. Il ne trompa ni le roi ni Bossuet sur la sincérité des abjurations contraintes qui avaient, avant lui, imposé une foi politique à ces provinces. Il revendiqua avec courage les droits et la dignité des convictions, dans sa correspondance avec la cour. Accusé, par les agents de la persécution, d'une indulgence qui laissait couver la liberté des croyances sous ses pas, « Si l'on veut, écrivit-il à Bossuet, leur faire abjurer le christianisme et leur faire adopter le Coran, il n'y a qu'à leur renvoyer les dragons. » Un tel langage, tenu à Bossuet lui-même par un jeune ministre du clergé qui aspirait aux dignités de son ordre, devançait de deux siècles son temps.

« Continuez à faire venir des blés, écrit-il ailleurs aux

ministres du roi, c'est la controverse la plus persuasive pour eux... Les peuples ne se gagnent que par la parole... Il faut leur trouver autant de douceurs à rester dans le royaume que de périls à en sortir. »

Cependant on retrouve avec douleur dans d'autres lettres de Fénelon à Bossuet sur ces abjurations quelques traces de timides concessions au zèle impitoyable de ce pontife, et quelques complaisances pour la réduction des peuples à Dieu par l'autorité du prince. Nul homme n'échappe complétement aux idées dominantes, surtout quand cet homme est enrôlé dans un des corps qui entraînent ceux qui leur appartiennent dans les opinions ou dans les passions d'une époque.

A son retour du Poitou, Fénelon fut désigné au roi par le duc de Beauvilliers et par madame de Maintenon pour précepteur du duc de Bourgogne, son petit-fils. Le duc de Beauvilliers était gouverneur du jeune prince héritier du trône. Ce choix honorait le gouverneur, madame de Maintenon et le roi. Fénelon semblait avoir été prédestiné par la nature à ces fonctions : son âme était royale, il n'avait qu'à la faire passer par les leçons dans l'enfant destiné au trône, pour en faire un roi accompli, *pasteur des peuples*, dans l'antique acception de ce titre. Il n'avait point brigué cette élévation. La fortune l'avait découvert d'elle-même dans le demi-jour où il s'enfermait. Ses amis se réjouirent pour lui, s'affligèrent pour eux. La cour allait leur dérober son intimité. Bossuet, en apprenant cette nomination, sur laquelle il avait été certainement consulté, répandit sa joie dans une lettre de quelques lignes à madame de Montmorency-Laval, cousine et amie de Fénelon.

« Hier, madame, écrit-il, j'étais tout occupé du bonheur de l'Église et de l'État. Aujourd'hui, j'ai le loisir de réfléchir avec plus d'attention à votre bonheur, il m'en a causé un très-sensible. Votre père (le marquis Antoine de Fénelon), un ami de si grande vertu et si cordial, m'est revenu dans l'esprit. Je me suis représenté comme il serait à cette occasion, et à un si grand éclat d'un mérite *qui se cachait avec tant de soin.* Enfin, madame, nous ne perdons pas notre ami, vous pourrez en jouir; et moi, quoique éloigné de Paris par mes fonctions, je m'échapperai quelquefois pour aller l'embrasser. »

On sent dans ce billet tout un homme : la joie sans envie d'un maître qui se sent grandir dans son disciple; le souvenir d'une antique amitié avec le chef de la race qui remonte au cœur, et qui voudrait rouvrir le tombeau pour féliciter les morts; enfin, la tendresse virile du père qui aura besoin dans sa vieillesse de revoir quelquefois son fils. Bossuet avait le cœur quelquefois endurci par la polémique et enflé par l'autorité du pontife; mais il avait le cœur pathétique. Sans cette sensibilité, il aurait été rhéteur, comment aurait-il été éloquent? D'où lui seraient venus ces accents qui fendent l'âme et qui arrachent des cris et des pleurs?

L'autre ami de Fénelon, l'abbé Tronson, le directeur de Saint-Sulpice et le confident de son âme, lui écrivit une lettre de félicitation inquiète et tendre, où la crainte se mêlait à la joie :

« On vous ouvre la porte des grandeurs terrestres, lui dit ce saint homme, mais vous devez craindre qu'on ne vous la ferme aux solides grandeurs du ciel... Vos amis vous rassureront, sans doute, sur ce que vous n'avez pas recherché votre emploi, et c'est assurément un grand sujet de consolation; mais il ne faut pas trop vous y appuyer. On a souvent plus de part à son élévation qu'on ne pense. A son insu, on ne manque guère de lever les obstacles. On ne sollicite pas les personnes qui peuvent nous servir, mais on n'est pas fâché de se montrer à elles par les beaux côtés; et c'est justement à ces petites découvertes humaines, par lesquelles on trahit son mérite, qu'on peut attribuer les commencements de son élévation. Ainsi nul ne peut être certain de ne pas s'être appelé lui-même. »

On voit que le scrupuleux directeur de la conscience connaissait les secrets de l'âme de son disciple, et le prémunissait contre cette ambition par le don et la volonté de plaire qui était à la fois le charme et le danger de Fénelon.

L'amitié eut la première pensée de Fénelon après son élévation. Il fit nommer l'abbé Fleury sous-précepteur et l'abbé de Langeron lecteur du jeune prince. Un autre de ses amis, qui était en même temps son neveu, l'abbé de Beaumont, fut associé comme sous-précepteur à l'abbé Fleury. Fénelon renferma ainsi tout son cœur dans son emploi. Il entoura son élève d'une même âme sous des noms divers. Le duc de Beauvilliers, qu'il avait séduit le premier, et de qui tout dépendait, lui livra l'éducation entière, et ne se réserva que la dignité de ses fonctions.

Elles étaient aussi délicates par les ménagements qu'exigeait l'état de la cour, qu'importantes par la destinée de l'enfant, dans lequel on confiait à Fénelon la destinée future d'un peuple.

Il est difficile aujourd'hui, à la distance où nous sommes, et après tant de révolutions de trônes et de mœurs qui ont agrandi pour nous la distance, de bien comprendre la cour de Louis XIV. C'était une espèce d'Olympe monarchique et chrétien, dont Louis XIV était le Jupiter; des dieux et des déesses inférieurs, divinisés par l'adulation des grands et par la superstition des peuples, s'y mouvaient sous lui. Leurs vertus étaient exaltées, leurs vices même étalés avec une audace de supériorité qui semblait mettre entre le peuple et le trône la différence d'une morale des dieux à la morale des hommes. Louis XIV s'était fait accepter comme une exception à tout, même à l'humanité. On ne jugeait pas le roi comme on jugeait le reste des créatures : il semblait avoir sa conscience, sa vertu, son Dieu, à part des autres mortels. Ce fut un moment unique dans l'histoire de la grandeur des cours, et de l'enivrement des courtisans, et de la prosternation des peuples.

Cette majesté du trône venait moins encore de celui qui régnait que des événements qui avaient amené son règne. La royauté complète et absolue était mûre pour cette époque; Louis XIV en cueillait le fruit. Deux grands ministres, Richelieu et Mazarin, venaient, l'un, de préparer la tyrannie en abattant la noblesse libre; l'autre, de préparer la paix et l'obéissance en adoucissant le joug sur le peuple esclave, en captant les parlements, en amnistiant les factions, en séduisant la cour, en corrompant les princes, et en remettant, à force de *machiavélisme doux*, la France vaincue, achetée, pardonnée et lasse, entre les mains d'un enfant. L'énergique et dure volonté du Gaulois dans Richelieu, le génie grec et italien dans Mazarin, semblaient s'être ainsi succédé et concertés pour façonner le royaume à la servitude et à la paix.

Tout le règne de Louis XIV est dans ces deux hommes, l'un la terreur, l'autre l'attrait de la royauté. On a apprécié et peut-être flatté Richelieu; on n'a pas encore mis Mazarin à sa hauteur dans l'histoire, Machiavel sans crime de la monarchie française. Louis XIV, après sa mort, n'eut rien à conquérir en autorité et en respect, il n'eut qu'à régner.

Grâce à ces deux précurseurs, il n'eut pas besoin d'être un grand homme pour être un grand roi. Il lui suffisait d'avoir un cœur élevé et un esprit juste; il eut l'un et l'autre. Ce qui éclairait son esprit, ce n'était pas le génie, c'était le bon sens. Ce qui élevait son cœur, ce n'était pas la grandeur d'âme, c'était l'orgueil. Mazarin lui avait appris à mépriser les hommes et à croire au caractère divin de son pouvoir; il y croyait, c'était sa force. Son idolâtrie envers lui-même servait d'exemple à l'idolâtrie qu'il commandait et qu'il respirait dans sa cour. Il avait appris de plus, de ce premier ministre, le plus pénétrant des hommes d'État, à bien discerner la valeur des hommes. Bien régner, pour Louis XIV, ce n'était qu'être bien servi. Il se trompait rarement sur le mérite de ses serviteurs. Son royaume n'était que sa maison, ses ministres n'étaient que ses domestiques, l'État que sa famille, son gouvernement n'était que son caractère.

Ce caractère de Louis XIV, orné seulement à l'extérieur d'un reste de chevalerie des Valois, qui décorait en lui l'égoïsme, et dans sa cour la servitude, n'avait de grand que la personnalité. Il pensait à lui, il était né maître, il commandait bien, il était poli dans la forme, sûr dans les relations politiques, fidèle à ses serviteurs, sensible au mérite, aimant à absorber dans ce qu'il appelait sa gloire les grandes renommées, les grandes vertus et les grands talents. Les longs troubles apaisés, les guerres civiles éteintes, la paix renaissante, la langue formée, la nature plus féconde après les orages, faisaient de la date de son règne la date du génie de la France dans les lettres, dans les arts; il profitait, en homme heureux et digne de son bonheur, de ce bénéfice des temps, il l'accroissait en l'encourageant par ses munificences et par sa familiarité, il accueillait bien tout homme de génie comme un sujet de plus.

Quant à la religion, il en avait deux : une toute politique, qui consistait à remplir littéralement, et au besoin par la violence, son rôle de roi très-chrétien, fils et licteur couronné de l'Église. L'autre, toute privée, héritée de sa mère, imitée de l'Espagne, scrupuleuse de conscience, littérale de pratiques, superstitieuse de foi. Cette piété-là n'avait eu, jusqu'à son âge mûr, que peu d'influence sur sa vie. Elle n'avait ni véritable élévation, ni indépendance d'âme, ni grande vue de Dieu. C'était plutôt la piété d'un esclave qui tremble que celle d'un roi qui prie. Il l'accommodait à toutes ses passions, il la profanait par toutes ses faiblesses. Porté à l'amour par ses sens plus que par son âme, il avait multiplié les scandales. Ses attachements cependant n'avaient jamais été des libertinages ; une certaine sincérité d'entraînement et une certaine constance d'attachement les relevaient un peu. Ce n'était pas le vice, c'était la passion. Mais cette passion, tout orientale, était celle d'un sultan pour sa favorite plutôt que celle d'un amant pour son idole. Il l'encensait, il l'adorait, il la faisait adorer à sa cour, à son armée, à son peuple, puis il la brisait pour en élever une autre. Il avait promené ainsi sa femme entourée de ses maîtresses, ne se croyant jamais assez adoré si l'on n'adorait pas ses faiblesses. La maturité venue, et les remords prévalant enfin sur les passions, il avait cherché à concilier son besoin de favorite avec sa dévotion. Une femme créée exprès pour ce rôle par la nature et par l'art s'était offerte à ses yeux. Il l'avait attendue et cultivée longtemps sans pouvoir la conquérir autrement qu'en l'épousant. Cette femme était madame de Maintenon.

Madame de Maintenon régnait depuis plusieurs années au moment où Fénelon fut appelé à la cour. Sa destinée était moins un jeu du hasard qu'un chef-d'œuvre de calcul. A ce titre, les femmes vertueuses mais insinuantes, qui se font de la considération même un moyen d'intrigue, en ont fait la sainte et la patronne de l'ambition. Les hommes n'ont pas de sympathie pour elle, car la passion ne fut pour rien dans sa capitulation avec le roi ; et si elle négocia si longtemps, ce fut pour se rendre à plus haut prix aux désirs de celui qu'elle n'aima jamais.

Née d'une race persécutée et dépouillée pour son attachement au protestantisme, ramenée enfant des colonies par une parente sans asile, s'embellissant avec les années de tous les charmes qui exposent une jeune fille à des séductions précoces, inspirant à ceux qui la voyaient une admiration redoublée par le malheur, élevée dans des relations de société équivoques, vivant dans une sorte de familiarité domestique avec la plus célèbre courtisane du temps, Ninon de Lenclos, épousée ensuite par un vieillard infirme et burlesque, le poëte Scarron, sa beauté chaste et mélancolique, en contraste avec l'âge et l'humeur de son mari, son indigence noblement soufferte, sa conduite mesurée et irréprochable au milieu de la licence et de la séduction qui l'entouraient, les grâces sévères de son esprit, cultivées dans l'ombre, une piété enjouée mais sincère, servant à la fois de sauvegarde à sa jeunesse et de base à sa considération, avaient attiré sur elle l'attention du monde qui venait se délasser de la cour chez le Diogène du temps. Bientôt veuve de Scarron, elle avait dérobé son veuvage aux mauvaises interprétations du monde dans un couvent. Obligée de mendier la modique pension de survivance de son mari, elle s'était rapprochée de la cour et y avait formé des liaisons. Une occasion s'était offerte. On cherchait une confidente sûre et dévouée à qui l'on pût confier le duc du Maine, enfant valétudinaire de madame de Montespan. La jeune veuve, présentée à cette favorite, l'avait fascinée. Elle avait reçu du roi et de sa maîtresse le jeune prince, et l'avait conduit aux eaux des Pyrénées pour rétablir sa santé et pour commencer son éducation. La correspondance obligée qu'elle entretenait de là avec madame de Montespan et le roi avait dissipé une certaine prévention de Louis XIV contre elle, puis lui avait conquis sa confiance et son intérêt. Nulle femme de son temps, et peut-être d'aucun temps, n'écrivit d'un style plus simple, plus flexible et plus viril à la fois. Sa plume avait la solidité de sa raison et l'habileté de son âme. Le bon sens, la clarté et la force étaient ses muses. C'étaient les qualités qui convenaient le plus à l'esprit sévère mais précis de Louis XIV; c'étaient celles aussi que la favorite craignait le moins dans une confidente. La supériorité de son imagination, l'éclair, la saillie, la passion, l'éblouissement continu de sa conversation, l'assuraient contre toute rivalité. Elle avait le génie de la séduction, elle ne redoutait rien d'une simple estime.

Ce fut à l'abri de cette modestie d'esprit et de cette humilité du rôle de confidente, que la veuve s'insinua de plus en plus dans l'amitié de la favorite, dans la familiarité du roi. Ce rôle, dans une liaison qui scandalisait l'Europe, demandait à la vertu de la confidente des accommodements suspects avec le rigorisme de sa piété ; mais nous avons déjà dit que le roi faisait alors exception à la morale. La nouvelle amie de madame de Montespan et du roi satisfaisait à ses scrupules en blâmant avec douceur, en paroles, un commerce coupable qu'elle acceptait en action. Sa complaisance n'allait jamais jusqu'à l'approbation ou à la complicité, et dans les entretiens que sa charge et sa résidence chez la favorite lui donnaient occasion d'avoir sans cesse avec le roi, elle lui reprochait ses faiblesses et l'encourageait au repentir. Sa beauté mûrie, mais conservée dans tout son attrait par la froideur de son âme, convertissait le roi au moins autant que ses sévérités de langage. Il se demandait, libre alors par la mort de la reine, si un attachement calme, consacré et vertueux avec une femme à la fois si séduisante et si solide ne serait pas un bonheur de l'âme et des sens, supérieur en félicité comme en vertu aux voluptés amères de ses désordres. L'attrait s'accroissait à chaque entretien. La jalousie de madame de Montespan le redoublait par ses reproches impatiemment supportés. Elle commençait à accuser d'ingratitude et de trahison domestique une amie qu'elle avait tirée, disait-elle, de l'abjection, et qui ne s'était introduite dans son intimité que pour suborner le cœur du roi par des séductions pieuses, et pour prendre dans la couche du monarque la place d'Esther, d'où elle la précipitait dans l'opprobre. Ces désespoirs de l'amour rassasié et ces reproches d'ingratitude étaient trop motivés. Avant peu d'années, madame de Montespan disgraciée traînait ses regrets dans l'exil, et la veuve de Scarron était reine. Cependant la dignité du trône et l'orgueil du roi, supérieurs encore à sa dévotion, l'avaient empêché de proclamer son asservissement à cette nouvelle épouse; il s'était contenté de satisfaire à l'Église, en faisant bénir la nuit son mariage par l'archevêque de Paris, en présence de quelques courtisans affidés. L'union était secrète, la cohabitation était publique. Madame de Maintenon occupait aux yeux des peuples le rôle équivoque de favorite vénérée du roi. La famille royale, la cour, les ministres, l'Église, le roi lui-même, lui étaient asservis. Favorite, épouse, arbitre de l'Église, oracle du conseil, elle était à la fois le Richelieu et le Mazarin de la vieillesse du roi. Son habile humilité assurait son empire en enlevant au roi toute jalousie d'autorité; il ne redoutait point dans sa femme une rivale. Elle se faisait arracher par lui ses conseils, qui devenaient bientôt la volonté de Louis XIV. C'était une royauté qui avait épousé son premier ministre.

La dévotion, qui, en succédant à l'amour, avait été le nœud de cette union, la perpétuait. La cour, inspirée par une femme pieuse, gouvernée par un roi inquiet de son salut, dominée par des évêques sévères comme Bossuet, gourmandée par des confesseurs tantôt terribles comme Letellier, tantôt doux comme Lachaise, travaillée par des factions contraires où l'ambition se mêlait au mysticisme, ressemblait à un synode plus qu'à un gouvernement. Versailles rappelait parfois alors ce palais des Blakernes, à Byzance, sous les empereurs grecs du Bas-Empire, où les querelles métaphysiques déchiraient la cour et le peuple, et laissaient approcher de Constantinople la décadence et les légions des conquérants.

Le roi avait un fils, *Monseigneur*, prince élevé par Bossuet et par Montausier; doué d'intelligence et de bravoure par la nature, mais que la jalousie orientale du roi avait écarté des camps aussitôt qu'il y avait montré de l'aptitude, il vivait relégué à Meudon avec une favorite et presque indigent. Ce fils avait fini par accepter cette situation subalterne et obscure pour ne pas porter à Louis XIV l'ombrage impardonnable d'un héritier du trône. Le roi tremblait moins devant la mort que devant l'idée de ne plus régner un jour. Le duc de Bourgogne, que Fénelon était appelé à élever, était le fils de Monseigneur, petit-fils ainsi du roi. Mais le roi, selon l'habitude des aïeux, préférait ce petit-fils à son propre fils, parce que ses années n'étaient point encore une menace, et qu'il y avait plus de distance entre son propre règne et le règne éloigné d'un enfant.

Les courtisans se groupaient autour de ces différentes branches de la famille royale, mais le plus grand nombre autour du roi, et tous autour de madame de Maintenon.

Telle était la cour de Louis XIV à l'avénement de Fénelon aux fonctions de précepteur du duc de Bourgogne.

Cet enfant, par son caractère, donnait autant à redouter qu'à espérer de sa nature. « Il était né terrible, dit Saint-Simon, le Tacite inculte mais expressif de cette fin de règne; ses premières années faisaient trembler : dur, colère jusqu'aux emportements contre les choses inanimées, incapable de souffrir la moindre contradiction, même des heures et des éléments, sans entrer dans des fougues à faire craindre que tout ne se rompît dans son corps, c'est de quoi j'ai été souvent témoin; opiniâtre à l'excès, passionné pour tous les plaisirs, la bonne chère, la chasse avec fureur, la musique avec une sorte de délire, le jeu encore, où il ne pouvait supporter d'être vaincu, et où le danger avec lui était extrême; enfin, livré à toutes les passions et transporté à tous les plaisirs. Souvent farouche, naturellement porté à la cruauté, barbare en raillerie, saisissant le ridicule avec une justesse qni écrasait. De la hauteur des cieux il ne regardait les hommes que comme des atomes, avec qui il n'avait aucune ressemblance, quels qu'ils fussent. L'esprit, la pénétration, brillaient en lui de toute part, jusque dans ses violences; ses reparties étonnaient, ses réponses tendaient toujours au juste et au profond; il se jouait des connaissances les plus abstraites; l'étendue et la vivacité de son esprit étaient prodigieuses et l'empêchaient de se fixer sur une seule chose à la fois, jusqu'à le rendre incapable d'études. De cet abîme sortit un prince, etc. » Ce prince était l'enfant qu'on donnait à transformer à Fénelon.

Le roi, madame de Maintenon et le duc de Beauvilliers avaient été admirablement servis par le hasard ou par le discernement en rencontrant et en choisissant un tel maître pour un tel disciple. Fénelon avait reçu de la nature les deux dons les plus nécessaires à ceux qui enseignent : le don d'imposer et le don de plaire. Le respect et l'attrait sortaient de toute sa personne; la nature lui avait donné dans les traits la beauté de l'âme : son visage exprimait son génie, et le manifestait même dans son silence. Le pinceau, le ciseau et la plume de ses contemporains, même de ses ennemis, s'accordent dans l'image qu'ils ont retracée de Fénelon. D'Aguesseau et Saint-Simon ont été ses Van Dyck et ses Rubens. Il vit, il parle et il enchante sous leurs mains.

Sa taille était élevée, mince et flexible comme celle de Cicéron; la noblesse et la modestie composaient son attitude et réglaient sa démarche. La maigreur et la pâleur de ses traits en accusaient mieux la perfection. Il ne devait rien de sa beauté à la carnation, rien à la couleur; elle était tout entière dans la pureté et dans la suavité des contours. Beauté toute morale et tout intellectuelle. La nature, pour l'exprimer, n'avait employé que le moins de matière possible; on sentait, en le contemplant, que les éléments rares et délicats qui composaient cette figure ne donnaient presque point de prise aux brutales passions des sens, mais qu'ils n'avaient été pétris et moulés que pour rendre une intelligence active et une âme visible. Son front était élevé, ovale, rebondi vers le milieu, déprimé et palpitant vers les tempes; il était surmonté de cheveux fins d'une couleur indécise, que le souffle involontaire de l'inspiration soulevait, comme un vent léger, en boucles autour de la coiffure qui couvrait le sommet de la tête. Ses yeux, d'une limpidité liquide, empruntaient, comme l'eau, des reflets divers au jour, à l'ombre, à la pensée, à l'impression; ils étaient, disait-on, de la couleur de ses pensées. Des sourcils élevés, arrondis et minces les relevaient; des paupières longues, veinées et transparentes les recouvraient ou les dévoilaient tour à tour, en se déployant ou en se repliant avec une extrême mobilité. Son nez était aquilin, mais la proéminence légère qui accentuait seulement ce trait de son visage ne servait qu'à donner une certaine énergie d'expression à la ligne plus grecque que romaine de son profil. Sa bouche, aux lèvres presque toujours entr'ouvertes, comme un homme qui respire à cœur ouvert, avait une empreinte indécise de mélancolie et d'enjouement qui révèle la liberté d'esprit sous la gravité des pensées; elle semblait aussi prête à la prière qu'au sourire; elle aspirait à la fois le ciel et la terre; l'éloquence et la familiarité en coulaient d'avance par tous les plis. Ses joues étaient déprimées, mais sans rides, excepté aux deux coins des lèvres, où la bienveillance avait creusé l'empreinte d'un accueil habituellement gracieux. Son menton ferme et un peu proéminent donnait de la solidité virile à ce visage presque féminin. Sa voix répondait par sa sonorité douce, grave et caressante, à tous ces traits harmonieux de la figure ; le son y parlait autant que le mot. On était ému avant d'avoir compris.

« Cet extérieur, ajoute d'Aguesseau, était rendu plus imposant par une noble distinction répandue sur toute sa personne, et par je ne sais quoi de sublime dans le simple, imprimant au caractère de ses traits un certain air de prophète. Le tour nouveau, sans être recherché, qu'il donnait à ses expressions, faisait croire à ceux qui l'entendaient qu'il possédait toutes les sciences comme par inspiration; ou eût dit qu'il les avait inventées plutôt plus qu'il ne les avait apprises. Toujours neuf, toujours créateur, n'imitant personne et paraissant lui-même inimitable. Un si grand théâtre n'était pas trop pour un si grand acteur; il n'y eut aucune place que le public ne lui eût destinée, et qui ne parût au-dessous de son mérite. »

A ces dons des privilégiés de la nature, Fénelon ajoutait tous ceux que donne la volonté naturelle de plaire, sans penser ni à séduire ni à flatter. Le besoin d'être aimé, parce qu'il aimait lui-même, était sa seule flatterie et sa seule séduction; mais c'était aussi sa puissance. Cette puissance, disent ses amis, allait jusqu'à la fascination, d'autant plus irrésistible qu'elle était moins voulue en lui; cette passion de plaire n'était pas l'effort de son âme, c'était son bonheur. Attiré vers tous, il attirait, par cet *aimant* même, tous à lui. La bienveillance était tellement son essence, qu'en la ressentant il la répandait. L'attrait général qu'il inspirait aux autres n'était que la répercussion de l'attrait qu'il éprouvait lui-même pour eux. Cette inclination à plaire n'était point artifice ; elle était épanchement. Il ne la bornait pas, comme les ambitieux, à ceux auxquels il avait intérêt à complaire, et qui pouvaient servir par leur amitié son élévation ou ses desseins ; elle s'étendait à tous, sans autre distinction que la déférence en haut et la familiarité en bas ; aussi soigneux, dit Saint-Simon, d'enchanter les supérieurs et les égaux, que les subalternes : car il n'y avait pour lui, dans ce besoin d'attraction réciproque, ni grands ni petits, ni supérieurs ni subalternes ; il n'y avait que des cœurs pénétrés par le sien. Il n'en négligeait aucun, et il les enlevait tous, jusqu'à ceux des serviteurs les plus inaperçus de la domesticité du palais. Et cependant cette prodigalité d'âme n'avait rien de banal et d'uniforme dans l'expression qui en aurait vulgarisé la valeur ; elle était mesurée, distinguée et proportionnée, non en tendresse, mais en convenance, selon les rangs, les personnes, les mérites, les degrés, dans la familiarité et dans le cœur. Aux uns le respect affectueux, aux autres l'intimité pénétrante ; à ceux-ci le mot, le sourire, le simple coup d'œil. Tout était instinctivement gouverné en lui par la bienséance naturelle des sentiments, non des formules. Un tact infaillible, ce toucher de l'âme, l'empêchait, sans qu'il y pensât, de témoigner rien de trop à l'un, rien de trop peu à l'autre. Chacun était comblé, mais à sa mesure. Une grâce merveilleuse ajoutait quelque chose encore à tout le reste ; cette grâce était un présent de la nature : la naissance y surajoutait le bon goût. Né de la noblesse, élevé dans l'élite, habitué dès l'enfance à marcher sur un plan plus haut que la foule, ses manières avaient ce prix inestimable de la supériorité qui s'incline, qui élève à soi et qui flatte en aimant. Sa politesse même ne paraissait pas une attention à tous, mais une inspiration pour chacun ; elle s'étendait jusqu'à son génie. Il évitait d'en éblouir ceux que son trop d'éclat aurait pu offusquer ou humilier. Il le proportionnait, dans la conversation, à la mesure d'esprit de ses interlocuteurs, les égalant toujours, ne les dépassant jamais. Cette conversation, qui est l'éloquence de l'amitié, était surtout la sienne; elle était, selon les hommes, les heures, les sujets, grave, souple, lumineuse, sublime, enjouée, mais toujours noble, même dans la détente. Il y avait dans ses élans les plus involontaires quelque chose de doux, de tendre et de familier, destiné à se faire comprendre des plus humbles et à se faire pardonner son génie. On ne pouvait, dit encore Saint-Simon qui le redoutait, ni le quitter ni s'en défendre, ni ne pas chercher à le retrouver. Son entretien laissait dans les âmes ce que sa voix laissait dans l'oreille, ce que son visage laissait dans les yeux, une empreinte neuve, pénétrante, indélébile, qui ne s'effaçait plus de l'esprit, des sens et du cœur. Quelques hommes furent plus grands, aucun ne fut plus proportionné à l'humanité, aucun aussi ne domina plus par l'amour.

Tel était Fénelon, à quarante-deux ans, quand il parut à la cour. Il ne tarda pas à la conquérir tout entière, à l'exception des envieux, qu'aucune grâce dans la supériorité ne fléchit, et du roi, qui avait contre le génie les préventions du simple bon sens, et qui n'aimait pas qu'on regardât trop un autre homme que lui dans sa cour. Madame de Maintenon, femme véritablement supérieure en discernement toutes les fois que son goût naturel n'était pas refoulé par son ambition, ne tarda pas à reconnaître dans Fénelon l'esprit dominant de cette cour secondaire de l'héritier du trône. La piété pure, sincère et tendre de Fénelon la rassura contre son entraînement. Elle l'attira dans sa familiarité secrète; elle songea même à en faire le confident de sa conscience en le choisissant pour son directeur spirituel. Une telle confiance aurait fait régner l'âme de Fénelon sur l'âme de madame de Maintenon, qui régnait elle-même sur le roi ; l'oratoire d'une femme serait devenu l'oracle d'un siècle. On croit que la jeunesse de Fénelon et la répugnance instinctive du roi contre une supériorité trop alarmante la détournèrent de ce désir. Elle confia sa conscience à un autre, mais elle conserva à Fénelon toute sa faveur. Nul esprit dans cette cour n'était plus apte à comprendre, à admirer et à aimer Fénelon. A l'exception de Bossuet, tout était médiocre dans cette familiarité pieuse de Louis XIV et de madame de Maintenon. Fénelon n'y convenait que par sa vertu ; son esprit dépassait cet entourage. Mais nous avons dit que nul ne savait se proportionner davantage à ce qui ne s'élevait pas à sa hauteur ; son plus sublime génie était de faire oublier son génie.

Il se renferma, sous le patronage du duc de Beauvilliers et dans l'intimité du duc de Chevreuse, ses amis plus que ses supérieurs, dans la délicate fonction de sa charge. Le récit des efforts et du succès par lesquels le maître parvint à transformer le disciple appartient à la philosophie plus qu'à l'histoire. Le premier des procédés de Fénelon fut son caractère. Il parvint à persuader, parce qu'il parvint à se faire aimer ; il fut aimé, parce qu'il aima lui-même. En peu d'années, il façonna une rude nature, d'abord ingrate et laborieuse, puis facile et reconnaissante, en Germanicus de la France. Ce Germanicus, comme celui de Rome, devait être seulement montré au monde. Nous le retrouverons au bord du cercueil.

Ce fut dans les studieux loisirs de cette éducation royale, qui portait forcément l'esprit de Fénelon sur la philosophie des sociétés, qu'il composa secrètement en poëme le code moral et politique des gouvernements. Nous parlons du *Télémaque*; le *Télémaque*, c'est Fénelon tout entier pour la postérité. S'il n'eût été que le courtisan lettré et élégant de la cour secrète de madame de Maintenon, le pontife exemplaire et éloquent de Cambrai, ou l'instituteur d'un prince enlevé avant l'âge du trône, son nom serait déjà oublié. Mais il moula son âme et son génie dans un poëme impérissable. Il est immortel, son monument; c'est sa pensée, elle vit dans ce livre.

On a disserté sur l'époque précise de la composition du *Télémaque* par le poëte, et sur le mode de sa composition. On a prétendu que ce livre n'était point destiné à être un livre dans la pensée de l'écrivain; on a dit qu'il fut écrit par lui au hasard, et page par page, pour donner des sujets d'introduction grecque ou latine à son élève. L'immensité, la régularité, la continuité et la sublimité de l'œuvre, évidemment écrite d'un seul trait et soufflée par une inspiration continue, démentent ces puériles suppositions. Elles ne sont pas moins démenties par la nature des sujets que Fénelon traite dans le *Télémaque*. Comment un instituteur sensé et gardien scrupuleux de l'imagination de son élève lui aurait-il donné pour sujet d'étude l'examen des plus hautes théories de gouvernement, les fables équivoques de la mythologie ou les molles images des amours d'Eucharis? C'est calomnier le bon sens et la pudeur du poëte. Le livre, destiné en effet au jeune prince, fut évidemment écrit dans l'intention de prémunir son intelligence toute formée à l'âge d'homme contre les doctrines de la tyrannie et contre les piéges de la volupté, dont le maître lui présentait les images, pour l'armer d'avance contre les séductions du trône ou de son propre cœur. Ce qu'il y a de vrai dans ces hypothèses, c'est que l'instituteur détachait de temps en temps une page de son manuscrit, proportionnée à l'âge et aux défauts de l'enfant, et la lui faisait traduire, afin de lui présenter dans sa composition ou les maximes qu'il voulait lui inculquer, ou le portrait des vices dont il voulait le corriger par des leçons indirectes. Mais le poëme tout entier était le délassement, le trésor et le secret du poëte.

Le monde entier connaît ce poëme. Chrétien d'inspiration, il est païen de forme. Il correspond parfaitement par ce défaut d'originalité au temps et à l'homme. Fénelon, comme son livre, avait le génie païen et l'âme chrétienne. Malgré ce vice de composition, qui lui enlève ce caractère de contemporanéité et de nationalité que tout livre véritablement monumental doit porter en lui pour être le monument vivant et éternel d'une pensée non feinte, mais réelle, c'est le plus beau traité d'éducation et de politique qui existe dans les temps modernes, et ce traité a le mérite de plus d'être en même temps un poëme, c'est-à-dire d'être tout à la fois une moralité, un récit et un chant. Il vit ainsi d'une triple vie : il enseigne, il intéresse et il charme. La mélodie des vers lui manque, il est vrai. Fénelon n'avait pas assez d'énergie dans l'imagination pour exercer sur ses pensées cette pression du style qui les incruste dans le rhythme, et qui solidifie, pour ainsi dire, la parole et l'image en les jetant dans le moule des vers; mais sa prose, aussi poétique que la poésie, si elle n'a pas toute la perfection, toute la cadence et toute l'harmonie de la strophe, en a cependant le charme. C'est de la musique encore, mais une musique indécise, qui coule mollement et librement dans l'oreille. Cette poésie dure moins, mais lasse moins que celle d'Homère ou de Virgile. Si elle n'a pas l'éternité du métal, elle n'en a pas non plus le poids ; l'esprit et les sens du vulgaire la supportent avec moins d'efforts. Fénelon et Chateaubriand sont aussi poëtes par le sentiment et par l'image, c'est-à-dire par ce qui est l'essence de la poésie, que les plus grands poëtes ; seulement, ils ont parlé au lieu de chanter leur poésie.

La véritable imperfection de ce beau livre, ce n'est pas d'être écrit en prose, c'est d'être une copie de l'antiquité, au lieu d'être une création moderne. On croit lire une traduction d'Homère ou une continuation de l'*Odyssée*, par un disciple égal au maître. Les lieux, les noms, les mœurs, les personnages, les événements, les images, les fables, les dieux, les hommes, la terre, la mer et le ciel, tout est grec et païen, rien n'est français ou chrétien. C'est un jeu de l'esprit, un déguisement de l'imagination moderne, sous des fictions et sous des vêtements mythologiques. On y sent l'imitation sublime, mais l'imitation à toutes les lignes; Fénelon n'y est qu'un Homère dépaysé dans un autre peuple et dans un autre âge, chantant les fables à des générations qui n'y croient plus. Là est le vice du poëme. C'était celui du temps, qui, n'ayant pas encore poétisé ses propres croyances ni créé ses propres images, et retrouvant partout sous sa main, à la renaissance des lettres, les monuments poétiques de la Grèce, n'imaginait rien de plus beau que de calquer ces vestiges, et restait impuissant à force d'admiration.

Mais ce défaut expliqué ou excusé, l'œuvre de Fénelon n'est pas moins sublime. C'est le poëme de la piété filiale; on pourrait presque dire que c'est le poëme de toutes les vertus et de toutes les saintetés de l'homme. Le poëte suppose que le jeune Télémaque, fils d'Ulysse et de Pénélope, conduit par la Sagesse sous la forme d'un vieillard nommé Mentor, navigue sur toutes les mers de l'Orient à la recherche d'Ulysse, son père, que la colère des dieux repousse pendant dix ans de la petite île d'Ithaque, son royaume. Télémaque, pendant ce long voyage, tantôt heureux, tantôt traversé par le destin, aborde ou échoue sur mille rivages, assiste à des civilisations diverses, expliquées par son maître Mentor, court des dangers, éprouve des passions, est exposé à des piéges d'orgueil, de gloire, de volupté, en triomphe avec l'aide de cette Sagesse invisible qui le conseille et le protége, se mûrit par les années, se corrige par l'expérience, devient un prince accompli, et, voyant régner dans les contrées qu'il parcourt, tantôt de bons rois, tantôt des républiques, tantôt des tyrannies, reçoit, par l'exemple, des leçons de gouvernement qu'il appliquera ensuite à ses peuples.

Comme l'*Émile*, ce Télémaque plébéien de Jean-Jacques Rousseau, ce poëme est surtout social et politique : c'est la critique et la théorie des sociétés et des gouvernements; c'est le programme d'un règne futur dont le duc de Bourgogne était le Télémaque et dont Fénelon était le Mentor. C'est sous cet aspect principalement que ce livre a eu une immense influence sur le genre humain, que Fénelon a été, non pas seulement un poëte, mais un législateur politique, un Solon moderne, une date vivante dans cette transformation des sociétés qui travaille le monde depuis l'apparition de son poëme; en sorte qu'on peut dire sans fiction et sans exagération que tout le bien et tout le mal, tout le vrai et tout le faux, tout le réel et tout le chimérique dans la grande révolution européenne d'idées et d'institutions, dont nous sommes les instruments, les spectateurs et les victimes depuis un siècle, a coulé de ce livre, comme de l'urne des biens et des maux. Le *Télémaque* est à la fois la grande *révélation* et la grande *utopie* des sociétés. Quand on remonte avec attention, chaînon par chaînon, des tribuns les plus fanatisés de la Convention aux Girondins, des Girondins à Mirabeau, de Mirabeau à Bernardin de Saint-Pierre, de Bernardin de Saint-Pierre à Jean-Jacques Rousseau, de Jean-Jacques Rousseau à Turgot, de Turgot à Vauban, de Vauban au précepteur du duc de Bourgogne, on trouve pour premier des révolutionnaires, pour premier tribun des peuples, pour premier réformateur des rois, pour premier apôtre de la liberté, Fénelon ; on trouve pour évangile des vérités et des erreurs de la révolution moderne, *Télémaque*. Or Fénelon, en politique, était à la fois vertueux et chimérique. De là les sommets et les précipices sur lesquels cette révolution s'élève, ou dans lesquels elle trébuche tour à tour dans l'application ; tout ce qui est principe est admirable dans le *Télémaque*, tout ce qui est gouvernement est absurde. La transformation politique du monde avait, dans Fénelon, son prophète, elle devait attendre pendant un siècle son homme d'État. Le bon sens de Louis XIV, aiguisé par la pratique du gouvernement, lui arrachait le mot vrai sur ce livre et sur l'homme : « Fénelon est l'homme le plus chimérique de mon royaume. »

Toutes ses maximes générales, saines en spéculation, ont été converties en institutions depuis, et bien souvent ruinées dans la pratique par la défectuosité des choses humaines. Les peuples régis par leur propre sagesse, les républiques patriciennes et plébéiennes, les royautés tempérées par le pouvoir sacerdotal ou par le pouvoir populaire, le gouvernement représentatif, les états généraux de la nation rassemblés périodiquement tous les trois ans, les administrations et les assemblées provinciales, l'élection et la déposition des princes, la souveraineté du peuple en action, la suppression de l'hérédité du trône et des magistratures, la liberté de conscience, la paix perpétuelle entre les peuples, la fraternité et l'égalité entre les citoyens, la suppression de la richesse de quelques-uns au profit prétendu de l'aisance de tous, l'arbitraire de l'État dans la fortune des sujets, la répartition des terres et des professions par le gouvernement, l'éducation publique égale et forcée pour tous les enfants de la patrie, la communauté des biens, la condamnation du luxe, les lois somptuaires sur les maisons, les logements, les aliments, les métiers élémentaires tels que l'agriculture ou le soin des troupeaux favorisés violemment par l'interdiction du luxe et des arts, le *maximum* de prix ou de consommation sur les denrées, l'économie politique tour à tour la plus juste et la plus fausse, vérité, erreur, utopies, inconséquences, contradictions, illusions, possible, impossible, grandes vues, courtes vues, rêve, vague, aspirations sans point de départ, sans but et sans moyen d'exécution : tout fait de la politique du *Télémaque* une sorte de pastorale des gouvernements. Tout s'y mêle ; on croit nager dans l'océan des imaginations humaines sans boussole pour se diriger, sans pôle pour y tendre, sans rivage pour aborder. C'est, après le *Contrat social* de Jean-Jacques Rousseau et l'*Utopie* de Platon ou celle de Thomas Morus, le *Pandæmonium* des spéculations vaines. Tout y est ombre, rien n'y a un corps. C'est en présence de ces quatre livres, la *République* de Platon, l'*Utopie* de Morus, le *Télémaque* de Fénelon et le *Contrat social* de Jean-Jacques Rousseau, qu'on a pu dire vérité le mot du grand Frédéric : « Si j'avais un empire à punir, je le donnerais à gouverner à des philosophes. »

C'est que ces philosophes, malgré la magnificence de leur génie, l'élévation de leurs vues et la vertu de leurs tendances, faisaient, dans leurs plans pour l'humanité, abstraction de l'humanité elle-même. Esprits sans expérience et sans réalité, ils construisaient leurs institutions imaginaires sur des nuées. Dès que ces nuées touchaient terre, les institutions fondaient en vapeurs ou en ruines. Fénelon, dans le *Télémaque*, est un des philosophes qui ont créé, pour le siècle qu'ils formaient, les plus belles et les plus trompeuses perspectives, qui ont mêlé le plus d'idées fausses à plus d'idées justes, et qui ont le plus confondu la passion d'amélioration du sort des hommes en société avec la passion de l'impossible. C'est contre ces impossibilités d'application que la révolution inexpérimentée dont il est le père est venue se heurter, s'irriter et échouer toujours ; et c'est de la colère contre la résistance des réalités aux chimères que sont nées les déceptions, les fureurs, les tyrannies et les crimes de cette révolution. Les utopistes de l'anéantissement du pouvoir et du gouvernement purement métaphysique ont produit les anarchies et les crimes de la révolution en 1793; les utopies du nivellement des propriétés et du communisme social ont amené la panique, le désaveu et l'ajournement de la révolution de 1848. Ces deux utopies sont des rêves de Fénelon pris au sérieux par des esprits mal éveillés. Le saint poëte a été, à son insu, le premier radical et le premier communiste de son siècle.

Quant à l'influence de ce livre en matière d'économie politique, elle n'a été ni moins grande ni moins funeste. Mais on s'explique plus facilement ces erreurs. Les déclamations contre les arts, contre le luxe; les lois somptuaires contre la consommation des produits chers du travail, qui n'ont aucun sens de nos jours, avaient un sens dans l'antiquité primitive où Fénelon puisait malheureusement ses exemples et ses idées. On conçoit, en effet, qu'au commencement des choses, dans des sociétés toutes pastorales ou toutes agricoles, où la terre, à peine cultivée, ne fournissait que le strict nécessaire à l'alimentation de l'homme, le législateur fît au citoyen une vertu et une prescription de dépenser et de consommer le moins possible. La sobriété et l'épargne des citoyens laissaient ainsi une part plus grande aux besoins de leurs frères. Ces lois avaient pour but de prévenir la disette, fléau de ces empires naissants, où la vie alimentaire était tout. Dans cet esprit, la tempérance, qui n'est qu'une vertu envers nous-même, était une vertu envers la société. L'abstinence était un dévouement, le luxe un crime. On comprend donc les lois somptuaires de l'antiquité.

Mais quand la société, sûre de sa vie et ayant multiplié ses forces productives par les défrichements, les troupeaux, les machines, ne craint plus la disette et ne nourrit des masses immenses de population que par le salaire attribué au travail intellectuel, artistique, industriel; quand la consommation de l'un est toute la richesse de l'autre, quand chaque jouissance, chaque vanité, chaque caprice satisfait du riche qui consomme est volontairement ou involontairement un salaire, une charité, envers le travailleur qui produit, le système de Fénelon, de Platon et de Jean-Jacques Rousseau devient non-seulement une absurdité, mais un meurtre contre le peuple. C'est la consommation qui devient vertu, c'est le luxe, proportionné à la fortune, qui devient le père nourricier du genre humain. Cette erreur du *Télémaque* est une de celles qui ont fait le plus de mal à la révolution, et qu'on a le plus de peine aujourd'hui à extirper de l'esprit du peuple lui-même, qu'elle séduit et qu'elle fait souffrir.

Tel est le *Télémaque*. Vertueuses maximes, déplorables applications. Mais comme ce poëme répondait par anticipation aux plus nobles et aux plus légitimes instincts de justice, d'égalité et de vertu dans le gouvernement des empires, comme il était inspiré par une âme sainte et écrit par un poëte de génie, on conçoit l'explosion d'un tel livre dans le monde.

Mais le *Télémaque* était encore le secret de Fénelon. Il l'écrivait dans le palais de Louis XIV. Il devait le dérober aux yeux du roi et des courtisans jusqu'à la fin de ce règne. Dans ce livre était une terrible accusation : il la réservait pour l'époque où le duc de Bourgogne, son élève, atteindrait à la maturité des années et s'approcherait des degrés du trône. C'était la confidence scellée, qui resterait ignorée à jamais jusque-là entre le maître et le disciple. Peut-être aussi ce livre était-il destiné à être, au moment de l'avénement du jeune prince à la couronne, la proclamation d'une politique nouvelle, le programme d'un gouvernement *fénelonien*; c'était aussi une sorte de candidature indirecte au rôle de premier ministre, dont Fénelon pouvait avoir le pressentiment sans s'en avouer à lui-même l'ambition. Son ami l'abbé Tronson l'avait prémuni, comme on l'a vu d'avance, contre cette ambition qui ne sollicite pas, mais qui révèle à propos des aptitudes involontaires : telle était celle de Fénelon. Il y a, chez certains hommes privilégiés de la nature, des ambitions qui ne sont pas des vices, mais des forces. Elles n'aspirent pas, mais elles montent d'elles-mêmes, comme le globe aérostatique dans un élément plus lourd que lui, et par la seule supériorité de leur ascendance spécifique. La vertu même de Fénelon devait lui faire désirer une élévation future, d'où son âme pleine de bien se répandrait de plus haut et plus loin sur ses semblables.

Mais l'envie commençait à percer l'ombre dans laquelle il se renfermait. On s'inquiétait de l'influence qu'il exerçait, non plus comme maître, mais comme ami, sur son élève. Celui qu'il conquérait tous les jours davantage sur madame de Maintenon, par l'attrait de son entretien, ne portait pas moins ombrage à la cour. La correspondance entre madame de Maintenon et lui était aussi fréquente que l'intimité. Ces lettres ne déguisaient pas la hardiesse des conseils que Fénelon donnait à la femme qui conseillait à son tour le roi ; il l'encourageait à régner :

« Vous êtes plus capable d'affermir que vous ne le pensez vous-même, lui écrivait-il, pour obéir à la prière qu'elle lui avait faite de lui dire des vérités même sévères. Vous vous défiez trop de vous-même, ou bien vous craignez trop d'entrer dans des discussions contraires au goût que vous avez pour une vie tranquille et recueillie... Comme le roi se conduit bien moins par des maximes suivies que par l'impulsion des personnes qui l'entourent et auxquelles il donne son autorité, l'essentiel est de ne perdre aucune occasion pour l'obséder de gens vertueux, qui agissent de concert avec vous pour lui faire accomplir dans toute leur étendue les devoirs dont il n'a aucune idée. Le grand point est de l'assiéger, puisqu'il veut l'être ; de le dominer, puisqu'il veut être dominé. Son salut consiste à être assiégé par des gens droits et sans intérêt. Vous devez donc mettre votre application à lui donner des vues de paix, et surtout de soulagement des peuples, de modération, d'équité, de défiance des conseils durs et violents, d'horreur pour les actes d'autorité arbitraire... Vous avez à la cour des personnes bien intentionnées ; elles méritent que vous les traitiez bien, que vous les encouragiez : mais il y faut beaucoup de précaution, car mille gens se feraient dévots pour vous plaire. »

On voit que Fénelon parlait des vices du roi en homme qui se livrait tout entier à la merci de madame de Maintenon, maîtresse désormais de ses confidences ; on voit aussi que, fidèle à l'amitié, il cherchait à attirer sur le parti de la vertu à la cour, les ducs de Chevreuse et de Beauvilliers, toute la faveur du maître. Il ne faut pas oublier cependant que ce parti de la vertu était en même temps le parti de ses patrons et de ses amis.

Cette correspondance et cette intimité pieuse entre madame de Maintenon et Fénelon conquérait de plus en plus au futur auteur du *Télémaque* l'attrait et le cœur de celle qui régnait à la cour ; elle revient avec complaisance, dans ses vieux jours, sur les sentiments qu'elle éprouvait alors.

« J'ai souvent pensé depuis, écrit-elle, pourquoi je ne livrai pas ma conscience à l'abbé de Fénelon, dont toutes les manières me plaisaient, dont l'esprit et la vertu m'avaient tant prévenue en sa faveur. »

Elle avait besoin plus qu'aucune femme, dans sa situation, de la société d'un homme aussi attrayant que supérieur, au milieu de la froideur, du vide et de la médiocrité des esprits dont elle était entourée.

« Ah ! que ne puis-je, écrit-elle en ce temps-là à sa nièce chérie, que ne puis-je vous donner mon expérience ? Que ne puis-je vous faire voir l'ennui qui dévore les grands, et la peine qu'ils ont à remplir leurs journées ? Ne voyez-vous pas que l'on meurt de tristesse dans une fortune qu'on aurait de la peine à imaginer ? J'ai été jeune et jolie ; j'ai goûté des plaisirs ; j'ai été aimée partout ; dans un âge plus avancé, j'ai passé des années dans les commerces de l'esprit ; je suis venue à la fortune, et je vous proteste que tous les états laissent un vide affreux. »

Cette amitié de madame de Maintenon pour l'homme le plus séduisant du royaume inspira au roi l'idée de récompenser Fénelon de ses succès dans l'éducation de son petit-fils par le don de l'abbaye de Saint-Valery. Le roi lui annonça lui-même cette faveur, et s'excusa gracieusement de ce qu'elle était si tardive et si disproportionnée à ses services. Tout commençait à sourire à Fénelon : le cœur de madame de Maintenon semblait lui ouvrir celui de la cour.

Mais un piége était sur la route de Fénelon. Ce piége, il le portait en lui-même : c'était sa belle âme et sa poétique imagination. Il se laissa séduire non par sa fortune, mais par sa piété.

Nous avons dit, au commencement de ce récit, que la cour de Louis XIV vieilli était un synode plutôt qu'un gouvernement, et que les questions de dogme, d'orthodoxie, de théologie les plus subtiles, y tenaient autant de place que la guerre ou la politique. Il convient de le rappeler au moment où nous allons voir la faveur de ce beau génie, et peut-être la fortune de la France, renversée par les hallucinations d'une femme et par la colère de Bossuet.

Il y avait alors à Paris une jeune, belle et riche veuve, Jeanne-Marie de Lamothe, mariée à M. Guyon, fils du créateur du canal de Briare, qu'elle avait perdu à vingt-huit ans. Madame Guyon était douée par la nature d'une beauté rêveuse et mélancolique, d'une âme passionnée et d'une imagination à qui la terre ne suffisait pas, et qui cherchait l'amour jusque dans le ciel. Elle avait connu à Paris, avant son mariage, un jeune religieux barnabite, nommé Lacombe. La piété tendre et l'exaltation mystique de ce religieux avaient fait sur l'âme et le cœur de la jeune néophyte une de ces impressions entraînantes où la grâce et la nature semblent tellement se confondre, comme dans l'amitié de saint François de Sales et de madame de Chantal, qu'on ne peut discerner si l'on cède, en y cédant, à une vertu d'en haut ou à un attrait humain. A peine veuve, madame Guyon, qui avait entretenu toujours une correspondance avec son maître dans la piété, avait volé à Gex, petite ville du Bugey, sur le versant du Jura, où le père Lacombe l'attendait. L'évêque de Genève, de qui relevait la petite ville de Gex, connaissait le nom, la grâce, l'esprit, la fortune, la piété célèbre déjà de la jeune veuve. Il avait regardé comme une illustration pour son Église, qu'une femme douée de tant de dons naturels et surnaturels vînt les ensevelir ou les consacrer au service de Dieu dans cette solitude. Il s'était empressé de donner à madame Guyon la direction d'un couvent de jeunes filles converties par ses soins du schisme de Calvin.

Madame Guyon avait demandé le père Lacombe pour supérieur de son monastère. L'intimité de la veuve et du religieux, ainsi consacrée par la communauté de séjour et de piété, s'était exaltée jusqu'à l'extase. L'imagination enflammée de la femme avait bientôt dépassé celle du religieux. Le maître était devenu le disciple ; il recevait les inspirations et les révélations des yeux et de la bouche de sa pénitente comme les manifestations du ciel. Ce commerce mystique avait paru suspect aux âmes simples. L'évêque de Genève, après l'avoir involontairement favorisé, s'en était ému ; il avait relégué le religieux disgracié à Thonon, autre petite ville de son diocèse, sur les bords du lac de Genève.

Madame Guyon n'avait pas tardé d'y suivre son ami spirituel. Retirée à Thonon dans un couvent d'ursulines, elle y recevait librement le père Lacombe ; elle entretenait avec lui ces relations extatiques qui maintenaient son empire sur son esprit faible, asservi et charmé. De là elle alla répandre ses effusions d'amour pour Dieu à Grenoble, dans des conférences avec un petit nombre de sectaires. Les forêts et les rochers de la Grande-Chartreuse l'attirèrent par leur majestueuse sainteté ; elle y apparut comme la Sibylle de ces déserts. Enfin, espérant trouver de l'autre côté des Alpes l'imagination italienne plus inflammable au feu de ses nouvelles doctrines, elle envoya son disciple Lacombe prêcher sa foi à Verceil, en Piémont, et l'y suivit encore. Elle erra ainsi avec lui pendant plusieurs années, de Gex à Thonon, de Thonon à Grenoble, de Grenoble à Verceil, de Verceil à Turin, de Turin à Lyon, laissant partout le monde indécis entre l'admiration et le scandale. Mais l'admiration prévalait sur tous ceux qui contemplaient de plus près la sincérité de ses extases, l'austérité de sa vie, la pureté de ses mœurs.

Au retour de ce long pèlerinage, elle fit imprimer à Lyon une explication du *Cantique des cantiques* de Salomon, et quelques autres écrits sur la contemplation. Ces doctrines, renouvelées de Platon et des premiers contemplateurs chrétiens, surtout en Espagne, pays de l'extase, consistaient à recommander aux âmes pieuses, comme type de perfection, un amour de Dieu pour lui-même, désintéressé de toute récompense comme de toute crainte. Elles recommandaient également une contemplation si pénétrante et si absorbée en Dieu, que l'âme, noyée pour ainsi dire dans l'océan de l'essence divine, y contractât l'impeccabilité du pur esprit, ne fût plus capable ni de monter ni de descendre, et laissât le corps comme un vêtement dépouillé, libre de ses actes simplement matériels, sans que l'âme, exaltée en Dieu, fût responsable de sa dépouille. C'était, en un mot, la vertu de Dieu passée dans l'homme, par l'union absolue et indissoluble de l'homme à Dieu, le rêve de toute âme sur la terre, l'état anticipé du ciel. Il y avait de la grandeur et de la sainteté pour les saints dans ces maximes ; il y avait des piéges pour le vulgaire.

L'Église s'émut à ces rumeurs ; le cardinal Lecamus, évêque de Grenoble, les dénonça à l'archevêque de Paris, M. de Harlay à la cour. Madame Guyon et le père Lacombe venaient de rentrer à Paris. L'apôtre et le disciple furent arrêtés. Le religieux, interrogé, jeté à la Bastille, confiné à l'île d'Oléron, fut enfin renfermé au château de Lourdes, dans le plus âpre rayon des Pyrénées, pour y languir pendant de longues années d'expiation. Madame Guyon, enfermée de son côté dans un monastère de la rue Saint-Antoine, subit les interrogatoires sévères de l'Église, et se lava victorieusement de toutes les accusations de scandale et d'impiété qui l'avaient assaillie à son retour à Paris. Elle devint l'édification, l'amour et les délices du couvent qui lui servait de prison. Une femme célèbre alors par ses lumières et son zèle dans la piété, madame de Miramion, entendit parler de la femme captive ; elle la vit, elle fut séduite. Elle intercéda auprès de madame de Maintenon pour en obtenir la liberté d'une femme injustement persécutée. Madame de la Maisonfort, parente aussi de madame de Maintenon, la duchesse de Béthune, fille de l'infortuné Fouquet, madame de Beauvilliers elle-même, fille de Colbert, s'unirent à madame de Miramion dans ce même intérêt. Madame de Maintenon fit rendre la liberté à la protégée de tant de femmes irréprochables. Madame Guyon libre courut rendre grâce à sa libératrice. Madame de Maintenon subit la fascination générale ; elle rapprocha d'elle madame Guyon comme un foyer de piété, d'éloquence et de grâces, qui n'avait été obscurci que par les fumées d'une sublime imagination. Elle l'introduisit à Saint-Cyr, maison où elle avait rassemblé sous ses auspices l'élite des jeunes filles nobles du royaume ; elle l'engagea à y révéler les dons de Dieu dans des conférences où éclaterait son génie contemplatif et pieux. Elle y assistait elle-même ; elle devint complice innocente de toutes les subtilités de l'esprit mystique sur l'amour divin ; elle entraîna dans cette admiration les hommes les plus sévères de la cour, tels que le duc de Beauvilliers et le duc de Chevreuse, elle admit madame Guyon dans son intimité la plus inaccessible au vulgaire. Ce fut là, et sous de si respectables auspices, que Fénelon rencontra madame Guyon. La conformité de tendresse et d'exaltation de ces deux âmes également religieuses, séduites par deux imaginations également colorées, ne tarda pas à établir entre Fénelon et madame Guyon un commerce spirituel où il n'y eut de séduction que la piété et de séduit que l'enthousiasme.

Les récits mystiques de madame Guyon, tout en ravissant madame de Maintenon et Fénelon, leur paraissaient des parfums secrets de piété exceptionnels qu'il fallait respirer dans leur sanctuaire intérieur, mais qu'il ne fallait pas laisser évaporer ou transpirer au dehors, dans la crainte d'enivrer le vulgaire. Le roi, simple de foi comme d'imagination, pensait plus sévèrement.

« J'ai lu des morceaux de ces écrits de notre amie au roi, écrit madame de Maintenon ; il m'a dit que c'étaient des rêveries ; il n'est pas encore assez avancé dans la piété pour goûter ces perfections. »

« Ne répandez point, ajoute-t-elle ailleurs, les maximes de l'abbé de Fénelon devant des gens qui ne le goûtent pas. Quant à madame Guyon, il faut nous contenter de la garder pour nous. L'abbé de Fénelon a raison de ne pas vouloir que ces écrits soient montrés ; tout le monde n'a pas l'esprit droit et solide. On prêche la liberté des enfants de Dieu à des personnes qui ne sont pas encore ses enfants. »

On voit que Fénelon se défiait lui-même de cet entraînement vers une perfection idéale qui pourrait scandaliser les faibles; que sa complicité spirituelle avec madame Guyon était moins entière que celle de madame de Maintenon et de la cour, et que son admiration, pleine de prudence jusque dans l'entraînement, n'alla jamais jusqu'au fanatisme.

Cet entraînement venait de sa nature même, et de cette disposition à l'amour mystique de Dieu où la tendresse se mêle à la subtilité. Écoutons-le parler de sainte Thérèse, et nous reconnaîtrons à son admiration quel est le goût intime, le courant natif de sa piété, et nous retrouverons en même temps la réserve, la discrétion, la mesure, qui n'abandonnèrent pas cette belle âme :

« De l'oraison simple où était déjà sainte Thérèse, Dieu l'enleva jusque dans la plus haute contemplation ; elle entre dans l'union où se commence le mariage virginal de l'époux avec l'épouse ; elle est toute à lui, il est tout à elle. Révélations, esprit de prophétie, visions sans aucune image sensible; ravissements, tourments délicieux, comme elle le dit elle-même, où l'esprit est enivré, et où le corps succombe, où Dieu lui-même est si présent, que l'âme épuisée et dévorée tombe en défaillance, ne pouvant sentir tant de majesté ; en un mot, tous les dons surnaturels découlent sur elle.

» Ses directeurs d'abord se trompent. Voulant juger de ses forces pour la pratique des vertus par le degré de son oraison, et par le reste de faiblesse et d'imperfection que Dieu laissait en elle, pour l'humilier, ils concluent qu'elle est dans une illusion dangereuse, et ils veulent l'exorciser. Hélas! quel trouble pour une âme appelée à la plus simple obéissance, et menée, comme sainte Thérèse, par la voie de la crainte, lorsqu'elle sent son intérieur bouleversé par ses guides. « J'étais, dit-elle, comme au milieu d'une ri-

» vière, près de me noyer, sans espérance de secours. »
Elle ne sait plus ce qu'elle est, ni ce qu'elle fait quand elle
prie. Ce qui faisait sa consolation depuis tant d'années fait
sa peine la plus amère. Pour obéir, elle s'arrache à son
attrait; mais elle y retombe, sans pouvoir ni en sortir ni se
rassurer. Dans ce doute, elle sent les horreurs du désespoir; tout disparaît, tout l'effraye, tout lui est enlevé. Son
Dieu même, en qui elle se reposait si doucement, est devenu un songe pour elle. Dans sa douleur, elle s'écrie,
comme Madeleine : « *Ils me l'ont enlevé, je ne sais où ils*
» *l'ont mis.* »

» O vous, oints du Seigneur, ne cessez donc jamais d'apprendre, par la pratique de l'oraison, les plus profondes
et les plus mystérieuses opérations de la grâce, puisque
vous en êtes les dispensateurs. Que n'en coûte-t-il point
aux âmes que vous conduisez, lorsque la sécheresse de vos
études curieuses et votre éloignement des voies intérieures
vous font condamner tout ce qui n'entre point dans votre
expérience ! Heureuses les âmes qui trouvent l'homme de
Dieu, comme sainte Thérèse trouva enfin les saint François
de Borgia et Pierre d'Alcantara, qui lui aplanirent la voie
par où elle marchait ! « Jusqu'alors, dit-elle, j'avais plus
» de honte de déclarer mes révélations que je n'en aurais eu
» de confesser les plus grands péchés. » Et nous aussi, aurons-nous honte de parler de ces révélations dans un siècle
où l'incrédulité prend le nom de sagesse? Rougirons-nous
de dire à la louange de la grâce ce qu'elle a fait dans le
cœur de Thérèse? Non, non, tais-toi, ô siècle! où ceux
mêmes qui croient toutes les vérités de la religion se piquent
de rejeter sans examen, comme fables, toutes les merveilles
que Dieu opère dans ses saints.

» Je sais qu'il faut éprouver les esprits pour voir s'ils
sont de Dieu. A Dieu ne plaise que j'autorise une vaine
crédulité pour de creuses visions! mais à Dieu ne plaise

que j'hésite dans la foi, quand Dieu se veut faire sentir ! Celui qui répandait d'en haut, comme par torrents, les dons miraculeux sur les premiers fidèles, n'a-t-il pas promis de répandre son esprit sur toute chair? n'a-t-il pas dit : « Sur mes serviteurs et sur mes servantes? » Quoique les derniers temps ne soient pas aussi dignes que les premiers de ces célestes communications, faudra-t-il les croire impossibles? La source en est-elle tarie? Le ciel est-il fermé pour nous? N'est-ce pas même l'indignité de ces derniers temps qui rend ces grâces plus nécessaires pour allumer la foi et la charité presque éteintes ?...

» Ah ! plutôt m'oublier moi-même que d'oublier jamais ces livres (de sainte Thérèse), si simples, si vifs, si naturels, qu'en les lisant on oublie qu'on lit, et qu'on imagine entendre Thérèse elle-même ! Oh ! qu'ils sont doux ces tendres et sages écrits, où mon âme a goûté la manne cachée ! Quelle naïveté quand elle raconte les faits! Ce n'est pas une histoire, c'est un tableau. Quelle force pour exprimer ces divers états ! Je suis ravi de voir que les paroles lui manquent, comme a dit saint Paul, pour dire tout ce qu'elle sent. Quelle foi vive ! Les cieux lui sont ouverts, rien ne l'étonne, et elle parle aussi familièrement des plus hautes révélations que des choses les plus communes.

» Assujettie par l'obéissance, elle parle sans cesse d'elle et des sublimes dons qu'elle a reçus, sans affectation, sans complaisance, sans réflexion sur elle-même. Grande âme qui se compte pour rien, et qui, ne voyant plus que Dieu seul en tout, se livre sans crainte elle-même à l'instruction d'autrui. O livres si chers à tous ceux qui servent Dieu dans l'oraison, et si magnifiquement loués par la bouche de toute l'Église, que ne puis-je vous dérober à tant d'yeux profanes ! Loin, loin, esprit superbe et curieux qui ne lisez ces livres que pour tenter Dieu et pour vous scandaliser de ses grâces ! Où êtes-vous, âmes simples et recueillies à qui ils appartiennent?... Oh! si vous compreniez combien il est doux de goûter Dieu, quand on ne veut plus goûter que lui seul, vous jouiriez du centuple promis dès cette vie; votre paix coulerait comme un fleuve, et votre justice serait profonde comme les abîmes de la mer. »

Cependant le bruit des nouveautés qui couvaient, à Saint-Cyr et à Versailles, entre madame Guyon et l'abbé de Fénelon, et qui ravissaient les âmes ardentes, était parvenu à l'archevêque de Paris, à Bossuet et à l'évêque de Chartres, directeur de madame de Maintenon.

Ces trois oracles de l'Église se réunirent, et lui dénoncèrent Fénelon comme fauteur dangereux d'idées inexpérimentées ou téméraires, qu'il fallait, pour la paix de la religion, à peine reconquise, éloigner du roi et de son petit-fils.

Bourdaloue, orateur célèbre et vénéré de la chaire, consulté par elle sur ces doctrines, répondit avec la même austérité : « Le silence sur ces matières, dit-il dans sa lettre, est le meilleur gardien de la paix. Il n'en faut parler que dans le secret de la confidence sacrée avec ses directeurs spirituels. » La sourde conspiration des esprits sévères couva ainsi contre Fénelon longtemps avant d'éclater.

Rien n'indique encore, à cette époque, un plan arrêté de Bossuet pour perdre dans l'esprit du roi un disciple qu'il avait chéri; on n'y voit que quelques soupçons inquiets d'un homme des traditions qui répugne de foi et d'orgueil aux nouveautés, et la douleur vive d'un maître de la doctrine qui voit son enfant près de chanceler dans la foi. Ces deux sentiments naturels dans Bossuet n'avaient pas besoin d'une basse envie pour éclater en sainte colère. L'envie n'est pas la passion de l'orgueil. Bossuet était superbe de son génie et de son audace; il n'enviait pas, il écrasait. Quand on a la foudre en main, on ne dresse pas d'embûches.

Aussi, au commencement de cette querelle, Bossuet

chercha plutôt à l'étouffer qu'à l'envenimer. Il traita les visions de madame Guyon comme les erreurs d'un esprit malade. Il consentit à voir cette femme célèbre, il reçut avec indulgence ses explications et ses regrets des troubles qu'elle excitait involontairement dans les âmes. Il la fit, de sa propre main, participer aux mystères dans sa chapelle particulière ; il lui conseilla le silence, l'ombre, l'éloignement de Paris et de la cour pendant quelques mois. Il se chargea d'examiner lui-même à loisir ses écrits, et de porter un arrêt suprême auquel elle se soumettrait avec une déférence volontaire.

Il fit ce qu'il avait promis de faire, il lut et censura les livres de sa pénitente. Il lui écrivit pour lui indiquer, avec une bonté divine, les passages scandaleux pour la raison ou dangereux pour la morale.

Il s'entretint confidentiellement avec Fénelon des aberrations de son amie spirituelle, et le conjura de les condamner avec lui. Fénelon, sûr de l'orthodoxie de madame Guyon et touché des persécutions qui la menaçaient, la justifia devant Bossuet avec plus de magnanimité que de politique. Il se refusa à condamner comme théologien ce qu'il admirait comme homme, comme poëte et comme ami. Il répondit que Dieu se servait des plus faibles sentiments pour manifester sa gloire ; que l'esprit soufflait où il voulait ; que la langue exaltée des prophètes ou des sibylles n'avait ni la précision ni la timidité de la langue des écoles, et qu'avant de réprouver ces inspirées de Dieu ou de leur propre délire, il fallait les éprouver par le temps. Bossuet fut contristé.

Le roi, qui se mêlait de théologie, sans rien comprendre que la discipline et l'autorité infaillible, témoigna son mécontentement. Madame de Maintenon, par qui ce scandale naissant s'était introduit à Saint-Cyr, à la cour, dans l'Église, trembla de paraître, aux yeux du roi, complice et fauteur de ceux qui alarmaient la conscience du prince. Elle se hâta de désavouer ses amis et de leur retirer sa faveur. Elle n'alla pas cependant, dans le commencement, jusqu'à s'unir à leurs persécuteurs. Elle rendait en secret témoignage de leur innocence et de leur intention, mais elle pressait la nomination d'un tribunal de doctrines pour juger la question, et pour décharger une responsabilité qui lui pesait dans cette affaire.

« Encore une lettre de madame Guyon ! écrit-elle. Cette femme est bien importune. Il est vrai qu'elle est bien malheureuse ! Elle me prie aujourd'hui de faire adjoindre M. Tronson, l'ami de Fénelon, aux juges. Je ne sais si le roi voudra donner cette mortification à l'archevêque de Paris... M. l'abbé de Fénelon a trop de piété pour ne pas croire qu'on peut aimer Dieu pour lui-même, et il a trop d'esprit pour croire qu'on puisse associer cet amour aux vices les plus honteux. Il n'est point l'avocat de madame Guyon, quoiqu'il en soit l'ami ; il est le défenseur de la piété et de la perfection chrétienne. Je me repose sur sa parole, parce que j'ai connu peu d'hommes aussi francs que lui, et vous pouvez le dire ! »

Les conférences s'ouvrirent. Bossuet les dominait ; étranger à ces subtilités, il priait encore Fénelon lui-même de l'initier à ces exaltations des mystiques français et espagnols ou italiens que l'Église avait tolérés, et qu'il appelait dans son rude bon sens d'*amoureuses extravagances*. Fénelon analysait pour Bossuet ces livres, sources où madame Guyon avait puisé ses propres enthousiasmes. Il était ferme alors dans sa déférence au génie de Bossuet.

« Ne soyez point en peine de moi, lui écrivait-il en lui adressant ces documents, je suis dans vos mains comme un enfant. Ces doctrines passent par moi sans être de moi. J'aime autant croire d'une façon que d'une autre. Dès que vous aurez parlé, tout sera effacé en moi. Quand même ce que je crois avoir lu me paraîtrait aussi clair que deux et deux font quatre, je le croirais encore moins clair que mon obligation de me défier de mes lumières et de leur préférer celles d'un pontife tel que vous!... Je tiens trop à la tradition pour chercher à en détacher celui qui, de nos jours, doit en être la colonne principale. »

Cependant l'archevêque de Paris, impatient de la lenteur des conférences, fulminait séparément contre madame Guyon et ses doctrines. Madame de Maintenon, tremblant que Fénelon ne se trouvât compris dans ces réprobations de l'Église de Paris et arraché aussi à la cour où elle voulait le retenir, employa, pour le détacher de madame Guyon, la séduction de la faveur royale. Le roi le nomma archevêque de Cambrai. A ce titre, madame de Maintenon espérait le faire associer lui-même aux évêques qui jugeaient madame Guyon, et le contraindre à réprouver ainsi comme pontife ce qu'il avait admiré comme ami. Le roi entra dans ce complot de bienveillance. On y retrouve toute l'habileté d'un courtisan sous l'affection d'une amie. Elle voulait du même coup tranquilliser le roi sur les doctrines de Fénelon, et reconquérir Fénelon sur madame Guyon, qu'elle abandonnait aux évêques.

Fénelon s'alarma au premier moment d'une dignité qui devait l'enlever à son élève. Il représenta au roi que la première dignité à ses yeux était la tendresse qui l'attachait à son petit-fils, et qu'il ne changerait volontairement contre aucune autre.

« Non, lui répondit avec bonté Louis XIV, j'entends que vous restiez en même temps précepteur de mon petit-fils. La discipline de l'Église ne vous impose que neuf mois de résidence dans votre diocèse : vous donnerez les trois autres mois à vos élèves ici, et vous surveillerez de Cambrai leur éducation pendant le reste de l'année, comme si vous étiez à la cour. »

Fénelon, enchaîné par de telles faveurs, se dépouilla, contre l'usage, d'une abbaye qu'il possédait, et résista avec un désintéressement exemplaire aux instances et aux exemples qui l'encourageaient à garder ces richesses de l'Église. Il ne voulut rien emporter dans son évêché des trésors d'aumônes appartenant, selon lui, à d'autres pauvres. Le monde l'admira sans l'imiter.

Le roi, d'après les inspirations de madame de Maintenon, l'adjoignit aux évêques qui scrutaient les doctrines de madame Guyon. Mais déjà la conférence était dissoute, et Bossuet, seul rapporteur et seul oracle, rédigeait à part le jugement. Fénelon, après en avoir discuté et fait modifier les termes dans un sens qui excluait toute application de la censure à la personne de madame Guyon, signa l'exposé des principes purement théologiques de cette déclaration. La paix semblait tellement cimentée entre ces deux oracles de la foi en France, que Bossuet voulut présider lui-même, comme pontife consécrateur, à l'élévation ecclésiastique de son disciple et de son ami. Le roi, son fils, son petit-fils, sa cour entière, assistèrent, dans la chapelle de madame de Maintenon à Saint-Cyr, à la cérémonie où le génie de l'éloquence consacrait le génie de la poésie.

Mais, à peine cette paix était-elle rétablie par l'intervention de madame de Maintenon, par la longanimité de Bossuet, par l'humilité de Fénelon et par le silence de madame Guyon, que de nouvelles causes de discussion s'élevèrent à son occasion entre les pontifes. Madame Guyon s'évada secrètement du couvent où Bossuet lui avait offert un asile sûr et affectueux à Meaux, capitale de son diocèse. Elle lui écrivait qu'elle se retirait dans la solitude, loin du monde et de ses orages; mais elle se cacha, au contraire, dans Paris, au milieu du cénacle de plus en plus fervent de ses disciples, au nombre desquels on comptait avec inquiétude Fénelon et ses amis, le duc de Beauvilliers et le duc de Chevreuse.

Au même moment l'archevêque de Paris mourut. C'était un homme de mœurs mondaines, qui avait blessé la conscience du roi. On cherchait un homme de haute vertu pour purifier le siége. L'Église nommait Bossuet, le monde Fénelon. Madame de Maintenon hésitait entre les deux, l'un plus redouté, l'autre plus aimé. Les soupçons de nouveauté éloignèrent de Fénelon, les craintes de la domination éloignèrent de Bossuet. Madame de Maintenon appela au siége de Paris M. de Noailles, pontife exemplaire et agréable à la cour. Bossuet ressentit avec majesté l'injure ; il ne s'abaissa ni à solliciter ni à refuser.

« Il y a toute apparence, écrivit-il à ses amis de Paris, que Dieu, par sa miséricorde autant que par sa justice, me laissera dans ma place. Quand vous souhaitez qu'on m'offre et que je refuse, vous voulez contenter ma vanité. Il vaut mieux contenter l'humilité ! Il n'y a pas à douter, malgré tout vain discours des hommes, que, selon tous mes désirs, je ne sois enterré ici aux pieds de mes saints prédécesseurs en travaillant au salut du troupeau qui m'a été confié. »

La grandeur de cette ambition était dans sa franchise. Bossuet ressentait l'indignité de la préférence de M. de Noailles envers son génie ; mais il ne s'abaissait ni au murmure, ni au regret, ni même au désir ; il sentait lui-même sa vengeance dans sa supériorité.

Cependant, soit qu'il fût à son insu humilié d'avoir été balancé avec la jeunesse de Fénelon, avec la médiocrité de M. de Noailles, soit que l'évasion peu loyale de madame Guyon et sa résidence suspecte à Paris lui parussent avoir été incitées par Fénelon, et avoir trompé ainsi la confiance qu'il avait mise dans son disciple, le ressentiment couva dans son âme et ne tarda pas à éclater. Il sollicita du roi l'arrestation de madame Guyon. Le roi la fit découvrir dans Paris et enfermer dans une maison de fous.

« Que voulez-vous qu'on fasse, écrivit madame de Maintenon à l'archevêque de Paris, d'elle, de ses amis, de ses papiers? Le roi sera encore ici tout le jour, écrivez-lui directement. »

« Je suis ravi de cette arrestation, écrivit aussi Bossuet à madame de Maintenon ; ce mystère cachait bien des maux à l'Église. »

Fénelon, alors à Cambrai, apprit avec douleur que son amie venait d'être transférée à Vincennes. Le duc de Beauvilliers trembla de voir Fénelon enlevé à l'éducation du duc de Bourgogne.

« Il est évident, écrit-il, qu'il y a une cabale très-puissante et très-animée contre l'archevêque de Cambrai. Madame de Maintenon obéit à ce qu'on lui suggère; elle est prête à se porter aux dernières extrémités contre lui. Je le vois à la veille d'être ravi aux princes comme un homme suspect de leur inspirer des doctrines dangereuses. Si on y réussit, j'aurai mon tour; mais, au scandale près, je vous dirai que j'en serais consolé... Quant à M. de Fénelon, je ne lui conseillerai pas, quand il le voudrait, de faire une condamnation formelle des livres de madame Guyon. Il donnerait trop de joie aux libertins de la cour, et ce serait confirmer tout ce qui se débite au préjudice de la piété... Ne serait-ce pas donner lieu de croire qu'il est complice de tout ce qu'on impute à cette pauvre femme, et que, par politique et par crainte d'être disgracié, il se presse d'abjurer ? Je me croirais en conscience obligé, dans tous les cas, de dire ouvertement ce qui pourrait justifier M. de Fénelon, et, quand il serait disgracié, je le dirais plus hautement, parce qu'on verrait mieux alors que la justice et la vérité seules m'obligent à rendre témoignage... »

On transféra, après plusieurs interrogatoires, madame Guyon dans une maison cloîtrée de Vaugirard, sous la surveillance du curé de Saint-Sulpice. « Nous n'aurons pas pour cet adoucissement, écrit madame de Maintenon, l'approbation de Bossuet; mais, pour moi, je crois qu'il est de mon devoir de détourner des violences autant qu'il m'est possible. »

« On veut que je condamne la personne de madame Guyon, écrit au même moment Fénelon. Quand l'Église portera sur ses doctrines un arrêt, je suis prêt à le signer de mon sang. Hors de là, je ne puis ni ne dois rien faire de semblable. J'ai vu de près une vie qui m'a infiniment édifié : pourquoi veut-on que je la condamne sur d'autres faits que je n'ai point vus? Me convient-il d'aller accabler une pauvre personne que tant d'autres ont déjà foudroyée et dont j'ai été l'ami?...

» Quant à Bossuet, je serais ravi d'adhérer à son livre, s'il le souhaite, quant aux doctrines; mais je ne le puis honnêtement ni en conscience, s'il attaque une femme qui me paraît innocente, et des écrits que j'ai laissé condamner sans y attacher inutilement ma propre censure...

» Bossuet est un saint pontife, c'est un ami tendre et solide; mais il veut, par un excès de zèle pour l'Église et d'amitié pour moi, me mener au delà des bornes... Je crois madame de Maintenon sur la même pente... Elle s'afflige et s'irrite tour à tour contre moi à chaque nouvelle impression qu'on lui donne... Tout se réduit donc de ma part à ne pas vouloir parler contre ma conscience, à ne pas consentir à insulter une femme que j'ai révérée comme une sainte sur tout ce que j'ai vu d'elle par moi-même... »

« Si j'étais capable, ajoute-t-il ailleurs dans une lettre de tendre reproche à madame de Maintenon, sa persécutrice par amitié, si j'étais capable d'approuver une femme qui prêcherait un nouvel Évangile, il faudrait me déposer et me brûler, bien loin de me supporter comme vous le faites; mais je puis fort innocemment me tromper sur une personne *que je crois sainte*. Je n'ai jamais eu aucun *goût naturel* pour elle, je n'ai jamais éprouvé rien d'extraordinaire en elle qui ait pu me prévenir en sa faveur; elle est confiante à l'excès, la preuve en est bien claire, puisqu'il (Bossuet) vous a redit, comme des impiétés, des choses qu'elle lui avait confiées...

» Je ne compte pour rien, ni ses prétendues prophéties, ni ses prétendues révélations;... je n'ai jamais entendu parler des images scandaleuses qu'on attribue à son mysticisme pour exprimer l'amour divin; je parierais ma tête que tout cela ne veut rien dire de précis, et que Bossuet est inexcusable de vous avoir donné comme une doctrine de madame Guyon ce qui n'était que songe, ou expression figurée, ou quelque chose d'équivalent...

» On n'a rien trouvé contre ses mœurs que des calomnies. Je suis si persuadé qu'elle n'a rien enseigné de mauvais, que je répondrais encore de lui faire donner ou les explications ou les rétractations satisfaisantes... Peut-être croirez-vous que je parle ainsi pour la faire mettre en liberté? Non, je m'engage à lui faire donner ces explications sans qu'elle sorte même de prison; je ne la verrai point; je ne lui écrirai que des lettres ouvertes, lues par vous et par ses accusateurs...

» Après tout cela, laissez-la mourir en prison. Je suis content qu'elle y meure, que nous ne la voyions jamais, que nous n'entendions jamais parler d'elle!

» Pourquoi donc vous resserrez-vous le cœur à notre égard, madame, comme si nous étions d'une autre religion que vous?... Ne craignez pas même que je contredise Bossuet, je n'en parlerai jamais que comme de mon maître; je consens qu'il soit vainqueur, et qu'il passe pour m'avoir ramené de toutes sortes d'égarements : sincèrement, je ne veux avoir que déférence et docilité pour lui... »

Fénelon, ainsi placé par son imprudence et par la

rigidité de ses adversaires entre le crime de condamner ce qu'il croyait innocent, l'humiliation de se condamner lui-même, et le danger de susciter sur sa propre tête les foudres de Bossuet, maître de l'Église de France, se retira triste et pressentant la ruine de sa vie dans la solitude de Cambrai. Là, pour manifester son innocence de foi et pour enlever tout prétexte aux incriminations de Bossuet, il écrivit son livre des *Maximes des saints*. C'était la justification, par les textes tirés des livres et des opinions des oracles mêmes de l'Église, de l'amour désintéressé de Dieu; doctrine transcendante des mystiques de tous les âges. Il soumit humblement page par page son manuscrit à la censure de monseigneur de Noailles, qui l'engagea à ne le communiquer qu'à ses théologiens, sans en parler à Bossuet. Il corrigea sur leurs notes tout ce qui fit pour eux l'objet de la plus légère observation. Il chargea le duc de Chevreuse, son ami, de faire imprimer le livre.

Bossuet s'indigna au bruit de la prochaine publication d'un livre dont on lui avait dérobé le secret. « Je suis certain, écrivit-il, que cet écrit ne peut causer qu'un grand scandale... Je ne puis, en conscience, le supporter !.. Dieu m'oblige à faire voir qu'on veut soutenir par là des livres téméraires qui sont le renversement de la piété... Voilà la vérité à laquelle il faudra que je sacrifie ma vie !... On ne m'évite, en cette occasion, après m'avoir témoigné tant de soumission en paroles, que parce qu'on sent que Dieu, en qui je me fie, me donnera la force pour éventer la mine ! »

La colère de Bossuet fut contagieuse à l'apparition du livre. La justification de Fénelon parut un crime contre l'autorité de l'oracle de l'Église de France. Le roi prit parti pour le chef de l'épiscopat. Un historien impartial et contemporain, d'Aguesseau, attribue l'éclat de la colère de Louis XIV à l'aversion sourde qu'il nourrissait contre la supériorité d'esprit de Fénelon.

« Soit que ce prince craignît, dit d'Aguesseau, les esprits d'un ordre supérieur, soit qu'une certaine étrangeté et une certaine recherche dans le caractère et dans les formes de Fénelon déplussent à ce prince, qui était porté par son goût au *simple* et à l'*uni;* soit que Fénelon, par une politique profonde, voulant paraître se renfermer dans ses fonctions, évitât de s'insinuer dans la familiarité du roi, il est bien certain que Louis XIV n'avait jamais paru le goûter, et qu'il n'eut aucune peine à le sacrifier. »

Bossuet accrut encore cette disposition par les alarmes qu'il jeta dans la conscience du roi. Il s'accusa « comme d'une condescendance criminelle de n'avoir pas révélé plus tôt au roi le fanatisme de son disciple! » La cour, informée des secrètes antipathies du roi, s'ameuta tout entière contre le prétendu hérésiarque.

« Un naturel si heureux, dit encore d'Aguesseau, fut perverti, comme celui du premier homme, par la voix d'une femme. Ses talents, son ambition, sa fortune, sa réputation même, furent sacrifiés par lui, non à l'illusion des sens, mais à celle de l'esprit. On vit ce génie si sublime se borner à devenir le prophète et l'oracle d'une secte, fertile en images spécieuses et séduisantes, voulant être philosophe et n'étant jamais qu'orateur, caractère qu'il a conservé dans tous les ouvrages sortis de sa plume jusqu'à la fin de sa vie. »

On alla jusqu'à l'accuser d'avoir voulu flatter la dévotion du roi pour en faire l'instrument de sa fortune, en ayant la pensée de joindre la politique à la mysticité, de former, par les liens secrets d'un langage mystérieux, une puissante cabale à la tête de laquelle il serait toujours par l'élévation et l'insinuation de son génie.

Ces imputations tombaient d'elles-mêmes devant le

courage qu'avait en ce moment Fénelon de mécontenter le roi et d'offenser Bossuet, pour soutenir une femme persécutée et une doctrine calomniée.

Tout le monde s'éloignait de lui. La contagion de la disgrâce dans laquelle il s'était volontairement précipité faisait redouter et éviter non-seulement de le justifier, mais même de le plaindre. Il était à Versailles aussi isolé qu'à Cambrai, attendant chaque jour l'ordre de s'exiler de la cour. Ce fut dans cette angoisse de son âme qu'un incendie dévora, avec son palais épiscopal de Cambrai, les meubles, les livres, les manuscrits qu'il contenait, sa seule richesse, qu'il y avait transportée. Il reçut ce coup avec sa sérénité habituelle. « J'aime mieux, dit-il à l'abbé de Langeron qui accourut pour lui apprendre ce malheur domestique, que le feu ait pris à ma maison qu'à la chaumière d'une pauvre famille. »

Cependant Bossuet fulminait de sévères censures contre le livre de Fénelon, tout en ménageant l'ancien ami. « Il nous est dur, disait-il, de parler ainsi d'un ami si accoutumé à entendre ma voix, comme j'étais moi-même si accoutumé à entendre la sienne. Dieu, sous les yeux de qui j'écris, sait avec quel gémissement j'ai porté ma triste plainte sur ce qu'un ami de tant d'années me juge indigne de traiter avec lui, moi qui n'ai jamais élevé ma voix contre lui d'un *demi-ton* seulement!... Un ami de toute la vie! un cher adversaire, Dieu le sait, que je porte dans mes entrailles!... »

Au moment où Bossuet écrivait ces lignes, le roi envoyait l'ordre à Fénelon de quitter Versailles, de se rendre à Cambrai, sans s'arrêter à Paris. Il lui défendait d'aller à Rome solliciter un jugement du pape sur ses doctrines, redoutant sans doute la séduction que son génie et sa vertu exerceraient à Rome comme partout. Le roi en même temps écrivait à Rome pour demander au souverain pontife une condamnation de l'archevêque de Cambrai, s'engageant à la faire exécuter par toute son autorité royale.

La séparation de Fénelon et du duc de Bourgogne, son élève, déchira ces deux cœurs. Les larmes du duc de Beauvilliers, du duc de Chevreuse, se mêlèrent à celles du jeune prince et de son ami. Le duc de Bourgogne se jeta en vain aux pieds du roi, son aïeul, pour arracher un contre-ordre, un sursis, un pardon : « Non, mon fils, répondit le roi : je ne suis pas maître de faire de ceci une affaire de faveur. Il s'agit de la sûreté de la foi; Bossuet en sait plus dans cette matière que vous et moi ! »

Madame de Maintenon, affligée, mais d'autant plus inexorable qu'elle avait été plus complice, refusa de recevoir Fénelon.

Le duc de Beauvilliers, fidèle à la vertu comme à l'amitié, parla en cœur libre au maître des grâces : « Sire, dit-il au roi, je suis l'ouvrage de Votre Majesté. Vous m'avez élevé, vous pouvez m'abattre; dans la volonté de mon prince je reconnaîtrai la volonté de Dieu; je me retirerai de la cour, Sire, avec le regret de vous avoir déplu, mais avec l'espérance d'une vie plus tranquille. » Fénelon conjurait, au contraire, le duc de Beauvilliers et ses amis de ne pas se perdre pour sa cause.

« Je suis ici accablé des opprobres dont on m'a couvert, écrit-il à ces amis, mais sacrifiez-moi ! Encore un peu de temps, et le songe trompeur de cette vie va s'évanouir, et nous serons tous réunis à jamais dans le royaume de vérité, où il n'y a plus ni erreur, ni division, ni scandale, où la paix de Dieu sera la nôtre ! En attendant, souffrons, taisons-nous, laissons-nous fouler aux pieds, trop heureux si notre ignominie sert à sa gloire ! »

Arrivé dans son diocèse, Fénelon se livra tout entier à la charité et à l'étude.

De cette solitude sortirent des milliers de pages où respirent le génie littéraire de la plus pure antiquité et le génie moderne du christianisme, qui parlent de la Divinité avec une admirable puissance d'esprit et de langage, souvent avec le plus tendre enthousiasme. On y sent une prière, une adoration perpétuelle sous chaque parole, comme la chaleur sous la vie. On peut dire que Fénelon ne pouvait parler de Dieu sans prier.

Voici quelques-unes de ces pages prises au hasard dans cette multitude de traités et de lettres où s'épanouissait son âme. Elles le peindront mieux que tout ce que nous pouvons en dire :

« Tout porte la marque divine dans l'univers : les cieux, la terre, les plantes, les animaux, et les hommes plus que tout le reste. Tout nous montre un dessein suivi, un enchaînement de causes subalternes conduites avec ordre par une cause supérieure.

» Il n'est point question de critiquer ce grand ouvrage. Les défauts qu'on y trouve viennent de la volonté libre et déréglée de l'homme qui les produit par son déréglement; ou de celle de Dieu, toujours sainte et toujours juste, qui veut tantôt punir les hommes infidèles, et tantôt exercer par les méchants les bons qu'il veut perfectionner. Souvent même ce qui paraît défaut à notre esprit borné, dans un endroit séparé de l'ouvrage, est un ornement par rapport au dessein général, que nous ne sommes pas capables de regarder avec des vues assez étendues et assez simples pour connaître la perfection du tout. N'arrive-t-il pas tous les jours qu'on blâme témérairement certains morceaux des ouvrages des hommes, faute d'avoir assez pénétré toute l'étendue de leurs desseins ? C'est ce qu'on éprouve tous les jours pour les ouvrages des peintres et des architectes.

» Si des caractères d'écriture étaient d'une grandeur immense, chaque caractère regardé de près occuperait toute la vue d'un homme; il ne pourrait en apercevoir qu'un seul à la fois, et il ne pourrait lire, c'est-à-dire assembler les lettres, et découvrir le sens de tous ces caractères rassemblés. Il en est de même des grands traits que la Providence forme dans la conduite du monde entier pendant la longue suite des siècles. Il n'y a que le tout qui soit intelligible, et le tout est trop vaste pour être vu de près. Chaque événement est comme un caractère particulier qui est trop grand pour la petitesse de nos organes, et qui ne signifie rien s'il est séparé des autres. Quand nous verrons en Dieu à la fin des sièles, dans son vrai point de vue, le total des événements du genre humain, depuis le premier jusqu'au dernier jour de l'univers, et leurs proportions par rapport aux desseins de Dieu, nous nous écrierons : « Seigneur, il n'y a que vous de juste et de » sage ! »

«°Mais, après tout, les vrais défauts même de cet ouvrage ne sont que des imperfections que Dieu y a laissées pour nous avertir qu'il l'avait tiré du néant. Il n'y a rien dans l'univers qui ne porte et qui ne doive porter également ces deux caractères si opposés : d'un côté, le sceau de l'ouvrier sur son ouvrage ; d'un autre côté, la marque du néant d'où il est tiré et où il peut retomber à toute heure. C'est un mélange incompréhensible de bassesse et de grandeur, de fragilité dans la matière et d'art dans la façon. La main de Dieu éclate partout, jusque dans un ver de terre. Le néant se fait sentir partout, jusque dans les plus vastes et les plus sublimes génies.

» Tout ce qui n'est point Dieu ne peut avoir qu'une perfection bornée ; et qui n'a qu'une perfection bornée demeure toujours imparfait par l'endroit où la borne se fait sentir, et avertit que l'on y pourrait encore beaucoup ajouter. La créature serait le créateur même, s'il ne lui manquait rien ; car elle aurait la plénitude de la perfection, qui est la divinité même : dès qu'elle ne peut être infinie, il faut qu'elle soit bornée en perfection, c'est-à-dire imparfaite par quelque côté. Elle peut avoir plus ou moins d'imperfection ; mais enfin il faut toujours qu'elle soit imparfaite ; il faut qu'on puisse toujours marquer l'endroit précis où elle manque, et que la critique puisse dire : « Voilà ce qu'elle » pourrait encore avoir, et ce qu'elle n'a pas. »

. . . .

« Qu'on étudie le monde tant qu'on voudra ; qu'on descende au dernier détail ; qu'on fasse l'anatomie du plus vil animal ; qu'on regarde de près le moindre grain de blé semé dans la terre, et la manière dont ce germe se multiplie ; qu'on observe attentivement les précautions avec lesquelles un bouton de rose s'épanouit au soleil et se referme vers la nuit : on y trouvera plus de dessein, de conduite et d'industrie que dans tous les ouvrages de l'art. Ce que l'on appelle même l'art des hommes n'est qu'une faible imitation du grand art qu'on nomme les lois de la nature, et que les impies n'ont pas eu honte d'appeler le hasard aveugle.

» Faut-il donc s'étonner si les poëtes ont animé tout l'univers, s'ils ont donné des ailes aux vents et des flèches au soleil ; s'ils ont peint les fleuves qui se hâtent de se précipiter dans la mer, et les arbres qui montent vers le ciel pour vaincre les rayons du soleil par l'épaisseur de leurs ombrages ? Ces figures ont passé même dans le langage vulgaire, tant il est naturel aux hommes de sentir l'art dont toute la nature est pleine. La poésie n'a fait qu'attribuer aux créatures inanimées le dessein du Créateur, qui fait tout en elles. Du langage figuré des poëtes, ces idées ont passé dans la théologie des païens, dont les théologiens furent les poëtes. Ils ont supposé un art, une puissance, une sagesse qu'ils ont nommée *numen*, dans les créatures même les plus privées d'intelligence. Chez eux, les fleuves ont été des dieux, et les fontaines des naïades.

Les bois, les montagnes ont eu leurs divinités particulières. Les fleurs ont eu Flore, et les fruits Pomone. Plus on contemple sans prévention toute la nature, plus on y découvre partout un fonds inépuisable de sagesse, qui est comme l'âme de l'univers.

» Que s'ensuit-il de là? La conclusion vient d'elle-même. S'il faut tant de sagesse et de pénétration, dit Minutius Félix, même pour remarquer l'ordre et le dessein merveilleux de la structure du monde, combien, à plus forte raison, en a-t-il fallu pour le former! Si on admire tant les philosophes parce qu'ils découvrent une petite partie des secrets de cette sagesse qui a tout fait, il faut être bien aveugle pour ne pas l'admirer elle-même.

» Voilà le grand objet du monde entier, où Dieu, comme dans un miroir, se présente au genre humain. Mais les uns (je parle des philosophes) se sont évanouis dans leurs pensées; tout s'est tourné pour eux en vanité. A force de raisonner subtilement, plusieurs d'entre eux ont perdu même une vérité qu'on trouve naturellement et simplement en soi, sans avoir besoin de philosophie. »

. . . .

« Un voyageur entrant dans le Saïde, qui est le pays de l'ancienne Thèbes à cent portes, et qui est maintenant désert, y trouverait des colonnes, des pyramides, des obélisques, des inscriptions en caractères inconnus. Dirait-il aussitôt : « Les hommes n'ont jamais habité ces lieux; au-
» cune main d'homme n'a travaillé ici; c'est le hasard qui
» a formé ces colonnes, qui les a posées sur leurs piédes-
» taux et qui les a couronnées de leurs chapiteaux avec des
» proportions si justes; c'est le hasard qui a lié si solide-
» ment les morceaux dont ces pyramides sont composées;
» c'est le hasard qui a taillé ces obélisques d'une seule
» pierre et qui a gravé tous ces caractères » ? Ne dirait-il pas, au contraire, avec toute la certitude dont l'esprit

de l'homme est capable : « Ces magnifiques débris sont les
» restes d'une majestueuse architecture qui florissait dans
» l'ancienne Égypte! »

» Voilà ce que la simple raison fait dire au premier coup
d'œil, et sans avoir besoin de raisonner. Il en est de même
du premier coup d'œil jeté sur l'univers. On peut s'embrouiller soi-même par de vains raisonnements pour obscurcir ce qu'il y a de plus clair ; mais le simple coup d'œil
est décisif. Un ouvrage tel que le monde ne se fait jamais
de lui-même ; les os, les tendons, les veines, les artères,
les nerfs, les muscles qui composent le corps de l'homme,
ont plus d'art et de proportion que toute l'architecture des
anciens Grecs et Égyptiens. L'œil du moindre animal surpasse la mécanique de tous les artisans ensemble. Si on
trouvait une montre dans les sables d'Afrique, on n'oserait
dire sérieusement que le hasard l'aurait formée dans ces
lieux déserts ; et on n'a point honte de dire que les corps
des animaux, à l'art desquels nulle montre ne peut jamais
être comparée, sont des caprices du hasard ! »

. . . .

« O mon Dieu! si tant d'hommes ne vous découvrent
point dans ce beau spectacle que vous leur donnez de la
nature entière, ce n'est pas que vous soyez loin de chacun
de nous. Chacun de nous vous touche comme avec la main ;
mais les sens et les passions qu'ils excitent emportent toute
l'application de l'esprit. Ainsi, Seigneur, votre lumière luit
dans les ténèbres, et les ténèbres sont si épaisses qu'elles
ne la comprennent pas : vous vous montrez partout, et
partout les hommes distraits négligent de vous apercevoir.
Toute la nature parle de vous et retentit de votre saint
nom ; mais elle parle à des sourds, dont la surdité vient
de ce qu'ils s'étourdissent toujours eux-mêmes. Vous êtes
auprès d'eux et au dedans d'eux ; mais ils sont fugitifs et
errants hors d'eux-mêmes. Ils vous trouveraient, ô douce

lumière ! ô éternelle beauté ! toujours ancienne et toujours nouvelle ! O fontaine de chastes délices ! O vie pure et bienheureuse de tous ceux qui vivent véritablement, s'ils vous cherchaient au dedans d'eux-mêmes ! mais les impies ne vous perdent qu'en se perdant. Hélas ! vos dons que leur montrent la main d'où ils viennent les amusent jusqu'à les empêcher de la voir; ils vivent de vous, et ils vivent sans penser à vous, ou plutôt ils meurent auprès de la vie, faute de s'en nourrir; car quelle mort n'est-ce point de vous ignorer ! »

. . . .

« J'ai reconnu qu'il y a dans la nature nécessairement un Être qui est par lui-même, et par conséquent parfait. J'ai reconnu que je ne suis pas cet Être, parce que je suis infiniment au-dessous de l'infinie perfection. J'ai reconnu qu'il est hors de moi, et que je suis par lui. Maintenant je découvre qu'il m'a donné l'idée de lui, en me faisant concevoir une perfection infinie sur laquelle je ne puis me méprendre; car, quelque perfection bornée qui se présente à moi, je n'hésite point ; sa borne fait aussitôt que je la rejette, et je lui dis dans mon cœur : « Vous n'êtes point mon » Dieu; vous n'êtes point mon infiniment parfait; vous » n'êtes point par vous-même. Quelque perfection que vous » ayez, il y a un point et une mesure au delà de laquelle » vous n'avez plus rien et vous n'êtes plus rien. »

» Il n'en est pas de même de mon Dieu, qui est tout; il est, et il ne cesse point d'être; il est, et il n'y a pour lui ni degré ni mesure; il est, et rien n'est que par lui. Tel est ce que je conçois; or, puisque je le conçois, il est; car il n'est pas étonnant qu'il soit, puisque rien, comme je l'ai vu, ne peut être que par lui. Mais ce qui est étonnant et incompréhensible, c'est que moi, faible, borné, défectueux, je puis le concevoir. Il faut qu'il soit non-seulement l'objet immédiat de ma pensée, mais encore la cause qui me fait penser ; comme il est la cause qui me fait être, et qu'il élève ce qui est fini à penser l'infini.

» Voilà le prodige que je porte toujours au dedans de moi. Je suis un prodige moi-même. N'étant rien, du moins n'étant qu'un être emprunté, borné, passager, je tiens de l'infini et de l'immuable que je conçois ; par delà je ne puis me comprendre moi-même ; j'embrasse tout, et je ne suis rien ; je suis un rien qui connaît l'infini : les paroles me manquent pour m'admirer et me mépriser tout ensemble. O Dieu ! ô le plus être de tous les êtres ! O Être devant qui je suis comme si je n'étais pas ! vous vous montrez à moi, et rien de ce qui n'est pas vous ne peut vous ressembler. Je vous vois ; c'est vous-même : et ce rayon qui part de votre face rassasie mon cœur en attendant le plein jour de la vérité. »

. . . .

« Je demande pourquoi Dieu nous a donné cette capacité de le connaître et de l'aimer ? Il est manifeste que c'est le plus précieux de tous ses dons. Nous l'a-t-il accordé d'une manière aveugle et sans raison, par pur hasard, sans vouloir que nous en fissions usage ? Il nous a donné des yeux corporels pour voir la lumière du jour. Croirons-nous qu'il nous a donné les yeux de l'esprit, qui sont capables de connaître son éternelle vérité, sans vouloir qu'elle soit connue de nous ? J'avoue que nous ne pouvons ni connaître ni aimer infiniment l'infinie perfection. Notre plus haute connaissance demeurera toujours infiniment imparfaite, en comparaison de l'Être infiniment parfait.

» En un mot, quoique nous connaissions Dieu, nous ne pouvons jamais le comprendre ; mais nous le connaissons tellement, que nous disons tout ce qu'il n'est point, et que nous lui attribuons les perfections qui lui conviennent, sans aucune crainte de nous tromper. Il n'y a aucun être dans la nature que nous confondions avec Dieu ; et nous savons le représenter avec son caractère d'infini, qui est unique et incommunicable. Il faut que nous le connaissions bien distinctement, puisque la clarté de son idée nous force à le préférer à nous-mêmes. Une idée qui va jusqu'à détrôner le *moi* doit être bien puissante sur l'homme aveugle et idolâtre de lui-même. Jamais idée ne fut si combattue; jamais idée ne fut si victorieuse. Jugeons de sa force par l'aveu qu'elle arrache de nous contre nous-mêmes. »

. . . .

« Nous produisons le livre qui porte toutes les marques de divinité, puisque c'est lui qui nous a appris à connaître et à aimer souverainement le vrai Dieu. C'est dans ce livre que Dieu parle si bien en Dieu, quand il dit : « *Je suis ce- » lui qui est.* » Nul autre livre n'a peint Dieu d'une manière digne de lui. Les dieux d'Homère sont l'opprobre et la dérision de la Divinité. Le livre que nous avons en main, après avoir montré Dieu tel qu'il est, nous enseigne le seul culte digne de lui. Il ne s'agit point de l'apaiser par le sang des victimes; il faut l'aimer plus que soi; il faut ne s'aimer plus que pour lui et de son amour; il faut se renoncer pour lui, et préférer sa volonté à la nôtre; il faut que son amour opère en nous toutes les vertus, et n'y souffre aucun vice. C'est ce renversement total du cœur de l'homme, que l'homme n'aurait jamais pu imaginer : il n'aurait jamais inventé une telle religion, qui ne lui laisse pas même sa pensée et son vouloir, et qui le fait être tout à autrui. Lors même qu'on lui propose cette religion avec la plus suprême autorité, son esprit ne peut la concevoir, sa volonté se révolte, et tout son fond est irrité. Il ne faut pas s'en étonner, puisqu'il s'agit de démontrer tout l'homme, de dégrader le moi, de briser cette idole, de former un homme nouveau, et de mettre Dieu en la place du moi, pour en faire la source et le centre de tout notre amour. . . . .

» Dieu a mis les hommes ensemble dans une société où ils doivent s'aimer et s'entre-secourir comme les enfants d'une même famille qui ont un père commun. Chaque nation n'est qu'une branche de cette famille nombreuse qui est répandue sur la face de toute la terre. L'amour de ce père commun doit être sensible, manifeste, et inviolablement régnant dans toute cette société de ses enfants bien-aimés. Chacun d'eux ne doit jamais manquer de dire à ceux qui naissent de lui : « Connaissez le Seigneur qui est
» votre père. »

» ... Ces enfants de Dieu ne sont sur la terre que pour connaître sa perfection et accomplir sa volonté ; que pour se communiquer les uns les autres cette science et cet amour céleste.

» ... Il faut donc qu'il y ait entre eux une société de culte de Dieu ; c'est ce qu'on nomme religion : c'est-à-dire que tous ces hommes doivent s'instruire, s'édifier, s'aimer les uns les autres, pour aimer et servir le Père commun. Le fond de cette religion ne consiste dans aucune cérémonie extérieure ; car elle consiste tout entière dans l'intelligence du vrai et dans l'amour du bien souverain.

» ... Mais il ne suffit pas de connaître Dieu ; il faut montrer qu'on le connaît, et faire en sorte qu'aucun de nos frères n'ait le malheur de l'ignorer, de l'oublier. Ces signes sensibles (du culte) ne sont que des marques par lesquelles les hommes sont convenus de s'édifier mutuellement, et de réveiller les uns les autres le souvenir de ce culte qui est au dedans. De plus, les hommes, faibles et légers, ont souvent besoin de ces signes sensibles pour se rappeler eux-mêmes la présence de ce Dieu invisible qu'ils doivent aimer...

» Voilà donc ce qu'on nomme religion, cérémonies sacrées, culte public du Dieu qui nous a créés. Le genre humain ne saurait reconnaître et aimer son Créateur sans montrer qu'il l'aime, sans vouloir le faire, sans exprimer cet amour avec une munificence proportionnée à Celui qu'il aime, enfin sans s'exciter à l'amour par les signes de l'amour même. »

L'affaire du livre des *Maximes* traînait en longueur à Rome. Fénelon y envoya l'abbé de Chantérac, un de ses plus fervents disciples, pour le défendre contre les accusations de Paris. Pendant que la cour pontificale délibérait avec la lenteur prudente qui la caractérise, une controverse irritée se continuait en France entre Bossuet et Fénelon :

« Que peut-on penser de vos intentions? disait Fénelon à Bossuet. *Je suis ce cher disciple que vous portez dans vos entrailles;* vous allez me pleurant partout, et vous me déchirez en me pleurant. Que peut-on penser de ces larmes, qui ne servent qu'à donner plus d'autorité à vos accusations?... Vous me pleurez, et vous intervertissez le sens et le texte de mes paroles?... Qui est-ce qui a commencé le scandale? Qui est-ce qui écrit avec un zèle amer? Vous vous indignez de ce que je ne garde pas le silence, quand vous intentez contre moi les accusations les plus atroces?

» — Oui, je le dis avec douleur, répondait Bossuet, vous avez voulu raffiner sur la sainteté. Vous n'avez trouvé digne de vous que la beauté de Dieu par elle-même. Vous vous plaignez de la force de mes expressions? Et il s'agit de dogmes nouveaux qu'on veut introduire dans l'Église... Voilà pourtant ce que le monde appelle mon langage excessif, aigre, rigoureux, emporté! Il faudrait qu'on laissât passer un dogme naissant doucement, sans éveiller l'horreur? Le laisser glisser sous l'herbe, et relâcher par cette faiblesse les saintes rigueurs du langage théologique?... Si j'ai fait autre chose que cela, qu'on me le montre; si c'est cela que j'ai fait, Dieu sera mon protecteur contre les mollesses du monde et les vaines complaisances. Composez des lettres tant qu'il vous plaira ; divertissez la cour, la ville ; faites admirer votre esprit et votre éloquence ; ramenez le temps des *Lettres provinciales.* Je ne veux plus de part au spectacle que vous donnez au public !

» — Nous sommes, vous et moi, répliquait Fénelon, l'objet de la dérision des impies ; nous faisons gémir les gens de bien ! Que tous les autres hommes soient hommes, c'est ce qui ne doit pas surprendre ; mais que des ministres de Jésus-Christ, ces anges des Églises, donnent au monde profane et incrédule de tels spectacles, c'est ce qui demande des larmes de sang ! Trop heureux si, au lieu de ces guerres de doctrines, nous avions toujours fait nos catéchismes dans nos diocèses pour apprendre aux pauvres villageois à connaître et à aimer notre Dieu ! »

Bossuet cependant avait envoyé, de son côté, à Rome un de ses neveux, l'abbé Bossuet, qui n'avait du génie de son oncle que la domination et l'invective pour solliciter les foudres de l'Église contre Fénelon. Ce jeune prêtre ne cessait de répandre à Rome, sur les doctrines et le caractère de Fénelon, les ombres de la calomnie.

« Pressez-vous, écrivait-il à son oncle ; qu'attendez-vous pour enlever à Fénelon le titre de précepteur du prince ? N'hésitez pas à envoyer ici tout ce qui peut faire connaître l'attachement de M. de Cambrai pour madame Guyon et pour le père Lacombe, et leur doctrine sur les mœurs ; cela est de la dernière conséquence !... J'ai été ravi du petit livre (odieuse calomnie imprimée en Hollande) ; il y est nommé et bien nommé, cela fera ici un effet terrible contre lui. »

Ce futur janséniste poussait le zèle de secte et de famille jusqu'à appeler dans sa correspondance Fénelon : « *Cette bête féroce !* »

Pendant ces négociations, la calomnie, à Rome et à Paris, poursuivait l'animosité par les mêmes moyens, la flétrissure des mœurs de madame Guyon, afin de faire rejaillir cette flétrissure non-seulement sur la doctrine, mais sur la vertu de l'archevêque de Cambrai.

La tête du religieux Lacombe, enfermé dans les cachots du château de Lourdes, dans les Pyrénées, s'était affaiblie et égarée par la torture de l'isolement. Il avait fini par écrire à l'évêque de Tarbes des lettres dans lesquelles il semblait confesser des relations coupables avec madame Guyon. Aussitôt qu'on eut connaissance à Paris de ces aveux du délire, on fit transférer le religieux au château de Vincennes. Là, il écrivit, sous l'insinuation ou sous la contrainte, à madame Guyon une lettre où il l'exhortait, comme sa complice, à confesser leurs égarements et à se repentir.

Le cardinal de Noailles, archevêque de Paris, lut cette lettre à madame Guyon, et la somma d'avouer les désordres confessés par le religieux. Elle se souleva contre une telle horreur. Elle soupçonna que le religieux était tombé en démence, et qu'on abusait contre elle et contre Fénelon de la folie d'un prisonnier. Son désaveu et son indignation lui furent imputés à crime. Transférée pour subir une plus étroite captivité à la Bastille, elle persista dans son innocence et dans son supplice. On s'empressa néanmoins d'envoyer ces lettres infamantes à Rome, pour y ternir celui qu'on voulait perdre.

Le cardinal de Noailles, Bossuet, madame de Maintenon elle-même, sur la foi de ces rêves d'un insensé, ne doutèrent plus du crime du religieux et de madame Guyon. « Ces lettres, écrivait l'abbé Bossuet à son oncle, feront plus d'impression que vingt démonstrations théologiques. Voilà les arguments dont nous avons besoin ! » La démence du religieux ne tarda pas à éclater. On le jeta dans une loge d'aliénés, où il mourut dans le délire. On fut forcé de reconnaître que Fénelon n'avait jamais vu ce religieux, et n'avait entretenu aucune correspondance avec lui.

On se vengea de cette déception de l'animosité par l'expulsion de tous les amis de Fénelon de la cour du duc de Bourgogne. Bossuet publia une relation du *quiétisme*, où toutes les colères et toutes les insinuations contre la doctrine prenaient la gravité de son accent contre les sectaires eux-mêmes. Fénelon voulait se taire, de peur d'entraîner dans sa ruine le duc de Beauvilliers, son dernier ami auprès de son élève : les instances de son représentant à Rome le contraignirent à répondre. Sa réponse retourna et attendrit les cœurs.

Le contraste entre la dureté de Bossuet et la patiente réserve de l'accusé éclata aux yeux de l'opinion. « Pouvez-vous comparer, s'écrie Fénelon à la fin de sa réponse, votre procédé au mien? Quand vous publiez mes lettres, c'est pour me diffamer : quand je publie les vôtres, c'est pour montrer que vous êtes mon *consécrateur*. Vous violez le secret de mes lettres intimes, et c'est pour me perdre! Je me sers des vôtres, mais après vous, et c'est, non pour vous accuser, mais pour justifier mon innocence opprimée! Les lettres que vous produisez de moi sont ce qu'il y a de plus secret dans ma vie après ma confession, qui me fait, selon vous, le Montanus d'une nouvelle Priscille. Ah! pourquoi mettez-vous votre gloire à me diffamer? Qui ne sera étonné qu'on abuse du génie et de l'éloquence jusqu'à comparer une défense si innocente, si légitime, si nécessaire, à une si odieuse révélation des secrets d'un ami? »

« On vit avec douleur, dit le contemporain d'Aguesseau, que l'un des deux grands adversaires *disait faux*, et il est certain que Fénelon, du moins, sut se donner dans l'esprit du public l'avantage de la vraisemblance. »

« Qui lui conteste de l'esprit? s'écria Bossuet en lisant cette défense; il en a *jusqu'à faire peur!* Son malheur est de s'être chargé d'une cause où il en faut tant! »

Fénelon montra bientôt, dans cette crise de sa vie, que son âme était supérieure encore à son esprit.

Cependant la condamnation du livre des *Maximes* n'arrivait pas. Rome hésitait. Le pape Innocent XII dissimulait mal sa conviction secrète de l'innocence de Fénelon, de la pureté de ses mœurs, du charme de sa vertu. Les cardinaux chargés d'examiner son livre se partageaient en égal nombre pour et contre. Bossuet et Louis XIV intervinrent, et dictèrent l'arrêt par une lettre impérative au souverain pontife.

« Je ne puis apprendre sans douleur, disait le roi au pape, que ce jugement si nécessaire soit retardé encore par l'artifice de ceux qui ont intérêt à le suspendre. On ne peut attendre le repos que d'une décision, mais claire, nette, qui ne puisse recevoir aucune interprétation ambiguë, pour arracher la racine du mal. Je vous demande ce jugement pour votre propre gloire ; j'ajouterai à tous ces grands motifs qui doivent vous déterminer la considération que je vous prie de faire à mes instances, etc. »

Pendant que cette objurgation au pape partait accompagnée d'une plus sévère réprimande à la mollesse de l'ambassadeur du roi, Louis XIV, devançant la condamnation, se faisait apporter solennellement le tableau des officiers de la maison du duc de Bourgogne, effaçait de sa propre main le nom de Fénelon du rang de précepteur, supprimait ses appointements et faisait fermer sa chambre à Versailles.

Proscrit de l'éducation et du palais, Fénelon ne tarda pas à apprendre que l'arrêt de l'Église allait le frapper jusque dans son caractère pontifical. « *Seigneur, sauvez-nous, nous périssons!* lui écrivait de Rome son fidèle ami l'abbé de Chantérac. Mais nos souffrances seront heureuses si elles servent à défendre le véritable amour de Dieu. Que j'ai de joie quand je pense qu'il nous tiendra unis pen-

dant le temps et l'éternité ! Ah ! combien de fois me dis-je, dans ces jours de troubles et de ténèbres : « ALLONS, MOU-
» RONS AVEC LUI ! »

« Oui, *mourons dans notre innocence!* lui répond Fénelon. Si Dieu ne veut plus se servir de moi dans mon ministère, je ne songerai qu'à l'aimer le reste de ma vie, n'étant plus en situation de le faire aimer des autres ! »

On lui annonça en même temps la mort de madame Guyon à la Bastille. C'était un faux bruit, mais Fénelon, le croyant vrai : « On me mande, écrit-il, que madame Guyon vient de mourir dans sa captivité. Je dois dire après sa mort ce que j'ai dit pendant sa vie, que je n'ai rien connu d'elle qui ne m'ait puissamment édifié. Fût-elle un ange de ténèbres incarné, je ne pourrais dire d'elle que ce qui m'en a paru sur la terre. Ce serait une lâcheté horrible que de parler ambigument là-dessus pour me tirer moi-même d'appréhension. Je n'ai plus rien à ménager pour elle. La vérité seule me retient. »

Enfin la condamnation obtenue avec tant de peine de la justice et de la bonté d'Innocent XII arriva à Paris avec un cri de joie des ennemis de Fénelon à Rome. « Nous vous envoyons la peau du lion qui nous a donné tant de peine à arracher, écrivirent-ils, et qui a étonné tout le monde par ses rugissements depuis tant de mois »

Au moment où Fénelon reçut à Cambrai la première nouvelle de sa condamnation, il allait monter dans sa chaire pour parler au peuple sur un sujet sacré qu'il méditait depuis quelques jours. Il n'eut pas le temps d'échanger une seule parole avec son frère, qui lui avait apporté ce coup du sort pour l'adoucir. Les assistants ne le virent ni rougir ni pâlir à cette douleur. Il s'agenouilla seulement un moment le front dans ses mains, pour changer le sujet et le plan de son discours, et, se relevant avec la sérénité de son inspiration ordinaire, il parla avec une onction pénétrante sur la soumission sans réserve due, dans toutes les conditions de la vie, à la légitime autorité des supérieurs.

Le bruit de sa condamnation, répandu de bouche en bouche par des chuchotements dans sa cathédrale, attirait tous les regards sur lui, et sa résignation invitait aux larmes. Tout le troupeau semblait frappé dans le pasteur. Lui seul se sentait soulagé et guéri par la main même qui venait de le frapper; car sa peine n'était pas dans son orgueil : elle était dans son incertitude de conscience. L'autorité qu'il reconnaissait, en le délivrant de cette incertitude, le délivrait en même temps de son angoisse. Il avait remis sa conscience à l'Église, elle avait prononcé; il crut entendre la voix de Dieu, et il s'inclina sous l'arrêt.

« L'autorité a déchargé ma conscience, écrivait-il le soir même de ce jour; il ne me reste plus qu'à me soumettre et me taire, et à porter en silence mon humiliation. Oserai-je vous dire que c'est un état qui porte avec soi sa consolation pour un homme droit qui ne tient pas au monde? Il en coûte sans doute à s'humilier; mais la moindre résistance coûterait cent fois davantage à mon cœur! »

Le lendemain, il publia une déclaration à ses diocésains, dans laquelle il s'accusa lui-même d'erreur dans son livre des *Maximes des saints*. « Nous nous consolerons, dit-il dans cette déclaration, l'acte le plus chrétien de sa vie; nous nous consolerons de ce qui nous humilie, pourvu que le ministère de la parole que nous avons reçu du Seigneur pour votre sanctification n'en soit pas affaibli, et que l'humiliation du pasteur profite en grâce et en fidélité au troupeau. »

Ce grand acte et ces belles paroles ont été interprétés, par les ennemis de Fénelon vivant, en sacrifice de son orgueil d'évêque à son orgueil plus grand d'homme de cour. On y a vu la volonté habile d'enlever un prétexte d'éloignement à ses rivaux de faveur, une avance de réconciliation faite aux dépens de sa conscience à Louis XIV, un désaveu lâche et simulé d'opinions religieuses qu'il gardait intactes dans son âme, et qu'il ne condamnait que par politique. Tout homme impartial l'absout de ces calomnies adressées à sa mémoire. Si Fénelon avait eu assez d'ambition mondaine et de dissimulation pour désavouer une opinion qui déplaisait au roi et à la cour, il en aurait eu assez pour ne pas professer cette opinion devant le roi et devant la cour, au risque de la disgrâce et de l'exil qu'il avait volontairement encourus. Sa défaveur durait déjà depuis des années, et ce n'était pas à la fin de son martyre qu'il aurait apostasié sa foi. La vérité est qu'il souffrit pour sa philosophie transcendante et pour sa piété éthérée, tant que cette philosophie et cette piété ne furent réprouvées en lui et en ses amis que par le roi et par le monde, mais que, le jour où l'autorité religieuse eut prononcé, il sacrifia sans hésiter à son devoir ce qu'il avait refusé de sacrifier à son ambition.

Sans doute l'arrêt officiel de Rome ne changea pas au fond de son cœur ses sublimes convictions sur l'amour désintéressé et absolu de Dieu : il ne crut pas s'être trompé dans ce qu'il sentait; mais il crut s'être égaré dans ce qu'il avait exprimé; il crut surtout que l'Église voulait imposer le silence sur des subtilités qui peuvent troubler les âmes et embarrasser son gouvernement, et il acquiesça avec bonne foi et avec humilité à ce silence.

Cette humilité et ce silence, qui édifièrent le monde, irritèrent davantage ses ennemis. Ils voulaient un hérésiarque à foudroyer, Fénelon ne leur livrait qu'une victime à admirer.

« On est très-étonné, s'écrie Bossuet lui-même, que Fénelon, si sensible à son humiliation, le soit si peu à son erreur. Il veut qu'on oublie tout, excepté ce qui l'honore. Tout cela est d'un homme qui veut se mettre à couvert de Rome, sans avoir aucune vue du bien! »

Le génie de ce grand homme ne sert ici qu'à illustrer sa haine; il l'emporta au tombeau. Sa mort suivit de près son triomphe. « Je l'ai pleuré devant Dieu, et j'ai prié pour cet ancien maître de ma jeunesse, écrit alors Fénelon; mais il est faux que j'aie fait célébrer ses obsèques dans ma cathédrale, et que j'aie prononcé son oraison funèbre. De pareilles affectations, vous le savez, ne sont pas dans mon âme. »

La persécution de Bossuet contre le plus doux des disciples a entaché sa mémoire. Rien ne reste impuni, même sur la terre, des faiblesses du génie.

L'ardeur du zèle pour l'unité de foi dans le pontife n'excuse pas la cruauté du polémiste dans la dispute. Bossuet était un prophète biblique, Fénelon un apôtre de l'Évangile : l'un tout terreur, l'autre tout charité. Tout le monde envie Bossuet comme écrivain; qui voudrait lui ressembler comme homme? C'est l'expiation des hommes supérieurs qui ne surent pas aimer, de n'être pas aimés après eux dans leur gloire.

Madame Guyon, cause de toutes ces agitations, sortit de Vincennes après la mort de Bossuet, et vécut reléguée en Lorraine chez une de ses filles. Elle y mourut, de longues années après, dans une renommée de piété et de vertu qui ne se démentit jamais, et qui justifie l'estime de Fénelon.

Tout semblait pacifié, et tout promettait à Fénelon un retour prochain auprès de son élève, le duc de Bourgogne, que les années rapprochaient du trône, quand l'infidélité d'un copiste qui livra aux imprimeurs de Hollande un manuscrit de *Télémaque* rejeta pour jamais l'auteur dans la disgrâce de la cour et dans la colère du roi. *Télémaque*, ainsi dérobé, éclata comme une révélation, et courut avec la rapidité de la flamme. Le temps l'appelait; les chances de la gloire, de la tyrannie, de la servitude et des malheurs des peuples à la suite des guerres de Louis XIV, avaient soufflé dans toutes les âmes en Europe une sorte de pressentiment de ce livre. C'était la vengeance des peuples, la leçon des rois, l'inauguration de la philosophie et de la religion dans la politique. Une poésie éclatante et harmonieuse y servait d'organe à la vérité, et même à l'illusion.

Tout fit écho à cette douce voix d'un pontife législateur et poëte, qui venait instruire, consoler et charmer le monde. Les presses de la Hollande, de la Belgique, de l'Allemagne, de la France, de l'Angleterre, ne pouvaient suffire à multiplier les exemplaires du *Télémaque* au gré de l'avidité des lecteurs. Ce fut en peu de mois l'évangile de l'imagination moderne : il fut classique en naissant.

Le bruit en vint à Louis XIV. Ses courtisans, en lui montrant son image dans le faible et dur Idoménée, fléau de ses peuples, lui dirent « qu'il fallait être son ennemi pour avoir peint un pareil portrait. » On vit une satire sanglante des princes et du gouvernement dans les récits et dans les théories du païen. La malignité publique se complut à donner la figure du roi, des princes, des ministres, des favoris et des favorites, sur tous les personnages dont Fénelon avait composé ses tableaux. Ces portraits, composés ainsi dans le palais de Versailles, sous les auspices de la confiance que le roi avait placée dans le précepteur de son héritier, parurent une trahison domestique.

Les beaux rêves de Fénelon, en contraste avec les

sombres réalités de la cour et avec les tristesses d'un règne à son déclin, se levèrent comme autant d'accusations contre le monarque. La témérité, la noirceur et l'ingratitude furent imputées à l'imagination d'un poëte qui n'avait d'autre tort que d'avoir rêvé et peint plus beau que nature. L'antipathie naturelle de Louis XIV contre Fénelon devint de l'indignation et du ressentiment. Quand on compare le règne et le poëme, on ne peut ni s'étonner, ni accuser le roi d'injustice. Un tel livre, composé à l'ombre des palais, et publié à l'insu du prince, paraissait en effet la plus sanglante satire et le plus cruel outrage à la confiance intime comme à la majesté du souverain. Fénelon n'avait jamais eu dans l'âme, en l'écrivant, les sinistres allusions et les ingrates dénonciations qu'on lui supposait. Il s'était innocemment livré à sa belle imagination qui colorait tout, et les gouvernements même, de sa perfection morale, de sa candeur et de son amour de l'humanité. Il avait voulu préparer en silence pour son royal élève un modèle de prince et de législation. Ce n'était ni son intention ni sa faute si la splendeur même de la vertu, éclatant sur ses interlocuteurs et sur ses personnages, rejetait une ombre plus forte sur le règne arbitraire, superbe et persécuteur du roi. La crainte même de ces allusions lui avait fait cacher son poëme comme un mystère entre son élève et lui. Il ne comptait jamais en tirer éclat pour sa propre gloire; il le réservait pour l'instruction et pour la gloire d'un règne futur. Il n'avait jamais recherché la publicité littéraire de ses écrits; il les avait tous composés pour de petits cercles d'amitié ou de sainteté, dont ils n'étaient sortis que par leur propre rayonnement.

C'était ainsi qu'il avait écrit *Télémaque*. Ce poëme, qui, dans sa pensée, ne devait voir le jour qu'après la mort de Louis XIV, avait été écrit dans son cabinet de sa propre main, et plus tard copié par une main dont il se croyait sûr. Il était, après sa mort, légué à sa famille pour en faire l'usage que le temps comporterait. Pour lui, dans sa conscience, la publication de son poëme lui causa autant de trouble que de douleur. Il y vit sa condamnation certaine à un éternel exil, et sa situation d'ennemi public dans une cour qui ne lui pardonnerait jamais.

Il ne se trompait pas. Le soulèvement de la cour contre lui fut soudain. Elle eut le pressentiment du tort que ce livre lui ferait dans la postérité. Elle déguisa mal la terreur sous le dédain.

« Le livre de Fénelon, dit Bossuet qui vivait encore à l'époque de son premier bruit, est un roman. Ce livre partage les esprits : la cabale l'admire ; le reste du monde le trouve peu sérieux et peu digne d'un prêtre. »

« Je ne me soucie aucunement de lire *Télémaque*, » écrit madame de Maintenon. Le roi, qui lisait peu, dédaigna de le lire ; on affecta de l'étouffer sous le silence. Il fut convenu à Versailles qu'on n'en prononcerait pas le titre devant le roi : il le crut oublié, parce qu'il l'oubliait lui-même. Seize ans après que *Télémaque*, imprimé sous toutes formes et traduit dans toutes les langues, inondait l'Europe, les orateurs à l'Académie française, en parlant des œuvres littéraires du temps, se taisaient sur le livre en possession du siècle et de la postérité.

Cette colère de la cour consterna l'âme du duc de Bourgogne, que la séparation, l'injustice et l'adversité attachaient davantage à son maître. Ce prince, pour échapper à la jalouse tyrannie de son grand-père, était obligé de faire un mystère de son attachement à Fénelon, et de cacher comme un crime d'État sa rare correspondance avec son ami.

« Enfin, lui écrit le jeune prince, je trouve une occasion de rompre le silence que je suis contraint de garder depuis quatre ans. J'ai souffert bien des maux ; mais un des plus grands était de ne pouvoir vous dire ce que je sentais pour vous pendant ce temps, et que mon amitié augmentait par vos malheurs, au lieu d'en être refroidie. Je pense avec bonheur au temps où je pourrai vous revoir ; mais je crains que ce temps ne soit encore bien loin !... Je continue toujours à étudier seul, et j'y ai plus de goût que jamais. Rien ne me charme plus que la philosophie et la morale, et je ne me lasse pas d'y travailler. J'en ai fait quelques petits ouvrages que je voudrais bien vous envoyer pour être corrigés par vous !... Je ne vous dirai pas ici combien je suis révolté contre tout ce qu'on fait à votre égard ; mais il faut se soumettre !... ne montrez cette lettre à personne au monde, excepté à l'abbé de Langeron, car je suis sûr de son secret... Ne me faites pas de réponse... »

Fénelon répondait de loin en loin par des lettres où les conseils de l'homme de piété et de l'homme d'État étaient pénétrés de l'onction d'une tendresse paternelle. Sa consolation était dans ce coin retiré du palais de Versailles où il avait laissé son âme et où il la retrouvait dans son élève qui devait la faire régner un jour.

« Je ne vous parle que de Dieu et de vous, écrivait-il : il n'est pas question de moi. Dieu merci, j'ai le cœur en paix. Ma plus rude croix est de ne plus vous voir ; mais je vous porte sans cesse devant Dieu dans une présence plus intime que celle des sens. Je donnerais mille vies comme une goutte d'eau, pour vous voir tel que Dieu vous veut. *Amen, amen !* »

Le duc de Bourgogne, en allant prendre le commandement de l'armée de Flandre dans la campagne de 1708, passa par Cambrai.

« Le roi était moins préoccupé, dit Saint-Simon, de la décoration de son petit-fils que de la nécessité de son passage par Cambrai, qui ne se pouvait éviter sans affectation. Il eut de sévères défenses, non-seulement d'y coucher, mais de s'y arrêter même pour manger; et, pour éviter le plus léger particulier avec l'archevêque, le roi lui défendit, de plus, de sortir de sa chaise. Saumery eut ordre de veiller de près à l'exécution de cet ordre ; il s'en acquitta en Argus, avec un air d'autorité qui scandalisa tout le monde. L'archevêque se trouva à la poste, il s'approcha de la chaise de son pupille dès qu'il arriva, et Saumery, qui venait de mettre pied à terre et lui avait signifié les ordres du roi, fut toujours à son coude. Le jeune prince attendrit la foule qui l'environnait par le transport de joie qui lui échappa, à travers toute sa contrainte, en apercevant son précepteur. Il l'embrassa à plusieurs reprises, et le feu de ses regards, lancé dans les yeux de l'archevêque, regards qui suppléèrent à tout ce que le roi avait interdit, eurent une éloquence qui enleva tous les spectateurs. On ne fit que relayer, mais sans se presser ; nouvelles embrassades, et on partit. La scène avait été trop publique et trop curieusement remarquée pour n'être pas rendue de toutes parts. Comme le roi avait été exactement obéi, il ne put trouver mauvais ce qui s'était pu dérober parmi les étreintes ou les regards du prince et de l'archevêque. La cour y fit grande attention, et encore plus celle de l'armée. La considération de l'archevêque qui, malgré sa disgrâce, avait su s'en attirer dans son diocèse et même dans les Pays-Bas, se communiqua à l'armée, et les gens qui songeaient à l'avenir prirent depuis leur chemin par Cambrai plus volontiers qu'ailleurs pour aller ou revenir de Flandre. »

C'est ici, c'est à Cambrai, pendant les tristes années où l'Europe liguée faisait expier à Louis XIV l'éclat dominateur, les longues prospérités, la gloire hautaine de tout son règne, qu'il faut surtout admirer Fénelon. En se retournant vers le passé, la postérité ne rencontre rien de plus beau, de plus simple, de plus dévoué, de plus sage, de plus respectable ni de plus respecté que cet homme souverainement aimable, s'appliquant aux devoirs de sa charge. Le prêtre, l'évêque, l'administrateur, l'ami, le citoyen, l'homme, et, dans chacun, tous les nobles sentiments qui parent la nature humaine, prennent sur cette figure un éclat singulier. C'est surtout au milieu des complications de la guerre malheureuse dont son diocèse est le théâtre et la victime, qu'elle devient la plus touchante personnification de la charité. Des traits charmants, ramenés chaque jour par les misères qui les multiplient en se multipliant, font bénir le nom de Fénelon et surtout sa présence. On se les redit avec amour autour de lui, comme pour en prendre sa part et s'entr'aider à supporter le malheur des temps. Les imaginations en sont émues, et ajoutent encore à la vérité mille détails qui s'y joignent si naturellement qu'ils semblent l'idéaliser pour la mieux peindre. Une sorte de légende naît ainsi sous les pas du *bon archevêque*, et la suit comme la douce odeur de ses vertus. Ces récits ou ces fictions de la charité sont dans toutes les mémoires.

Pendant l'hiver et pendant la disette de 1709, cette charité s'exerça avec un zèle plus actif et sous les formes les plus diverses, pour répondre à la triple épreuve de la guerre, du froid et de la famine. Les désastres s'étaient accumulés. Les places fortifiées avec tant de soin par la prudence du roi étaient au pouvoir de l'ennemi. Les troupes, mal payées, désapprenaient l'obéissance et la discipline, comme elles avaient désappris la victoire. Le trésor était vide. L'inépuisable imagination du fisc était elle-même épuisée, et ne savait plus sous quel prétexte ou par quel appât vénal arracher au pays un dernier écu. La rigueur de l'hiver avait partout stérilisé les semences confiées à la terre. Les hommes mouraient de froid. L'été venu en vit mourir de faim, une poignée d'herbe à la bouche.

Dans un grand nombre de villes et de provinces, des séditions étonnèrent ce règne, qui trouvait tout prosterné devant lui. Les exécutions répondirent aux égarements de la misère. La paix, qu'il n'avait jamais su garder, fuyait maintenant les sollicitations humiliées de Louis XIV. L'ambition du prince Eugène et l'avarice de Marlborough prolongeaient la guerre, qui les servait eux et leur gloire. Après Hœchstædt et Ramillies, Oudenarde, Lille et Malplaquet semblaient sonner à grands coups l'heure de la France. Elle conserva longtemps la cruelle impression et frémit encore au souvenir de cette année où Dieu sembla punir les hommes de leurs discordes, en comblant d'une main sévère la mesure des maux dont ils s'accablaient eux-mêmes.

Mais au-dessus de ce triste souvenir, et dans cette impression même, se retrouve le souvenir et l'impression de l'homme divin que la Providence montre et donne comme exemple et consolation, lorsqu'elle frappe. C'est une loi historique. Aux époques de déchirement, les grands hommes et les grandes vertus; aux désastres, les héros de la charité : aux massacres des Indiens, Las-Casas; aux guerres de religion, l'Hôpital; aux vices de son siècle, saint Vincent de Paul; saint Charles Borromée à Milan; Belzunce à Marseille; aux bourreaux de la terreur, leurs victimes. L'année 1709 et la Flandre eurent Fénelon. A ces signes de rédemption on reconnaît la main qui châtie pour enseigner.

Le palais épiscopal de Cambrai fut l'asile de tous les malheurs. Quand il devint trop étroit, Fénelon leur ouvrit son séminaire et loua des maisons dans la ville. Des villages entiers, ruinés par les gens de guerre, venaient se réfugier auprès de lui. Ces pauvres gens étaient reçus comme des enfants, dont les plus malheureux avaient droit aux premiers soins. D'un autre côté, généraux, officiers, soldats malades ou blessés, étaient apportés à cette vaillante charité qui ne compta jamais les misères devant elle. C'est encore Saint-Simon qu'il faut écouter ici. Sa louange est rare et lui fait violence; mais quand il s'agit de Fénelon il est contraint d'essuyer tout le fiel de sa plume :

« Sa maison ouverte, et sa table de même, avait l'air de celle d'un gouverneur de Flandre, et tout à la fois d'un palais vraiment épiscopal, et toujours beaucoup de gens de guerre distingués, et beaucoup d'officiers particuliers, sains, malades, blessés, logés chez lui, défrayés et servis, comme s'il n'y en eût eu qu'un seul, et lui ordinairement présent aux consultations des médecins et des chirurgiens; il faisait, d'ailleurs, auprès des malades et des blessés les fonctions du pasteur le plus charitable, et souvent il allait exercer le même ministère dans les maisons et les hôpitaux où l'on avait dispersé les soldats, et tout cela sans oubli, sans petitesse, et toujours prévenant avec les mains ouvertes. Une libéralité bien entendue, une magnificence qui n'insultait point et qui se versait sur les officiers et les soldats, qui embrassait une vaste hospitalité, et qui, pour la table, les meubles et les équipages, demeurait dans les justes bornes de sa place; également officieux et modeste, secret dans les assistances qui pouvaient se cacher, et qui étaient sans nombre; leste et délié sur les autres jusqu'à devenir l'obligé de ceux à qui il les donnait, et à le persuader ; jamais empressé, jamais de compliments, mais d'une politesse qui, en embrassant tout, était toujours mesurée et proportionnée, en sorte qu'il semblait à chacun qu'elle n'était que pour lui, avec cette précision dans laquelle il excellait singulièrement ; aussi était-il adoré de tous. L'admiration et le dévouement pour lui étaient dans le cœur de tous les habitants des Pays-Bas, quels qu'ils fussent, et de toutes les dominations qui les partageaient, dont il était l'amour et la vénération. »

Voilà donc Fénelon à l'œuvre. Il se donne aux malheureux ; il fait mieux que les secourir et les soigner, il vit avec eux. Chez lui, dans les hôpitaux, par la ville, il est partout où sa présence est bonne. Ni misères rebutantes, ni maladies infectes ne l'arrêtent. Après ce que lui inspire le plus ardent désir de soulager ceux qui souffrent, il a mieux que le remède ou l'aumône, il a son regard, un mot tendre, un soupir, une larme. Il pense à tout, il pourvoit à tout, il descend au plus petit détail. Rien ne lui semble au-dessous de ses soins, mais rien ne le surcharge. Ce n'est là que l'exercice naturel de son cœur. Il conserve une entière liberté d'esprit. Il prie, il médite comme un solitaire derrière le cloître. Comme un homme qui occupe ses loisirs, il entretient une correspondance étendue, officieuse et serviable, ou sérieuse, appliquée, pleine de lumières, avec les hommes les plus considérables, et souvent sur les affaires les plus épineuses ou les questions les plus ardues. Évêque et théologien, il compose plusieurs ouvrages, instructions et mémoires sur les sujets difficiles qui, en ce moment même, occupent l'Église de France. Ses forces et ses ressources semblent intarissables, comme s'il n'avait qu'à les puiser dans son âme. Sévère et retranché pour lui-même, il mange seul et ne vit que de légumes. Il ne partage même pas ce qu'il offre ; il ne s'accorde rien de ce qu'il peut s'ôter pour les autres.

Le culte et la vénération que son nom inspirait traversaient ces lignes ennemies que nos armes ne savaient plus rompre. Seul et sans protection, il pouvait parcourir son diocèse. On vit la plus décriée de toutes les troupes, les hussards impériaux, l'accompagner et s'improviser en escorte pour lui dans une de ses courses pastorales. Les terres qui lui appartenaient, respectées par ordre d'Eugène et de Marlborough, devenaient un refuge pour les paysans du voisinage qui, à l'approche des gens de guerre, y couraient avec leurs familles et tout ce qu'ils pouvaient emporter. Souvent, pour mieux protéger ses grains, ses bois, ses prairies contre les maraudeurs, les généraux ennemis prirent le soin d'y mettre des gardes.

Un jour même des chariots chargés de blé arrivèrent sur la place d'armes de Cambrai escortés par les troupes de Marlborough. Craignant que la rareté des subsistances ne lui permît pas de faire respecter plus longtemps ces blés dans la petite ville de Cateau-Cambrésis, où Fénelon les avait déposés, le général anglais les avait fait enlever et conduire dans la ville française, en vue de son propre camp. C'est le privilége des belles âmes de monter ainsi les autres à leur diapason, et d'inspirer comme de faire les nobles actions. Le saint archevêque honorait jusqu'aux ennemis de son pays par le respect qu'ils avaient pour lui.

Le dévouement de Fénelon ne se borna pas à des actes particuliers; il put s'élever au noble rôle d'assistance publique. Il porta secours à son pays. Les témoignages d'admiration dont il était l'objet servirent la France. Au moment où notre armée sans subsistance allait mourir de faim, il eut la gloire (il n'y en eut jamais de plus pure ni de plus personnelle), il eut la gloire de la sauver. Il livra ses magasins aux ministres de la guerre et des finances; et quand le contrôleur général l'invita à fixer lui-même le prix du blé que la nécessité rendait si précieux : « Je vous ai abandonné mes blés, monsieur, répondit-il : ordonnez ce qu'il vous plaira, tout sera bon. »

Il écrivait en même temps au duc de Chevreuse : « Si on manque d'argent pour de si pressants besoins, j'offre ma vaisselle d'argent et tous mes autres effets, ainsi que le peu qui me reste de blé. Je voudrais servir de mon argent et de mon sang, et non faire ma cour. »

Et quand tous les efforts et tous les sacrifices ne suffisaient plus à subvenir aux nécessités les plus urgentes de l'armée et des habitants de la Flandre, il adressait à l'intendant de l'armée cette lettre qui peint au vif les misères avec lesquelles il était aux prises :

« Monsieur, je ne puis m'empêcher de faire ce que notre ville et notre pays désolé me pressent d'exécuter. Il s'agit de vous supplier instamment d'avoir la bonté de nous procurer les secours que vous nous avez promis de la part du roi. Ces pays et cette ville n'ont pour cette année d'autre ressource que celle de l'avoine, le blé ayant absolument manqué. Vous jugez bien, monsieur, que les armées qui sont presque à nos portes, et qui ne peuvent subsister que par les derrières, enlèvent une grande partie de l'avoine qui est sur la campagne. Il en périt beaucoup plus par le dégât et par le ravage que par les fourrages réglés... Il ne s'agit plus de froment, qui est monté jusqu'à un prix énorme où les familles même les plus honnêtes ne peuvent plus en acheter : sa rareté est extrême. L'orge nous manque entièrement. Le peu d'avoine qui nous restera peut-être ne saurait suffire aux hommes et aux chevaux. Il faudra que les peuples périssent; et l'on doit craindre une contagion qui passera bientôt d'ici jusqu'à Paris... De plus, vous comprenez, monsieur, mieux que personne, que si les peuples ne peuvent ni semer ni vivre, vos troupes ne pourront pas subsister sur cette frontière sans habitants qui leur fournissent les choses nécessaires. Vous voyez bien aussi que, l'année prochaine, la guerre deviendrait impossible à soutenir dans un pays détruit. Le pays où nous sommes se trouve tout auprès de cette dernière extrémité : nous ne pouvons plus nourrir nos pauvres, et les riches tombent en pauvreté. Vous m'avez fait l'honneur de m'écrire que le roi aurait la bonté de faire venir dans ce pays beaucoup de grains de mars, c'est-à-dire d'orge et d'avoine : c'est l'unique moyen de sauver une frontière si voisine de Paris et si importante pour la France. Je croirais manquer à Dieu et au roi, si je ne vous représentais pas fidèlement notre état. Nous attendons tout de la compassion de Sa Majesté pour des peuples qui ne lui montrent pas moins de fidélité et d'affection que les sujets de l'ancien royaume... »

Cependant le roi vieillissait ; une maladie rapide enleva à Meudon le père du duc de Bourgogne, fils de Louis XIV, qui devait régner avant le disciple de Fénelon. Les courtisans, qui ne voyaient plus de degrés entre le trône et le duc de Bourgogne, commencèrent à tourner leurs regards vers le soleil levant, et à apercevoir de nouveau Fénelon derrière lui. Le tableau que Saint-Simon, ce lynx des cours, trace de cette mort du grand Dauphin, père du duc de Bourgogne, fait entrer le jour vrai jusque dans les cœurs les plus ténébreux. Jamais le voile des intérêts, des égoïsmes, des douleurs simulées, des joies secrètes, des espérances retournées du couchant au levant, de la tombe au trône, ne fut si impitoyablement déchiré par la plume du grand satiriste :

« Tandis que Meudon était rempli d'horreur, tout était tranquille à Versailles, sans en avoir le moindre soupçon. Nous avions soupé. La compagnie, quelques heures après, s'était retirée, et je causais avec madame de Saint-Simon, prête à se mettre au lit, lorsqu'un valet de chambre de madame la duchesse de Berri entra tout effarouché ; il nous dit qu'il y avait de mauvaises nouvelles de Meudon. Je courus chez madame la duchesse de Berri aussitôt ; il n'y avait plus personne ; ils étaient tous allés chez madame la duchesse de Bourgogne : j'y poussai tout de suite.

» J'y trouvai tout Versailles rassemblé, ou y arrivant ; toutes les dames en déshabillé, la plupart prêtes à se mettre au lit, toutes les portes ouvertes, et tout en trouble. J'appris que monseigneur avait reçu l'extrême-onction, qu'il était sans connaissance et hors de toute espérance, et que le roi avait mandé à madame la duchesse de Bourgogne qu'il s'en allait à Marly, et de le venir attendre dans l'avenue entre les deux écuries pour le voir en passant.

» Ce spectacle attira toute l'attention que j'y pus donner par les divers mouvements de mon âme, et ce qui tout à la fois se présenta à mon esprit. Les deux princes et les deux princesses étaient dans le petit cabinet derrière la ruelle du lit. La toilette pour le coucher était à l'ordinaire dans la chambre de madame la duchesse de Bourgogne, remplie de toute la cour en confusion. Elle allait et venait du cabinet dans la chambre, en attendant le moment d'aller au passage du roi; et son maintien, toujours avec ses mêmes grâces, était un maintien de trouble et de compassion que celui de chacun semblait prendre pour sa douleur. Elle disait ou répondait en passant devant les uns et les autres quelques mots rares. Tous les assistants étaient des personnages vraiment expressifs; il ne fallait qu'avoir des yeux sans aucune connaissance de la cour pour distinguer les intérêts peints sur les visages, ou le néant de ceux qui n'étaient de rien. Ceux-ci tranquilles à eux-mêmes, les autres pénétrés de douleur ou de gravité et d'attention sur eux-mêmes pour cacher leur élargissement et leur joie.

» Mon premier mouvement fut de m'informer à plus d'une fois, de ne croire qu'à peine au spectacle et aux paroles; ensuite de craindre trop peu de cause pour tant d'alarme; enfin, de retour sur moi-même par la considération de la misère commune à tous les hommes, et que moi-même je me trouverais un jour aux portes de la mort. La joie néanmoins perçait à travers les réflexions momentanées de religion et d'humanité par lesquelles j'essayais de me rappeler. Ma délivrance particulière me semblait si grande et si inespérée, qu'il me semblait, avec une évidence encore plus parfaite que la vérité, que l'État gagnait tout en une telle perte. Parmi ces pensées, je sentais malgré moi un reste de crainte que le malade en réchappât, et j'en avais une extrême honte.

» Enfoncé de la sorte en moi-même, je ne laissai pas de mander à madame de Saint-Simon qu'il était à propos qu'elle vînt, et de percer de mes regards clandestins chaque visage, chaque maintien, chaque mouvement; d'y délecter ma curiosité, d'y nourrir les idées que je m'étais formées de chaque personnage, qui ne m'ont guère trompé, et de tirer de justes conjectures de la vérité de ces premiers élans dont on est si rarement maître, et qui par là, à qui connaît la carte et les gens, deviennent des inductions sûres des liaisons et des sentiments les moins visibles en tout autre temps rassis.

» Je vis arriver madame la duchesse d'Orléans, dont la contenance majestueuse et compassée ne disait rien ; quelques moments après passa M. le duc de Bourgogne, avec un air fort ému et peiné ; mais le coup d'œil que j'assénai vivement sur lui ne m'y rendit rien de tendre, et ne me rendit que l'occupation profonde d'un esprit saisi.

» Valets et femmes de chambre criaient déjà indiscrètement, et leur douleur prouva bien tout ce que cette espèce de gens allait perdre. Vers minuit et demi, on eut des nouvelles du roi; et aussitôt je vis madame la duchesse de Bourgogne sortir du petit cabinet avec monseigneur le duc de Bourgogne, l'air alors plus touché qu'il ne m'avait paru la première fois, et qui rentra aussitôt dans le cabinet. La princesse prit à sa toilette son écharpe et ses coiffes; debout et d'un air délibéré, traversa la chambre, les yeux à peine mouillés, mais trahie par de curieux regards lancés de part et d'autre à la dérobée, et, suivie seulement de ses dames, gagna son carrosse par le grand escalier.

» Comme elle sortait de sa chambre, je pris mon temps pour aller chez madame la duchesse d'Orléans, avec qui je grillais d'être. Entrant chez elle, j'appris qu'ils étaient chez Madame. Je poussai jusque-là à travers leurs appartements. Je trouvai chez elle madame la duchesse d'Orléans avec cinq ou six de ses dames familières. Je petillais cependant de tant de compagnie ; madame la duchesse d'Orléans, qui n'en était pas moins importunée, prit une bougie et passa derrière sa chambre. J'allai alors dire un mot à l'oreille à la duchesse de Villeroy ; elle et moi pensions de même sur l'événement présent. Elle me poussa, et me dit tout bas de me contenir. J'étouffais de silence parmi les plaintes et les surprises narratives de ces dames, lorsque M. le duc d'Orléans parut à la porte du cabinet et m'appela.

» Je le suivis dans son arrière-cabinet en bas sur la galerie, lui près de se trouver mal, et moi les jambes tremblantes de tout ce qui se passait sous mes yeux et au dedans de moi. Nous nous assîmes par hasard vis-à-vis l'un de l'autre ; mais quel fut mon étonnement lorsque, incontinent après, je vis les larmes lui tomber des yeux : « Monsieur ! » m'écriai-je en me levant dans l'excès de ma surprise. Il me comprit aussitôt, et me répondit d'une voix coupée et pleurant véritablement : « Vous avez raison
» d'être surpris, et je le suis moi-même ; mais le spectacle
» touche. C'est un bon homme avec qui j'ai passé ma vie ; il
» m'a bien traité et avec amitié, tant qu'on l'a laissé faire
» et qu'il a agi de lui-même. Je sens bien que l'affliction
» ne peut être longue : dans quelques jours je trouverai
» tous les motifs de me consoler dans l'état où l'on m'avait
» mis avec lui ; mais présentement le sang, la proximité,
» l'humanité, tout touche, et les entrailles s'émeuvent. »
Je louai ce sentiment, et le prince se leva, se mit la tête dans un coin, le nez dedans, et pleura amèrement et à sanglots : chose que, si je n'avais vue, je n'eusse jamais crue. Je l'exhortai à se calmer ; il y travaillait lorsqu'il fut

averti que madame la duchesse de Bourgogne arrivait : il la fut joindre, et je le suivis.

» Madame la duchesse de Bourgogne, arrêtée dans l'avenue entre les deux écuries, n'avait attendu le roi que fort peu de temps. Dès qu'il approcha, elle mit pied à terre et courut à sa portière. Madame de Maintenon, qui était de ce même côté, lui cria : « Où allez-vous, madame ? » N'approchez pas ; nous sommes pestiférés. » Je n'ai point su quel mouvement fit le roi, qui ne l'embrassa pas à cause du mauvais air. La princesse à l'instant regagna son carrosse et s'en revint.

» La princesse, à son retour, trouva les deux princes et madame la duchesse de Berri avec le duc de Beauvilliers, qu'elle avait fait appeler. Les deux princes, ayant chacun sa princesse à son côté, étaient assis sur un même canapé près des fenêtres, le dos à la galerie ; tout le monde épars, assis et debout, et en confusion dans ce salon, et les dames les plus familières par terre, aux pieds ou proche du canapé des princes.

» Là, dans la chambre et par tout l'appartement, on lisait apertement sur les visages. Monseigneur n'était plus ; on le savait, on le disait ; nulle contrainte ne retenait plus à son égard, et ces premiers moments étaient ceux des premiers mouvements peints au naturel, et pour lors affranchis de toute politique, quoique avec sagesse, par le trouble, l'agitation, la surprise, la foule, le spectacle confus de cette nuit si rassemblée.

» Les premières pièces offraient les mugissements continus des valets ; plus avant commençait la foule des courtisans de toute espèce. Le plus grand nombre, c'est-à-dire les sots, tiraient des soupirs de leurs talons, et, avec des yeux égarés et secs, louaient monseigneur, mais toujours de la même louange, c'est-à-dire de bonté, et plaignaient le roi de la perte d'un si bon fils. Les plus fins d'entre eux, ou les plus considérables, s'inquiétaient déjà de la santé du roi ; ils se savaient bon gré de conserver tant de jugement parmi ce trouble, et n'en laissaient pas douter par la fréquence de leurs répétitions. D'autres, vraiment affligés et de cabale frappés, pleuraient amèrement ou se contenaient avec un effort aussi aisé à remarquer que les sanglots. Parmi ces diverses sortes d'affligés, point ou peu de propos, de conversation nulle, quelque exclamation parfois échappée à la douleur et parfois répondue par une douleur voisine ; un mot en un quart d'heure, des yeux sombres ou hagards, des mouvements de mains moins rares qu'involontaires, immobilité du reste presque entière. Les simples curieux et peu soucieux presque nuls, hors les sots, qui avaient en partage le caquet, les questions, le redoublement du désespoir et l'importunité pour les autres. Ceux qui déjà regardaient cet événement comme favorable avaient beau pousser la gravité jusqu'au maintien chagrin et austère, le tout n'était qu'un voile clair qui n'empêchait pas de bons yeux de remarquer et de distinguer tous leurs traits. Ceux-ci se tenaient aussi tenaces que les plus touchés ; mais leurs yeux suppléaient au peu d'agitation de leurs corps. Des changements de posture, comme des gens peu assis ou mal debout, un certain soin de s'éviter les uns les autres, même de se rencontrer des yeux ; les accidents momentanés qui arrivaient à ces rencontres ; un je ne sais quoi de plus libre en toute la personne, à travers le soin de se tenir et de se composer ; un vif, une sorte d'étincelant autour d'eux, les distinguaient malgré qu'ils en eussent.

» Les deux princes et les deux princesses assises à leurs côtés, prenant soin d'eux, étaient les plus exposés à la pleine vue. Monseigneur le duc de Bourgogne pleurait d'attendrissement et de bonne foi, avec un air de douceur, des larmes de nature, de religion, de patience. M. le duc de

Berri, tout d'aussi bonne foi, en versait en abondance, mais des larmes pour ainsi dire sanglantes, tant l'amertume en paraissait grande, et poussait, non des sanglots, mais des cris, des hurlements. Cela fut au point qu'il fallut le déshabiller là même et se précautionner de remèdes et de gens de la faculté. Madame la duchesse de Berri était hors d'elle ; le désespoir le plus amer était peint avec horreur sur son visage ; on y voyait comme écrite une rage de douleur, non d'amitié, mais d'intérêt. Souvent réveillée par les cris de son époux, prompte à le secourir, à le soutenir, on voyait un soin vif de lui, mais tôt après une chute profonde en elle-même. Madame la duchesse de Bourgogne consolait aussi son époux, et y avait moins de peine qu'à acquérir le besoin d'être elle-même consolée. Quelques larmes amenées du spectacle, et souvent entretenues avec soin, fournissaient à l'art du mouchoir pour rougir et grossir les yeux et barbouiller le visage ; et cependant le coup d'œil fréquemment dérobé se promenait sur l'assistance et sur la contenance de chacun.

» Le duc de Beauvilliers, debout auprès d'eux, l'air tranquille et froid, donnait ses ordres pour le soulagement des princes.

» Madame, rhabillée en grand habit, arriva hurlante, ne sachant bonnement ni l'un ni l'autre, les inonda tous de ses larmes en les embrassant, fit retentir le château d'un renouvellement de cris, et fournit un spectacle bizarre d'une princesse qui se remet en cérémonie en pleine nuit pour venir pleurer et crier parmi une foule de femmes en déshabillé de nuit, presque en mascarade.

» Madame la duchesse d'Orléans, quelques-unes de ses dames, affectées de même à l'égard de l'événement, s'étaient retirées dans le petit cabinet. Elles y étaient quand j'arrivai.

» Je voulais douter encore, quoique tout me montrât ce

qui était ; mais je ne pus me résoudre à m'abandonner à le croire que le mot ne m'en fût prononcé par quelqu'un à qui on pût ajouter foi. Le hasard me fit rencontrer M. d'O, à qui je le demandai, et qui me le dit nettement. Cela su, je tâchai de n'en être pas bien aise; je ne sais pas trop si je réussis bien, mais au moins est-il vrai que ni joie ni douleur n'émoussèrent ma curiosité, et qu'en prenant bien garde de conserver toute bienséance, je ne me crus pas engagé par rien au personnage douloureux. Je ne craignais plus le retour du feu de la citadelle de Meudon ni les cruelles courses de son implacable garnison, et je me contraignis moins qu'avant le passage du roi pour Marly de considérer plus librement toute cette nombreuse compagnie, d'arrêter mes yeux sur les plus touchés et sur ceux qui l'étaient moins, de suivre les uns et les autres de mes regards et de les en percer tous à la dérobée. Il faut avouer que, pour qui est bien au fait de la carte intime d'une cour, les premiers spectacles d'événements rares de cette nature, si intéressante à tant de divers égards, sont d'une satisfaction extrême. Chaque visage vous rappelle les soins, les intrigues, les sueurs employées à l'avancement des fortunes, à la formation, à la force des cabales ; les adresses à se maintenir et en écarter d'autres, les moyens de toute espèce mis en œuvre pour cela ; les liaisons plus ou moins avancées, les éloignements, les froideurs, les haines, les mauvais offices, les manéges, les avances, les ménagements, les petitesses, les bassesses de chacun ; les déconcertements des uns au milieu de leur chemin, au milieu ou au comble de leurs espérances ; la stupeur de ceux qui en jouissaient en plein; le poids donné du même coup à leurs contraires et à la cabale opposée ; la vertu de ressort qui pousse dans cet instant leurs menées et leurs concerts à bien ; la satisfaction extrême et inespérée de ceux-là (et j'en étais des plus avant), la rage qu'en conçoivent les autres, leur embarras et leur dépit à le cacher. La promptitude des yeux à voler partout en sondant les âmes, à la faveur de ce premier trouble de surprise et de dérangement subit, la combinaison de tout ce qu'on y remarque, l'étonnement de ne pas trouver ce qu'on avait cru de quelques-uns, faute de cœur ou d'esprit en eux, et plus en d'autres qu'on n'avait pensé; tout cet amas d'objets vifs et de choses si importantes forme un plaisir à qui le sait prendre, qui, tout peu solide qu'il devient, est un des plus grands dont on puisse jouir dans une cour.

» Mais celui de tous, continue Saint-Simon, à qui cet événement fut le plus sensible, fut Fénelon. Quelle longue préparation de son esprit à cette mort! Quelle approche d'un triomphe sûr et complet! quel puissant rayon de lumière vint à percer tout à coup une demeure de ténèbres! Confiné depuis douze ans dans son diocèse, ce prélat y vieillissait sous le poids inutile de ses espérances, et voyait les années s'écouler dans une uniformité qui ne pouvait que le désespérer. Toujours odieux au roi, à qui personne n'osait prononcer son nom, même en choses indifférentes; plus odieux encore à madame de Maintenon, parce qu'elle l'avait perdu!... plus en butte que tout autre à la terrible cabale qui disposait du Dauphin mort, il n'avait de ressource que dans l'inaltérable amitié de son pupille, devenu lui-même victime de cette cabale, et qui, selon le cours ordinaire de la nature, devait l'être trop longtemps pour que son précepteur pût se flatter d'y survivre... En un clin d'œil ce pupille devient Dauphin, en un autre clin d'œil il parvient à une sorte d'avant-règne. »

La cour tout entière eut l'arrière-pensée de Fénelon à cet événement; son nom se présenta comme un remords ou comme une espérance à tous. On crut le voir régner dans un lointain qu'une mort si soudaine et si inattendue rapprochait des imaginations. La conduite du roi envers son petit-fils, tenu jusque-là dans l'ombre par son grand-père, redoubla l'inquiétude chez les uns, l'espoir chez les autres. Louis XIV retint un matin le jeune prince dans son cabinet au moment du conseil, et ordonna à tous les ministres d'aller travailler chez le duc de Bourgogne toutes les fois que ce prince les appellerait, et, dans le cas où il ne les appellerait pas, d'aller d'eux-mêmes lui rendre compte des affaires de l'État comme au roi lui-même. « Ce fut, dit l'historien des Mystères du palais, le coup de foudre pour les ministres, presque tous ennemis du prince et de Fénelon. Quelle chute pour de tels hommes, ajoute-t-il, que d'avoir à compter avec un prince qui n'avait plus rien entre le trône et lui, qui était capable, éclairé, d'un esprit juste et supérieur ; qui pesait tout au poids de sa conscience, et qui, de plus, était secrètement en confidence d'âme et de cœur avec Fénelon ! »

Ce changement était l'œuvre de madame de Maintenon, à qui le jeune prince, conseillé par Fénelon, avait témoigné une déférence flatteuse pour son amour-propre et rassurante pour son avenir. Elle avait senti, à travers la mort du Dauphin, le frisson d'un règne futur. Pour s'assurer éventuellement une prolongation d'influence, elle voulait acheter la reconnaissance du successeur. Elle avait passé, le lendemain des funérailles du Dauphin, dans le parti qu'elle avait tenu jusque-là écarté de la faveur. Le roi, qui ne pensait plus que par elle, sembla préparer lui même la transition de sa tombe au trône de son petit-fils.

Fénelon, relevé de son découragement par cette main de la mort, qu'il prit pour la main de Dieu, jeta un cri de délivrance et de joie sévère vers son élève.

« Dieu, lui écrivait-il, vient de frapper un grand coup ! mais sa main est souvent miséricordieuse jusque dans ses coups les plus rigoureux. Ce spectacle affligeant est donné au monde pour montrer aux hommes éblouis combien les princes, si grands en apparence, sont petits en réalité. Heureux ceux qui n'ont jamais regardé leur autorité que comme un dépôt qui leur est confié pour le seul bien des peuples! Il est temps de se faire aimer, craindre, estimer! Il faut de plus en plus tâcher de plaire au roi, de s'insinuer dans son cœur, de lui faire sentir un attachement sans bornes, de le ménager, de le soulager par des assiduités et des complaisances convenables. Il faut devenir le conseil du roi, le père des peuples, la consolation des opprimés, la ressource des malheureux, *l'appui de la nation ;...* écarter les flatteurs, distinguer le mérite, le chercher, le prévenir, apprendre à le mettre en œuvre; se rendre supérieur à tous, puisqu'on est placé au-dessus de tous... Il faut vouloir être le père, et non le maître; il ne faut pas que tous soient à un seul, mais un seul à tous pour faire leur bonheur. »

Ces conseils directs de Fénelon étaient commentés tous les jours par les avis plus intimes qu'il faisait parvenir au prince par ses deux amis le duc de Beauvilliers et le duc de Chevreuse.

« Qu'il détrompe le public, leur écrit Fénelon, sur les petitesses de piété scrupuleuse qu'on lui impute; qu'il soit sévère pour lui-même en son particulier, mais qu'il ne fasse point craindre à la cour une réforme sévère dont le monde n'est pas capable. Il ne doit dire que ce qu'on peut porter: point de puérilité ni de minuties en religion... On apprend plus à gouverner les hommes en les étudiant qu'en étudiant les livres! »

Le palais jusque-là désert de Fénelon à Cambrai devint le vestibule de la faveur. Les courtisans et les ambitieux qui s'étaient écartés douze ans, comme d'une contagion, de la disgrâce de Fénelon, y accoururent sous tous les prétextes. Chacun voulait prendre les gages du crédit futur. Il reçut tout le monde avec cette grâce naturelle qui le faisait régner par anticipation sur les cœurs : il régnait en effet déjà dans ses pensées.

Les mémoires sur le gouvernement, qu'il adressait par le duc de Chevreuse au Dauphin, étaient une constitution tout entière de la monarchie. Ses réformes politiques avaient passé de la poésie dans la réalité; mais elles s'y étaient dépouillées des chimères qui les décréditaient dans le *Télémaque*, et elles y portaient l'empreinte de la maturité, de la réflexion et de la pratique. Le saint était devenu ministre, et le poëte homme d'État. On y trouve tout ce qui s'est accompli, tenté ou préparé depuis pour l'amélioration du sort des peuples :

Le service militaire réduit à cinq ans de présence sous les drapeaux;

Les pensions aux invalides servies dans leurs familles, pour être dépensées dans leurs villages, au lieu d'être dilapidées dans l'oisiveté et dans la débauche du palais des Invalides dans la capitale;

Jamais de guerre générale contre toute l'Europe;

Un système d'alliances variant avec les intérêts légitimes de la patrie;

Un état régulier et public des recettes et des dépenses de l'État ;

Une assiette fixe et cadastrée des impôts; le vote et la répartition de ces subsides par les représentants des provinces;

Des assemblées provinciales;

La suppression de la survivance et de l'hérédité des fonctions;

Les états généraux du royaume convertis en assemblées nationales;

La noblesse dépouillée de tout privilége et de toute autorité féodale, réduite à une illustration consacrée par le titre de la famille;

La justice gratuite et non héréditaire ;

La liberté réglée de commercer ;

L'encouragement aux manufactures ;

Les monts-de-piété, les caisses d'épargne ;

Le sol français ouvert de plein droit à tous les étrangers qui voudraient s'y naturaliser ;

Les propriétés de l'Église imposées au profit de l'État ;

Les évêques et les ministres du culte élus par leurs pairs ou par leur peuple ;

La liberté des cultes ;

L'abstention du pouvoir civil dans la conscience du citoyen, etc.

Tels étaient les plans tout prêts de Fénelon pour le moment qui l'appellerait au ministère. Si le duc de Bourgogne avait vécu, et si Fénelon avait conservé sur lui l'ascendant que tant d'années d'absence avaient respecté, 1789 aurait commencé en 1715, et la monarchie, réformée, n'eût été que la république chrétienne avec une tête.

Mais il n'est jamais donné à un seul homme de devancer un peuple. La Providence allait renverser dans la tombe prématurée du prince les idées, les plans, les rêves, l'ambition, l'espoir et la vie du philosophe.

Un vent de mort soufflait sur la famille royale ; tout tombait d'avance autour de Louis XIV près de tomber. La duchesse de Bourgogne, les délices de la cour et la passion de son mari, inopinément frappée, entraîna son mari au tombeau. Le coup fut aussi prompt que terrible. Fénelon n'eut pas le temps d'y préparer son cœur ; il apprit presque en même temps la maladie et la mort de son élève. Cet élève était devenu la perspective de la France ; elle attendait son règne comme celui de la vertu et de la félicité publique. Fénelon avait corrigé et achevé dans cette âme l'œuvre ébauchée par la nature d'un prince accompli.

« Quel amour du bien ! s'écrie le moins adulateur des

historiens ; quel dépouillement de soi-même ! quelle pureté d'intention ! quels effets de la Divinité dans cette âme candide, simple et forte, qui, autant qu'il est donné à l'homme ici-bas, en avait conservé l'empreinte ! quels vifs élans d'actions de grâce, dans l'agonie, d'être préservé du sceptre et des comptes qu'il en faut rendre ! quel ardent amour de Dieu ! quel perçant regard sur son néant ! quelle magnifique idée de l'infinie miséricorde ! quelle confiance tempérée ! quelle sage paix ! quelle invincible patience ! quelle douceur ! quelle charité pure qui le pressait d'aller à Dieu !... La France enfin tombe sous ce dernier châtiment ; Dieu lui montra un prince qu'elle ne méritait pas : la terre n'en était pas digne !... »

Or, ce prince, ces vertus, ces saintetés, ces espérances montrées et perdues, c'était Fénelon qui les avait faites ! C'était le maître qui disparaissait dans le disciple ; c'était Fénelon qui mourait avec le duc de Bourgogne. Il ne laissa échapper qu'un mot : « Tous mes liens sont rompus... rien ne m'attache plus à la terre !... » Sa vie, en effet, était désormais sans mobile, il en avait perdu le but. Ce règne qu'il avait rêvé pour le genre humain était enseveli avec le Germanicus de la France : « Il l'a montré au monde, et il l'a détruit, écrit-il quelques semaines après au duc de Chevreuse, confident de ses larmes. Je suis frappé d'horreur, et malade sans maladie, de saisissement. En pleurant le prince mort, je m'alarme pour les vivants. Il faut que le roi fasse la paix. Si nous allions tomber dans les orages d'une minorité ! Sans mère, sans régent, avec une guerre malheureuse au dehors, tout épuisé au dedans !... Je donnerais ma vie non-seulement pour l'État, mais encore pour les enfants de notre cher prince, qui vit plus en moi encore que pendant sa vie. »

Il conseillait avec passion au duc de Beauvilliers d'aller entretenir madame de Maintenon de la nécessité urgente pour le roi de former un conseil de gouvernement à la tête duquel seraient ses vertueux amis. « J'espère peu, dit-il, de cette favorite surannée, pleine des ombrages, des jalousies, des petitesses, des aversions, des dépits et des finesses de femmes; mais enfin Dieu se sert de tout ! »

Il conjure le duc de Chevreuse de ne pas refuser, par une funeste modestie, d'entrer dans le conseil de régence. Ce gouvernement, composé de ceux qu'il inspirait depuis tant d'années, aurait été encore celui du duc de Bourgogne. Fénelon poursuivait le rêve de sa vie pour le bonheur des peuples jusque dans le sépulcre du prince pour lequel il avait rêvé; il voulait le faire régner après sa mort. Dans cette pensée, qui le travailla jusqu'à la fin, il tremblait que le roi ne découvrît dans les papiers du duc de Bourgogne un écrit qui aurait paru à ce prince un crime plus impardonnable que le *Télémaque* : c'était la *Direction pour la conscience d'un roi;* code de piété, de tolérance, de devoir envers les peuples, dont chaque ligne était une accusation contre l'égoïsme, l'intolérance, la gloire onéreuse et personnelle de Louis XIV. Les amis de Fénelon avaient fait disparaître ce manuscrit des papiers de son petit-fils.

Mais la mort des deux amis de Fénelon, le duc de Chevreuse et le duc de Beauvilliers, fit écrouler cette dernière chimère du bien public. La sainte ambition de leur ami mourut enfin avec eux. Fénelon détourna ses regards des décadences et des calamités du règne qui finissait, et il se tourna tout entier aux pensées immortelles. Ses écrits et ses correspondances de cette époque portent tous l'empreinte de cette mélancolie qui, dans les hommes du siècle, n'est que le découragement d'une vie trompée; qui, dans les hommes de foi, n'est que le déplacement de leurs espérances d'ici-bas, là-haut. Il écrivit, comme Socrate discourut à sa dernière heure, sur l'immortalité de l'âme. L'amitié du moins lui restait : il en perdit la meilleure part avec l'abbé de Langeron, le disciple, le confident, le soutien de son cœur dans toutes les fortunes. L'abbé de Langeron expira dans les bras de son maître. « Ah! je n'ai pas la force que vous me supposez, écrivait Fénelon à un ami commun qui le félicitait de ne pas sentir à travers sa piété les tristesses des séparations humaines : j'avoue que je me suis pleuré moi-même en pleurant mon ami. Il me reste une espèce de langueur intérieure ; je ne me console que par la lassitude de la douleur. Au reste, ce cher ami est mort avec une vue de sa fin si claire et si douce, que vous en auriez été attendri. Lors même que ses idées se brouillaient un peu, ses sentiments étaient tous d'espérance, de patience, d'abandon entre les mains de Dieu. Je vous raconte tout ceci pour ne pas vous affliger de ma tristesse, sans vous représenter en même temps cette joie de la foi dans la douleur dont parle saint Augustin, et que Dieu m'a fait sentir dans cette occasion. Dieu a fait sa volonté, il a préféré le bonheur de mon ami à ce qui était ici-bas ma consolation! Je lui offrais celui que je tremblais de perdre!... »

« Je ne vis plus que d'amitié, s'écrie-t-il ailleurs en revenant sur cette perte, et ce sera l'amitié qui me fera mourir! Mais nous retrouverons bientôt tout ce que nous semblons perdre ; encore un peu de temps, et il n'y aura plus à pleurer! »

Une fièvre dont la cause était dans l'âme le saisit le premier jour de l'année 1715 ; elle consuma en six jours le peu de vie que les années, le travail et la douleur avaient épargné dans ce cœur qui avait tout prodigué aux hommes. Il mourut en saint et en poëte, en se faisant lire dans les cantiques sacrés les hymnes les plus sublimes et les plus douces qui emportaient à la fois son âme et son imagination au ciel. « Répétez-moi encore ce passage, » disait-il, en savourant ces chants de l'espérance, à son lecteur.

« Encore, encore! Jamais assez de ces divines paroles! » reprenait-il quand on se taisait parce qu'on le croyait endormi. Il était insatiable de cet avant-goût d'immortalité.

« Seigneur, s'écria-t-il une fois, si je suis encore nécessaire à votre peuple, je ne refuse point le travail du reste du jour; faites votre volonté! » Ces paroles affligèrent les assistants, et l'abbé de Chantérac, son premier et son dernier ami, lui dit : « Mais pourquoi nous quittez-vous? Dans cette désolation, à qui nous laissez-vous? Peut-être que les bêtes féroces vont venir ravager votre petit troupeau! » Il ne répondit que par un regard tendre et par un soupir. Il expira doucement, le matin de la nuit suivante, dans une résignation semblable à la joie, dans la prière et dans l'amitié.

L'abbé de Chantérac, comme s'il n'eût eu plus rien à faire sur la terre après la mort de celui pour lequel il avait uniquement vécu, expira de douleur après les funérailles de son ami. La France entière porta dans son âme le deuil de son poëte et de son saint. Louis XIV lui-même sembla s'apercevoir à la fin, mais trop tard, qu'une grande âme manquait à son empire et une grande force à sa vieillesse. « Voilà, s'écria-t-il, un homme qui aurait pu être bien nécessaire dans les désastres dont mon royaume va être frappé! » Vain regret posthume, qui n'apprécie le génie qu'éteint, et la vertu que dans la tombe.

Ainsi vécut et mourut Fénelon. Son nom est resté populaire et plus immortel encore que ses œuvres, parce qu'il répandit plus d'âme encore que de génie dans ses ouvrages et dans son siècle. Ce qu'on adore en lui, c'est lui-même. Son nom est son immortalité. Les hommes sont plus justes qu'on ne croit dans leur rétribution. Fénelon aima, ce fut son génie; il fut aimé, ce sera sa gloire. De tous les grands hommes de ce grand siècle de Louis XIV, aucun n'a laissé une mission si douce à regarder : il y a de la tendresse dans l'accent de tout homme qui parle de cet homme. Sa poésie enchante notre enfance, sa religion respire la douceur de l'agneau, symbole du Christ ; sa politique même n'a que les erreurs et les illusions de l'amour trompé ; sa vie tout entière est le poëme de l'homme de bien aux prises avec les impossibilités des temps.

Il n'a rien opéré, dit-on, des biens qu'il méditait de faire. Il a fait plus : il en a donné l'idée ; il a appliqué dans sa pensée son Évangile à la société ; il a voulu le règne de Dieu sur la terre ; il a enseigné aux rois les droits sacrés de l'homme en enseignant aux peuples les devoirs du citoyen. Il a eu la soif de l'égalité chrétienne, de la liberté réglée, de la justice, de la morale, de la charité dans les rapports des gouvernants avec les peuples, des peuples avec les gouvernants ; il a été le tribun de la vertu, le prophète de l'amélioration sociale. Qu'a-t-il fait ainsi ; dit-on encore ? Il a versé son âme dans l'âme de deux siècles. Il a adouci et christianisé le génie de la France. Quelquefois le poëte de la chimère, mais toujours le poëte de la charité. La conscience lui doit une vertu de plus, la tolérance ; les trônes un devoir de plus, l'amour des peuples ; les républiques une gloire de plus, l'humanité. La France a eu des génies plus mâles, elle n'en a eu aucun d'aussi tendre. Si le génie avait un sexe, on dirait que Fénelon a eu l'imagination d'une femme pour rêver le ciel, et son âme pour aimer la terre. Quand on prononce son nom, ou quand on ouvre son livre, chacun croit voir sa figure ; on croit entendre la voix d'un ami. Y a-t-il une gloire qui surpasse en élévation et en solidité tant d'amour ?

Quand on voudra faire son épitaphe, on pourra l'écrire en ces mots :

« Quelques hommes ont fait craindre ou briller davantage la France ; aucun ne la fit plus aimer des nations. »

NELSON

NELSON

ANNÉE 1758 DE J.-C.

Le héros dont nous allons raconter l'histoire est Anglais ; il a remporté les victoires navales les plus mémorables des temps modernes sur nos alliés et sur nous-mêmes ; nous n'en rendrons pas moins justice à son intrépidité et à ses grandes actions. L'historien a du patriotisme, l'histoire universelle n'en a pas. Précisément parce qu'elle est universelle, elle doit être impartiale dans la rétribution de mérite et de gloire que les hommes célèbres de toutes les nations se sont conquis à travers les siècles. Elle ne fait acception ni de cause, ni de naissance, ni de patrie : elle ne fait acception que de génie, d'héroïsme ou de vertu ; écrite au profit et à la gloire de l'humanité tout entière, elle considère comme une grandeur de la civilisation tout ce qui agrandit en tout lieu l'espèce humaine. Les rivalités de patrie disparaissent à ses regards, de la hauteur dont elle contemple les événements et les personnages. Annibal, le héros de Carthage, ne lui semble ni moins historique ni moins grand que Scipion, le héros de Rome. Tous les deux sont hommes, cela lui suffit ; elle les peint du même pinceau ; elle adopte avec un même orgueil leurs exploits pour l'admiration des siècles. La gloire est comme la vérité, elle n'a point de frontières ; elle luit au profit de tous ; et parce que Newton découvre en Angleterre la loi mécanique des mondes, la France ne se condamne pas à repousser cette découverte comme une vérité antinationale. Newton, à ses yeux, n'est pas un ennemi, c'est un compatriote, c'est un révélateur du genre humain. Ce qui est vrai d'une découverte scientifique est vrai de l'héroïsme : on le reconnaît sous tous les drapeaux, et on le peint où on le rencontre. L'amour-propre étroit de nationalité peut s'affliger, le large amour de l'espèce humaine tout entière s'en honore. Une fois dans la postérité, il n'y a plus ni compatriotes ni étrangers, ni amis ni ennemis, ni vainqueurs ni vaincus, il n'y a que des œuvres ou des exploits. La mort nationalise également tout le monde dans la même immortalité.

Ces considérations nous ont paru nécessaires à présenter aux lecteurs français, au moment où nous avions à peindre un ennemi qui rappelle douloureusement à nos cœurs Aboukir et Trafalgar, ces deux Waterloo de la mer, où périt notre marine, mais où grandirent notre constance, notre valeur et notre nom !

De tous les grands hommes de guerre qui ont brillé dans les luttes de peuple à peuple, ceux qui nous ont toujours le plus intéressé ou le plus ébloui, ce sont les grands hommes de mer. L'immensité, la puissance, la mobilité, la terreur de l'élément sur lequel ils combattent, semblent les élever au-dessus de l'humanité. Ce n'est pas là une vaine illusion de l'imagination, c'est une juste appréciation de leur gloire. La diversité et la grandeur de facultés naturelles ou acquises qu'il faut rassembler dans un même homme pour faire de cet homme un héros de mer étonnent l'esprit et disproportionnent le marin parfait de toute comparaison avec l'homme de guerre ordinaire. A l'un il ne faut qu'une sorte d'héroïsme, celui qui affronte le feu ; à l'autre il en faut deux, l'héroïsme qui affronte la mort et celui qui affronte l'élément. Mais le cœur, qui suffit au combattant de terre, ne suffit pas au combattant de mer ; toutes les qualités de l'intelligence et du caractère sont aussi nécessaires que la bravoure au chef qui gouverne la manœuvre ou le feu sur le pont d'un vaisseau de guerre ou sur le pont d'un vaisseau amiral. La science, pour lire sa route dans les astres ; la vigilance, pour préserver ses bâtiments des vents et des écueils ; la connaissance et le maniement sûr et prompt des agrès qui font mouvoir comme un clavier cette immense machine presque animée qu'on appelle un vaisseau de guerre ; l'ardeur, pour voler au feu à travers la tempête, à la mort à travers une autre mort ; le sang-froid, pour conserver le coup d'œil qui porte ou qui pare le coup ; le dévouement qui s'exalte par la certitude de périr, et qui se jette au foyer du feu et du plomb pour brûler son propre pont sous ses pieds et pour sacrifier un navire à la flotte ; l'autorité du commandant, qui fait reconnaître et respecter le salut de tous dans la voix d'un seul ; la décision, qui agit avant de délibérer avec la sûreté et l'infaillibilité d'un instinct ; l'obéissance, qui plie le sens propre et souvent contraire à la sainteté aveugle du commandement supérieur ; la discipline, qui vit de justice, et qui frappe sur ce qu'elle excuse, pour montrer à tous l'égalité de la règle ; la sérénité du visage dans l'angoisse du cœur, pour faire lire la confiance dans les yeux du chef ; la grâce mâle et digne du caractère, pour conserver dans la familiarité du bord ce prestige que les généraux de terre conservent par le lointain, et que les généraux de mer ont à préserver face à face sur des équipages qui les coudoient à toute heure ; l'audace prudente de ces responsabilités imprévues à prendre sur soi, à la distance où l'on est de son gouvernement, responsabilités qui assument sur une manœuvre et sur un nom le sort d'un empire ; les désastres si inattendus, les nuits qui séparent les bâtiments, les tempêtes qui les engloutissent, les incendies qui les dévorent, les courants qui les échouent, les calmes qui les pétrifient, les écueils qui les brisent, à prévoir, à réparer, à supporter avec le stoïcisme de l'homme qui lutte corps à corps contre le destin ; un pont étroit et presque sans témoins pour tout champ de bataille ; une gloire ingrate qui se conquiert heure par heure, qui se perd en un moment, qui n'arrive quelquefois pas jusqu'à la patrie ; une mort loin de ceux qu'on aime, un cercueil enseveli dans les abîmes de l'Océan ou rejeté au bord comme un débris de naufrage ! Voilà l'homme de mer ! Cent périls pour une gloire, dix héros dans un seul homme !... Tels furent les grands marins de la France, de l'Espagne et de l'Angleterre. Tel fut Nelson, le plus grand et le dernier de ces héros de l'Océan, de ces Titans de la mer.

Horatio Nelson naquit, le 29 septembre 1758, dans un hameau du comté de Norfolk, en Angleterre, dont son père était recteur. Sa mère mourut jeune, laissant onze enfants sans avenir, sans fortune, aux soins du pauvre ministre de village. La parenté éloignée de cette mère de famille avec la maison illustre de Walpole protégea ses enfants. Un de ses frères, capitaine de vaisseau dans la marine royale vint visiter les orphelins de sa sœur, et promit sa sollicitude à ses neveux. Ils furent élevés par le père dans la médiocrité des champs et dans la douce affection qui lie entre eux les membres d'une famille presque indigente. Le recteur en était tout à la fois le maître et le père ; la douceur de ses leçons les fit pénétrer dans le cœur autant que dans la mémoire de ses enfants. Sa santé s'altéra par l'excès de ses travaux et de ses peines ; il fut forcé de quitter sa petite famille pour aller chercher aux eaux minérales de Bath le rétablissement d'une santé ruinée. Pendant son absence, l'aîné des fils gouvernait la maison. La tendresse réciproque et la docilité des fils rendirent cette tâche facile. L'âme invisible du père et de la mère semblait habiter encore ce foyer.

Un jour, pendant les fêtes de Pâques, un journal était ouvert sur la table du parloir. Le jeune Horatio, âgé seulement de douze ans, parcourait la feuille; il y lut la promotion de son oncle au grade de commandant du vaisseau *le Raisonnable*, de soixante-quatre canons. L'éclair de sa vocation, jusque-là indécise, frappa l'enfant : « Mon frère, s'écria-t-il en rejetant le journal sur la table et en s'adressant à William Nelson, plus âgé que lui de quelques années, écrivez vite à notre père, et dites-lui de demander pour moi à notre oncle Maurice la faveur de m'embarquer avec lui. » William écrivit.

Le père, qui connaissait l'ardeur et l'âme d'Horatio, sa passion précoce pour le soutien et l'illustration de sa famille, ne s'étonna pas de cette résolution de son favori. On lui avait souvent entendu dire que cet enfant privilégié portait en lui les symptômes des grandes choses, et que, dans quelque carrière qu'il fût jeté par la Providence, il atteindrait, selon l'expression proverbiale des marins, le sommet du mât! Le père, prévoyant une fin prochaine, et désirant laisser cet enfant moins à la merci du hasard, écrivit donc à son beau-frère, le capitaine Maurice Suckling, pour lui demander la faveur de prendre Horatio à son bord. « Eh quoi! répondit l'oncle, étonné de cette vocation héroïque dans un âge si tendre et dans un corps si frêle; quoi! c'est le pauvre petit Horatio, le plus faible et le plus délicat de la famille, qui demande entre tous les autres à s'exposer aux sévérités de l'Océan? Mais, puisqu'il le veut, qu'il vienne! La première fois que nous irons au feu, un boulet de canon pourrait bien être sa Providence, et se charger à jamais de sa destinée! »

Mais l'intrépidité de l'enfant était dans son âme et non dans ses muscles. Il demanda un jour à sa grand'mère ce que c'était que la peur, dont il entendait souvent parler. On le lui expliqua. « C'est singulier, dit-il avec une naïveté de courage dont il ne se doutait pas encore, je n'avais jamais compris ce que c'était que cette impression, parce que je ne l'avais jamais sentie. »

Un matelot de confiance de son oncle vint prendre l'enfant pour le conduire à bord du *Raisonnable*, qui était à l'ancre à l'embouchure de la rivière. Le petit Horatio quitta avant le jour le foyer de son enfance, et s'arracha en sanglotant aux derniers embrassements de son frère William et de ses sœurs. Son courage n'était que l'exaltation de son âme, et s'associait à la plus tendre sensibilité : il avait pour aimer un cœur de femme. Ce ne fut qu'en faisant violence à ses larmes qu'il arriva les yeux secs au vaisseau.

Son oncle n'était pas à bord ; l'enfant inconnu et isolé resta comme un étranger tout le jour et toute la nuit sur le pont du bâtiment, sans que personne lui adressât la parole. Il se rappela toute sa vie ces heures d'angoisse et cette réception si cruelle pour le cœur brisé d'un enfant sur le pont d'un vaisseau prêt à l'emporter sur les vagues. Ce pont cependant devait être un jour sa patrie, son empire, sa gloire et sa tombe.

Horatio fit deux campagnes sur le *Raisonnable* et sur le *Triomphe*, autre bâtiment encore commandé par son oncle ; mais le *Triomphe* ayant été désarmé après la guerre contre l'Espagne, Nelson s'embarqua volontaire sur un navire du commerce qui faisait un voyage de long cours, et il acquit dans cette navigation, plus libre et plus aventureuse l'audace du matelot et la prudence du pilote le plus consommé. Son oncle, à son retour, le reçut de nouveau à bord du vaisseau *le Triomphe*, où il commandait dans la Tamise une école navale pratique et théorique de jeunes aspirants.

Nelson se lassa bientôt de cette immobilité sur un vaisseau à l'ancre; il avait contracté la passion et l'habitude de la mer, il voulait la sonder jusque dans ses derniers mystères. On préparait une expédition de découverte au pôle nord; Horatio obtint de son oncle la permission de s'y enrôler volontairement. Il monta sur le *Cheval de race*, un des vaisseaux de l'expédition. Le *Cheval de race*, parvenu aux dernières limites de l'Océan navigable alors, fut emprisonné pendant de longs mois dans les glaces, exposé à toutes les extrémités qui signalent toujours ces expéditions, mortelles à tant d'aventuriers. Nelson lutta corps à corps avec un ours qui l'étreignit dans ses pattes, et ne dut la vie qu'à un camarade, dont le coup de feu tua l'animal sur sa proie. « Pourquoi un enfant de votre âge et d'une faiblesse de corps si disproportionnée aux périls s'exposait-il dans une telle lutte? lui dit le commandant en lui infligeant la peine de sa témérité. — C'était pour rapporter à mon père et à mes sœurs la peau d'un ours, » répondit l'aspirant, que l'image du foyer paternel suivait partout.

Sa santé se fortifia et ses membres se développèrent dans ces rudes épreuves du marin.

Après une année inutilement perdue à contempler ces déserts de glace que la nature oppose aux navigations autour du pôle, l'expédition rentra dans les mers ouvertes, et Nelson, placé par son oncle sur le *Cheval de mer*, corvette légère de vingt canons, vogua vers la mer des Indes. il s'y fit remarquer, malgré sa tendre jeunesse, par son exactitude au service, par son maniement habile et sûr du vaisseau, et par son indifférence aux colères de l'élément qu'il avait appris à dompter dès son enfance. Mais atteint, après deux ans de station sur ces côtes morbides, d'un dépérissement de vie qui semblait lui préparer la fin de sa carrière au commencement de ses années, une mélancolie profonde le tenta de renoncer pour jamais à sa profession. Ses tristesses allaient jusqu'à la pensée du suicide.

« Un soir, dit-il lui-même, je contemplai, du haut du bord, la mer comme une tombe hospitalière, et je fus près d'y chercher l'éternel repos : car je n'apercevais en moi et autour de moi aucune chance d'atteindre un jour l'objet vague et inaccessible de mon ambition, la gloire. Heureusement, la Providence présentant à mon esprit l'image et la voix de mon père, de mes frères, de mes sœurs, une illumination soudaine m'éblouit et m'arrêta ; je pensai que je me devais à ma patrie et à mon roi, et qu'ils se chargeraient, si j'en étais digne, de ma fortune et de ma mémoire. Je renonçai à cette mort des faibles, inutile à tous et à nous-mêmes. « Eh bien, me dis-je, mort pour mort, » je choisis celle qui sera illustre et utile à mon pays ; *je* » *serai un héros*, et je braverai tous les dangers, puisqu'au » fond de tous les dangers je ne trouverai que la mort » avec la gloire et la vertu de plus. » De ce moment, ajoute-t-il, je me sentis calme, raffermi, consolé, et j'eus comme une révélation surnaturelle de la destinée qui m'attendait ! »

On le ramena en Angleterre pour rétablir ses forces. Après un examen brillamment subi, il fut élevé au rang de second lieutenant de la marine royale. Il fit la guerre de croisière et de corsaire, dans les mers d'Amérique, contre les Américains indépendants. Il défendit l'île de la Jamaïque contre la flotte et les débarquements de l'amiral français le comte d'Estaing. Il fit partie des expéditions envoyées par les Anglais pour s'emparer de l'Amérique espagnole. Il joua sa vie en aventurier qui cherche la gloire ou la mort, à la tête de plusieurs corps peu nombreux de débarquement qui tentaient l'assaut des forts ou des villes de la côte.

Bivouaquant un jour au milieu des forêts du Pérou, pour donner le temps à la poignée d'hommes qu'il commandait de panser leurs blessures et d'enterrer leurs morts, il s'endormit au pied d'un arbre ; un serpent énorme se glissa sous son manteau pendant son sommeil, s'enroula à sa jambe et le piqua au pied. Les contre-poisons indiqués par les Indiens et la vigueur de sa nature le sauvèrent, mais laissèrent dans sa constitution de longs symptômes du venin mortel. Ramené mourant en Europe par l'amiral Cornwallis, qui eut pour lui tous les soins d'un père plutôt que d'un chef, il alla se rétablir pendant quelques mois à la campagne, dans ce foyer de son père et de ses frères, que sa réputation naissante commençait à éclairer. Il reçut, à son retour à Londres, le commandement d'un brick de vingt-six canons, pour croiser pendant l'hiver dans la mer du Nord, et pour étudier les côtes du Danemark. Ce fut pendant cette rude croisière qu'il entrevit la possibilité d'un des exploits les plus téméraires et les plus sinistres de sa vie : l'incendie de Copenhague.

Au printemps, le brick *l'Albermale*, commandé par Nelson, reçut ordre de retourner en Amérique. En approchant des côtes du Canada, Nelson fut poursuivi et entouré par quatre frégates françaises, dont il allait être la proie ; mais, préférant la perte de son vaisseau à l'humiliation de se rendre, il lança son brick à pleines voiles sur des bas-fonds, où la mer mugissante menaçait de l'échouer à chaque vague. Son adresse et son bonheur lui firent franchir cette barre que des frégates ne pouvaient approcher.

Il passa quelques mois à Québec. Épris d'une ardente passion pour une belle Canadienne d'une classe inférieure à son rang, il n'hésita pas à sacrifier son ambition à son amour, et à quitter le service, pour épouser celle qu'il aimait, au moment où l'escadre faisait voile pour l'Europe. Ses officiers, inquiets de son délire, descendirent à terre pour l'arracher à son idole, et lui firent violence pour le rapporter à son bord. On pressentit dès cette époque que l'amour, cette ambition insatiable des âmes tendres, serait l'écueil de sa vie.

Nommé au commandement du *Borée*, Nelson répandit de plus en plus son nom et sa popularité parmi les marins de sa patrie, par les exploits et les prises dont il consterna les côtes d'Amérique. La part dans ces dépouilles de l'Océan qui revenait à son équipage ne s'élevait pas à moins d'un million quand le *Borée* rentra dans la Tamise. L'amirauté contesta longtemps une partie de cette prime de guerre aux officiers et aux matelots de Nelson ; Nelson s'adressa au roi, qui le combla d'éloges et de grâces, et il triompha ainsi de l'administration de la marine.

Ses campagnes et ses triomphes avaient effacé en lui l'impression de son premier amour au Canada. Il fut séduit par les charmes et par les vertus d'une jeune veuve de dix-neuf ans, mistress Nisbet, et il l'épousa le 11 mars 1787. Ses camarades et ses rivaux de la flotte s'affligèrent de ce mariage, qui semblait devoir rappeler à la vie domestique un jeune homme que la patrie, la guerre et la gloire revendiquaient déjà partout comme le héros futur de l'Angleterre. « Hier, dit dans son journal un de ces officiers, qui devint depuis son second à la tête des escadres, la marine anglaise a perdu une de ses plus rares illustrations par le mariage de Nelson. C'est une perte nationale que le mariage d'un tel officier ; sans ces amours, Nelson serait devenu le plus grand homme de mer de sa patrie. »

Ces augures ne tardèrent pas à être trompés : Nelson, jouissant avec délices de son bonheur domestique, mais toujours prêt à l'interrompre ou à le sacrifier à sa patrie, conduisit sa nouvelle épouse chez son père. Le vieillard infirme et isolé vivait encore pour jouir du premier bonheur et des premières gloires de son fils. « Mon pauvre Horatio, lui dit-il en l'embrassant, ta présence me rend le sentiment d'une nouvelle existence ; mais, ajouta-t-il en mouillant de larmes les cheveux de Nelson, peut-être aurait-il mieux valu que je ne fusse pas réjoui de ce moment si délicieux pour moi, si je dois en être privé sitôt par la mort! Mon âge et ma faiblesse augmentent tous les jours, et je n'ai plus longtemps à me glorifier de toi. »

Le séjour de Nelson et de sa femme dans la maison paternelle lui rendit toutes les réminiscences et toutes les habitudes de la douce vie rurale, qui avait été celle de ses premières années. Il reprit avec sa jeune compagne les courses dans les champs, les travaux de la moisson, les loisirs et les lectures dans le jardin de la chaumière. Il semblait avoir oublié pour jamais les vagues, et s'enraciner par toutes les tendresses et par toutes les occupations champêtres dans son sol natal.

Ces doux loisirs ne furent interrompus que par la guerre de 1792 contre la France. Le 12 décembre de cette année, Nelson fut appelé par l'amirauté au commandement de l'*Agamemnon*, vaisseau de guerre destiné à faire partie de l'escadre de l'amiral Hood dans la Méditerranée. Au moment où le midi de la France livrait Toulon aux Anglais pour échapper par un crime contre la patrie aux crimes de la *terreur* contre l'humanité, l'amiral Hood détacha l'*Agamemnon* de son escadre, et ordonna à Nelson d'aller protéger de sa présence la cour et le port de Naples contre les insultes des escadres républicaines qui menaçaient ce royaume allié des Anglais. Nelson entra en sauveur dans la rade de Naples. La cour l'accueillit comme le gage de sa sécurité. Lord Hamilton, ambassadeur d'Angleterre à Naples, et tout-puissant sur cette cour, à laquelle il assurait la protection britannique, reçut des mains de Nelson les dépêches de l'amiral Hood et la nouvelle de l'occupation navale de Toulon.

Ce vieillard, fanatisé de haine contre la république et du triomphe de sa patrie, maîtresse désormais de l'arsenal maritime de la France, reçut Nelson comme il aurait reçu le salut de l'Europe. Il s'exalta, à son aspect, d'un enthousiasme qui lui fit voir d'avance, dans ce jeune commodore, le vengeur des rois, le fléau de la révolution et la gloire des restaurations monarchiques. Laissant Nelson dans son cabinet, lord Hamilton courut vers la partie de son palais habitée par l'ambassadrice; et, abordant lady Hamilton avec un visage resplendissant de présages : « Je vais introduire auprès de vous, dit-il à lady Hamilton, un petit officier qui ne peut pas prétendre au prestige de la beauté, mais qui un jour est destiné à étonner le monde par son héroïsme et par ses victoires! Jamais, jusqu'à présent, poursuivit le vieillard, je n'ai donné l'hospitalité de mon palais à aucun officier ou à aucun amiral de nos escadres; mais je suis fier d'ouvrir ma maison à Nelson : faites préparer pour lui l'appartement que j'avais destiné au fils du roi d'Angleterre lui-même! »

L'ambassadrice, ainsi prévenue par son mari, et plus passionnée encore que lui pour les intérêts de la cour de Naples, accueillit Nelson en homme qu'elle voulait conquérir à jamais à la cause de ses passions. Nelson habita dès le premier jour le palais de l'ambassade, et l'enfant de sa femme, le petit Joshua Nisbet, qu'il avait embarqué avec lui sur l'*Agamemnon* comme aspirant de marine, fut caressé par lady Hamilton comme par une seconde mère.

Ce fut ainsi que se forma, par la rencontre des événements et par le hasard de la sympathie d'un vieillard, entre Nelson et lady Hamilton, cette passion qui, comme celle de Cléopâtre et d'Antoine, devait incendier les côtes de la Méditerranée, changer la face du monde, et entraîner tour à tour à la gloire, à la honte, au crime, le héros tombé aux piéges de la beauté.

Pour comprendre la vie et la passion fatale de Nelson, il faut retracer la vie et les aventures de lady Hamilton, l'Aspasie d'abord et l'Hérodiade de son siècle ensuite, élevée par la merveille de sa beauté, par la fortune et par l'amour, du chaume de sa mère et des lieux suspects de Londres jusqu'à la main d'un des lords les plus opulents de sa patrie, au rang d'ambassadrice d'Angleterre, et à l'intimité passionnée d'une reine dont elle était la protectrice et la complice plus que la protégée et l'amie. La beauté suprême est une royauté des sens qui subjugue même les maîtres et les maîtresses des empires. Ces subjugations sont les miracles de la nature; il y en eut peu de comparables à cet empire que lady Hamilton, la moderne Théodora, exerça par ses charmes.

Son seul nom était Emma, car on ne connut jamais son père. Enfant de l'amour, du vice, du mystère, que la nature semble se complaire à combler de ses dons, comme pour compenser l'exhérédation de la famille. Sa mère était une pauvre servante de ferme du canton de Chester, en Angleterre. Soit qu'elle eût perdu son mari par la mort, soit qu'elle eût été, comme Agar, abandonnée par son séducteur, on la vit arriver inconnue et mendiante dans un village du pays de Galles, cette Suisse anglaise. Elle portait un enfant de quelques mois sur les bras. La beauté de la mère et de l'orpheline intéressa les montagnards du village d'Hawarden; l'étrangère y gagna sa vie et celle de son enfant en cultivant la terre pour les fermiers du village et en glanant dans les champs.

La distinction et la noblesse des traits de l'enfant propagèrent dans le peuple la rumeur d'une naissance illustre et mystérieuse; on la croyait fille de lord Halifax. Rien depuis, dans la destinée et dans l'éducation de la jeune orpheline, ne justifia ce bruit. A douze ans elle entra comme servante d'enfants dans une maison du voisinage. Les fréquents séjours que ses maîtres faisaient à Londres chez leur parent, le célèbre graveur Boydel, lui donnèrent le premier contre-coup de l'impression que sa figure faisait sur la foule dans les lieux publics, et le sentiment vague de la haute fortune qu'elle devrait à ses charmes. A seize ans elle s'évada du village d'Hawarden, dont l'obscurité ne suffisait déjà plus à ses rêves, et elle se plaça dans la domesticité d'un honnête marchand de Londres. Une femme d'un rang supérieur, l'ayant remarquée dans la boutique de ses maîtres, l'éleva à une domesticité plus haute. Presque oisive dans une maison opulente, Emma s'enivra de la lecture des romans qui créent un monde imaginaire à l'amour ou à l'ambition des jeunes âmes; elle fréquenta les théâtres, et y prit les premières inspirations de ce génie de l'expression dramatique, du geste, des poses et des attitudes dont elle fit plus tard un art nouveau quand elle devint la statue animée de la Beauté et de la Passion.

Congédiée par sa maîtresse pour quelques négligences de service, son goût pour le théâtre lui fit rechercher une autre domesticité plus conforme à ses goûts dans la famille d'un directeur de théâtre. Le désordre, la liberté, la fréquentation de cette maison par les acteurs, les musiciens et les danseurs de la scène, l'initièrent subalternement à tous les arts qui fascinent les sens. Elle était alors dans toute la fleur et dans toute la perfection de son adolescence. Sa stature élevée, souple et harmonieuse, égalait par ses ondulations naturelles les artifices les plus étudiés des danseuses. Sa voix avait l'accent des plus douces et des plus tragiques émotions. Son visage, doué d'une impressionnabilité aussi délicate et aussi mobile que les premières sensations d'une âme virginale, était à la fois une mélancolie et un éblouissement. Tous ceux qui l'ont entrevue à cette époque s'accordent à la dépeindre sous les traits de la moderne Psyché. La pureté de l'âme, transparente encore sous la pureté des traits, l'entourait jusque dans sa position subalterne d'un respect que l'admiration n'osait franchir. Elle semait le feu, mais elle ne brûlait pas; son innocence était protégée par l'excès même de sa beauté. Sa première chute ne fut pas une chute dans le vice, mais une chute dans l'imprudence et dans la bonté.

Un jeune homme du village d'Hawarden, fils du fermier qui avait recueilli sa mère, avait été enlevé dans un enrôlement forcé de matelots et jeté enchaîné sur la flotte à l'ancre dans la Tamise. Emma, sollicitée par la sœur du captif, se présente avec son amie au capitaine du navire pour implorer la liberté du jeune marin. L'amiral, ébloui, accorde tout aux prières et aux larmes d'Emma. Il l'enlève de sa condition servile, mais honnête, la couvre d'un luxe honteux, lui meuble une maison, lui donne les maîtres les plus consommés dans tous les arts, se pare lui-même aux yeux de ses amis de sa conquête, et la laisse, au moment du départ de l'escadre, aux hasards de nouvelles séductions.

L'un des amis de l'amiral, possesseur d'un nom éminent et d'une grande fortune, entraîne avec lui l'infidèle Emma dans une de ses terres, la traite en épouse, en fait la reine des chasses, des fêtes, des danses de la campagne; puis, l'oubliant à la fin de la saison, la laisse à Londres à la merci du hasard, du besoin et du vice.

Retombée de ce nuage d'or sur le pavé d'une capitale, flétrie aux yeux de ses anciens protecteurs par l'éclat de ses aventures, Emma fut recueillie, dans la nuit et sous des haillons, par ces recruteuses infâmes qui font le commerce de la dépravation. Un hasard seul la préserva de l'ignominie. La femme corrompue qui lui avait donné asile, frappée de la distinction et de la modestie qui survivaient à ses premiers désordres, et éblouie de la perfection de ses traits, la conduit, pour faire admirer cette merveille de la nature, chez un médecin célèbre par ses études sur la beauté. Ce médecin était le docteur Graham, espèce de charlatan voluptueux et mystique, qui professait devant la jeunesse matérialiste de Londres une sorte d'idolâtrie savante des perfections de la nature humaine; il s'était fait ainsi une bizarre et suspecte renommée.

Le docteur Graham se récrie à la vue de la jeune orpheline; il en paye la découverte à l'entremetteuse. Il la recueille dans sa propre maison; il publie dans les journaux qu'il possède un exemple accompli de l'efficacité de ses spécifiques pour créer et pour maintenir la perfection de la vie, de la beauté et de la santé dans une créature humaine, et qu'il provoque les incrédules à venir se convaincre par leurs propres yeux devant l'image vivante de la déesse Hygie. A cet appel, fait à la licence plus encore qu'à la science, les sectateurs de Graham accoururent mystérieusement à son amphithéâtre.

L'infortunée victime de sa propre perfection paraît revêtue d'étoffes transparentes sous le costume d'une divinité; son voile dérobe à peine sa rougeur. L'orgueil du savant et l'ivresse des spectateurs éclatent en acclamations d'enthousiasme; jamais la peinture ou la statuaire n'avait offert aux regards des formes ou des couleurs aussi idéales que la nature. Les peintres et les sculpteurs se disputent l'imitation d'un si divin modèle. Parmi eux, le plus célèbre des coloristes anglais du temps, Rowmney, se signale par une infatigable répétition du même visage; il peint Emma sous tous les attributs des déesses de la mythologie et sous tous les costumes des héroïnes de la poésie ou de la scène. Ces images gravées multipliaient dans toute l'Europe les traits de la jeune inconnue. Rowmney, comme Apelles devant Campuspe, s'éblouit et s'enflamme pour son modèle; il l'enlève à Graham comme un trésor inépuisable d'art et de fortune. Il vend au poids de l'or ses portraits en magicienne, sous les traits de Circé et sous les traits de l'Innocence touchant une sensitive et s'étonnant du frisson de la fleur sous ses doigts. Cette publicité anonyme protégeait néanmoins la pudeur d'Emma. Le prix de ses poses, qu'elle avait reçu de Graham et de Rowmney, la faisait vivre dans l'ombre et dans la décence d'une maison retirée de Londres. La célèbre madame Lebrun, peintre de la reine Marie-Antoinette, la peignit à cette époque en bacchante, et rapporta son image en France.

Un jeune Anglais de l'illustre maison de Warwick, Grenville, neveu de sir William Hamilton, ambassadeur à Naples, découvrit Emma dans cette obscurité. Sa passion lui fit croire à la vertu de la jeune fille; il l'aima, il tenta vainement de la séduire. Soit désir sincère de racheter les fautes de sa destinée, soit ambition de mériter un nom en refusant une fortune, Emma résista à toutes les séductions; la promesse d'une union légitime, aussitôt que la famille de son amant serait vaincue par sa constance, put seule fléchir sa résistance. Grenville, enchaîné par tous les charmes et même par ceux de la vertu, vécut en époux avec elle pendant plusieurs années. Trois enfants naquirent de cette union jurée mais secrète, et rien n'altéra le bonheur obscur des deux amants. Emma, toujours sensible et reconnaissante, même aux dépens de son orgueil, avait rappelé sa mère indigente auprès d'elle; elle l'honorait et la chérissait, sans rougir de sa servile condition.

En 1789, après ces années de félicité intérieure, toujours altérées cependant par les résistances et par les sévérités de sa famille, Grenville, dépouillé de ses places et obéré jusqu'à la détresse, hésitait entre la douleur et la nécessité de délaisser celle qu'il regardait comme son épouse. Ses larmes et celles d'Emma empoisonnaient les derniers jours de leur passion. Ce fut dans cette crise de leur vie que l'oncle de Grenville, sir William Hamilton, arriva à Londres. Cet oncle, possesseur d'une immense fortune, n'était pas marié; il réservait son héritage à son neveu;

mais sa sévérité aristocratique s'indignait d'avoir à reconnaître pour ses petits-neveux les enfants d'une aventurière. Il refusa obstinément à Grenville son consentement à un mariage légitime et les sommes nécessaires à l'acquittement de ses dettes.

Grenville, désespéré, ne vit de salut que dans l'intervention de celle qui faisait à la fois les délices et le tourment de sa vie. Emma, à son instigation, se rendit dans le costume de son enfance, en robe de bure et en chapeau de paille, chez l'oncle de son amant. Elle tomba à ses pieds, elle avoua sa faute; elle versa des larmes d'autant plus persuasives qu'elles étaient plus vraies; elle attesta les tendres fruits de son amour; elle conjura Hamilton de pardonner à la mère et au père en faveur de ces misérables créatures. Elle triompha plus qu'elle ne voulait triompher. Le vieillard, fasciné par des traits et par des accents qui dépassaient tout ce qu'il avait admiré dans les chefs-d'œuvre des statues d'Athènes ou sur les scènes voluptueuses de l'Italie, comprit par sa propre séduction celle de son neveu. L'amour, qu'il avait refusé de comprendre, se vengea en l'enivrant lui-même des mêmes désirs qui avaient dompté Grenville. Il resta foudroyé de la beauté d'Emma, et, comme un homme saisi d'une soudaine démence, il oublia en peu d'entrevues son âge, son rang, sa répugnance au mariage, l'obscurité de naissance et les taches de la vie d'Emma, la passion de son neveu partagée longtemps et peut-être encore par sa maîtresse, les enfants nés de cet amour, le scandale et la honte de cet ignominieux trafic de charmes, et il acheta au prix de l'acquittement des dettes de Grenville la possession de cette vénale beauté.

Un mariage secret unit Hamilton et Emma à Londres. Hamilton se hâta d'emmener sa conquête à Naples, sans avoir encore déclaré son mariage. La beauté d'Emma éblouit l'Italie comme elle avait ébloui l'Angleterre. Mais la renommée du rôle impudique de modèle qu'elle avait accepté sous les yeux des artistes, et du trafic infâme entre l'oncle et le neveu dont elle avait été le prix, l'avait précédée à Naples. L'ambassadeur, pour étouffer ces rumeurs et pour réhabiliter son idole, fut obligé de l'épouser publiquement. Le scandale s'évanouit devant le rang et devant les séductions de la jeune ambassadrice. Elle parut à la cour, et conquit du premier coup d'œil l'admiration et l'enthousiasme de la reine Caroline de Naples.

La reine Caroline de Naples était, comme la reine Marie-Antoinette de France, fille de l'impératrice Marie-Thérèse d'Autriche. Aussi charmante et plus constante dans ses pensées que sa sœur, Caroline avait le génie de sa mère; mais, de toutes les vertus de Marie-Thérèse, elle n'avait que le courage : jeune, belle, adorée, épouse d'un roi indolent et dominé par la supériorité d'esprit et de volonté de sa femme; maniant le royaume du sein des fêtes et des voluptés par la main de ses favoris, dont elle faisait ses ministres; d'une activité capable de remuer l'Europe, et qui agitait de pensées gigantesques un État trop étroit pour son énergie. L'horreur du meurtre de sa sœur par les régicides français; la crainte de tomber elle-même du trône dans les mains des bourreaux ou des révolutionnaires italiens; la haine contre les principes nouveaux, qui, en reconnaissant des droits aux peuples, menaçaient de restreindre le despotisme des rois et le caprice des cours, faisaient de la reine Caroline de Naples la conjuration vivante, la Némésis couronnée des trônes contre la révolution en Italie.

Obligée, par la neutralité contrainte de ses États et par sa faiblesse, de feindre l'amitié avec la France et de tolérer un ambassadeur français à Naples, elle se vengeait de cette humiliation forcée par une conspiration sourde, mais active et perpétuelle, avec l'Autriche, la Russie, et surtout avec l'Angleterre. Enchaîner le cabinet de Londres à sa destinée, et se faire ainsi d'une puissance maritime dominatrice des mers une protectrice et une caution contre les Français et contre ses propres peuples, était à la fois la nécessité, la politique et la passion de la reine de Naples. L'asservissement et la complicité de l'ambassadeur d'Angleterre à ses desseins étaient la première condition de ce plan. La présence de lady Hamilton à Naples, l'empire prestigieux que cette courtisane aujourd'hui titrée exerçait sur le cœur de son mari, offraient à la reine le moyen le plus naturel et le plus certain de retenir l'Angleterre dans ses intérêts. Sir William Hamilton avait la confiance de Pitt, et Pitt tenait sous sa main les résolutions, les subsides et les flottes de la Grande-Bretagne. Une jeune fille du pays de Galles tenait ainsi dans un de ses caprices le destin de l'Italie.

Mais, dans l'attrait soudain et irrésistible qui entraîna la reine de Naples vers lady Hamilton, la politique fut moins décisive encore que la nature. L'influence de la beauté sur les yeux des filles de Marie-Thérèse était un des caractères de leur race. Aussi avides de sentiments doux que de sentiments forts, elles avaient un besoin d'amitié et de favoritisme qui les faisait calomnier jusque dans leurs plus légitimes inclinations. L'amitié de la reine de Naples et de lady Hamilton ne tarda pas à soulever des rumeurs. Mais la reine, d'un caractère plus viril et plus inflexible que Marie-Antoinette, sa sœur, bravait tous les murmures du fond de son palais et du milieu de ses troupes. L'effroi de son nom imposait silence à la haine et à l'envie; elle avait fait passer la terreur du côté du trône.

L'enthousiasme pour la beauté de lady Hamilton à cette époque de sa vie était devenu une sorte d'idolâtrie dans toute l'Europe : les peintres et les statuaires accouraient de toutes les villes de l'Italie pour reproduire ses traits. « Dès aujourd'hui et pendant tous les jours de l'été, écrivait alors un des plus célèbres d'entre eux, mon temps ne m'appartient plus; je le consacre tout entier à copier les beautés sans nombre que m'offrent le visage et les formes de cette femme presque divine, car je ne sais aucune épithète qui soit digne d'elle, tant elle est supérieure à son sexe. Cependant je crains de la perdre pour quelque temps, elle va faire une absence avec sir William Hamilton. Ils sont trop importunés ici, où la foule les suit et assiége partout les théâtres, les jardins, les rues où l'on peut espérer d'apercevoir ce prodige. En vérité, si lady Hamilton avait de la vanité, le vertige s'emparerait d'elle. Je vais la peindre en Jeanne d'Arc, en Madeleine, en bacchante, et sous les traits de toutes les jeunes héroïnes de la scène. Un jour qu'elle avait refusé de poser pour moi, je l'ai crue refroidie, j'avais perdu tout mon talent; mais elle a eu pitié de son admirateur, elle m'a témoigné de la compassion, et jamais je n'ai peint une si belle tête que dans son dernier portrait, destiné par elle à sa mère. Ma santé est revenue aussitôt, comme par miracle. »

La reine, rencontrant à la fois dans la jeune ambassadrice le charme de ses yeux et l'instrument de sa politique, s'abandonna tout entière aux délices de cette amitié. Lady Hamilton devint la favorite de la reine, l'idole du palais, le ministre secret de la cour de Naples, la confidente des desseins, des larmes, des plaisirs de son amie. Elle passait les jours et les nuits dans la chambre de la reine et de ses enfants; elle descendait de son rang d'ambassadrice pour reprendre volontairement auprès de la fille de Marie-Thérèse cette condition servile dont elle avait été humiliée dans son enfance, et dont elle se glorifiait maintenant :

esclave antique attachée par le fanatisme de la royauté à sa maîtresse couronnée. Toutes les passions politiques de la reine de Naples avaient passé avec ses confidences et ses terreurs dans l'âme de la favorite.

La reine ne lui dérobait rien de ses soucis et de ses angoisses les plus secrètes. « Je la vois, écrivait lady Hamilton, dans des accès de frénésie, passant du délire de la crainte au délire de la joie sous mes yeux, remplissant le palais de ses cris, riant, pleurant, éclatant en sanglots convulsifs, se précipitant dans les bras de son mari, étouffant contre son cœur les petits princes ses fils, embrassant tous ceux qui entrent dans sa chambre, se parlant à elle-même en paroles entrecoupées, invoquant l'Angleterre, exaltant Nelson, s'écriant dans ses transports : « O le héros ! ô le » brave Nelson ! ô le libérateur de l'Italie ! ô l'espoir et la » providence de Naples ! »

Telle était la femme d'irrésistible éblouissement qui prit à la première vue sur les yeux et sur l'âme de Nelson le fatal et coupable empire cause des égarements, des crimes et des malheurs d'un grand homme. Bien que lady Hamilton n'eût à cette époque de sa vie que vingt-six ans, et que Nelson, d'un extérieur grêle, bizarre, inculte, n'eût d'autre attrait que le profil aquilin des héros de la guerre, son bras mutilé, sa gloire en présage, et le feu de son âme révélant dans ses yeux on ne sait quelle future grandeur, l'attrait que lady Hamilton inspira à Nelson fut aussi soudain et aussi passionné en elle que celui qu'elle fit naître en lui. Sans doute la politique et l'orgueil lui firent sentir l'utilité pour la cause de la reine et la gloire pour elle-même de subjuguer l'homme de qui dépendait le sort de Naples et le salut de la cour ; mais la politique et l'orgueil ne furent que les justifications de l'amour. Elle aima elle-même ; ce fut son prestige.

Le délire naissant de Nelson se trahit à son insu dans

toutes les lettres qu'il écrit à cette époque en Angleterre ou à ses amis de la flotte. « Nous dînons aujourd'hui avec le roi de Naples, dit-il dans une de ces lettres, à bord d'un vaisseau; il me comble de distinctions. Je vois souvent la reine; elle est vraiment fille de Marie-Thérèse... De l'autre côté de la table sur laquelle je trace ces lignes lady Hamilton est assise devant moi; vous comprendrez, je l'espère, le glorieux désordre de cette lettre... A ma place vous écririez peut-être avec moins de suite encore... Quand le cœur est remué, il faut bien que la main tremble... Naples est décidément un trop dangereux séjour; il sera bien que nous le quittions avant peu!... »

« J'habite, dit-il ailleurs, avec lady Hamilton; c'est assez vous dire qu'aucun regret n'empoisonne ma vie, si ce n'est de temps en temps l'obligation de prendre part aux affaires de ce royaume; mais arrivons à faire pendre le baron de Thugut, le cardinal Ruffo et le ministre Manfredini, et tout ira bien. » C'étaient les ennemis de la reine et de lady Hamilton à la cour d'Autriche.

Nelson, inspiré par cette faction du palais, commençait déjà à haïr de la haine de son idole les factions rivales. Il pressait alors, de concert avec l'ambassadeur d'Angleterre et de tout l'ascendant de son gouvernement, la guerre du roi de Naples contre les Français en Italie. La déroute de Mack, général autrichien, à qui le roi de Naples avait confié son armée, décida en quelques heures du royaume. Les Français, s'avançant sur la capitale en libérateurs, et suscitant partout sous leurs pas le sentiment républicain mal endormi dans cette terre jadis libre, ne devaient laisser bientôt à la cour de Naples qu'une fuite précipitée pour politique et la mer pour asile.

Ce fut l'époque de la plus violente passion de Nelson pour l'idole qu'il avait laissée à Naples. L'absence, en concentrant l'image de cette merveilleuse beauté dans son cœur par le souvenir, ajoutait la mélancolie à son ivresse. La mer, la solitude du bord, la mort sans cesse présente, le sentiment de l'instabilité de la vie qui presse l'âme avide de félicité, comme, dans les festins antiques, la mort les pressait de saisir les voluptés fugitives; l'obsession d'une seule image présente à la pensée, et qu'aucune autre image ne fait évaporer du cœur; l'ignorance des habiletés de la femme et l'incrédulité à ses inconstances, expliquent ces démences de la passion coupable dans les marins et dans les guerriers. Ils emportent avec eux dans leur cœur des impressions que rien ne vient changer. Les longues campagnes et les longues navigations avec un seul souvenir sont des maladies de cœur qui s'aggravent par l'isolement, et qui finissent par tuer la raison comme la vertu. La raison et la vertu de Nelson étaient mortes : son amour vivait seul en lui.

« Hélas! écrit-il par toutes les voiles à son idole, que le pont de mon vaisseau me paraît vide et morne après la société que j'ai perdue pour me confiner dans une cabine solitaire sur l'Océan! Vous m'avez rendu toute place sur le globe odieuse, excepté celle où vous êtes! »

Ses amis les plus dévoués, qui avaient conservé le droit de lui dire la vérité, le gourmandaient en vain dans leur conversation et dans leurs lettres. Il convenait avec eux de la justice de leurs reproches, il se dévorait de ses propres remords; mais ces remords, assez vifs pour empoisonner sa vie, n'étaient pas assez énergiques pour le rendre à la vertu. Il désobéit même plusieurs fois aux ordres de son gouvernement, qui le rappelait dans l'Océan, pour rester sur la Méditerranée, plus près de lady Hamilton, et les yeux fixés sur Naples.

Peu de temps après, Bonaparte s'embarquant à Toulon sur la flotte la plus imposante qui ait jamais, depuis les croisades, traversé la Méditerranée avec une armée d'expédition, laissait l'Angleterre indécise sur le véritable but d'un tel armement. Allait-il franchir le détroit pour attaquer la Grande-Bretagne dans une de ses îles européennes ou dans les Indes? Allait-il s'emparer de Constantinople et dominer de là la Russie, l'Autriche et les mers d'Europe?

L'amiral Saint-Vincent, chargé du commandement suprême de toutes les forces navales de l'Angleterre sur les côtes de France, d'Italie et d'Espagne, n'osant dégarnir les grandes stations qu'il occupait devant nos ports et devant Cadix, délégua à Nelson, comme au plus brave et au plus actif de ses lieutenants, l'observation, la poursuite et, s'il était possible, l'anéantissement de l'expédition française.

Nelson, successivement rallié par seize vaisseaux de haut bord, et conservant son pavillon amiral sur le *Vanguard*, se lança au hasard sur les traces inconnues de cette flotte dont aucun indice ne lui révélait la route ou la destination. Après avoir touché à la Corse, déjà laissée derrière lui par Bonaparte, et parcouru en vain les mers d'Espagne, il revint à Naples le 16 janvier, découragé de vaines poursuites, épuisé de vivres et de munitions. Les avis des consuls anglais en Sicile lui apprirent à Naples la conquête de Malte par Bonaparte, l'appareillage de la flotte française aussitôt après la sommation à cette île, et tournèrent enfin ses conjectures sur l'Égypte.

Les intrigues de lady Hamilton, animée à la fois par la passion qu'elle avait pour la reine et par celle dont elle brûlait pour Nelson, obtinrent de la cour de Naples, malgré une apparente neutralité, tous les secours et tous les ravitaillements nécessaires à l'escadre anglaise pour renouveler une si périlleuse campagne. En peu de jours, Nelson reprit la mer, toucha à la Sardaigne, longea les côtes du Péloponèse, parcourut en tous sens la mer d'Orient, sonda vainement par ses avisos la rade d'Alexandrie, où les Français n'avaient pas été vus encore, franchit désespéré la mer d'Égypte, s'approcha de Candie, pendant que l'escadre républicaine longeait cette île par le bord opposé, se rapprocha de Malte, interrogea vainement toutes les voiles de l'Archipel, apprit qu'on élevait dans sa patrie contre sa lenteur ou son incapacité des accusations qui redoublèrent sa course, s'irrita contre les vents, força de voiles, brava les tempêtes, et, revenant encore sur son sillage, aperçut enfin, le 1ᵉʳ août, au lever du jour, la forêt de mâts nus de la flotte française à l'ancre dans la rade d'Aboukir, à six lieues d'Alexandrie, près de l'embouchure du Nil.

Bonaparte avait déjà débarqué, et marchait à travers le désert vers le Caire. L'amiral Brueys commandait la flotte, composée de dix-sept vaisseaux de guerre, de quatre frégates et d'un grand nombre de bâtiments légers. Cet amiral attendait à chaque instant l'apparition de l'armée navale anglaise. La supériorité du nombre de ses vaisseaux et de ses canons, l'égalité de valeur dans ses équipages, auraient permis en tout autre temps à Brueys d'attendre Nelson sans reculer et de le chercher lui-même pour lui disputer la Méditerranée ! Mais les batailles navales ont des hasards que les instructions de Bonaparte et la nature de l'expédition défendaient à Brueys de courir. La flotte française, appui et arsenal de l'armée de terre, était la seule base d'opérations de Bonaparte en Égypte. La destruction de cette flotte enlevait à l'armée française le seul moyen de communication et le seul espoir de renfort de la mère patrie. C'était le pont entre la France et l'Égypte : exposer les vaisseaux à l'incendie en pleine mer, c'était trahir à la fois l'armée qu'il venait d'apporter, et la France à qui il en devait le retour. Brueys, après de vains efforts pour entrer dans le port fermé d'Alexandrie, qu'on croyait alors trop peu profond pour recevoir des vaisseaux de grande profondeur de quille, s'était décidé à mouiller la flotte dans la rade d'Aboukir. Il en avait fortifié les écueils. Six vaisseaux à l'ancre disposés en croissant concave comme le rivage, appuyés d'un côté par l'îlot d'Aboukir, forteresse naturelle armée de canons; appuyés, de l'autre, par un bras avancé de la rade, étaient autant de forteresses immobiles présentant leurs batteries à la mer. Elles pouvaient combiner leurs feux sur un même bâtiment. Inabordables, aux yeux de Brueys, du côté de la terre, ces défenses donnaient ainsi à une bataille navale la solidité et l'inexpugnabilité d'un rempart de feu.

A deux heures de l'après-midi du 1er août, Brueys, averti par ses signaux de l'apparition de Nelson en vue de l'Égypte, rappela à bord tous ses équipages. Il ordonna à deux de ses bricks, *l'Alerte* et *le Railleur*, qui tiraient peu d'eau, d'aller reconnaître la flotte anglaise à portée de canon, puis de prendre la fuite en passant, pour rentrer dans la rade, sur des bas-fonds où il espérait que leur exemple entraînerait les vaisseaux d'avant-garde de Nelson sur leur trace, et les ferait échouer dans la vase du Nil.

Mais Nelson, qui connaissait ces bas-fonds, évita le piége. Sans paraître s'occuper des bricks, il s'avança en ordre de bataille sur la tête de la flotte française, comme à un assaut de front sur le centre d'une position ; puis, virant de bord et se précipitant sans sonder, sans hésiter et sans tirer, entre l'extrémité de la ligne d'embossage de Brueys et l'îlot fortifié d'Aboukir, il franchit ce passage à pleines voiles avec la moitié de ses vaisseaux, en y perdant seulement le *Culloden*.

A mesure que ses vaisseaux franchissaient la passe, ils s'embossaient chacun derrière un des vaisseaux de Brueys. L'autre moitié de l'armée de Nelson, s'arrêtant tout à coup et se coupant en deux, se rangea du côté de la mer en face des vaisseaux français, attaqués ainsi par les deux flancs, et le feu s'ouvrit comme un double tonnerre sur le pont des bâtiments immobiles de Brueys.

La flotte française, ayant ainsi perdu à la fois, par une erreur de son chef, la protection qu'elle avait espéré de terre et la faculté du mouvement dans un combat à l'ancre, prévit son destin. Il ne lui restait qu'à périr glorieusement en entraînant le plus de vaisseaux ennemis possible dans sa destruction. Elle fut digne de la grandeur de son désastre. L'armée républicaine de cette flotte, commandée encore à ce dernier jour par les officiers héroïques des guerres de la Révolution, s'éleva au niveau de l'antiquité par son suicide : héros d'une autre Salamine, à qui il ne manque qu'un Thémistocle! Le *Spartiate*, le *Franklin*, l'*Orient*, le *Tonnant*, répondant de leurs deux batteries à la fois aux doubles bordées des vaisseaux anglais, jonchèrent les ponts de Nelson de mâts, de vergues, de morts et de blessés. La victoire ne fut pas le prix de la supériorité navale, mais de la fatalité de l'embossage. Jamais la flotte française n'avait vaincu plus glorieusement qu'elle ne succomba. Chaque vaisseau fut une scène des Thermopyles, car les combattants ne combattaient plus pour vaincre, mais pour mourir. Chaque pont vit tomber un à un ses commandants, ses officiers, ses canonniers, et ne rendit plus aux Anglais que des cadavres et des bûchers. L'amiral Brueys, déjà blessé aux premières mitrailles, se tenait debout sur la dunette de son vaisseau l'*Orient*, entouré des restes de son état-major, implorant la mort pour couvrir son infortune. Un boulet de Nelson le coupa en deux ; Brueys s'opposait encore de ses mains mourantes à ceux qui voulaient le descendre sous le pont. « Non ! non ! s'écriait-il, un amiral français doit expirer sur son banc de quart. » Son capitaine de pavillon, Casa-Bianca, tomba un moment après sur le corps de son général. L'*Orient*, sans chef, combattait comme de lui-même. Nelson fut atteint d'un de ses coups ; il tomba la tête labourée par un fragment de ses vergues. Le sang inonda son visage, et la peau de son front, retombant sur son œil unique, le plongea dans les ténèbres, qu'il prit un moment pour la nuit de la mort.

Certain déjà de triompher, mais croyant sa blessure mortelle, Nelson fit appeler le chapelain du *Vanguard*, et le chargea de redire ses dernières tendresses à sa famille. Un silence d'anxiété terrible suspendit la respiration du vaisseau pendant que les chirurgiens sondaient la blessure. Un cri de joie retentit à bord quand ils eurent déclaré qu'elle n'était que superficielle, et que le vainqueur serait conservé à sa patrie. La nuit inaperçue, tant le feu du combat éclairait les vagues, couvrait déjà depuis trois heures les combattants. Les vaisseaux français se taisaient un à un, à mesure que leurs équipages décimés manquaient aux canons, sombraient en pleine mer, dérivaient entraînant leurs câbles coupés vers la plage, ou s'échouaient sur les écueils. L'*Orient* brûlait par ses ponts supérieurs, et tirait encore de ses bas ponts, près d'être consumés par l'immense bûcher que la brise de nuit attisait autour de ses batteries. Les vaisseaux anglais avaient cessé de lui répondre et se retiraient à distance, pour échapper à son inévitable explosion. Le capitaine Dupetit-Thouars, commandant du *Tonnant*, ne ralentissait pas son feu au spectacle de ces désastres. Il ne combattait plus pour la gloire ni pour la vie, mais pour l'immortalité. Un bras emporté par un boulet, les deux jambes fracassées par la mitraille, Dupetit-Thouars faisait jurer à son équipage de ne jamais amener son pavillon et de jeter son corps à la mer, pour que ses restes mêmes ne fussent pas captifs des Anglais. Ce vaisseau, ainsi que le *Franklin*, jonché des corps de ses officiers, ne fut bientôt plus qu'un cadavre sur la mer.

La flamme toujours croissante de l'*Orient* éclairait seule la rade couverte de débris. Les matelots de ce vaisseau se précipitaient par les sabords dans la mer, s'attachant à des débris pour se laisser ainsi dériver à la côte. Ils conjurèrent leur commandant Casa-Bianca, criblé de blessures, de se laisser sauver par eux. Soit impossibilité de remuer ses membres fracassés, soit volonté stoïque de ne pas survivre à son bâtiment, Casa-Bianca repoussa ces supplications de son équipage. On voulut sauver au moins son fils, enfant de douze ans, de la plus héroïque espérance, que sa tendresse pour son père avait fait embarquer avec lui; mais l'enfant, s'enlaçant au corps de son père, résista aux prières et à la force, et voulut mourir dans les bras de celui qui lui avait donné la vie.

L'explosion, qui s'approchait, força les généreux marins à abandonner ce groupe funèbre à sa tendresse. L'*Orient* sauta en l'air à onze heures, avec une explosion qui fit trembler l'Égypte jusqu'à Rosette, et avec un éclair de flamme qui éblouit longtemps l'horizon. Ses mâts, ses vergues, ses membrures, ses canons, retombèrent en pluie de feu sur la rade, comme un pan du ciel qui s'écroulerait au contre-coup des combats humains. Le soleil en se levant ne découvrit sur la rade d'Aboukir que des carcasses de vaisseaux échouées ou fumantes, dispersées au hasard de la houle. Quelques pavillons français flottaient encore sur ces débris. Nelson lui-même, rasé de mâts et réduit à des voiles basses, pouvait à peine mouvoir sa flotte victorieuse mais désemparée. Deux de ses vaisseaux, seuls intacts dans leur mâture, achevèrent la conquête des dépouilles de la nuit. Quelques commandants français échouèrent leurs bâtiments sur le sable et les incendièrent pour en disputer les débris aux vainqueurs. L'armée française était désormais prisonnière dans sa conquête en Égypte. La capitulation future de cette armée était la seconde victoire de Nelson. La fortune n'accordait pas tout au même peuple, à l'un la terre, à l'autre l'Océan.

« Cette victoire de Nelson, disent les historiens français témoins de la bataille, fut peut-être la plus complète qui ait jamais été remportée sur mer depuis l'invention de la poudre. » Nelson ne la dut qu'à sa témérité et à l'immobilité de la flotte de Brueys. Ce que cette flotte héroïque fit à l'ancre montre ce qu'elle aurait fait au vent. Elle ne combattit pas, elle fut immolée; mais son suicide entraîna des milliers d'ennemis dans sa mort, et couvrit d'un respect égal à la gloire la marine française.

Nelson, après avoir rendu grâce au Dieu des batailles sur le sable de la plage d'Aboukir, employa dix-huit jours à radouber ses vaisseaux avant de pouvoir ouvrir une de ses voiles au vent. Les bâtiments légers portèrent son triomphe à sa patrie.

Mal guéri de ses blessures, il revint à Naples savourer son triomphe dans les délires de l'amour. La cour, tremblante et rassurée par son triomphe, vola au-devant de lui sur la rade de Naples, et lui fit cortége jusqu'au palais. Lady Hamilton s'évanouit d'émotion dans la chaloupe, et fut portée inanimée aux pieds de Nelson.

Bientôt elle protégea le départ de la cour de tout l'ascendant qu'elle avait sur le cœur de Nelson. Les Français approchaient. La cour méditait la fuite. Le peuple de Naples la surveillait. La qualité d'ambassadrice et l'intimité de lady Hamilton avec la reine lui permettaient de servir d'intermédiaire active entre la flotte et la cour, sans éveiller sur ce projet de départ les soupçons de la multitude agitée. A l'abri d'un souterrain ignoré qui existe sous les fondations du palais et qui communique à la mer, lady Hamilton fit embarquer nuitamment sur les vaisseaux de Nelson les trésors, les diamants de la couronne, les objets d'art et de luxe, s'élevant à une valeur de quatre-vingts millions. Nelson, s'approchant lui-même de l'entrée de ce souterrain dans trois chaloupes, pendant la nuit orageuse du 21 décembre, enleva la famille royale, les ministres, sir William et lady Hamilton, et les transporta, malgré la fureur des lames, sur son vaisseau *le Vanguard*. Une tempête de trois jours menaça d'engloutir entre Naples et la Sicile cette cour fugitive, à qui la mer et la terre semblaient à la fois se refuser.

Lady Hamilton, aussi intrépide dans ce danger que Nelson lui-même, se dévoua à la reine, son amie, et à la famille royale, avec l'oubli d'elle-même et l'abnégation d'une esclave antique pour sa maîtresse. Le dernier enfant de la reine expira de fatigue et de terreur dans les bras de lady Hamilton. Le roi et la reine débarquèrent trois jours après à Palerme avec le cadavre de leur fils. La république, proclamée dans tout le royaume, menaça jusqu'à Messine. Le cardinal Ruffo seul, moins prêtre que soldat, homme de guerre civile, Charette italien sous l'habit de pontife, fit une Vendée de la Calabre, et, levant quarante mille hommes au nom de la religion inquiétée et du roi proscrit, marcha lentement sur Naples pour y opérer la contre-révolution. Nelson observait de Palerme ces mouvements du royaume attisés par la reine, et attendait impatiemment l'heure d'un débarquement et d'une restauration. Les faveurs du roi et de la reine, et l'amour de lady Hamilton au milieu de cette cour voluptueuse et dans ce climat assoupissant, n'amortissaient pas son ardeur des combats et ne prévalaient pas sur ses remords. Un accent de mélancolie et de découragement de soi-même révèle le trouble de son âme dans sa correspondance de Palerme : « Je loge toujours, écrit-il, dans le palais de lady Hamilton; elle est mon conseil, ma confidente, mon secrétaire, ma garde-malade. Ma santé, il est vrai, est altérée; mais tant que je respirerai, si la reine l'ordonne, je resterai ici pour la protéger... Mes pensées me dévorent et me tuent!... Mon seul désir quelquefois est de descendre avec honneur dans la tombe, et, lorsque la volonté de Dieu m'y appellera, je recevrai la mort comme on accueille un ami!... Ce n'est pas que je sois insensible aux honneurs et aux richesses que mon roi et mon pays accumulent sur moi; mais je suis prêt à quitter ce monde de trouble, et je n'envie personne, excepté ceux dont le domaine immuable se compose de six pieds de terre!... »

Au milieu de ces dégoûts, expiation du bonheur que l'âme se reproche, la reine et lady Hamilton lui avaient soufflé leur haine implacable contre les républicains de Naples. On reconnaît l'accent de la guerre civile dans les lettres qu'il écrit de Palerme à son ami l'amiral Troubridge, qui commandait le blocus de Naples : « Écrivez-moi bientôt, lui écrit-il avec une joie féroce, qu'on a coupé quelques têtes : il ne faut rien moins que cela pour me réconforter un peu!... »

Bientôt le cardinal Ruffo, appelé à grands cris par les quarante mille *lazzaroni*, populace qui adorait sa servitude parce qu'elle était trop abjecte pour comprendre la liberté, arriva avec son armée aux portes de Naples. Nelson, à ce bruit précurseur d'une contre-révolution, rappela à lui toutes les escadres de la Méditerranée, dispersées devant l'Égypte ou devant les côtes d'Italie, et forma une armée navale de dix-huit vaisseaux près de l'île de Maritimo, sur le revers oriental de la Sicile. Lady Hamilton s'y embarqua avec lui pour le golfe de Naples, afin de préparer elle-même les voies à la reine son amie, et de devancer ses vengeances. Nelson, en approchant de Naples, trouva la capitale déjà domptée et occupée par l'armée du cardinal Ruffo. Les chefs républicains, enfermés dans les forts de Naples, avaient capitulé avec Ruffo. Cette capitulation leur assurait la vie et la liberté de quitter le royaume. Le capitaine anglais Foots, qui commandait le blocus en attendant Nelson, avait signé cette capitulation à la requête de Ruffo. Nelson entra à pleines voiles, le 25 juin, à la tête de sa flotte, dans la baie de Naples. Le bruit d'une capitulation qui allait enlever des victimes à la reine s'était répandu sur la flotte. Lady Hamilton se refusait à y ajouter foi. Debout sur le pont du *Foudroyant*, à côté de Nelson, la vue d'un pavillon de paix sur les châteaux de Naples lui confirma cette rumeur. « Nelson ! s'écria-t-elle indignée, en montrant du geste les signes de capitulation arborés sur les forts ; Nelson, faites abattre à l'instant ce drapeau : on ne capitule pas avec des rebelles ! »

Nelson, asservi par l'amour, obéit à cette rage. Le généralissime Ruffo, moins implacable qu'un amiral étranger dans une cause civile, où l'on est d'autant plus ennemi qu'on est plus compatriote, se refusa noblement à violer la parole donnée. Appelé sur le *Foudroyant* pour y recevoir par l'organe de lady Hamilton les injonctions absolues de la reine, Ruffo plaida avec énergie la cause de ses ennemis vaincus et amnistiés. Il déclara à Nelson et à sa complice que, si la vie et la liberté des chefs républicains n'étaient pas respectées, il retirerait ses troupes de Naples, ne voulant pas entacher ses armes, même pour la cause de son Dieu et de son roi, d'une félonie et d'un meurtre sur des concitoyens désarmés. Lady Hamilton, animée de la vengeance de son amie, prit tout sur elle, et Nelson prit tout sur sa servilité et sur la honte de son pays. La capitulation, signée par le commandant du blocus Foots, fut enlevée à cet officier, déchirée et jetée à la mer par lady Hamilton. Les chefs républicains enfermés dans les châteaux, qui comptaient dans leurs rangs presque toute la jeune noblesse de Naples, et ce que le clergé, la littérature et les arts avaient d'éminent, furent, au nombre de six mille, livrés au glaive des commissions militaires ou aux poignards de la populace.

Les jugements et les massacres ensanglantèrent, pendant une *terreur* de sang-froid sur les îles et sur la flotte, la mer de Naples. Ceux que la potence avait épargnés étaient égorgés par le couteau et jetés aux vagues de la mer. Des sicaires et des délateurs, ressuscités du temps de Tibère, donnaient les formes de la justice à ces assassinats. Quarante mille citoyens tombaient sous le coup des lois de mort qui frayaient dans le sang le retour au roi et à son implacable épouse. Des tribunaux ambulants parcouraient les provinces avec les bourreaux. Des hommes vivants, saisis par les *lazzaroni*, étaient jetés dans des bûchers allumés sur la place du palais, sous les canons de la flotte qui rapportait la famille royale. La reine adressait de Palerme des listes de proscription où le nom des victimes était inscrit par la vengeance. Trente mille captifs encombraient les prisons de Naples; la torture y arrachait l'aveu des crimes ou des complicités politiques. Les juntes d'État envoyaient chaque jour leur contingent de victimes à l'échafaud. Les hommes les plus illustres par le nom, par les services ou par le génie, du royaume, tels que Cyrillo, Menthone, Conforti, Fiano, Albonese, Fiorentino, Pagano, l'évêque Sarno, le prélat Natale, la marquise San-Felice, la poëtesse Éléonore Pimentel, et trois cents victimes, l'élite de la ville, furent pendus et jetés aux flots pour toute sépulture après leur supplice; les princes Torella et Riario, le baron Poërio, orateur illustre et modéré; le marquis Carleto, le chevalier Abamonti, relégués par grâce dans l'île déserte de Farignana, près des écueils de Sicile, furent enfermés dans une caverne sous-marine qui avait servi jadis de tombe anticipée aux exilés de Rome. Serra et Riario, jeunes fils des plus hautes familles, tombèrent sous la hache avant d'avoir atteint l'âge même du crime. La tête d'un enfant de seize ans, le fils unique du marquis Genzano, dont l'innocence et la beauté faisaient l'admiration et la pitié de la ville, tomba sous la hache du bourreau. Son père, Brutus de la lâcheté, pour dissimuler sa douleur, brigua une infâme complicité avec les profanateurs de son propre sang, et offrit, quelques jours après le supplice, un festin de congratulation aux juges! Une jeune femme de la haute noblesse, condamnée à l'échafaud pour avoir, par amour pour un des chefs républicains dont la vie était menacée, révélé une conspiration contre la république, se déclara enceinte la veille du supplice : la cour, outrageant sa pudeur, la fit conduire au palais pour livrer son corps à l'examen des médecins du roi. Déclarée enceinte, on suspendit l'exécution jusqu'à sa délivrance; jetée sur un bâtiment et enfermée dans les cachots de Palerme, le jour où elle donna la vie à son enfant fut le dernier jour pour elle. Les proscriptions de Marius, de Sylla, de Tibère et de la Convention étaient égalées par la haine d'une cour italienne, servie par une populace fanatique et protégée par un héros anglais asservi à une courtisane.

Nelson ne préserva même pas ses bâtiments des souillures de sang de cette *terreur* royale. L'amiral napolitain Carraciolo, autrefois son compagnon de guerre dans des campagnes navales où la flotte napolitaine et la flotte anglaise étaient combinées, avait fait fidèle cortége au roi sur son vaisseau jusqu'en Sicile à l'approche des Français. Rappelé à Naples après la révolution consommée, sous peine de voir ses biens confisqués, il était rentré, avec l'autorisation du prince, dans sa patrie. Élevé malgré lui par le gouvernement républicain au commandement général de la flotte par l'éminence de sa renommée et de ses talents, il était coupable d'avoir servi sa patrie pendant l'interrègne. Ses nombreux amis, pressentant la vengeance de la reine, l'avaient fait évader des forts pendant la négociation, sous les habits d'un paysan calabrais. Arrêté, interrogé, reconnu, ramené enchaîné les mains derrière le dos à Naples, on l'avait livré, sur l'ordre de Nelson, à l'escadre anglaise. On ne se doutait pas que cette prison apparente ne fût pour l'infortuné Carraciolo une hospitalité déguisée, car le supplice n'oserait atteindre un hôte de la Grande-Bretagne. Mais lady Hamilton avait résolu de faire d'un vaisseau anglais l'échafaud du plus illustre des Napolitains. Nelson reçut Carraciolo sur le *Foudroyant*, habité encore par lui et par sa favorite ; il y convoqua une cour martiale d'officiers siciliens, présidée par le comte de Thurn. Carraciolo comparut devant ses juges. Il demanda à recueillir des pièces justificatives de son innocence et des témoignages de sa conduite pendant l'interrègne de son souverain. Les juges trouvant cette demande juste et la communiquant à Nelson, il leur répondit de prononcer sans délai ; les juges obéirent, et prononcèrent l'exil perpétuel. Nelson, en recevant communication de la sentence, fit substituer impérativement sur l'arrêt le mot de *mort* à celui d'*exil*. Une heure après, le condamné, garrotté pour le supplice, fut descendu du *Foudroyant* dans une chaloupe et conduit sur son propre vaisseau amiral, *la Minerve*, pour y être supplicié du supplice infamant des malfaiteurs. Lady Hamilton, enfermée avec Nelson dans la galerie du *Foudroyant*, avait refusé de voir ou d'entendre tous ceux qui, comptant sur l'intercession d'une femme, avaient imploré sa compassion. Nelson lui-même était resté sourd aux insinuations de ses officiers. La cour voulait ce sang, et l'amour lui payait le crime.

Arrivé sur le pont de la *Minerve*, à l'ancre à côté du *Foudroyant*, Carraciolo accepta la mort sans pâlir, et murmura seulement contre l'ignominie de la potence. « Je suis vieux, dit-il à l'officier qui commandait le cortége, mes cheveux blancs m'avertissent que la mort va retrancher bien peu de jours à ma carrière; je ne laisse après moi ni veuve ni orphelins pour me pleurer; je ne marchande point contre la mort; mais, après soixante-douze ans d'une vie d'honneur, il est dur de laisser l'ignoble image de la potence attachée à ma mémoire. Demandez seulement à l'amiral anglais, autrefois mon compagnon d'armes et mon ami, de changer l'infâme supplice qu'on me prépare par la corde contre la mort du soldat par le feu! »

L'officier anglais qui reçut ses nobles supplications fit suspendre l'exécution, et courut les rapporter à Nelson, qui restait invisible sur son bord. « Faites votre devoir, » répondit durement l'amiral anglais en se détournant pour éviter toute insistance. Carraciolo, hissé par le cou à la grande vergue de la *Minerve*, expira de la mort des scélérats, aux applaudissements des uns, à la pitié des autres, à la honte de tous, et surtout de Nelson. Lady Hamilton monta, dit-on, sur la dunette du *Foudroyant* pour contempler le cadavre de la victime de la reine, pendu jusqu'à la nuit à ce gibet flottant. Quand les ténèbres eurent couvert les flottes, on attacha deux boulets ramés aux pieds du cadavre, et on le jeta à la mer; mais la mer n'en voulut pas!

Trois jours après, le roi Ferdinand était ramené de Palerme dans la baie de Naples sur un vaisseau anglais du capitaine *Hardy*. Debout sur la dunette de ce vaisseau, il lisait les arrêts de mort et de proscription que la reine sa femme voulait faire exécuter avant son débarquement, afin que le sang des proscrits fût lavé sous les pas de son mari. Lady Hamilton, accourue au-devant de son amie pour lui rendre compte de ses vengeances, était non loin du roi avec Nelson et un groupe de courtisans auprès de la reine. La mer était animée et enflait de grosses lames autour de la poupe. Tout à coup un buste de vieillard, sortant de l'eau jusqu'à la ceinture, apparut au sommet d'une lame comme celui d'un homme qui aurait marché sur les flots, la tête haute, la *chevelure éparse et ruisselante.* Un cri d'horreur s'éleva de la poupe. Le roi se retourna, et reconnut aux traits du visage son amiral Carraciolo. « Que nous veut ce mort? dit-il en s'adressant à son aumônier placé derrière lui. — On dirait, répondit le moine, qu'il vient implorer, par la permission de Dieu, la sépulture chrétienne pour son corps. — Qu'on la lui donne, » repartit le roi. Et il descendit morne et consterné sous le pont, pendant que des matelots anglais repêchaient le cadavre, et le transportaient, pour être enseveli, dans la petite église de pêcheurs de Santa-Lucia, sur le quai de Naples. La tempête avait rompu les liens qui attachaient les boulets aux pieds de Carraciolo, et le corps, enflé par les eaux, avait remonté de lui-même à la surface. Jamais, par une sorte de miracle naturel, la vengeance divine ne s'était ainsi montrée face à face en reproche à la vengeance politique.

Les honteux services rendus dans cette circonstance à la cour de Naples par lady Hamilton et par Nelson reçurent leur prix. Lady Hamilton fut rassasiée d'honneurs et de présents par la reine. Quand Nelson ramena pour un moment le roi en Sicile, où les affaires du royaume le rappelaient, après la restauration de son pouvoir à Naples, on construisit dans le palais de Palerme un temple de la Gloire, décoré de tous les emblèmes du triomphe. A son entrée dans le palais, Nelson, au-devant de qui le roi, la reine, leur famille, leurs enfants et lady Hamilton s'étaient précipités, fut couronné de lauriers par les mains des fils de la reine. Le roi lui présenta une épée enrichie de diamants et le titre de duc de *Bronte,* ou duc du Tonnerre, avec le duché de ce nom, d'un revenu royal. Les plus habiles sculpteurs de l'Italie taillèrent sa statue et lui décernèrent une colonne rostrale. Ce n'était pas assez de tant de gloire, de tant de fortune et de tant de voluptés pour couvrir la honte et les remords d'un héros vendu par une favorite aux passions d'une cour sanguinaire et corrompue.

Rentré en Angleterre avec lady Hamilton, il y reçut le triomphe d'Aboukir et de Naples. Tous les vaisseaux de la Tamise se pavoisèrent de ses couleurs au bruit de son arrivée. Le gouvernement et les corporations de Londres lui décernèrent des adresses triomphales et des armes d'honneur, comme au sauveur de sa patrie. Le peuple, soulevé d'enthousiasme sur ses pas, lui fit des ovations et des cortéges spontanés à travers la ville. Ses exploits voilaient ses faiblesses à l'œil de ses compatriotes. Il jouit mal de sa renommée et de sa popularité publiques. Enchaîné aux charmes de lady Hamilton, devenue veuve, il se sépara avec scandale de sa femme et de son fils adoptif, Joshua Nisbet, indigné des affronts faits à sa mère. Il fut juste cependant dans sa faiblesse, et il n'imputa jamais à lady Nelson les torts de ce divorce. « Le ciel m'est témoin, lui écrivait-il, qu'il n'y a pas une innocence, une vertu et une tendresse que je ne reconnaisse en vous! » Mais, maître de son estime, il n'était plus maître de son cœur; une courtisane le retenait dans ses séductions. Il acheta pour elle, dans la campagne de Londres, une maison de plaisance, Merton; il y cacha son amour, sa gloire et son remords. Il eut une fille, et lui donna le nom d'Horatia.

La guerre de la Baltique le rappela sur l'Océan. Il commanda la flotte qui força le port de Copenhague et incendia la flotte danoise. Cet incendie, plus digne d'un Attila de la mer que d'un soldat, illumina son nom d'horreur en Europe, d'une gloire fanatique à Londres. Il y rentra de nouveau en triomphateur, et y reçut du roi le titre de lord.

La Grande-Bretagne voyait en lui seul le contre-poids de Napoléon.

Cependant Napoléon poursuivait son grand duel contre l'indépendance du continent. Tant que l'Angleterre était libre, la liberté du monde avait un asile et pouvait avoir un vengeur. Il fallait enlever ce dernier point d'appui au levier des nations vaincues, asservies, mal résignées, pour s'assurer solidement leur immobilité, leur alliance ou leur servitude. Napoléon, après les victoires qui avaient ébloui l'Égypte, conquis l'Italie, intimidé l'Allemagne, rivé la faible Espagne à sa politique, incorporé la Hollande, avait transporté les rêves de son génie des rivages de la Syrie aux grèves de la mer d'Angleterre. Cet empire universel qu'il avait construit en imagination dans l'Orient au commencement de sa fortune, il l'avait transporté désormais en Occident. Échoué devant les murs de Saint-Jean d'Acre et foudroyé à Aboukir par le canon de Nelson, Napoléon reconstruisait ce rêve à Boulogne, en vue des rochers de Douvres; et, par une bizarre rencontre de la destinée, le même homme qui avait déconcerté ses plans sur la côte d'Égypte allait les déconcerter encore sur les côtes de la Manche. On eût dit que Nelson et Napoléon étaient en ce moment les deux grands antagonistes dans lesquels se personnifiaient et se résumaient, sur la terre, la conquête de l'Europe; sur la mer, la résistance du continent. C'est ainsi qu'à l'époque de la chute de la république romaine, Pompée et César avaient assumé sur deux noms la liberté et l'asservissement du monde. C'était aussi par une bataille navale, la bataille d'Actium, qu'ils avaient tenté de se disputer l'empire; la perte de cette bataille avait livré l'univers à César.

Napoléon avait accumulé depuis dix-huit mois dans tous les ports français ou hollandais qui bordent la Manche les menaces et les moyens d'une descente en Angleterre. L'innombrable flottille de ses chaloupes canonnières, rassemblées autour de Boulogne et prêtes à embarquer ses troupes campées sur le rivage, pouvait, à un jour de fortune, jeter un immense pont mobile sur ce bras de mer, et verser en quelques heures sur le rivage britannique une de ces armées aussi irrésistibles sur la terre que les flottes de l'Angleterre étaient irrésistibles sur l'Océan. Quel que fût le patriotisme de cette île, devenue, par le génie de ses enfants, le plus merveilleux foyer de travail, de richesse, de navigation et de civilisation de tous les siècles, si on compare son influence sur l'univers à son étendue géographique, il n'était guère douteux que deux cent mille Français aguerris, et animés par le génie du conquérant moderne, n'eussent subjugué, au moins pour un moment, la Grande-Bretagne, rasé ses forts, encloué ses canons, incendié ses arsenaux maritimes et dispersé au vent les éléments de sa richesse et de sa liberté. Sans doute l'Angleterre, surprise et enchaînée sur son propre territoire, se serait réfugiée presque tout entière sur ses flottes, aurait couvert la Manche de ses citadelles flottantes, sur la trace des chaloupes canonnières de Napoléon, les aurait brûlées dans ses propres ports et aurait emprisonné les Français dans leur conquête. Elle aurait obtenu ainsi de Napoléon une retraite volontaire et une glorieuse capitulation pour elle-même. Mais la honte et les calamités d'une invasion à Londres n'en auraient pas moins pesé sur sa fortune et sur son histoire, et l'Angleterre, possédée pendant quelques mois dans sa capitale, aurait payé cher la rançon de sang, de fer et d'or qu'il lui aurait fallu prodiguer pour se reconquérir.

L'Angleterre, attentive aux rassemblements de chaloupes et de troupes de la France, frémissait des conséquences d'un jour d'audace dans l'âme de Napoléon, d'imprévoyance dans une manœuvre d'un de ses amiraux, de calme ou de tempête saisi par ses ennemis sur la mer. Ses escadres couvraient la Manche et interceptaient suffisamment les vagues à nos chaloupes de transport, coquilles de noix, selon l'expression dédaigneuse des marins, dont une seule frégate de guerre pouvait submerger des flottes entières. Aussi le plan de Napoléon était de n'aventurer ces flottilles sur la mer qu'après avoir rassemblé de tous les ports de Hollande, de France et d'Espagne, une flotte de cinquante ou de soixante vaisseaux de guerre, nouvelle *Armada*, qui se serait jetée dans la Manche pour y livrer bataille aux flottes de l'Angleterre, et pour couvrir d'une diversion par une victoire, ou même par une défaite, le transport de son armée de Boulogne à Douvres. Mais ces vaisseaux, enfermés par les blocus supérieurs des escadres britanniques, les uns dans l'Escaut, les autres à Brest, ceux-ci à Toulon, ceux-là à Cadix, ne pouvaient se grouper en armée navale égale ou supérieure aux Anglais qu'à force de mystère, de combinaisons, de bonheur et d'audace dans les amiraux qui les commandaient. Aucun de ces amiraux, ni en France, ni en Hollande, ni en Espagne, n'avait un génie capable de concevoir et d'oser ces manœuvres héroïques et désespérées qui font violence aux impossibilités de la fortune, et qui correspondaient avec l'impatience et l'enthousiasme de Napoléon. Braves de cœur, mais timides d'esprit, tous fléchissaient sous le poids des responsabilités qu'on leur commandait d'encourir. La guerre de terre ne veut que de l'héroïsme, la guerre de mer veut de l'héroïsme et de la science. Un corps d'armée vaincu ou décimé se rallie, se recrute et se reforme ; une escadre échouée ou brûlée engloutit avec elle ceux qui la montent, et ne se retrouve qu'en débris fumants sur les flots. Les manœuvres d'une armée de terre, qui ne dépendent, sur un champ de bataille, que du coup d'œil et de la voix d'un chef, dépendent, sur l'Océan, des vents, des distances, des matelots, des calmes, des tempêtes, qu'un génie ne peut prévoir ou surmonter. Ces différences entre ses armées de terre et ses armées de mer rendaient Napoléon aussi follement impérieux envers ses amiraux qu'il était impérieux envers la nature; il les accusait des conditions de leur art et des résistances des éléments. Découragé un moment de la possibilité d'une réunion de ses escadres disséminées en une seule flotte dans la Manche, il avait médité de faire sortir de Toulon et de Brest deux escadres séparées de soixante voiles, portant quarante mille combattants, de les diriger chacune par une route diverse dans la mer des Indes, et d'aller frapper ainsi la puissance anglaise à l'extrémité de l'Orient, en attendant de la frapper au cœur. Ses deux flottes, dans sa pensée, appelleraient inévitablement sur leurs traces les escadres de l'Angleterre, et pendant que ses escadres voleraient au secours de l'Inde, la Manche, moins surveillée et moins infranchissable, ouvrirait peut-être passage à son armée de terre.

L'immensité et les lenteurs de ce plan avaient bien vite usé sa patience. Il en avait combiné un autre moins vaste, mais moins lent, et qui devait avoir de même pour résultat de rassembler ses vaisseaux en armée navale sur un point distant de l'Océan, et d'appeler la masse des escadres anglaises loin de la Manche, d'où il voulait à tout prix les écarter. Par son ordre, l'amiral Villeneuve, auquel il destinait le commandement supérieur de ses flottes combinées, était sorti de Toulon avec treize vaisseaux et quelques frégates. Il avait rallié les escadres espagnoles, commandées par l'amiral Gravina, à Cadix; de là il avait franchi l'Atlantique et avait rejoint aux Antilles l'escadre de l'amiral Missiessy, forte de six vaisseaux. L'amiral Gantheaume, qui commandait la flotte à Brest, devait profiter de la première tempête qui éloignerait l'amiral anglais Cornwallis de sa croisière devant Brest, pour rejoindre Villeneuve, Gravina et Missiessy à la Martinique. Cette flotte, combinée ainsi sous les ordres de l'amiral Villeneuve, après avoir inquiété les Anglais dans leurs possessions des Antilles, devait forcer de voiles vers la France au moment où les escadres britanniques seraient dispersées à sa poursuite, leur livrer bataille aux abords de l'Europe, et se jeter dans la Manche, victorieuse ou vaincue, pour y concourir à la descente en Angleterre.

Ce plan, exécuté heureusement au mois de juin par Villeneuve, était resté incomplet seulement par l'immobilité de Gantheaume et de la flotte de Brest, à qui la constance des calmes n'avait pas permis de sortir de la rade. Villeneuve rentrait dans les mers d'Europe avec ordre de livrer bataille à Cornwallis devant Brest, de débloquer ainsi Gantheaume, de rallier cette partie emprisonnée de nos forces navales, et de combattre ensuite avec soixante vaisseaux de guerre réunis l'armée navale des Anglais, quels que fussent sa force et son nombre, à l'entrée de la Manche. « Les Anglais, s'écriait Napoléon dans sa confiance, ne savent pas ce qui est suspendu sur leur île. Si je suis maître douze heures de la Manche, l'Angleterre a vécu ! »

Au moment où il jetait ce cri de joie à sa fortune et de menace à la Grande-Bretagne, il était à Boulogne. Il avait sous les yeux cent soixante-quatre mille hommes vainqueurs du continent, et dévorant du regard une dernière conquête, et il attendait d'heure en heure l'annonce de l'approche de Villeneuve et le bruit du canon de la flotte forçant les escadres de Cornwallis. Villeneuve, en effet, revenait avec la flotte combinée vers les mers d'Europe. Nelson, à la tête de onze vaisseaux seulement, le cherchait hardiment sur les vagues pour le rencontrer, comme autrefois il avait cherché au hasard Napoléon sur la Méditerranée. Convaincu que Villeneuve rentrait en Europe, Nelson se hâtait d'y revenir lui-même, envoyant devant lui une voile rapide pour avertir le gouvernement anglais du danger qui s'approchait de ses côtes. Villeneuve, en approchant du Ferrol, tomba par une épaisse brume dans l'escadre de l'amiral Calder, forte de vingt et une voiles. Les deux escadres se livrèrent un combat sans plan et sans grandeur dans les ténèbres du brouillard. Deux vaisseaux espagnols de la flotte combinée restèrent la proie des Anglais. Villeneuve, au lieu de chercher le lendemain le sillage des Anglais et de les vaincre, comme il en avait l'ordre, entra dans le port du Ferrol, y consuma les jours en ravitaillement inutile de ses vaisseaux, y reçut de nouveau l'ordre de débloquer Brest, de rallier Gantheaume, et de se présenter avec toutes ses voiles dans la Manche. Il répondit qu'il allait obéir; mais, convaincu que Nelson, Calder et Cornwallis réunis l'attendaient dans l'Océan pour l'anéantir, il fit voile pour Cadix au lieu de faire voile vers Brest et vers Napoléon, et y enferma ses escadres dans une ruineuse inaction.

C'était l'instant décisif que l'hésitation de son amiral coûtait à Napoléon. Il ne lui restait que peu d'heures pour prévenir la déclaration de guerre de l'Autriche et l'insurrection de l'Allemagne entière, fomentée et soldée par le génie patriotique de M. Pitt, dont l'or et la politique sauvaient depuis tant d'années son pays. Napoléon ne doutait pas que Villeneuve ne fût dans les eaux de Brest. « Partez! écrivait-il coup sur coup à l'amiral Gantheaume, emprisonné depuis tant de mois dans ce port, et à qui Villeneuve venait rouvrir enfin l'Océan; partez, et accourez ici : nous aurons vengé en un jour six siècles d'infériorité et de honte! Jamais pour un plus grand résultat mes soldats de terre et de mer n'auront exposé leur vie! »

« Partez! écrivait-il du même style à Villeneuve; partez, et ne perdez pas un instant, et avec mes escadres réunies entrez dans la Manche! Nous sommes tout prêts, tout est embarqué pour la descente! Partez! et en vingt-quatre heures tout est terminé! »

On sent dans le style la fièvre du cœur et la volonté. Tout fut perdu. Napoléon apprit le lendemain la stupeur de Villeneuve à Cadix et l'immobilité forcée de Gantheaume. « Villeneuve, s'écriait-il dans sa fureur, qui se vengeait des choses en injures contre les hommes, Villeneuve n'est pas digne de commander seulement une frégate! C'est un homme aveuglé par la peur! » Il lui prodigua devant son ministre de la marine les noms de lâche ou de traître. Dans un tel moment et pour un tel homme, toutes les prudences qui rompaient ses plans étaient lâcheté, toutes les contrariétés de la fortune étaient trahison. « C'en est fait, écrivait-il à l'instant à M. de Talleyrand, son ministre des affaires étrangères, mes flottes sont perdues de vue sur l'Océan; si elles reviennent dans la Manche, il en est temps encore, je m'embarque, je descends en Angleterre, je coupe à Londres le nœud des coalitions. Si, au contraire, mes amiraux manquent de caractère et manœuvrent mal, j'entre avec deux cent mille hommes en Allemagne, je prends Vienne, je chasse les Bourbons de Naples, et, le continent pacifié, je reviens sur l'Océan et j'y conquiers la paix maritime! »

Il ne resta pas longtemps dans l'incertitude. Le courrier qui lui apportait la nouvelle de la retraite de Villeneuve à Cadix le trouva au bord de la mer, dévorant du regard les côtes d'Angleterre, qu'un soleil d'été lui montrait blanchissantes au-dessus de la brume du matin. Des imprécations de rage contre Villeneuve éclatèrent de ses lèvres à la lecture de ses dépêches; il les jeta avec impatience dans les flots, et, nouveau Xerxès, il aurait fait battre cet autre Hellespont, que la pusillanimité de ses amiraux, disait-il, lui fermait plus que la nature. Il ordonna à son ministre de la marine de remplacer cet amiral malhabile ou malheureux par l'amiral Rosily, et, retournant à l'instant toutes ses pensées vers l'Autriche, il marcha par toutes les routes sur Ulm, avec une armée de deux cent cinquante mille combattants. La victoire ne tarda pas à le consoler sur la terre de ces rêves évanouis sur l'Océan.

Cependant Villeneuve, redoutant la colère de Napoléon, dont les éclats étaient venus jusqu'à lui, quoique adoucis par l'indulgence et les ménagements du ministre de la marine Decrès, tremblait dans Cadix d'être déshonoré aux yeux des flottes et de la France par une destitution déjà ordonnée par Napoléon, mais que Decrès lui dérobait encore. Il ravitaillait ses escadres, il exerçait ses matelots, il cimentait avec les amiraux espagnols Gravina et Cisneros une confraternité d'armes qui ne faisait des deux flottes qu'une seule nation. Il espérait, après avoir formé et aguerri ainsi son armée navale, reprendre la mer avec une supériorité de nombre et une égalité de tactique qui lui permettrait de reconquérir en un jour la gloire perdue par tant d'hésitation. Ce fut dans ces dispositions de son âme flottante entre le désespoir du passé et l'espoir de l'avenir que Villeneuve apprit l'arrivée soudaine à Madrid de l'amiral Rosily; la rumeur publique disait Rosily destiné à prendre bientôt le commandement en chef des flottes combinées. A cette rumeur, qui arrive de Madrid jusqu'à Cadix, Villeneuve n'hésite plus, il veut ou prévenir le déshonneur de son remplacement par une victoire qui le couvre ou qui le venge de la disgrâce de Napoléon, ou périr du moins dans une défaite glorieuse qui honore son malheur par sa mort. Il sort le 19 octobre de la rade de Cadix, à la tête de quarante-deux vaisseaux ou frégates de guerre, et vogue vers le détroit de Gibraltar, au hasard de s'y briser contre la flotte de Nelson.

Revenons au héros de l'Angleterre. Nous avons vu qu'après avoir parcouru depuis deux ans l'Océan et la Méditerranée dans tous les sens à la poursuite des flottes françaises combinées, qui ne lui avaient échappé qu'en restant enfermées dans Brest ou en s'emprisonnant elles-mêmes dans la rade de Cadix, Nelson, qui n'avait pas quitté le pont de son vaisseau une seule fois en trois ans, était rentré à Portsmouth pour prendre quelques mois de repos dans la sécurité où se reposait enfin sa patrie. Lassé de triomphes, comblé de fortune, rassasié de gloire, mutilé de coups, épuisé de santé, altéré d'amour, son seul désir alors était de jouir dans la solitude de la campagne et dans la société d'une femme adorée des jours que ses blessures et ses fatigues lui laissaient encore à vivre. Il avait fait transporter tous ses trésors et tous ses meubles dans sa maison de campagne de Merton. La présence de lady Hamilton, de sa fille et de ses sœurs lui préparait, dans cette retraite, toute la félicité intérieure dont on peut jouir dans le remords.

Il y était établi depuis peu de jours, et il en savourait délicieusement la solitude, quand un matin de l'automne, avant le lever du soleil, on frappa à la porte de son ermitage. Nelson, selon ses habitudes de bord, qu'il avait conservées à terre, ne donnait au sommeil que des heures courtes et interrompues; il était déjà levé et habillé. Il fit ouvrir, un homme entra; c'était un des officiers de vaisseau de son escadre, le capitaine Blackwood, qui lui apportait des dépêches de l'amirauté. « Je suis sûr, dit Nelson à Blackwood, que je pressens ce que vous allez m'apprendre. Ce sont des nouvelles des flottes espagnole et française combinées, et je vois que ce sera encore à moi de les anéantir! » Blackwood, en effet, apprit à Nelson que les flottes, après une relâche à Vigo, s'étaient abritées pour se refaire et pour se réarmer à Cadix. « Eh bien, comptez, s'écria Nelson avec la confiance acquise par tant de triomphes, que je donnerai encore une leçon à Villeneuve! »

Il se disposa sans bruit à partir pour Londres et à offrir son bras à son pays. Mais, ému d'avance de la douleur que son éloignement allait causer à lady Hamilton et à ses sœurs, il manqua de courage pour leur révéler les dépêches qu'il avait reçues pendant leur sommeil, et la résolution qu'il avait prise de sacrifier son repos et leur bonheur à une nouvelle gloire. Il s'efforça de détourner la conversation sur des sujets indifférents pour leur dérober la préoccupation et la tristesse de son âme. Lady Hamilton, avec la pénétration naturelle de l'amour, ne s'y laissa pas tromper. Elle entraîna Nelson dans une allée écartée du jardin, qu'il appelait son banc de quart, et lui demanda tendrement le sujet de sa peine. « Je n'ai point de peine, répondit Nelson en s'efforçant de sourire ; la félicité dont je jouis est sans nuages : je vis dans le sein de l'amour et entouré de ma famille ; l'air et le calme des champs rétablissent de jour en jour ma santé, qui me promet des années prolongées par le bonheur. Je ne changerais pas ma retraite contre le palais du roi d'Angleterre ! »

Lady Hamilton ne se paya pas de ces subterfuges de la tendresse embarrassée de Nelson ; elle lui dit qu'elle lisait mieux que lui-même dans sa pensée, qu'il avait appris des nouvelles des flottes combinées, qu'il regardait d'avance ces derniers vaisseaux de la France et de l'Espagne comme sa conquête légitime et comme la propriété de sa gloire, qu'il se rongerait d'envie et de regrets si un autre amiral que lui accomplissait ce triomphe, et qu'il regardait avec raison ces flottes comme le prix de ces deux années passées sur toutes les vagues de l'Océan, et comme la récompense d'une si longue et si glorieuse poursuite ! « Cher Nelson, ajouta-t-elle les larmes dans les yeux, quel que soit pour nous le déchirement d'une si cruelle séparation après une réunion si courte, offrez sans hésiter vos services à votre pays : ils seront acceptés ; vous recouvrerez la tranquillité de votre âme, et, après une glorieuse et dernière victoire, vous reviendrez être heureux ici, avec nous ! »

Nelson s'attendrit lui-même jusqu'aux larmes à ces paroles d'une femme qui lui arrachait si doucement son secret, et qui ne voulait pas de bonheur même au prix de la gloire de son héros ! « Généreuse Emma ! s'écria-t-il, tendre et magnanime Emma ! Ah ! s'il n'y avait plus d'Emma, il n'y aurait plus de Nelson dans le monde ! »

Nelson partit dans la journée pour Londres. On l'y attendait. On lui donna le choix des vaisseaux, des amiraux, des capitaines dont il formerait sa flotte. Les préparatifs eurent la promptitude de sa pensée. Il s'irritait de toute heure perdue qui pouvait donner à Villeneuve l'occasion de sortir de Cadix et de s'élancer vers les Indes ou vers les Antilles. Il fit mettre son pavillon d'amiral sur le même vaisseau qui lui avait tant de fois porté bonheur pendant les années qu'il venait de passer à son bord. Au moment d'y monter, un glorieux ou funèbre pressentiment parut l'y saisir. Il fit appeler le gardien de ses meubles déposés à Londres, et il lui ordonna de faire graver son histoire dans une courte épitaphe sur le cercueil creusé dans le mât du vaisseau conquis d'Aboukir, mât dont le capitaine Halwell lui avait fait présent après la victoire : « J'en aurai besoin à mon retour, dit-il d'un accent prophétique. » L'image de la mort était devant lui ; il ne la redoutait pas pour lui-même, mais il pensait au deuil de son vieux père et de lady Hamilton.

« J'ai quitté, cette nuit, ce cher et trois fois cher séjour de Merton, lit-on dans son journal, à la date du 14 septembre 1805, cette maison où je laisse tout ce qui m'attache à la vie, pour aller servir mon roi et ma patrie ! Puisse le grand Dieu, devant lequel je m'incline, me rendre digne des grandes choses que mon pays attend de moi ! S'il permet que je revienne ici après avoir accompli mon devoir, mes actions de grâces devant le trône de sa miséricorde ne cesseront pas pendant que je vivrai; si, au contraire, c'est l'ordre de sa bonne et sage providence d'abréger mes jours sur cette terre, je m'y soumets avec une complète résignation, plein de confiance dans l'espoir qu'il voudra bien protéger après moi tous ceux que je laisse en arrière! Que sa volonté s'accomplisse! *Amen! amen! amen!* »

On voit que les faiblesses et le désordre du cœur n'avaient point obscurci dans ce grand homme l'idée et le sentiment qui font la seule vraie grandeur de l'humanité, et que l'héroïsme et la piété se fortifiaient l'un par l'autre dans son cœur.

Son embarquement sur le *Victory*, à Portsmouth, fut un triomphe. Le peuple de la côte lui fit un cortége d'un million d'hommes jusqu'à son vaisseau. Les applaudissements et les sanglots se mêlaient sur les vagues au bruit des saluts de la flotte à son chef. L'Angleterre tout entière, si grande parce qu'elle est reconnaissante, semblait avoir le double pressentiment de la victoire et de la perte de son héros. La gloire de Nelson était descendue, par les récits des matelots, jusque dans le fond des peuples : chaque Anglais croyait lui devoir son foyer, son champ, son orgueil. Sa popularité était du patriotisme, son nom était le palladium de sa patrie. Thémistocle mutilé de l'Angleterre, chacun voulait graver dans sa mémoire, au départ, l'image du sauveur de son pays. Les troupes furent obligées d'employer les armes pour l'arracher à l'enthousiasme de la multitude qui le suivait jusque dans les flots.

Les escadres anglaises qu'il rallia sur sa route et la flotte de la Méditerranée, dont il venait prendre le commandement, le reçurent comme le peuple de Porstmouth l'avait perdu, avec des frénésies d'enthousiasme. Il portait la victoire dans son nom. Arrivé le 22 septembre devant

Cadix, Nelson apprit avec des transports de joie que Villeneuve y était encore; il croisa avec son armée à une distance suffisante des terres pour que sa flotte ne fût pas aperçue des côtes d'Espagne, et pour encourager par une mer vide la sortie des flottes combinées.

En attendant cette grande heure de sa vie, Nelson entretenait ses équipages dans des émotions d'impatience, de patriotisme et de gloire qui devançaient le combat. Il inspira pour toute tactique son âme à sa flotte; il ne donna pour ordre de bataille que l'ordre de marche ordinaire de ses vaisseaux : sa flotte sur deux lignes et une avant-garde de huit bâtiments.

La seule manœuvre recommandée à ses capitaines était de couper en deux la ligne ennemie à la hauteur du dixième ou du douzième bâtiment de Villeneuve, vers l'extrémité, pendant qu'il fondrait lui-même sur le centre et que son avant-garde combattrait la tête. « Mais comme la fumée des bordées, ajouta-t-il dans son ordre du jour, pourra dérober les signaux et les ordres, chaque capitaine sera sûr de bien faire en s'attachant au vaisseau ennemi qui se trouvera en face de lui! » Nelson ordonnait à la fin de ses instructions qu'on lui communiquât à l'instant les noms de chaque officier, soldat ou matelot tué ou blessé dans le combat, afin que ces noms, envoyés par lui à l'Angleterre, y fussent l'objet des prières et de la reconnaissance de la patrie!

Le 20 octobre, à l'aurore, les frégates échelonnées par Nelson sur la mer, depuis les côtes d'Espagne jusqu'à la flotte anglaise, que ces frégates servaient à la fois à éclairer et à masquer, annoncèrent par leurs signaux que la flotte combinée sortait de la rade de Cadix. D'heure en heure, elles lui signalaient la marche ou les bordées de cette armée navale, qui paraissait indécise encore si elle se dirigerait vers le détroit ou vers l'Océan. Le soir, un vent lourd du sud-ouest parut contrarier ses mouvements et la faire virer de bord pour rentrer à Cadix. Dans tous les cas, il était évident que la flotte combinée voulait garder libre derrière elle la mer de Cadix, afin d'avoir sa retraite assurée dans la rade. Nelson passa tour à tour de l'espoir au découragement, à la réception de ces signaux. La nuit lui déroba son mystère.

Debout sur le pont de son vaisseau avant la première aube du jour, les premiers signaux de ses frégates qu'il put apercevoir lui apprirent que la flotte combinée tenait encore la mer et qu'elle faisait route vers le nord. Il frémit d'ardeur, et lança lui-même toutes ses voiles un peu obliquement vers le même point de l'horizon.

Au lever du soleil, le commandant de l'*Euryale*, Blackwood, ami particulier de l'amiral, lui fit le signal télégraphique d'un changement de direction dans la marche de Villeneuve. La flotte combinée paraissait revenir au sud et au détroit. « C'est ce que je ne lui permettrai pas de faire, si cela est au pouvoir de Nelson, » écrivit l'amiral sur son journal en rentrant dans sa galerie.

Quelques minutes plus tard, le soleil, qui se levait sur un horizon moite mais serein, frappant sur les voiles hautes de l'escadre combinée, les fit émerger une à une de la brume. Le jour montra à Nelson et à ses équipages l'immense ligne de mâts chargés de voiles des quarante-deux vaisseaux et des huit frégates de Villeneuve. Huit lieues de mer séparaient à peine les deux armées; un vent maniable et doux enflait les voiles. Une mer creuse et lourde, à longues lames, mais sans écume, battait les flancs des bâtiments avec des murmures qu'allaient couvrir bientôt les mugissements des bordées. C'était la matinée du 21 octobre, jour augural et heureux fêté dans la famille de Nelson. Ce même jour et à la même heure, son oncle et son protecteur, le capitaine Suckling, avait signalé sa carrière.

militaire par un combat naval dont quatre vaisseaux français avaient été le prix. Nelson avait la superstition de tous les grands hommes. Ils sentent mieux que les autres la disproportion entre leur faiblesse réelle et les grandes choses qui s'accomplissent par eux ; ils attribuent avec raison, les uns à la fortune, les autres à la Providence, d'autres plus follement à des retours périodiques de jours heureux ou malheureux, une influence occulte sur leur destinée. Les anniversaires, pour les grands hommes, sont la reconnaissance forcée de l'action supérieure de Dieu dans les choses humaines. Nelson avait cette religion des héros ; il ne douta pas de la victoire en s'apercevant que le hasard lui présentait la bataille dans un jour si heureux pour son nom.

Pendant que la flotte anglaise déployait toute sa toile pour dévorer l'espace entre elle et la flotte combinée, Nelson sur la *Victoire*, en tête de la colonne de droite, Collingwood sur le *Royal-Souverain*, en tête de la colonne de gauche, Nelson, redescendu dans sa chambre, prit la plume et répandit son âme devant Dieu. Il écrivit d'abord sur son livre-journal la prière suivante :

« Puisse le grand Dieu devant lequel je m'anéantis en adoration, accorder à mon pays, dans l'intérêt général de l'Europe opprimée, une grande et glorieuse victoire, et puisse-t-il, par sa grâce, ne ternir cette victoire par aucune faute d'aucun de ceux qui vont combattre et triompher ! Puisse l'humanité, après la victoire, être le trait dominant de la flotte britannique ! Quant à moi personnellement, je remets ma vie à celui qui me l'a donnée ; que ses bénédictions reposent sur ce que je vais entreprendre pour servir fidèlement mon pays ! Je confie et j'abandonne à lui seul moi et la juste cause qu'il a daigné me charger en ce jour de défendre ! Ainsi soit-il ! ainsi soit-il ! ainsi soit-il ! »

Après cette invocation et cette résignation de sa vie à

son créateur, Nelson, revenant par la pensée unique et obstinée de sa vie à celle qui en avait fait à la fois le charme et le remords, mais dont l'image se plaçait encore en ce moment entre la mort et lui, écrivit sur son journal la note suivante, en forme de testament ou de dernier vœu à son pays :

> « 22 octobre 1805, en vue des flottes combinées de France et d'Espagne, et à environ dix milles de distance entre nous.

« Considérant que les éminents services d'Emma Hamilton, veuve de sir William Hamilton, ont été les plus grands que je connaisse rendus au roi et au pays, sans qu'elle en ait jamais reçu aucune récompense ni de son pays ni de son roi :

» La première fois quand elle obtint communication de la cour de Naples, en 1796, d'une lettre menaçante du roi d'Espagne à son frère le roi de Naples, et que la communication de cette lettre confidentielle au ministre anglais lui fit prendre les mesures nécessaires au salut de l'Angleterre contre l'Espagne ;

« La seconde fois, quand elle obtint, par son ascendant sur la reine de Naples, pour la flotte anglaise que je commandais, les secours, les vivres et les munitions, sans lesquels cette flotte n'aurait jamais pu faire voile de nouveau pour la côte d'Égypte et détruire à Aboukir l'armée navale de Bonaparte.

» S'il eût été en ma puissance de récompenser dignement de tels services, je l'aurais fait moi-même, et je n'aurais pas invoqué pour elle la munificence de ma patrie ; mais, comme cela est au-dessus de ma puissance, je laisse Emma Hamilton à mon pays et à mon souverain comme un legs à acquitter, afin qu'ils lui fassent une convenable munificence pour maintenir son rang dans la vie.

» Je lègue aussi à la munificence de mon pays ma fille adoptive Horatia Nelson, *Thompson*, et je désire qu'elle ne porte à l'avenir que le seul nom d'Horatia Nelson.

» Voilà les seules grâces que je demande à mon roi et à mon pays, au moment où je vais combattre leurs ennemis!... Que Dieu bénisse mon roi et ma patrie, et tous ceux qui me sont si chers sur la terre! Quant à ma famille, je n'ai pas besoin de la recommander ici ; elle sera, je n'en puis douter, l'objet de la plus éclatante libéralité ! »

Nelson, après avoir signé cette note, appela le capitaine de la *Victoire*, Hardy, et le capitaine Blackwood, de l'*Euryale*, et les pria de signer ce monument de sa tendresse et de ses vœux après lui, afin de constater l'authenticité de cette page de son journal. Ses deux amis signèrent selon ses désirs.

Horatia Nelson, dont il parlait dans ce testament comme de sa fille adoptive, était son enfant; elle était âgée de cinq ans, et vivait à Merton sous les soins de lady Hamilton, sa mère. Les dernières minutes du séjour de Nelson à Merton avaient été employées par lui en prières à genoux devant le berceau de sa fille endormie. Il associait dans sa passion l'enfant et la mère; il les pleurait d'avance ensemble en s'approchant de sa dernière heure. Semblable à Antoine entouré des statues de Cléopâtre, ou au maréchal Berthier agenouillé sous sa tente devant l'image de la belle Italienne qu'il adorait, Nelson suspendait dans sa chambre à bord le portrait en pied de lady Hamilton ; il en portait un autre en miniature sous son uniforme, contre son cœur. Son amour, comme celui des chevaliers du moyen âge, était une religion délirante de la beauté. Au moment où l'on arrimait les meubles du vaisseau pour le combat et où ses serviteurs détachaient des parois de sa galerie le portrait de lady Hamilton pour le descendre, à l'abri des boulets, sous l'entre-pont : « Prenez bien garde à mon ange gardien! » leur dit-il en regardant une dernière fois cette image.

Ces soins donnés à ceux qui devaient lui survivre, Nelson, entouré de ses compagnons de guerre les plus dévoués, remonta sur le pont pour ne plus penser qu'à l'ennemi. On n'observa en lui qu'un calme et un sang-froid intrépides qui contrastaient avec son ardeur impatiente et enjouée au début d'une action. Ce n'était plus l'homme brûlant d'enthousiasme d'Aboukir, et répandant le feu de son âme au milieu du feu de ses bordées.

On voyait la flotte combinée s'avancer en ordre serré de bataille avec une résolution et une rapidité qui raccourcissaient à chaque vague la distance, et qui ne laissaient plus douter de la bataille.

Nelson ne paraissait pas douter ni de la victoire pour son pays ni de la mort pour lui-même; il en augurait d'avance les résultats avec ses officiers : « Combien de ces vaisseau rendus ou coulés vous paraîtront-ils un témoignage suffisant pour nous d'une grande victoire? dit-il en plaisantant à son ami Blackwood. — Douze ou quinze, répondit Blackwood. — Ce n'est pas assez, répliqua Nelson; je ne serai pas content à moins de vingt vaisseaux. »

Un peu avant que les deux flottes fussent à portée de boulet, Nelson, qui réservait pour le moment suprême la harangue concise qu'il avait coutume d'adresser à ses équipages, fit élever au sommet du mât de la *Victoire* le mot d'ordre de la journée, attendu de tous les matelots. Cette harangue, immortelle dans la mémoire des marins, ne contenait que les trois mots qui mènent les braves à la mort : la patrie, la confiance, le devoir : *L'Angleterre compte que chaque homme fera son devoir.*

Un cri d'admiration et d'enthousiasme salua de vaisseau en vaisseau ces simples mots portés de mâts en mâts à travers les airs à toute la flotte. L'âme de Nelson, que le devoir seul avait arraché à son repos, faisait appel, avec une mâle simplicité, à ce sentiment dans les autres. Il fut compris et répondu ; l'image de la patrie, la voix du devoir, la confiance dans ce chef, passèrent dans l'âme des marins. L'histoire a conservé cette harangue militaire comme un modèle de la langue des héros avec celle de Bonaparte en Égypte. Le génie des deux armées et des deux chefs se caractérise dans les deux allocutions : « Du haut de ces pyramides quarante siècles vous contemplent ! » avait dit Bonaparte à ses soldats. « L'Angleterre compte que chaque homme fera son devoir, » disait Nelson à ses marins. On sent à la différence d'accent et d'émulation donnée aux deux peuples que l'un pense à la gloire et l'autre aux foyers. La gloire de l'Anglais, c'est sa patrie ; celle du Français, c'est le monde. La renommée enivre l'un, le devoir suffit à l'autre : la postérité distribuera selon les mobiles et selon les œuvres.

« Et maintenant, dit Nelson au bruit des acclamations qui accueillaient son ordre du jour avant la bataille, je ne puis rien de plus ; que le grand dispensateur des événements fasse le reste selon sa volonté et selon la justice des causes. Je lui rends grâce de cette grande occasion de faire moi-même mon devoir ! »

Il portait sur son uniforme ordinaire de généralissime les quatre étoiles des décorations dont il avait été gratifié à l'étranger et dans sa patrie. Ces décorations le signalaient au feu des tirailleurs dont les Français couvrent les haubans, les hunes et les mâts, dans les combats de mer, pour éclaircir les rangs de l'ennemi. Sur le pont, les officiers de Nelson, tremblant pour la vie de leur chef, qui se posait ainsi lui-même en but aux coups prémédités de l'ennemi, se communiquaient à voix basse leur inquiétude sur une existence qui les résumait toutes. Ils s'encourageaient à voix basse les uns les autres à conjurer l'amiral d'enlever ou de couvrir ces insignes. Nul ne l'osa ; on se souvint qu'il dans une autre circonstance il avait résisté avec indignation à la pensée de s'effacer ainsi devant la mort. « Non ! non ! avait-il répondu, j'ai gagné en honneur ces signes du brave, et en honneur je veux mourir avec eux ! »

On le pria seulement de songer à son rang de général en chef, de ne pas s'engager le premier, comme un vaisseau d'avant-garde, avec la masse serrée des vaisseaux de la flotte combinée, et à permettre, en diminuant ses voiles, au vaisseau *le Léviathan*, qui suivait le sien, de le dépasser et de recevoir le premier feu des Français : « Je le veux bien, répondit-il en souriant ; que le *Léviathan* passe avant moi, s'il le peut ! » Mais en même temps il ordonna au commandant Hardy, son capitaine de pavillon, de forcer de voiles, et il fondit comme un ouragan sur la ligne française. Ses capitaines quittèrent alors le pont de la *Victoire* pour retourner chacun à son vaisseau. En les congédiant au bord de l'échelle de poupe, il serra tendrement la main au capitaine Blackwood, qui le félicitait d'avance de la victoire : « Adieu, Blackwood, lui dit-il tristement en serrant sa main, que le Tout-Puissant vous bénisse ! Je ne vous reverrai plus. »

Quelques instants après, la tête de colonne de l'amiral Collingwood, son second, qui débordait par l'obliquité de la marche d'un demi-mille la colonne commandée par Nelson lui-même, fendit la ligne de bataille des Espagnols et des Français. Le vaisseau *le Royal-Souverain*, monté par Collingwood, se précipita sur le vaisseau espagnol à trois ponts *le Santa-Anna*, et, s'attachant flanc contre flanc à ce vaisseau, le couvrit de son feu, de ses boulets et de sa fumée. « Brave Collingwood, s'écria Nelson en montrant cette trouée de flamme dans le centre de l'ennemi, voyez comme il lance son vaisseau dans le feu, sans regarder ni devant, ni derrière, ni à côté de lui. Voilà la route ouverte, prenez tous le vent ! »

Pendant que Nelson s'écriait ainsi sur la dunette de la *Victoire*, Collingwood, ivre déjà du feu au milieu de ce foyer de foudres, s'écriait de son côté, en montrant du geste à son capitaine de pavillon Rotherham le tourbillon de fumée qui les enveloppait : « Ah ! que Nelson serait heureux, s'il était ici ! »

Il n'allait pas tarder à s'y jeter lui-même. Déjà les boulets de sept vaisseaux de la flotte combinée passaient sur sa tête, déchiraient ses voiles et pleuvaient sur le pont de la *Victoire*. Le premier qui tomba frappé de mort à ses pieds fut son secrétaire Scott, qui causait avec le capitaine de pavillon Hardy. Pendant qu'on le relevait pour éloigner le cadavre des yeux de l'amiral, un boulet ramé coucha huit hommes coupés en deux sur le pont. « Cela est trop vif pour durer longtemps, » dit-il au capitaine Hardy. Le vent d'un boulet lui coupa la parole et emporta un groupe de matelots entre le capitaine et lui. Mais la *Victoire*, encore muette, réservait son feu en avançant toujours. Elle était foudroyée à portée de pistolet à la fois par le vaisseau français *le Redoutable*, monté par le capitaine Lucas, par le *Bucentaure*, vaisseau à trois ponts, monté par l'amiral Villeneuve lui-même, enfin par le vaisseau espagnol *la Sainte-Trinité*, de cent cinquante canons, la plus vaste forteresse flottante qui eût jamais pesé sur la mer. Hardy demanda à l'amiral lequel de ces vaisseaux il fallait aborder corps à corps pour enfoncer cette ligne de feu et pour frayer la route à sa colonne. « Le plus rapproché, lui répondit Nelson, peu importe; choisissez vous-même ! » Hardy ordonna au timonier de diriger la *Victoire* sur le *Redoutable*, et de se coller sabord contre sabord à ce vaisseau. Les deux vaisseaux, après avoir vomi l'un contre l'autre toute la mitraille de leurs flancs, se heurtèrent d'un choc retentissant, aggravé par la houle, comme pour s'éventrer par l'abordage. La force du coup et celle du vent qui s'engouffrait à la fois dans cette masse de voiles confondues, fit reculer le *Redoutable* et entraîna avec lui la *Victoire*. Les vaisseaux qui suivaient Nelson passèrent par l'ouverture que ce vide laissait dans la ligne de bataille, et, se divisant après, les uns à gauche, les autres à droite, séparèrent en groupes confus les tronçons de la vaste ligne formée par la flotte combinée. La rapidité de leurs mouvements, la sûreté de leurs manœuvres, le sang-froid et l'intrépidité de leurs marins, l'agilité de leurs voiles, les multipliaient à leur gré et en un clin d'œil partout où ils voyaient un vaisseau ennemi à foudroyer, un vaisseau anglais à secourir : la mer et le vent, rebelles aux autres, semblaient d'intelligence avec ces maîtres de l'Océan. Nelson s'en fiait maintenant à leur instinct de la victoire, et ne combattait plus que pour lui-même.

Villeneuve, déjà brisé dans sa ligne et écrasé au centre par Nelson et ses quinze vaisseaux, appelait en vain par des signaux répétés sur ses frégates les dix vaisseaux de son escadre de réserve, imprudemment annulés pour le combat. Ces vaisseaux, immobiles et comme pétrifiés par la stupeur, contemplaient à distance l'extrémité de leur général et de leur armée, faisant de vains efforts pour regagner le vent ; d'autres, en grand nombre, détachés de la ligne, se laissaient dériver à la lame hors du champ de bataille, tirant de loin des bordées perdues, et ne sachant, faute d'habitude et d'âme commune, risquer ou accomplir aucune de ces témérités de manœuvre qui ramènent des vaisseaux souventés au combat.

Cependant quelques vaisseaux héroïques, animés par des commandants au cœur de bronze, soutenaient seuls le choc de Collingwood et de Nelson. Le capitaine du *Re-*

doutable, Lucas, digne de se mesurer avec un héros, avait couvert de morts et de mourants le pont de la *Victoire* avant de recevoir son choc. Forcé de fermer ses batteries basses du côté où Nelson l'écrasait de son poids, parce que la convexité des deux vaisseaux, les faisant se toucher à la base, ne laissait entre eux, au sommet, qu'un intervalle à travers lequel on pouvait presque se combattre corps à corps, Lucas se préparait à l'abordage, et armait ses plus intrépides marins pour fondre à la première ouverture sur le bord de Nelson. Le carnage ainsi rapproché entre ces deux vaisseaux inondait de sang les deux ponts. Une fumée lourde, que le vent n'avait plus la force de dissiper, enveloppait les vaisseaux et les combattants eux-mêmes. On tirait au hasard dans une nuit en plein midi, entrecoupée seulement par les éclairs de la fusillade et par le tonnerre des bordées.

Mais, au moment où le capitaine français jetait déjà ses vergues sur les deux bords des deux vaisseaux pour en faire un pont et des échelles d'abordage contre les flancs de la *Victoire*, un vaisseau anglais, *le Téméraire*, commandé par le capitaine Harvey, accourait au secours de son amiral, et, se plaçant sur le flanc du *Redoutable*, le démolissait de tous ses canons. Nelson, s'écartant alors d'une demi-encâblure, croisait son feu avec le feu du *Téméraire* contre le *Redoutable*, emportait son pavillon et éteignait trois fois le feu de ce vaisseau dans le sang des Français. Mais le *Redoutable*, après un instant de silence, reclouait d'autres pavillons à ses mâts et rouvrait son feu, comme un mourant qui ne veut ni pitié ni grâce. Ses tirailleurs, dispersés sur ses haubans et sur ses vergues, tenaient à distance ses vainqueurs.

Villeneuve, pendant ce duel entre Nelson et ses plus intrépides vaisseaux, combattait lui-même à quelques vagues de là sur le *Bucentaure*. Le mât de beaupré du

Bucentaure, engagé au commencement de l'action, par un accident de mer, dans la galerie de poupe du colosse de la flotte, la *Sainte-Trinité*, faisait de vains efforts pour s'en dégager. Foudroyés dans cette immobilité terrible par la *Victoire* d'abord et par quatre vaisseaux de Nelson ensuite, ces deux vaisseaux, armés ensemble de cent soixante pièces de canon et de trois mille combattants, écartaient, par des explosions de leur double flanc, les vaisseaux qui les écrasaient à distance. Villeneuve, retrouvant dans le désespoir de sa situation et dans l'ardeur du champ de bataille la résolution qu'on lui reprochait de n'avoir pas trouvée dans le conseil, égalait Nelson en sang-froid et en défi à la mort sur la dunette de son bâtiment. Le feu de ces quatre vaisseaux semblait l'illuminer et le grandir sur cet écueil de la *Sainte-Trinité*. Il frémissait de ne pouvoir se détacher pour aller porter lui-même à ses vaisseaux inertes le reproche et le courage de leur général. En vain il conjura l'amiral espagnol commandant de la *Sainte-Trinité* de faire un appel suprême au vent pour extirper son beaupré du flanc de la poupe qui le retenait, au risque d'emporter sa propre proue. La *Sainte-Trinité*, dont les mâts rasés par les boulets ne pouvaient plus porter de voiles, restait, comme un tronc démembré, le jouet de la houle et le but de la mitraille. Villeneuve voyait tomber autour de lui tous ses officiers et six cents hommes de son équipage ; ses mâts eux-mêmes tombaient un à un, entraînant avec eux les haubans, les hunes, les vergues, les cordages et les dernières de ses voiles, linceul troué de cette carcasse de bâtiment. Une bouffée de vent plus forte déchira un instant le nuage derrière lequel le malheureux amiral ne pouvait que conjecturer le reste du combat. Il aperçut la moitié de ses vaisseaux immobiles spectateurs de la lutte désespérée de leur escadre ; il leur fit le signal de voguer au feu : ces vaisseaux étaient assez nombreux pour changer le désastre en triomphe. Ils ne comprirent pas, ou au moins n'obéirent pas au geste qui les appelait, et continuèrent à dériver presque au hasard au gré des brises et loin du champ de bataille. Villeneuve, voyant le *Bucentaure* désemparé, rasé comme un ponton, près de s'engloutir, demanda en vain un canot à son équipage et à celui de la *Sainte-Trinité* pour voler lui-même à sa réserve et pour la ramener au combat; les canots, suspendus à la poupe, percés de boulets, sombraient en touchant aux vagues; son vaisseau, muet, ne rendait plus que de la fumée au lieu de bordées par ses sabords. Une chaloupe du vaisseau anglais *le Mars* s'en approcha impunément pour sauver l'équipage et pour recevoir l'amiral. Villeneuve, qui n'avait pu trouver un boulet pour lui dans cette grêle, et que le malheur réservait au suicide, se rendit quand il n'eut plus ni un canon sous la main ni une planche sous les pieds. Les Anglais le reçurent en ennemi désarmé, avec respect pour son infortune et pour son courage. Le vaisseau amiral espagnol *la Sainte-Trinité*, abandonné aussi par les sept autres vaisseaux de la même nation, se rendit après quatre heures de combat intrépide mais solitaire. A l'aspect du pavillon anglais arboré sur ce colosse, l'escadre espagnole se laissa dériver à la brise vers les côtes de l'Espagne.

Après la reddition des deux vaisseaux amiraux, les Anglais fondirent avec leurs vaisseaux libres et victorieux sur le reste de la ligne du centre, égale encore en nombre et en canons à l'ennemi. Ils la rompirent de nouveau par des manœuvres plus impétueuses, et, les séparant en groupes d'un ou deux bâtiments contre trois, ils livrèrent autant de combats qu'il y avait de vaisseaux encore en bataille. Là chacun des commandants de ces bâtiments, n'ayant à prendre conseil que de sa faiblesse ou de son désespoir, se signala isolément par des timidités ou des exploits qui, en ternissant ou en illustrant son nom, ne servaient plus au salut mais à la gloire de la journée. Le *Fougueux*, commandé successivement par trois officiers tués tour à tour sur leur dunette, ne se rendit que quand son pont fut couvert de quatre cents cadavres; le *Pluton*, commandé par le capitaine Cosmao, avait abordé le *Mars*, vainqueur du *Bucentaure*, et allait délivrer Villeneuve, prisonnier sur ce vaisseau, quand ses deux mâts s'écroulèrent sous les boulets de trois autres bâtiments accourus au secours du *Mars*. Le contre-amiral Magon, Achille de la flotte combinée, voguant au-devant des Anglais quand sa ligne fléchissait ou fuyait à leur approche, précipitait son vaisseau sur le *Tonnant*, de quatre-vingts canons, plongeait son beaupré dans les haubans du grand mât du *Tonnant*, et s'élançait de là sur le gaillard de son ennemi, quand les bordées de deux autres vaisseaux attachés aussi à ses flancs le couvrirent de mitraille, et le forcèrent à se retirer sur sa dunette derrière un rempart de cadavres. Trois fois, la hache d'abordage à la main, il refoula les Anglais qui avaient envahi la moitié de son pont, trois fois il les rejeta de ses bordages dans la mer. Frappé d'un biscaïen au bras gauche, il combattait encore du bras droit. Un autre biscaïen lui fracasse la jambe; on l'emporte sous l'entre-pont pour étancher son sang; mais les déchirures des flancs du *Pluton* laissaient passer la mitraille jusque dans cet asile des blessés : une balle lui perça la poitrine et l'étendit mort entre les bras de ceux qui le soutenaient. Son vaisseau ne se rendit que sur son cadavre. Huit autres succombèrent comme lui.

L'amiral Gravina, commandant en chef l'escadre espagnole, est frappé du coup mortel en défendant, avec le sang-froid de sa race, le vaisseau *le Prince-des-Asturies* et l'honneur du nom espagnol. L'équipage de l'*Achille*, le dernier des vaisseaux de Villeneuve qui combattirent jusqu'au désespoir, avait laissé prendre le feu pendant le combat à ses ponts supérieurs ; uniquement acharné à lancer la mort à l'ennemi par ses batteries rasantes, il ne s'occupait pas de la mort qui grondait sur sa tête et des flammes qui dévoraient ses ponts et ses mâts. L'explosion était imminente ; les vaisseaux anglais se retirèrent d'horreur et d'effroi pour en éviter les débris. Les matelots de l'*Achille* tiraient toujours, et, jetant à la mer quelques débris flottants de leur vaisseau, ils attendaient la dernière minute pour se précipiter eux-mêmes aux flots sur ces débris. L'*Achille* éclata comme un volcan dans le vide laissé autour de lui, tombeau volontaire de cinq cents braves. Les Anglais, fidèles à l'ordre du jour de Nelson, ne laissèrent pas la haine survivre au combat, et recueillirent en foule l'équipage submergé dans leurs chaloupes. Ce coup de tonnerre finit la bataille au centre de la mêlée.

Le contre-amiral Dumanoir, qui pouvait la ranimer, et peut-être la disputer ou l'honorer encore, se replia lentement avec ses quatre vaisseaux de haut bord, tête de ligne qui n'avait pas tiré un coup de canon ; il se contenta de prolonger à distance la ligne des vaisseaux anglais à demi désemparés eux-mêmes, et de les saluer de quelques bordées en se retirant intact et sans gloire du champ de bataille. Il n'eut pas même la fortune de sauver les vaisseaux qu'il espérait ramener ainsi à Brest : l'escadre de Cornwallis en fit sa proie avant qu'ils eussent doublé le cap de Bretagne.

On n'apercevait plus de fumée qu'au-dessus du groupe de sept vaisseaux où le *Formidable* luttait en désespéré contre le *Téméraire* et contre le vaisseau de Nelson, *la Victoire*. On a vu que le capitaine Lucas, du *Formidable*, attaché flanc contre flanc à la *Victoire* et canonné en proue et en poupe par deux autres bâtiments ennemis, ne pouvait faire feu de ses batteries du côté où la *Victoire* le serrait de ses murailles, et que le combat presque corps à corps était devenu entre ces deux bâtiments un feu à bout portant de mousqueterie. Le pont du *Formidable*, plus élevé d'un étage que celui de la *Victoire*, dominait d'une batterie le pont de Nelson; les Français, de plus, avaient dispersé un groupe de tirailleurs sur leurs hunes, sortes de planchers suspendus à demi-hauteur des mâts, d'où l'on peut se couvrir en visant comme d'une meurtrière; les biscaïens et les balles, choisissant de là les victimes, pleuvaient sur l'équipage anglais, et surtout sur le groupe des officiers désignés à la mort par leurs insignes. Le capitaine Hardy venait d'être blessé après deux cents autres. Nelson, signalé par ses décorations et par les ordres qu'on venait recevoir de lui, avait les pieds dans le sang de ses compagnons, quand un coup de feu, éclatant au bord de la hune d'artimon du *Formidable*, l'atteignit entre l'épaule et le cou, et le précipita, comme par l'impulsion d'une main invisible, sur le pont, le front dans le sang. Trois matelots et le capitaine Hardy, qui le couvraient de leurs corps, se précipitèrent pour le relever, et lui-même, s'aidant de la seule main qui lui restait, se relevait sur un genou en regardant Hardy : « Je suis mort, mon ami, lui dit-il; cette fois les Français en ont fini avec Nelson! — J'espère que non, répondit son ami. — N'espérez rien, répliqua Nelson : la balle m'a percé l'épine dorsale. » La contention de l'esprit et le feu de l'action concentraient tellement la vie dans sa pensée après le coup mortel, qu'il continuait de donner des ordres à Hardy et aux officiers rapprochés de lui pendant qu'on le transportait par l'échelle de poupe dans sa chambre, et que, s'apercevant que les cordes qui font manœuvrer le gouvernail, emportées par la mitraille, n'avaient pas été replacées, il ordonna d'en replacer de neuves. En passant sous l'entre-pont rempli de ses marins, il se couvrit lui-même le visage d'un pan de son habit, de peur que sa mort ne décourageât son équipage. L'entre-pont était jonché de blessés et de morts, sur les corps desquels on fut obligé de frayer passage à l'amiral ; on le déposa sur un lit de camp, dans le logement des aspirants de marine. La blessure, sondée, ne laissa pas d'espoir aux chirurgiens. On déroba néanmoins à tout le monde, excepté au capitaine de pavillon Hardy, cette triste certitude, pour ne pas frapper la flotte, pendant la bataille, du coup qui frappait son chef et son âme. Convaincu lui-même, par la sensation de la mort dans le coup, que les secours de l'art lui étaient superflus, il ordonna aux chirurgiens de l'abandonner à son sort, et de réserver leurs moments et leur zèle pour ceux à qui les secours pouvaient profiter : « Pour moi, dit-il, vous ne pouvez plus rien ! » On se borna à éventer son visage et à désaltérer, par quelques gouttes d'eau, la soif ardente qui le consumait. Il était étranger à ce qui se passait en lui et autour de lui ; il n'était attentif qu'aux bruits et aux événements de la bataille, dans laquelle son esprit combattait encore de son lit de mort ; il en demandait sans cesse les progrès et les circonstances. A chaque vaisseau ennemi qui se rendait, l'équipage de la *Victoire* poussait une acclamation triomphale, et, à chacune de ces exclamations, un éclair de joie brillait dans ses yeux, un rayon de gloire illuminait et colorait son visage mourant. Le capitaine Hardy était remonté sur sa dunette pour commander le feu et les manœuvres. « Où est Hardy ? répétait Nelson ; pourquoi ne vient-il pas ? Sans doute il est frappé comme moi, et on me cache sa mort. » Hardy redescendit enfin, après une heure d'absence, auprès du lit de mort du héros. Ils se regardèrent les yeux humides, et se serrèrent les mains dans un long silence. « Eh bien, Hardy, dit Nelson à son capitaine, comment se déclare la journée ? — A merveille, répondit le commandant de la *Victoire* : dix vaisseaux ont déjà amené leur pavillon ; les autres combattent un à un ou se dispersent. Cinq seulement paraissent vouloir revenir sur nous et menacer la *Victoire* (c'étaient ceux de Dumanoir) : j'ai rappelé, en votre nom, cinq ou six des nôtres pour les écraser. — J'espère, dit Nelson, que pas un de mes vaisseaux n'a amené son pavillon? » Hardy lui répondit que l'honneur de la flotte victorieuse était à l'abri d'un tel désastre. Tranquille alors sur la victoire, Nelson fit un retour mélancolique sur lui-même : « Je suis un homme mort, Hardy, lui dit-il ; je m'en vais à grands pas ; avant peu d'instants c'en sera fait de Nelson ! » Son ami lui donna encore quelques fausses lueurs d'espoir, et, serrant de nouveau sa main déjà froide, remonta, le cœur brisé, à son poste sur le pont.

Nelson s'entretint alors de son état avec son médecin, qui étudiait tous les symptômes de la vie ou de la mort dans les sensations du blessé. « Je sens là quelque chose, lui dit Nelson en mettant sa main sur son cœur, qui m'annonce ma fin prochaine. — Souffrez-vous beaucoup? lui demanda le médecin? — Assez, répondit le blessé, pour que la mort me parût un soulagement ; quoique cependant, ajouta-t-il d'une voix plus sourde, tout le monde désire de vivre encore un moment de plus ! Hélas ! que deviendrait en ce moment la pauvre lady Hamilton, si elle pouvait savoir l'état où je suis loin d'elle ? » Sa patrie, sa gloire, son fatal amour, se disputaient ses dernières pensées.

Un instant après, Hardy redescendit avec un visage plus rayonnant, et, prenant la main de Nelson, il lui annonça enfin la victoire incontestée et complète. Il ne pouvait pas encore, toutefois, dire précisément à l'amiral combien de vaisseaux ennemis étaient les dépouilles de son triomphe, mais il pensait qu'il y avait au moins quatorze ou quinze bâtiments amenés. « C'est bien ! c'est beau ! s'écria Nelson ; cependant, reprit-il avec un certain regret, et en faisant allusion à sa conversation du matin avec Blackwood, j'avais parié pour vingt ! » Puis, élevant fortement la voix et précipitant les mots : « Jetez l'ancre, Hardy, lui dit-il ; mouillez la flotte avant la nuit ! » Hardy lui laissa entendre que ce soin dépendait désormais de Collingwood, à qui son rang décernait le commandement de la flotte. « Non ! non ! pas pendant que je respire encore, dit avec autorité l'amiral et en faisant un effort pour se soulever sur son séant. Suivez mes ordres, jetez l'ancre ! l'ancre avant la nuit ! Vous préparez-vous à jeter l'ancre ?... » Il avait prévu dès le matin un coup de vent redoutable aux vainqueurs et aux vaincus dans la nuit suivante, et la pensée de mouiller la flotte en sûreté après le combat l'obsédait sans cesse.

« Ne jetez pas mon corps par-dessus le bord à la mer, dit-il encore à Hardy ; je désire reposer auprès des miens dans le cimetière du village paternel ; à moins, ajouta-t-il en pensant à la sépulture des héros à Westminster, qu'il ne plaise à mon roi et à mon pays de disposer de mes restes autrement. Mais surtout, mon cher Hardy, poursuivit-il avec une tendresse de passion que l'approche de la séparation éternelle semblait redoubler ; oh ! surtout, ayez soin de lady Hamilton, Hardy ! Veillez sur l'infortunée lady Hamilton ! »

Après un moment de silence, et comme pour recevoir de son ami un gage de l'exécution de ses derniers vœux : « Embrassez-moi, Hardy, » lui dit-il. Hardy se pencha et baisa sa joue. « C'est bien, dit Nelson ; maintenant je suis en repos : grâce à Dieu, *j'ai fait mon devoir.* » Hardy, voyant ses paupières se fermer, resta encore un moment à écouter la respiration pénible et pressée du mourant ; il se pencha de nouveau sur le lit, et baisa le front du héros. « Qui est celui-là ? s'écria Nelson en rouvrant les yeux.—C'est Hardy qui prend congé de vous, lui dit-il. — Dieu vous bénisse, Hardy, » balbutia-t-il en cherchant à revoir le visage de son ami à travers les ténèbres de la mort. Hardy remonta à son poste, et ne le revit plus vivant.

Le ministre de la religion priait au pied de son lit de mort ; Nelson le vit, et lui fit un signe de reconnaissance. « Hélas ! je n'ai pas été un bien grand pécheur, » lui dit-il avec un triste enjouement. Puis, après un long silence : « Souvenez-vous bien, répéta-t-il encore au prêtre, que j'ai légué la pauvre lady Hamilton et ma petite fille Horatia à ma patrie ! » Il tomba enfin dans une rêverie vague pendant laquelle ses lèvres s'agitaient pour articuler des paroles inachevées, ou les noms d'Emma, d'Horatia, de patrie, mouraient inachevés sur sa bouche. Puis, faisant un suprême effort, il répéta distinctement trois fois les derniers mots de son ordre du jour à la flotte, en se les appliquant glorieusement à lui-même : « Grâce à Dieu, *j'ai fait mon devoir !* » et il expira fièrement en soldat, comme il avait vécu.

Il était quatre heures et demie du soir, et le dernier coup de canon de poursuite retentissait sur la mer ; une salve emportait son âme du champ de bataille et le saluait dans la postérité, qui commençait pour le héros.

La nuit et la tempête se chargèrent d'achever sa victoire, mais la mer lui en disputa le prix. Six vaisseaux sans voiles, sans mâts et sans agrès, comme ceux des Espagnols et des Français, portaient dans leurs membrures mutilées et dans leurs équipages décimés l'expiation de leur triomphe. Ils pouvaient à peine se remuer sur la houle qui montait avec le vent au coucher du soleil. L'amiral Collingwood, qui avait pris le commandement de ces débris et couvert ses vaisseaux du deuil qu'il portait en son âme, au lieu de mouiller la flotte, comme Nelson mourant l'avait prophétiquement recommandé, employa le reste du jour à amariner les dix-sept vaisseaux rendus pendant le combat et à poursuivre le reste. La tempête et les ténèbres le surprirent pendant cette recherche des dépouilles. La mer, le vent, la foudre, les écueils, rendirent cette nuit, le jour suivant et la seconde nuit après la bataille plus terribles que la bataille elle-même. Les éléments soulevés se jouèrent pendant soixante heures de ces trois flottes qui couvraient, la veille, l'Océan de leurs pavillons. Une partie des vaisseaux pris par Nelson, séparés par la toute-puissance des vagues des vaisseaux anglais qui les escortaient enchaînés à leurs câbles, rompirent ces câbles et s'enfuirent, ou se laissèrent dériver aux lames sur les écueils du cap Trafalgar. Le *Bucentaure* est pulvérisé sur les rochers de la côte en y touchant; l'*Indomptable*, arraché pendant la nuit de ses ancres, éclaire lui-même de ses fanaux allumés sur son pont sa course funèbre vers la côte, et sombre avec son équipage tout entier, dont on n'entend qu'un seul cri, sur le rocher appelé la Pointe-du-Diamant. Collingwood, craignant de perdre tous ses trophées, incendia lui-même en mer la *Sainte-Trinité*, le plus grand bûcher flottant qui eût jamais brûlé sur la mer. Il jeta dans ce même bûcher les trois vaisseaux à trois ponts espagnols *le Saint-Augustin*, *l'Argonaute* et *le Santa-Anna;* le *Berwick* sombra de lui-même avec tout son monde. Les autres flottèrent au hasard et allèrent s'échouer de baie en baie sur les côtes d'Afrique ou d'Espagne. L'amiral anglais ramena péniblement le reste à Gibraltar, enchaîné au cercueil de Nelson. Les voiles de sa patrie régnèrent seules pendant de longues et tristes années sur l'Océan et sur la Méditerranée. Pendant que Bonaparte conquérait l'Europe continentale à ses armes, Nelson avait assuré le monde maritime à sa patrie.

L'amiral de Villeneuve, captif en Angleterre, trembla devant la grandeur du désastre qu'il avait prophétisé, mais que le reproche de lâcheté adressé à son nom par Bonaparte lui avait fait témérairement braver. Sous prétexte d'étudier la structure du corps humain pour occuper le loisir de sa prison, il étudiait froidement, sous un homme de l'art, la place et l'organisation du cœur. Quand il fut sûr du coup, il se perça le cœur d'une longue épingle patiemment enfoncée entre les côtes. Il expira, comme Sénèque, d'une mort lente, savourée et volontaire, pour prévenir la honte de vivre ou le supplice de la tyrannie. Il prouva ainsi à ses calomniateurs et à son insulteur, par cette mort, comme il l'avait prouvé dans la bataille, que ce qu'il avait redouté le plus dans les rencontres inégales, ce n'était pas la mort pour lui-même, mais la défaite pour son pays.

La joie de la plus grande victoire navale de l'Angleterre fut consternée à Londres par le deuil de la mort de Nelson. La domination exclusive des mers parut à peine aux Anglais une compensation égale à la perte de leur grand marin. Les couleurs du deuil couvrirent tous les vaisseaux, tous les ports et toutes les chaumières de l'Angleterre; son cercueil fut le char de triomphe de la mort. La multitude, qui assista au débarquement de ce cercueil rapporté par la *Victoire*, pulvérisa en morceaux la première enveloppe de chêne qui entourait la couche de plomb, et s'en distribua les reliques comme celles du dieu mortel de la patrie. Des funérailles nationales lui furent décernées; des monuments impérissables lui furent votés. Ses statues s'élevèrent dans toutes les grandes villes du royaume. La nation entière assista à ses obsèques, et fit cortége à ses mânes depuis Greenwich jusqu'à Westminster. Les sanglots contenus de deux millions d'hommes sur son passage furent les acclamations de ce triomphe des regrets. La Tamise elle-même parut couvrir ses flots de deuil. Des milliers de barques pavoisées de noir, suivant celle de son catafalque flottant, s'avançaient lentement aux coups mesurés de rames revêtues d'étoffes noires, maniées par des matelots vêtus de noir. La musique funèbre était interrompue par le canon des funérailles. Les canonniers de la *Victoire* le portèrent sur leurs bras entrelacés jusque dans le caveau de son immortalité sous les voûtes de Westminster. Au moment où, suivant l'usage des obsèques des amiraux, on descendit sa bannière avec son corps dans la tombe, les matelots de la *Victoire* se précipitèrent sur cette bannière, la déchirèrent pieusement en mille pièces, et se les partagèrent pour les conserver à jamais dans leurs familles comme un talisman de la patrie. La reconnaissance des peuples est l'émulation de l'héroïsme. La Grande-Bretagne, plus grande en cela qu'Athènes et Rome, multiplie ses grands patriotes en les honorant. Elle vota au frère chéri de Nelson un titre de noblesse et un patrimoine de six mille guinées de revenu, dix mille guinées de rente à ses sœurs, cent mille guinées consacrées à l'acquisition d'un domaine national pour sa famille. Lady Hamilton et sa fille Horatia furent oubliées dans ces munificences et dans ces honneurs. L'Angleterre n'accepta du testament de son héros que ce qui pouvait honorer sa vie. Moins indulgente et plus religieuse que la France, qui célébra dans Henri IV, dans Louis XIV et dans Napoléon les faiblesses de ses grands hommes autant et plus que leurs vertus, l'Angleterre ne sépare pas complétement, dans ceux qui la servent, l'homme privé de l'homme public; elle ne popularise pas les vices de ses héros populaires, elle en rougit et elle les voile. La renommée de Nelson lui-même expia et expie encore en Angleterre les torts de sa vie. Le patriotisme et la décence de cette nation ont laissé deux taches sur la mémoire de Nelson : une tache de honte dans le meurtre de Carracioli; une tache d'immoralité dans son amour pour une favorite, à laquelle il avait donné les droits et la publicité d'une épouse. Nul n'a tenté de laver ces taches, et elles éclatent d'autant plus qu'une plus grande gloire y attire davantage les yeux de la postérité et les reproches de la conscience.

Lady Hamilton, réprouvée par tous comme la cause et l'inspiration des torts et des crimes de Nelson, se perdit, après sa mort, dans l'obscurité d'où sa beauté seule l'avait sortie. Elle tomba de la splendeur du vice dans l'indifférence, et de l'opulence dans la misère. Un jour, vingt ans après la mort du meurtrier de Naples et du héros de Trafalgar, on apprit qu'une femme inconnue, douée des vestiges d'une admirable beauté survivant à l'âge et aux larmes, venait de mourir sur la terre étrangère, dans une chaumière des environs de Boulogne, en France, où elle était venue, quelques années auparavant, chercher, à un prix modique, une obscure hospitalité. Ses papiers apprirent, après sa mort, à ses hôtes, que cette femme indigente et inconnue était lady Hamilton, la veuve d'un ambassadeur, la favorite de la reine de Naples, l'amante de Nelson! Elle fut ensevelie par la charité publique. Nelson, en la nommant dans son testament, ne lui avait légué que le scandale de son amour et la colère de sa patrie.

TABLE

DES MATIÈRES CONTENUES DANS CE VOLUME

	Pages.
MILTON	3
MADAME DE SÉVIGNÉ	39
BOSSUET	135
FÉNELON	247
NELSON	356

FIN DU TRENTE-SIXIÈME VOLUME.

PARIS. — TYPOGRAPHIE DE COSSON ET COMP., RUE DU FOUR-ST-GERMAIN, 43.

www.ingramcontent.com/pod-product-compliance
Lightning Source LLC
Chambersburg PA
CBHW050915230426
43666CB00010B/2178